Contraste insuffisant
NF Z 43-120-14

DEBUT D'UNE SERIE DE DOCUMENTS
EN COULEUR

GUIDE DU VOYAGEUR

(en)

ABYSSINIE

par

G. J. AFEWORK

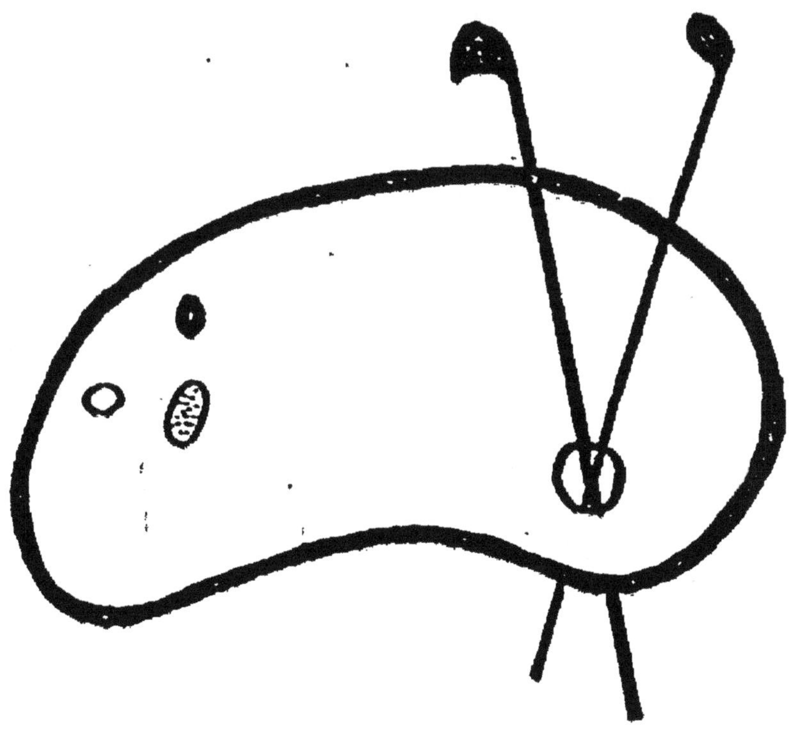

FIN D'UNE SERIE DE DOCUMENTS
EN COULEUR

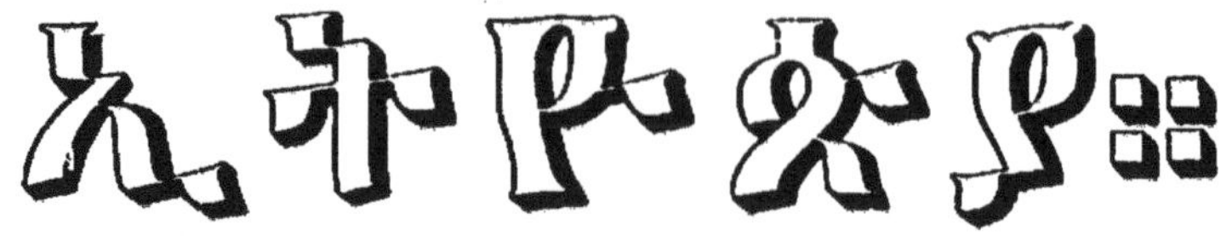

ኢትዮጵያ።

GUIDE DU VOYAGEUR

EN

ABYSSINIE

PAR

G. J. AFEVORK

ROME
CHARLES DE LUIGI
Via XX Settembre, 121-122
1908

PARIS
PAUL GEUTHNER
68, Rue Mazarine
1908

INTRODUCTION

Le réveil de la politique éthiopienne par ses rapports avec le monde civil et la reprise de sa marche vers la civilisation assoupie (arrêtée) presqu'à l'origine de sa naissance, pendant plusieurs siècles, de la part de l'Empire éthiopien, me fournit l'occasion de présenter au public en général, aux voyageurs et aux commerçants en particulier, ce manuel d'amharique, langue officielle de l'Empire d'Éthiopie, avec la traduction et transcription française.

Ce manuel qui est classé d'après l'ordre des matières, comme nomenclature, et qui contient des dialogues familiers, sera assurément plus complet qu'un certain manuel, qui à paru il y a quelque temps et qui ne donne qu'une idée imparfaite et fautive de la langue amharique.

Le génie d'une langue orientale n'ayant aucune ressemblance, surtout sous le rapport de la construction, avec une langue européenne, le lecteur de ce guide ne trouvera presque jamais la traduction française littérale, mot à mot, du texte

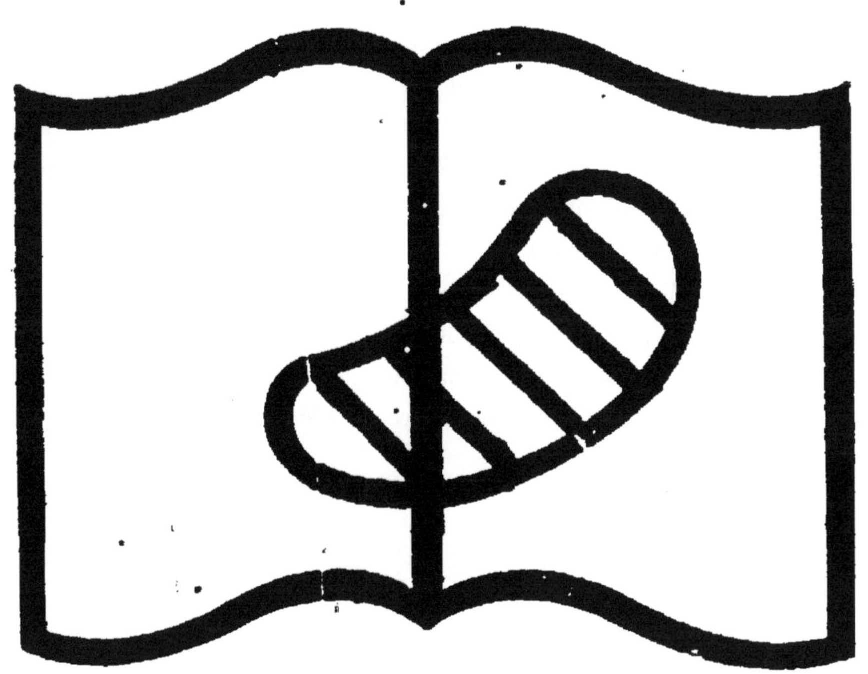

Illisibilité partielle

amharique, mais la traduction française se trouve mélangée et renversée, le verbe étant toujours placé à la fin de chaque proposition complexe. Si la proposition est composée seulement d'une phrase courte (sujet, verbe et attribut) chaque traduction se trouve d'accord avec le texte européen.

C'est pour cela qu'une phrase est quelquefois traduite d'après le sens seulement, car la traduction litterale (comme quelques personnes le font par erreur pensant être compris-sens) rend, au contraire, la phrase incompréhensible pour les indigènes mêmes.

À la fin de l'ouvrage, j'ai placé quelques modèles de style épistolaire, qui peuvent être utiles aux voyageurs.

Quant'à la prononciation figurée, il est nécessaire, avant tout, de prendre connaissance et d'étudier à fond l'alphabet ci-dessous:

ORDRE

	1er	2e	3e	4e	5e	6e	7e	
1	ሀ	ሁ	ሂ	ሃ	ሄ	ህ	ሆ	ha hou hi ha hé heu (hi) ho
3	ሐ	ሑ	ሒ	ሓ	ሔ	ሕ	ሖ	
13	ኀ	ኁ	ኂ	ኃ	ኄ	ኅ	ኆ	
16	አ	ኡ	ኢ	ኣ	ኤ	እ	ኦ	a u i a é eu (i) o
19	ዐ	ዑ	ዒ	ዓ	ዔ	ዕ	ዖ	
2	ለ	ሉ	ሊ	ላ	ሌ	ል	ሎ	lè lou li la lé leu (li) lo
4	መ	ሙ	ሚ	ማ	ሜ	ም	ሞ	mè mou mi ma mé meu (mi) mo
5	ሠ	ሡ	ሢ	ሣ	ሤ	ሥ	ሦ	sè sou si sa sé seu (si) so
7	ሰ	ሱ	ሲ	ሳ	ሴ	ስ	ሶ	ce çou ci ça cé ceu (ci) ço
29	ጸ	ጹ	ጺ	ጻ	ጼ	ጽ	ጾ	tsè tsou tsi tsa tsé tseu (tsi) tso
30	ፀ	ፁ	ፂ	ፃ	ፄ	ፅ	ፆ	tçè tçou tçi tça tçé tçeu (tçi) tço
8	ሸ	ሹ	ሺ	ሻ	ሼ	ሽ	ሾ	chè chou chi cha ché cheu (chi) cho
9	ቀ	ቁ	ቂ	ቃ	ቄ	ቅ	ቆ	ke kou ki ka ké keu (ki) ko
17	ከ	ኩ	ኪ	ካ	ኬ	ክ	ኮ	què cou qui ca qué qeu (qui) co
10	በ	ቡ	ቢ	ባ	ቤ	ብ	ቦ	bè bou bi ba bé beu (bi) bo
11	ተ	ቱ	ቲ	ታ	ቴ	ት	ቶ	tè tou ti ta té teu (ti) to
26	ጠ	ጡ	ጢ	ጣ	ጤ	ጥ	ጦ	tè tou ti ta té teu (ti) to
12	ቸ	ቹ	ቺ	ቻ	ቼ	ች	ቾ	tchè tchou tchi tcha tché tchi tcho
27	ጨ	ጩ	ጪ	ጫ	ጬ	ጭ	ጮ	tchè tchou tchi tcha tché tchi tcho
14	ነ	ኑ	ኒ	ና	ኔ	ን	ኖ	nè nou ni na né neu (ni) no
15	ኘ	ኙ	ኚ	ኛ	ኜ	ኝ	ኞ	gnè gnou gni gna gné gni gno
20	ዘ	ዙ	ዚ	ዛ	ዜ	ዝ	ዞ	zè zou zi za zé zeu (zi) zo
21	ዠ	ዡ	ዢ	ዣ	ዤ	ዥ	ዦ	jè jou ji ja jé ji jo
22	የ	ዩ	ዪ	ያ	ዬ	ይ	ዮ	yè you yi ya yé yi yo
23	ደ	ዱ	ዲ	ዳ	ዴ	ድ	ዶ	dè dou di da dé deu (di) do
24	ጀ	ጁ	ጂ	ጃ	ጄ	ጅ	ጆ	djè djou dji dja djé dji djo
25	ገ	ጉ	ጊ	ጋ	ጌ	ግ	ጎ	guè gou gui ga gué gui go
28	ጰ	ጱ	ጲ	ጳ	ጴ	ጵ	ጶ	pè pou pi pa pé peu (pi) po
32	ፐ	ፑ	ፒ	ፓ	ፔ	ፕ	ፖ	pè pou pi pa pé peu (pi) po
6	ረ	ሩ	ሪ	ራ	ሬ	ር	ሮ	rè rou ri ra ré reu (ri) ro
31	ፈ	ፉ	ፊ	ፋ	ፌ	ፍ	ፎ	fè fou fi fa fé feu (fi) fo
18	ወ	ዉ	ዊ	ዋ	ዌ	ው	ዎ	wè wou wi woi wé weu wo / wè ou oui oi wé ouï o

ኽ *é* est employé seulement au 1ᵉʳ ordre.

ኸ *hé* est employé dans l'amharique *pur*, seulement au 1ᵉʳ ordre, tandis que dans les patois il est employé aussi en toutes les sept formes (ordres).

Diphtongues.

ኰ ኲ ኵ ኵ *qoué qoui qoi qoué*
ቈ ቊ ቌ ቌ *koué kui koi kué*
ጐ ጒ ጔ ጔ *hué huî hoi houé*
ጐ ጔ ጓ ጔ *goué goui goi goué*

ሏ *loi*, ሟ *moi*, ኟ *çoi*, ኟ *choi*, ዟ *roi*, ቧ *boi*, ጅ *loi*, ጭ *tchoi*, ኟ *noi*, ኟ *gnoi*, ዟ *zoi*, ዧ *joi*, ዷ *doi*, ዧ *djoi*, ሏ *loi*, ሷ *tchoi*, ፏ *foi*.

ዟ *ria* (ባዟ *baria* au lieu de : ባርያ *barya* (esclave).

Prononciations particulières
des lettres de l'alphabet amharique.

Comme nous avons vu ci-dessus, les lettres de l'alphabet amharique au nombre de trent deux, se présentent chacune en sept formes appelées par ordre: 1ᵉʳ, 2ᵉ, 3ᵉ, 4ᵉ, 5ᵉ, 6ᵉ et 7ᵉ.

Le premier ordre, excepté dans les premiers cinq caractéres (voir plus bas ¹ ሀ ሐ ኀ አ ዐ), a le son de l'*é* guttural ouvert; le 2ᵉ a le son de *ou*; le 3ᵉ de l'*i*, le 4ᵉ de l'*a*, le 5ᵉ de l'*é*, le 6ᵉ a le son de l'*eu*, *œ*, qui cependant sera représenté par l'*i* avec deux points, un en dessus et l'autre en dessous (ï); le 7ᵉ ordre a le son de l'*o*.

Sons des lettres amhariques.

Les lettres amhariques qui présentent des difficultés en français sont : ቀ ጨ ሰ ጠ ዘ ዐ et ጸ.

Le ዘ a un son légèrement sibilant (*tcé*); le ቀ *ké* qui a le

---

¹ Dans les premiers cinq caractéres (ሀ ሐ ኀ አ ዐ) le 1ᵉʳ et le 4ᵉ ordres sont tout à fait égaux et tous les deux ordres ont le son de l'*ha* aspiré et de l'*a* simple; le *ha* aspiré pour les trois lettres: ሀ ሐ ኀ, et, l'*a* pour les autres deux lettres: አ ዐ.

son un peu plus fort que celui de **ከ** *què*; le **ች** *tchè* qui a la prononciation de *c* italien, devant les voyelles *e* et *i*; le **ጭ** *tchè* qui a un son un peu plus fort que celui de **ች** *tchè*; il sera marqué par un point au-dessous de la lettre *t* (*ṭchè*); le **ጠ** *tè* qui se prononce un peu plus fort que le **ተ** *tè*; il sera marqué figurément par un point au-dessous de la lettre (*ṭ*): le **ጰ** *pè*, qui a un son un peu plus fort que le **ፐ** *pè*, il sera marqué par un point au-dessus de la lettre (*ṗ*).

Le **ሰ** *sè*, est toujours fort. Le **በ** *bè* a deux sons; il se prononce comme *b* simple ou comme *v*, selon le mot dont il fait partie (ex. **ሌባ** *lèva* (voleur); **ቀባ** *kebba* (oindre); **ንብ** *nïv* (abeille); **ብር** *bïrr* (thaler, argent); **እዲስ ፡ አበባ** *Addice-Aveva* (actuelle capitale de l'Abyssinie, qui par défaut de la prononciation est écrit en Europe « Addice-Ababa », au lieu de « Addice-Avéva »: la signification est: « nouvelle fleur ».

Les autres lettres de l'alphabet amharique correspondent aux lettres des Européens.

NB. Ce petit manuel n'étant qu'une guide pour les voyageurs, j'ai cru inutile de m'occuper de donner des explications grammaticales et d'autres détails concernant les nuances complètes de prononciation de chaque lettre de l'alphabet amharique.

Ceux qui désirent bien apprendre l'amharique-officielle, langue de l'Abyssinie, auront recours à la *Grammatica della lingua amarica* di G. J. Afevork, grammaire théorique et pratique de cette langue.

Cette grammaire se trouve chez l'Auteur (R. Istituto Orientale di Napoli) et chez les grandes librairies nationales et étrangères.

Elle (la Grammaire de G. J. Afevork) est la plus complète comme théorie et la plus riche en exercices d'amharique *pur*: car l'auteur qui est un véritable abyssin, né précisément dans la région d'Amhara, d'où dérive le nom de la langue, en donne exactement les principes et les éléments.

Aucune grammaire de cette langue imprimée jusqu'à ce jour peut-être comparée avec la susdite grammaire.

Je dois cependant ajouter que l'illustre prof. Guidi a publié une *Grammatica elementare della lingua amariña*, mais, très précise, donnant l'explication théorique qui correspond le mieux à l'amharique.

Divinité.

እግዚ.አብሔር *Igziac-hère*,
እግዜር *Igzère* Dieu
አምላክ *amlac* Dieu
ፈጣሪ *feṭari* Créateur
ሥላሴ *sillaçai* La Trinité
መድኃኔ ፡ ዓለም *med-hané alè-me* Le Rédempteur

ኢየሱስ *Iyéçouce* Jésus
አብ *ave* Dieu le Père
ወልድ *wèlde* Le Fils
መንፈስ ፡ ቅዱስ *menfece kid-douce* Le Saint Esprit
ክርስቶስ *Christoce* Christe
መለኮት *Melècote* Le Seigneur

L'Univers.

ፍጥረት *fiṭrète* Créature
ዓለም *alème* Monde [1]
ምድር *miḍre* Terre
መሬት *merète* Terre
ሰማይ *cemaï* Ciel
ጠፈር *ṭefère* Éther
ሰው *cʿou* Homme
አዳም *addàme* Adam
ሔዋን *hèoine* Ève
መላክ *melac* Ange
ሰይጣን *sèiṭàne* Démon
ዲአብሎስ *diavloce* Diable
ሳጥናኤል *saṭnaël* Satan
ጋኔን *ganène* Démon

መንግሥተ ፡ ሰማይ *mexguistè cèmaï* Paradis
ገነት *guènnète* Paradis terrestre
ጽርገነት *goroguènnète* Purga-toire
ገሃነም *guèhannème* Enfer
ውሃ *ouha* Eau
ወራጅ *wèradj* Fleuve
ፈሳሽ *feçach* Torrent
ወንዝ *wènze*, ወይብ *wèlève* Rive
ባሕር *bahîre* Mer, lac
ውቅያኖስ *ouikyanoce* Océan
ባሕር ፡ ዳር *bahîre dàr* Rive, côte
ፏፏቴ *foifoitè* Crue, cascade

---

[1] En amharique, quand on parle en général, on n'emploie pas d'article, surtout pour une simple indication comme en nomenclature. C'est pourquoi je n'ai noté presque partout que les noms afin qu'ils correspondent exactement à l'amharique.

ምንጭ *mįnįch* Source
ይሴት *dessèle* Île
ቁርጥ *koùrțe* Île; presque-ile
ዝናም *zįnáme,*
ዝናብ *zįnàve* Pluie
ከፊእ *caffia* Petite pluie
በረዶ *bèrèdo* Grêle
ደመና *dèmmèna* Nuage

Temps.

ብርሃን *bįrhàne* Lumière
መዓልት *meàlle,* ቀን *kène* Jour
ፀሃይ *țcehàï,* ጠሀይ *țehàï* Soleil
ጭኸረ *țchorra* Rayon du soleil
ፀምበር *dį mbère* Soleil
ጨረቃ *țchereka* Étoile
ጸባት *davale* Aurore
ከከብ *coquèv* Étoile
ንጋት *nįgale,* ነግህ *nègh,* ነህ *gòh,*
ጥባት *țivale* Aurore
ማለዳ *maleda* Matin
ሰለስት *cèlèste* Le 3e heure après
  le lever du soleil
ረፋድ *reffàde* Le 4e heure après
  le lever du soleil
ቀትር *kètre* Le 5e heure après
  le lever du soleil
እኩል ቀን *iccoul kène* Midi
ምሽት *mįchèle* Soir
ሰርክ *serc* Crépuscule
ማታ *mala* Soir
ጨለማ *țchellemà* Ténèbres
ሌሊት *lelile,* ሌት *lèle* Nuit
እኩል ሌት *iccoul-lèle,*

እኩል ሌሊት *iccoulè-lelile,*
ሌት እኩል *lèle-iccoul* Minuit
ብርድ *birde* Froid
ሙቀት *moukèle* Chaud
ሀሩር *haroùre* Chaleur
ውርጭ *ouirįch* Rosée
አመዳይ *amèdaï* Givre, gelée
አብራጅ *avradja* Fraicheur
ጉም *goùm* Brouillard
ጭጋግ *țchigàg* Brume
ደረቅ *derèk* Sec, aride
ድርቅ *dįrk* Sécheresse
እርጥበት *irțivèle* Humidité
እርጥብ *irțive* Humide
ጭፍና *țchifna* Temps pluvieux
ብራ *bįrra* Le serein, beau-temps
ነፋስ *neface* Vent, air
አውሎ (ነፋስ *neface*) *aoulo,*
ወጀብ *wedjerò* Vent furieux
ቦይሂት *boihile* Tourbillon
ማዕበል *mațèl* Tempéte
ሞገድ *moguède* Bourrasque
ጉዳሪ ፡ (ነፋስ ፡) *gouderi (neface)*
  Vent du nord
ጠባሒት ፡ (ነፋስ) *țevahile (ne-*
  face) Vent de sud-est

Combustibles.

እሳት *içale* Feu
ወላፈን *welafène* Flamme
ጢስ *țice* Fumée
ፍም *fįme* Braise
አረመጥ *irèmèțe* Cendre brû-
  lante

አመድ: *amède* Cendre
ትንጋግ *linlag* Tison
ከሰል *quecèl,*
ክሰል *quicèl* Charbon
ሙብራት *mecrate* Bougie
ፋና *fana* Grosse chandelle
ጢፍ *toif* Rat de cave
ሰም *cème* Cire

Terrains.

ተራራ *terara* Montagne
አቀበት *akèrèle* Montée
ቁልቁለት *koulkoulète* Descente
ኩልልታ *kouillilla* Colline
ጉብታ *goubbita* Colline, convexe
ዳብ *dice* Colline, convexe
ጎድጓዳ *godgoidda* Profond, concave
ዘበጣ *zecata* Concave, bas
ጉድጓዴ *goudgoide* Fosse
ገደል *gèdèle* Fosse, précipice
ዋሻ *oicha* Caverne, grotte
ሜዳ *meda* Plaine
መስክ *mèse* Pré
ሸለቆ *cheleko,* ሸለቆት *chelekôle,* ወንዘወንዘ *wènzawènze,* ሸጥ *chèle* Vallée
ስርጥ *sirte,* ጥቃሽ *likkache* Sentier
መንገይ *mènguède,* ጎዳና *goudana* Chemin, route
ጭቃ *tchika* Boue
ጅቅጅቅ *jikjik,* እረግረግ *irègrèg,* ማጥ *màte* Marais, Bourbe

ደንጊአ *denguia* Pierre
አፈር *afère* Poussier
ትቢአ *libbia* Poudre
ድብሽት *dibbichte* Sablon
ጠጥር *lelère* Pierrette
አሸዋ *acheoi* Pierrette, sablon
ብር *birre* Argent
ብረት *brèle* Fer
ናስ *nace* Cuivre jaune
መዳብ *medace* Cuivre rouge
ቆርቆር *korkorro* fer-blanc
ወርቅ *wèrk* Or
እብነበረድ *ijnèberède* Marbre
ኩል *coul* Antimoine
ዲን *dine* Soufre
አልማዝ *almaze* Diamant
እንቁ *inkui* Diamant taillée en brillant
ሉል *loule* Perle

Campagne.

ገጠር *guelère* Campagne
እርሻ *ircha* Camp, terre labourée
ዘር *zère* Semence, graine
ቡቃያ *boukkaïa* Rejeton
ዝርዝር *zirzire* Épi
እብቅ *ibbouk* Épiage
አሸት *ichèle* Prémices
መኸር *mèhère* Moisson
አውድማ *aoudimma,* ውድማ *oudimma* Aire (de grange)
ምርት *mirte* Tas, amas de blé
ክምር *quimmire* Meule
ነዶ *nedô* Gerbe

ወቂአ *oukkia* Battage
ገለባ *guéléva* Paille
ግርድ *guirde* Rebut (du blé)
እህል *ihil* Blé, céréales
ባቄላ *bakéla* Fève
ሺምብራ *chimbira* Pois chiche
ጓያ *goiya* Cicérole
አተር *atère* Pois
ምስር *missire* Lentille
አደንጓሬ *adengoiré* Haricot
አብሽ *aviche* Espèce de légume amer et aromatique
ተልባ *telva* Lin, graine de lin
ስንዴ *sindé* Blé
ገብስ *guévce* Orge
እሩዝ *irouze* Riz
ሰሊጥ *selile* Sésame
ስናፍጭ *sinafilch* Sénevé
የባሕር ፡ ማሽላ *yévahire machilla.* Maïs
ዘንጋዳ *zéngada*, ዘንጌዳ *zanguéda*, ማሽላ *machilla* Espèce de grain de la famille de maïs
ጤፍ *léf* Grain (espèce de) très mince
ዳጉሳ *dagoussa* Grain (sorte de)
በርበሬ *berberé* Piment; poivre
ቅመም *kiméme* Drogue
ጐመን *gomméne* Brocoli
ድንች *dinnilch* Pomme de terre
ዱባ *doubba* Citrouille
ቅል *kil* Courge
አስኳል *asquoil* Petite citrouille
ዳር *doùr*, እንጨት *inlchéte* Bois
ዛፍ *zaf* Arbre

ግንድ *guinde* Tronc
ሥር *çire* Racine
ወንዘፍ *wenzéfe* Branche
ቅጠል *kiléle* Feuille
እሾህ *ichohe* Épine
አበባ *avevà* Fleur
ፍሬ *fré* Fruit
ቅርፍት *kirfille* Écorce
ልጥ *lile* Fibre de plante
እሜር *ivire* Herbe
ጽጌሬዳ *tsiguéreda*,
ጥጌሬዳ *liguéreda* Rose
ቀጋ *kéga* Rose grimpante
አደይ *adéy* Marguerite
ሎሚ *lomi* Limon
ትርንጎ *tringo* Cèdre
ብሀር *bèhrô* Orange
ተምር *temire* Datte, dattier
ኮክ *coc* Pêche
ሙዝ *mouze* Banane, bananier
ቡን *boùne* Café, caféier
አታክልት *alaquille* Jardin
ጠንበለል *lembelél* Jasmin
ቀልቆል *koulkoil* Euphorbe
እሬት *iréte* Aloès
ግራር *grar* Acacia, robinier
ጥድ *lide* Variété de pin
ዝግባ *zigra* Pin, Larix

Pays.

አገር *aguére* Pays, Nation
ከተማ *quétéma* Ville
መንደር *mendére*,
ዳዳ *dowda* Village, bourg
አጥቢያ *alria* Faubourg

ወረጃ *wèrèda* Province
ገዳም *guedâme* Sanctuaire
ደብር *derjre* Cathédrale
አጸራሽ *addarache* Palais
ግንብ *guinbe,*
ግምብ *guimbe* Château
ቤተክርስቲያን *bétèeristiydne,*
ቤተክሲአን *bétècliàne* Église
ደረጃ *deredja* Escalier
መሰላል *mèrèlal* Escalier, échelle
ደርብ *dèrre* Étage
መስኮት *mescôte* Fenêtre
ደጃፍ *dedjaf* Porte
ሰንቃ *sanka* Battant de porte
መከፈቻ *mecfetcha* Clef
ቁልፍ *koulf,* የባሕር ፡ ቁልፍ *yèrahire koulf* Serrure
ጕልላት *goullitite* Coupole, faîte
ቦጥ *bôte,* ጣራ *tara,*
መሪር *lefère* Plafond
ዝናብ *zinro* Gouttière
ከተፋ *quètèfe,* ደም ደጣጓት *djm-djmâte* Gouttière, corniche
ቅጥር *kilire* Enceinte
እደም *id-mo* Enceinte, muraille
በር *bèrre* Porte des murailles
አጥር *atire* Enclos
ጓሮ *goiro* Cour, jardin-potager

Noms d'animaux.

ከብት *quèrte* Bétail
እንስሳ *incica* Bête
ፈረስ *ferrce* Cheval
ባግራ *basra* Jument

በቅሎ *beklo* Mulet
አህያ *ahiya* Ane
ውርንጭ *ourintcha* Anon
አለሊ *alèlì,* ወይል ፡ አህያ *wèdèle ahiya* Ane mâle
ድንጉላ *dingoula* Cheval entier
ጩሊ *tcholli* Cheval vif
ግመል *guimèl* Chameau
በሬ *berè* Boeuf
ኮርማ *corma* Taureau
ወይፈን *wèyfène* Bouvillon
ላም *lime* Vache
ጊዳር *guidère* Génisse, taure
ጥጃ *tidja* Veau, jeune vache
ጥጉት *ligguèle* Vache de lait
ከብድ *quirède* Bête pleine
አጋሰስ *agassèce* Bête de somme
በግ *bègue* Brebis; mouton
ፍየል *fiyèle* Chèvre
ወጠጤ *wètèté* Bouquin; bétèrl
አውራ *aoura* Bouc; mâle
እንስት *iniste* Femelle
ተብት *tèrate* Mâle
ውሻ *oucha* Chien
ድመት *dimmète* Chat, chate
ሙክት *moucquite* bête chatrée

Bête sauvages et bêtes féroces.

አንበሳ *anressa* Lion
ነብር *nerìre* Léopard
ጅብ *djìce* Hyène
ተኵላ *teqoula* Loup
ቀበሮ *kèrèrò* Chacal
ፋሮ *farò* Fouine

እሽኮኮ *ёh-coco* Marmotte
ዝንጀሮ *zindjoro* Gros-singe
ጦጣ *tota* Singe
ጉሬዛ *gouréza* Variété de singe
ዝሆን *zïhône* Éléphant
ጎሽ *gôche* Buffle
አውራሪስ *aouraris* Rhinocéros
ጉማሪ *goumari* Hippopotame
አዞ *azzo* Crocodile
ግስላ *guissilla* Panthère
ጅራተቀጭን *djiratekëtchine* Girafe
አሳማ *açama* Cochon
እርያ ፡ እሪ *iriya ria* Sanglier
ጃርት *djarte* Porc-épic
አጋዘን *agazène* Antilope
ቡኽር *bouhère*, የመዳፊየል *yëmedafiyèle* Bouquetin sauvage
ሰሳ *seça*, ምዳቋ *midakkoi* Gazelle (espèce de)
ጥንቸል *tintchèle* Lièvre
ድፋሳ *difassa*, ወረብ *werebbou* Sorte d'antilope

Noms de volailles.

ያፍ *ôf*, ወፍ *wëf* Oiseau
አሞራ *amora* Aigle
ጭልፊት *tchilfite* Oiseau de proie
ጉጉት *gougoute* Chouette
ጉጥት *gouèllite* Hibou
ግልግል ፡ አንሳ *guilguèle ança*,
ጥንብ ፡ አሞራ *tinbamora* Gros aigle de proie

ሰጎን *segône* Autriche
ሽሞላይ *chimolaï*, ሽመላይ *chimèlaï*, የስኒ ፡ መቆፈሪክ *yëcènè mekofféria*, ቁርሪየ *kourriyé* Grue
ዮብራ *yївra*, ዝዪ *ziyi* Oie
ሳቢሳ *cariça* Pétrel, procellaire
ዶሮ *doro* Poule, volaille
ሙክት ፡ ዶሮ *mouquïte doro* Chapon
አውራ ፡ ዶሮ *aoura doro* Coq
ጭጭልት *tchatchile* Poussin
ሰሬን *sorène* Perdrix
ድርጭት *dirtchile* Caille
ቆቅ *kôk* Francolin
ጅግራ *djigra* Pintade
ቡላል *boullâle* Tourterelle
ዋሊአ *oilia* variété de Tourterelle
እርግብ *irigre* Pigeon
ቁራ *koura* Corbeau

Insectes, petites bêtes, amphibies et

ንብ *nire* Abeille
የውሳ ፡ ንብ *yёoucha nire* Guêpe
እንዝዝ *insïze* Bourdon
ትንኝ *tnigne* Cousin
ጣዝማ *tazma* Petite abeille terrestre
ዘመሚት *zèmèmile*, ቁንጫጭት *kountchatchile* Fourmi ouvrière
ጉንዳን *goundane* Grosse fourmi femelle

አለቅት *alèkte* Sangsue
አሽን *achène,* Fourmilion ailé
ምስጥ *misṭe* Fourmilion
ሽግር *chiguère* Cloporte
ትል *til* Ver
ተሳቦ *teṭabbo,* ቅንቡርስ *kinbource,* ዷቅንዷቅት *doukindoukle* Sorte de ver
ቅማል *kimàl* Pou
ትኻን *tihoïne* Punaise
ቁንጫ *kounitcha* Puce
መዝገር *mezguère* Tique
ነቀዝ *nèkèze* Ver rongeur
ሽግር *chiguère* Morpion
አንበጣ *anreṭa* Sauterelle
ፌንጣ *fènṭa* Grillon
ሸረሪት *chèrerite* Araignée
እንሽላሊት *inchilalite* Lézard
እባብ *irave* Serpent
ዘንዶ *zendo* Boa
ጊንጥ *guinṭe* Scorpion
እስስት *ịciste* Caméléon
ዔሊ *yèli* Tortue
አይጥ *aïṭe* Souris
የሌት ፡ ወፍ *yelèle wèf* Chauvesouris
ጓጉንጭር *goigountchère* Grenouille
ጓርጥ *goùrṭe* Grenouille, grapaud
ቀርኖ *kourno* Escargot
አንበሪ *anreri* Baleine
አሣ ፡ አንበሪ *aça anreri* Cétacé
አሣ *aça* Poisson

እንኩርኳር *ancourquoire* Crabe, crevette
አምበዛ *anbazza* Anguille

Aliments.

ሥጋ *ciga* Viande
ቅቤ *kicé* Beurre
ወተት *welèle* Lait
እርጎ *irgo* Lait caillé
አጓት *agoile* Serum, petit lait
አይብ *aïce* Recute
ቅባት *kicale* Corps gras
ቅባኑግ *kicanougue,*
ዘይት *zèile* Huile
ዲአቦ *diabbo,*
እንጀራ *indjera* Pain indigène
በሶ *bessò* Orge torrefié et moulu
ሻሜት *chamèle* Orge torrefié et moulu, pétrié avec du miel
ዝግን *ziguine* Ragoût
መረቅ *merèk* Sauce, jus
ወጥ *weṭe* Mets
ቅቅል *kikki'e* Bouillon
ቋሊማ *koilima* Saucisson
እምስ *immịce* Hachis réchauffé
እንፊላ *infilla,* አንፊላ *anfilla* Viande coupeé en rubant et réchauffé
ዶሮ *doro* Poule
አሣ *aça* Poisson
ስልስ *sịlce* Sauce
ቂጣ *kiṭa* Pain ordinaire
ጭብጦ *tchibbiṭo* Pain pressé

ጥብስ *ṭirce* Rôt, viande rôtie

ብርንዶ *brindo* Viande crue

ድቁስ *dikouce*, ድልህ *dillih*, አዋዜ *aoizé* Conserve de poivrons préparée avec du sel et des substances aromatiques

ጨው *tchéou* Sel

ብትን ፡ ድቁስ *billin-dikouce*, ብትን ፡ ድልህ *billine dillihe* Poudre de piment préparé

ሽንኩርት *chincoùrte* Ail; oignon

ነጭ ፡ ሽንኩርት *nélch chincoùrte* Ail

ቀይ ፡ ሽንኩርት *kéï chincoùrte*, ነበረ ፡ ሽንኩርት *govèré chincoùrte* Oignon

መቅሎ *meklò* Jus, sauce

ንጥር ፡ ቅቤ *niṭire kibé* Beurre purifié

ሽንኮር *chéncòre* Sucre; canne à sucre

ማር *màre* Miel

በርበሬ *berberé*, አማራ ፡ በርበሬ *amara berberé* Poivron

ቀንዶ ፡ በርበሬ *koundo berberé* Poivre

ሾጤ ፡ በርበሬ *choté berberé* Piment

ሚጥሚጣ *miṭmiṭa* Petit piment

ከረሪማ *corerima* Coriandre

መጠጥ *meṭeṭe* Boisson

ጠጅ *ṭèdj* Vin

የወይን ፡ ጠጅ *yèwène ṭèdj* Vin de raisin

የማር ፡ ጠጅ *yemàre ṭèdi* Hydromel

በተህ *bétèha* Vin entre le moût et sec

ደረቅ ፡ ጠጅ *derèk ṭèdj* Vin sec

ብርዝ *bîrze*, ጉሽ *goùch* Moût

ብቅል *bikìle* Malt

ብርዝ *bîrze* Le premier ingrédient de la bière

ጠላ *ṭella* Bière

አረቂ *areki* Liqueur

ቡን *boùne*, ቋህ *kouha* Café

ምሳ *miça* Dîner

እራት *iràte* Souper

ቁርስ *kource* Déjeuner

መቆያ *meko-yà* Le goûter

ጉርሻ *gourcha* Bouchée

ማዕ *madd* Repas

ግብር *guibire* Dîner d'apparat

Degrés de parenté.

ባል *bàl* Mari

ምሽት *michte* Femme

ልጅ *lij* Enfant

አባት *abbàte* Père

እናት *innate* Mère

ወንድም *wèndjmm* Frère

እት *ite* Soeur

አያት *aiate* Grand père, grand mère

ቅማት *kimate* Bisaïeul, -e

የልጅ ፡ ልጅ *yelij-lij* Petit-fils, petite-fille

የወንድም ፡ ልጅ *yewèndjim lij*, የት ፡ ልጅ *yéte lij* Neveu, nièce

ያጎት ፡ ልጅ *yagote lij* Cousin, -e (enfant de l'oncle)

ያክስት ፡ ልጅ *yaquiste lij* Cousin, -e (enfant de la tante)

የንጀራ ፡ ልጅ *yendjera lij* Beau-fils, belle-fille

የጡት ፡ ልጅ *yetout lij* Enfant adoptif

ያደራ ፡ ልጅ *yadera lij* Enfant protégé

የክርስትና ፡ ልጅ *yecristinna lij* Filleul, -e

የክርስትና ፡ አባት *yecristinna abbate* Parrain

የክርስትና ፡ እናት *yecristinna innate* Marraine

የንጀራ ፡ አባት *yendjera abbate* Beau-père

የንጀራ ፡ እናት *yendjera innate* Belle-mère

የጡት ፡ አባት *yetoute abbate* Père adoptif

የጡት ፡ እናት *yetoute-innate* Mère adoptive

የጡት ፡ ልጅ *yetoute lije* Enfant adoptif

አጎት *agouéte* Oncle

አክስት *aquiste* Tante

ዘመድ *zemède* Parent

ዝምድና *zimdinna* Parenté

ግቢ *guibbi* Mariage

አገቡሽ *ague'ouche* Parent par alliance

እጮታ *itchota* Fiançailles

እጮት *itchite* Fiançailles

እጮኛ *itchogna* Fiancé, -e

ሙሽራ *mouchirra* Nouveau marié, nouvelle mariée

አማት *amate* Beau-père, belle-mère

አማች *amatche* Beau-frère

ዋርሳ *oirça* Belle-soeur

የልጅ ፡ ባል *yelij-bale* Gendre

የልጅ ፡ ምሽት *yelij michte* Bru

ወላድ *wellade* Prolifique

መካን *mecane* Stérile

እርጉዝ *irgouze* Enceinte, grosse

አራስ *arace* Accouchée

እምጫት *immitchate* Mère qui allaite

አዋላጅ *aoiladj* Sage-femme

አጥቢ *atvi*,

ሞግዚት *mogzite* Nourrice

ሞግዚት *mogzite* Tuteur, -trice

ሙጫ *moutcha*,

ጠቢ *tevi* Nourrisson

ጓጓን *hilsane* Enfant

ሽል *chile* Foetus

Parties du corps humain.

አክል *acal,* ሰውንት *cëounnele,*

ገላ *guela* Corps

እራስ *irace* Tête

ጭንቅላት *tchinkillate* Tête

አናት *anate* Crâne

ናላ *nala* Cervelle

ግንባር *guimbare* Front

ፈት *fite,*

መልክ *mèle,* Visage, Figure

ጉንጭ *goùntch* Joue

ዓይን *dïne* Oeil

ሽፋሽፍት *chifachifte* Cil

ቅንድብ *kindive* Sourcil

አፍንጫ *afintcha* Nez

አፍ *af* Bouche

ከንፈር *quenfère* Lèvre

ጥርስ *tirce* Dent

የውሻ ፡ ጥርስ *yeoucha tirce* Dent canine

መንጋጋ *mèngaga* Mâchoire

ምላስ *miláce* Langue

አንቃር *ankáre* Palais

ጉረሮ *gourerò* Gorge

አገጭ *aguètch* Menton

ጺህም *tcihime,* ጢም *time.*

እሪዝ *irize* Barbe

ጠጉር *tegouire* Cheveu

ጆሮ *djoro* Oreille

አንገት *anguète* Cou

ጫንቃ *tchanka* Épaule

ጀርባ *djerva* Dos

ወገብ *weguève* Taille

ሆድ *hòde* Ventre

ደረት *derète* Poitrine

ጡት *toûte* Mammelle

ብብት *bibbite* Aisselle

ክንድ *quinde* Bras

እጅ *idj* Main

እጣት *itate* Doigt

አውራ ፡ እጣት *aoura-tate* Pouce, orteil

ጥፍር *tifire* Ongle

ጭን *tchine* Cuisse

ጉልበት *gouletate* Genou

ባት *bate* Mollet

እግር *iguîre* Pied

ቁር ፡ ጭምጭሚት *kourtchimtchi-mite* Cheville

አጥንት *atinte* Os

ጅማት *djimmate* Nerf

ልብ *libbe* Coeur

ሳንባ *çamba* Poumon

ጉበት *goubbète* Foie

አንጀት *andjete,*

ታልማ *talma* Boyau

ጣፊአ *taffia* Rate

አሞት *amòte,*

ሐሞት *hamòte* Fiel

ኩላሊት *coulalite* Rognon

ጨጓራ *tchèggoirra* Entrailles

ሥጋ *çiga* Chair

ደም *dème* Sang

ትንፋሽ *tịnſache* Haleine, soufſle
ወዝ *wèze*, ላብ *lire* Sueur
ቃል *kịle*, ድምጥ *dịmịle* Voix
ነፍስ *neſſce*, ነብስ *nèvce* Âme

አእምሮ *aïmịrò*, እውቀት *ļou-kịïe* Raison, intelligence
ጠባይ *ļeraï* Caractère

Hiérarchies civiles, militaires et ecclésiastiques [1].

ንጉሥ *nịgouce* Roi
ንጉሠ፡ነገሥት *nịgoucè-nèguèsle* Empereur
ንግሥት *nịguisle* Reine
እቴጌ *ịtèguè* Impératrice
ጃንሆይ *djanhòï* Majesté [2]
አጤ *aļe* Sa Majesté (pas vocatif) [2]
መንግሥት *mènguisle* Royaume, autorité, gouvernement
መንበረ ፡ መንግሥት *mènrerò mènguisle*, መንበረ ፡ ሰሎሞን *mènrerò cèlomòne* Trône
አልጋ *alya* Trône, pouvoir
ዘውድ *zèoude* Couronne
ቤተ፡መንግሥት *bèlè-mènguisle* Cour
ገዢ *guèj* Gouverneur
ግዛት *guịzale* Possession, domaine
ራስ *race* Prince-gouverneur dont la dignité vient après le souverain

ደጃዝማች *dedjazmalch* Général et gouverneur
ፊታውራሪ *filaourari* Chef d'avant-garde
ሊቀመኳስ *likèmèqoice* Aide-de-camp du souverain
ሊጋባ *ligara* Maitre des cérémonies
አጋፋሪ *aggafari* Grand-chambellan
በጅሮንድ *bedjirònde*, Présentateur, Trésorier
አዛዥ *azzaj* Intendant
አሳላፊ *açallaſi* Échanson
ጉልት *goulle* Domaine feudataire, fief
ባለ ፡ ጉልት *balè-goulle* Feudataire
መኰንን *meqouènnịne* Officier, noble
መኳንንት *meqoinịnle* Princes, nobles, officiers

[1] Les dignités et les titres abyssins n'ont pas de rapport avec les dignités et les titres européens. Mais, je note ici les équivalents, en me réservant d'expliquer avec plus de précision ces différentes qualités, dans un autre travail.

[2] On l'emploie toujours pour un Empereur.

የሺለቃ *yechaleka* Chef de mille

ብላታ *blatta* Prince (simple)

አቶ *ato* Monsieur, prince (simple)

ወይዘሮ *weyzerò* Princesse, dame

አበ ጋዝ *arègaze* Général en chef en guerre

ልጅ *lij* Noble

ባሻ *bacha* Espèce de capitaine

ምስለኔ *mislenè* Préfet

እንደራሴ *inderaçai* Représentant

ጥብቅ *tibbik* Commissaire

ተቆጣሪ *tekoitari* Commissaire, contrôleur

ምቅማጥ *mikimmate* Régent

ዳኛ *dagna,*

ወምበር *wèmbere* Juge

አለቃ *aleka* Chef

ባለሟል *balemoil* Page, entourage

ባለቤት *balevète,*

ጌታ *guèta* Maitre

እመቤት *immèvète* Maitresse

አሽከር *achquère* Valet, laquais

የውስጥ ፡ አሽከር *yeouste achquère* Valet de chambre

ደንገጥር *dènguètire* Dame de compagnie·

ጠጅቤት *tèdj-vète* Sommelier

ወጥቤት *wète-vète* Celui qui a soin de la cuisine

ቀራጭ *keratch* Douanier

ነጋድራስ *neggad-race* Chef de la douane

ጭቃ *tchika* Maire

በረኛ *berrègna* Portier

ከልከይ *que'caï* Portier, garde

ዘበኛ *zevègna* Garde nocturne

መልክተኛ *melictegna* Courrier

ሰላይ *sellaï* Espion

ጠጅ ፡ መልከኛ *tedj-melquegna* Grand sommelier

ሥጋ ፡ መልከኛ *ciga-melquegna* Chef des bouchers d'une maison princière

በጋማች *bèggamatch* Boucher

ጠባቂ *tebbaki* Garde, gardien

እጨጌ *itchègué,* አጼጌ *atcegué* Le chef suprême du clergé et, souvent le confesseur de l'empereur

መምሕር *mèmhre* Chef d'un sanctuaire

ሊቀ ፡ ከህናት *likè-cahinate* Chef du clergé après l'Itchégué (clergé séculaire); chef des Eglises moins important d'une provinces

ቄሳጢ *kéçati* Chapelain principale de la cour impériale

አበምኔት *avemnète* Abbé, chef des moines d'un sanctuaire

እመምኔት *immèmnète* Abbesse

አለቃ *aleka* Chef (clergé séculaire) d'une cathédrale; titre honorifique dû aux gens lettrés

መሪጌታ *meriguéta* Maitre et directeur des chants ecclésiastiques

ገበዝ *guerèze* Curé
ሊቀረዕ *likerède* Administrateur d'un couvent
መጋቢ *meggari* Fournisseur économe d'un couvent
መጨኔ *melcêhné* Vice-directeur des cérémonies d'une cathédrale
ቄስ *kées* Prêtre
መነኰሴ *menegouicé* Moine
አቃቢ *akkari* Sacristain
መበለት *merellête* Nonne
ድንግል *dinguîl* Vierge
ካህን *cahîne* Clergé
የነብስ ፡ አባት *yenecce abbate* Confesseur
አመካሪ *amercari* Néophite
ደብተራ *devtera* Docteur
ሊቅ *lik* Savant
ምሁር *mihoûre* Erudit
መምሕር *memhîre* Professeur
አስተማሪ *astemari* Maitre
ተማሪ *temari* Étudiant
ዲአቆን *diakone* Diacre
ጻፊ *lafi,* ጸሐፊ *tcehafi* Écrivain
ሰዓሊ *seali,*
ስዕል ፡ ሳይ *siil-şaï* Peintre
ተሟጋች *temoigalch* Avocat
ጠበቃ *teceka* Avocat défenseur
ዋስ *oice* Garant
ተያዥ *teyaj* Répondant
ሀኪም *haquim,*
አዋቂ *aoiki* Médecin
ባለመድኀኒት *balèmedhanite* Pharmacien

ጠንቋይ *tenkoiy* Sorcier
ባላገር *balaguere* Bourgeois
ወታደር *welladère* Militaire
ጨዋ *tcheoi* Civil
ገጠርጭ *guelerilchè* Paysan
ቆፋሪ *koffari* Laboureur
አራሽ *arache* Agriculteur
ነጋዴ *neggadé* Marchand
አጣሪ *alari,* ሸቃጭ *chékalch* Colporteur, Mercier
ዘላን *zellane* Nomade
እረኛ *irregna* Pasteur
አንጠረኛ *anleregna* Orfèvre
አንጣጭ *anlalch* Tourneur
አናጢ *anali* Menuisier
ቅርጥ ፡ ቀራጭ *kirl keralch* Sculpteur
ደብናንስ *devenança,* ጠቢብ *levive,* ቀጥቃጭ *kelkalch,* ብረት ፡ ቀጥቃጭ *birete kelkalch* Forgeron
ፋቂ *faki* Tanneur
ሸማኔ *chemmané* Tisserand
ፈላሻ *felacha,* ሸሀላ ፡ ሰሪ *chéhlaceri,* አቃርሽ *akarché* Briquetier
ነሀስ ፡ ናሽ *nehave nache,*
ገንቢ *guenbi* Maçon
ኮረጅ ፡ ሰሪ *coretcha cefi* Sellier
ሰሪ *cefi* Tailleur
ጠላፊ *lelafi* Brodeur
ጫኝ *tchagn,* ጎረዴማን *gouéredémane* Chargeur
መሪ *meri* Guide
ተከታይ *lequellaï* Escorte

አሽከር *achquere* Domestique
ሎሌ *lolé* Servant
ገረድ *guerele* Servante
ተገዢ *teguej* Dépendant,
ጋሽጃግሬ *gachadjagré* Écuyer
ለጓሚ *leggoimi* Valet d'écurie
ወጠሰራ *weļéceri* Cuisinier, -ère
አጣቢ *aļari* Blanchisseur
ባለጀልባ *balé-djelba* Batelier

ታንኮኛ *tancogna* Batelier indigène
መንገደኛ *menguédègna,*
ጉዳነኛ *gouedanègna* Voyageur, passant
ጉዳና *gouedana* Chemin, route
መንገድ *menguéde* Chemin, voyage

Meubles d'une maison et utensiles.

ቤት *béte* Maison
አዳራሽ *addarache* Palais
ግንብ *guimbe* Château
ጎጆ *godjo* Cabane
ድንኳን *dinquoine* Tente
ምድጃ *midjdja* Foyer
ማንደጃ *mandedja* Foyer, soufflet
ወናፍ *wenaf* Soufflet
ጐልጫ *goullitcha* Trépied
ድስት *disle* Marmite (petite)
ምንቸት *mintchele* Marmite
ወጭት *weļchile* Casserole de terre cuite
ሰታቴ *celalé* Large casserole
በገፌጅ *beguéfèdj* Large poêle
ማንካ *manca* Cuiller
ማማሰያ *mammaceya* Gâche
ቁርፊ *kourfi* Cuiller, pochon à pot
ገብድይ *zivdiy* Écuelle, cuvette
ገበታ *guevela,* ቆሬ *koré* Bassin
ዋዴኣት *oidiale* Grand bassin

ማዲጋ *madigga* Récipient
ግንቦ *guembo* Amphore
መንቀል *menkéle* Petite amphore
ፈቀን *fikéne,*
አክፋይ *accafaï* Récipient
አሳዳሪ *açaddari,* Récipient, jarre
ጋን *gane* Grand récipient, jarre
ገልዳ *guelda* Cuve, tonneau
ጅበና *djirena,*
ኩስኩስት *couscousle* Cafetière
ሰን *cenne* Broc, cruche
ብርት *bîrle* Bassin
ምጣድ *miļade,* መገጎ *meguego* Disque de terre cuite pour cuire le pain
ሙግድ *moügde,* አከምባሎ *aquembalo* Couvercle de disque de terre cuite
ጦሰብ *mocève* Panier
ጦሰፊኣ *moreffia* Couvercle de panier
አገልገል *aguelguil* Petit panier

ሙዳይ *moudaï* Très petit panier

መክደኛ *mecdegna* Couvercle

መግላሊት *meglalite* Couvercle de poêle

ስዴቃ *cedeka* Table

ስሀን *chane* Assiette

ስኒ *cini* Tasse

ፍንጃል *findjale* Tasse, ecuelle

ጠርሙስ *termouce* Bouteille

ብርሌ *brillé* Bouteille ronde

ብርጭቆ *birtchiko* Verre

መለኪያ *me'ecquia* Petit verre

ጥንቻ *ointcha* Verre de corne

ጥዋ *tioi* Verre de terre cuite

ሹካ *choucca* Fourchette

ማንካ *manca* Cuiller

ካራ *carra* Couteau

ሰንጢ *senti* Canif

መቁረጫት *mekouiretchile,*

መቀስ *mekece* Ciseaux

መስተሀት *meslehate* Miroir

ስዕል *cil* Tableau

ቁልፍ *kolf* Serrure

መክፈቻ *mecfetcha* Clef

ሰአት *ceate* Montre

ቃጭል *katchile* Clochette

መረዋት *merčoite* Cloche

መስቀል *meskéle* Croix

ጥና *tina,* ጹና *tsina* Encensoir

ጻውላ *daoulla* Sac

ቀረጢት *keretile* Petit sac

ስልጅ *sillitcha* Outre

አቆማዳ *akomada* Grand outre

ሳጥን *satine* Malle, caisse

አልጋ *alga* Lit

ዞፋን *zoufane* Grand lit

ድንክ *dine* Sopha

መከዳ *mequedda* Coussin

ትራስ *tirace* Oreiller

ምንጣፍ *mintafe* Tapis

ዝጋዥ *zigādja* Grand tapis

ወላንሳ *welança* Tapis fin et moelleux

ግብረመርፈ *guivrèmerfé* Tapis commun

ጅንዲ *djèndi,* ላም እነት *lamjnéte* Peau bien tannée pour dormir, ou pour s'asseoir

ፍጣል *fittal* Natte, estère belle et fine

ጻውዣ *daoudja* Estère

አቡና *atèna* Natte de bambou écrasé

ሰርፍ *sèrf,*

ፍራሽ *firrache* Matelas

ወንበር *wembère* Chaise

መጋረጃ *meggaredjá* Rideau

አጎበር *agorère* Baldaquin

አልጋቤት *alga-rete,* አልጋ ጎር *alga goiro* Chambre à coucher

ማጀት *madjéte* Garde-manger

ልጅቤት *ljlj-rèle* Cachette

ወጥቤት *wètje-vele* Cuisine

ጠጅቤት *tedj-rèle* Cave

እልፍኝ *ilfign* Maison particulière des maîtres

አዳራሽ *addarache* Maison pour recevoir les visites, équivalent à la salle de réception ou à la salle à manger en Europe

አይጠየፍ *aïtèyéf* Maison équivalent à la salle d'attente

Habillements, bijoux, décorations eco.

ሸማ *chèmma* Toge

ቀጭን ፡ ሸማ *keļchine chèmma* Toge fine

ጃኖ ፡ ሸማ *djano chèmma* Toge avec une bande rouge

ድርብ *djrrire*, ቆሬ *koïrè* Toge avec une bande en soie bigarrée

ኩታ *couta* Toge simple, employée au Choa

በለሴ *belèvi*, የጃ *yedja*, ሰጣጣ *seļiļa* Toge très ordinaire

ነጠላ *nèļèla* Toge non doublée

ልብስ *livce* Habit

ሱሪ *sourri* Pantalon

እጅጠባብ *idjé-ļebbare* Chemise d'homme, avec les manches étroites

እጅሰፊ *idjé-reffi* Chemise avec les manches larges

ቀሚስ *kèmïce* Robe

ልባልብ *libbalva* Caleçons de femme

ሹራብ *chourrave* Tricot

የገላ ፡ ሹራብ *yéguéla chourrave* Tricot, maillon

የጅ ፡ ሹራብ *yèdj chourrave* Gant

የግር ፡ ሹራብ *yéguire chourrave* Bas

ድግ *digue* Ceinture

መቀነት *mekennète* Ceinture de femme

ቆብ *kôve* Chapeau, calotte

ባርኔጣ *barnéļa* Chapeau de paille

መጥምጥሚኣ *meļemļèmia* Turban

ክብስ *quibbice* Coiffure de turban

ጫማ *ļchamma* Souliers

መጫሚኣ *meļchamia* Chaussure

ኮፍ ፡ ጫማ *kouf-ļchamma* Souliers de maroquin, portés par les princesses et par les dignitaires du clergé

የፈረንጅ ፡ ጫማ *yeferèndj ļchamma* Souliers à l'européenne

አጥፊ *alļé* Tunique de peau de marmotte mégissée

ዳባ *dabba* Manteau de peau d'antilope, dont s'habillent les mendiants

ደበሎ *derelô* Pelisse de peau de mouton naturel et préparé dont s'habillent les étudiants

ጌጥ *guéļe* Ornements

ድሪ *dri* Collier, chaine fine

ቀለበት *keļevile* Anneau

በለፊርጥ ፡ ቀለበት *balèfèrļe keļevile* Bague

ጠልሰም *teleme* Collier

ክታብ *ctabe* Collier, talisman

የግር ፡ ክታብ *yeguire ctabe* Espèce de bracelet, que les femmes portent à la cheville

አልቦ *alvo* Espèce de collier que les femmes portent à la cheville

እርባን *irvane* Filigrane

ጉትቻ *goulitcha* Boucle d'oreille

ወለባ *weleva* Épingle à cheveux

ሚዶ *mido* Peigne

ሽልማት *chillimate* Décoration

ልሻን *lichane* Décoration à l'européenne

መስቀል *meskèle* Croix

ቀሚስ *kemice* Chemise en soie que les souverains ou les princes donnent, comme marque de distinction, à leurs subalternes

ከባ *cabba* Manteau

በርኖስ *bernoce* Manteau, capote imperméable

አጎዛ *agoza* Espèce de petit mantelet de peau de mouton

ቃባ *kava* Mantelet de peau avec le poil

ለምድ *lemde* Espèce de mantelet de peau ou d'étoffe, porté spécialement par les militaires

ጥልፍ ፡ ለምድ *tilflemde* Espèce de mantelet d'étoffe de soie, découpé à dentelure et brodé

ግስላ *guissilla* Espèce de mantelet de peau de panthère

አንበሳ *anvessa* Espèce de mantelet de peau de lion

አፋሮ *affarro* Crinière, dont les guerriers sont coiffés

ቀልቤ *kelvé,*

ጭምብል *tchimbile* Bandeau

ኩፍታ *coufta* Bonnet

የወርቅ ፡ ኩፍታ *yewerk coufta* Espèce de casque de métal, porté par les guerriers

ከለቻ *quellelcha* Petit casque de métal, porté par les guerriers

ራስ ፡ ወርቅ *race-wèrk* Espèce de petite couronne portée par les principaux Ras

ዘውድ *zéoude* Couronne

ቻሚ *tchammé* Garniture de fourreau de sabre en métal

ሙጣ *moula* Garniture en filigrane d'argent doré, à la pointe du fourreau du sabre

ለሚጣ *lomila* Espèce de petite pomme de métal placée à la pointe du fourreau

ቢተዋ *bitevi* Espèce de manille ou brassard, porté par les guerriers

ጋሻ *gacha* Bouclier

ጣፋ *lafa* Garniture en métal d'un bouclier

ዝናር *zinnare* Giberne

Races humaines, religions et nations.

ኤኡሮፓ *eourópa* Europe
ግብጽ *guíetçe* Orient
ምስር *miçire* Egypte
ኢትዮጵያ *Ityopya* Ethiopie
ኢየሩሳሌም *ieyérouçalème* Jérusalem
አረብ *arève* Arabie
ቱርክ *toure* Turque
መስኮብ *mèscôre* Russie
ኢጣልያ *Italia* Italie
ፈረንሳ *frènça* France
እንግሊዝ *Inglise* Angleterre
እነምሳ *Inémça* Autriche
አበሻ *acècha* Abyssinie; Abyssinien [1]
እስጥንቡል *Istjmboul* Constantinople
ፓሪስ *farice* Paris
ሮሜ *romé, Romé* Rome
ቤተልሔም *bélèljhéme* Bethléem
ሀንደ *hinde* Inde
አርመን *armène* Arménie

ፈረንጅ *fèrènlj* Européen
ግብጻዊ *guietsaoui* Oriental
ጥቁር *likour* Nègre
ነጭ *nélch* Blanc
ኢትዮጵያዊ *ityopyaoui* Éthiopien
አረብ *arève* Arabe
ቱርክ *toure* Ture
መስኮብ *mèscôre* Russe [1]
ኢጣሊኣ *italia* Italien [1]
ፈረንሳዊ *fèrènçaoui* Français
እንግሊዝ *inglise* Anglais
ነምሳዊ *nèmçaoui* Autrichien
ክርስቲያን *crjstiyane* Chrétien
እስላም *islime* Musulman
አህዛብ *ahizàre* Païen
አረመኒ *arèméni* Barbare
ሃይማኖት *haimanôte* Religion
ግሪክ *gric* Grèce, grec
ጀርመን *djermène* Allemagne, Allemand
አርመን *armène* Arménien

Saisons, jours, temps ecc.

በጋ *bega* L'été
ክረምት *crèmte* L'hiver
ክረምት ፡ ጥቢ *crèmte tibbi* Le printemps
ለቋ ፡ ግቢ *léko gibbi* L'automne
ወርህ *wèrh* La saison

ጥር *tirr* Janvier
ኤካቲት *èccatite* Février
መጋቢት *mèggavite* Mars
ሚኣዝያ *miazya* Avril
ግንቦት *guinvôte* Mai
ሰኔ *sené* Juin

---

[1] On peut dire aussi የ.... ፡ አገር ፡ ሰው « l'homme de tel pays » ecc.

ሐምሌ hamlé Juillet
ነሐሴ néhacé Août
መስከረም mesquerème Septembre
ጥቅምት ṭikimte Octobre
ህዳር hidare Novembre
ታህሳሥ tahiçace Décembre
ዓመት améte An
ወር wère Mois
ሳምንት samminte,
ሰሞን semòne Semaine
ቀን kène Jour
ሌት léte, ሌሊት lélile Nuit
ንጋት nigáte L'aube
ጎህ goh L'aurore
ማለዳ malèda Le matin
እረፋድ irèffade Avant-midi
ቀንእኩል kène-icoul Midi
ማታ mata Soir
ሌት-እኩል léte-icoul Minuit
መዓልት mèdlte Journée
ሰአት cèate L'heure
እኩል ፡ ሰአት iccoul cèate Une demi-heure
እሩብ ፡ ሰአት irouce cèate Un quart d'heure
ደቂቃ dékika Minute
አሥር ፡ ደቂቃ assire dekika Dix minutes
ዛሬ zaré Aujourd'hui
ትላንት tlante Hier
ከትላንት ፡ በፊት teltlante befile Avant-hier
ነገ negué Demain

ተነግ ፡ በስተኋ tènègue bestia Après demain
አምና amna L'année passée
ዘንድሮ zèndirò Cette année
ሰኞ cègno Lundi
ማክሰኞ macsegno Mardi
እረቡ irèbou Mercredi
ሐሙስ amouce Jeudi
አርብ árve Vendredi
ቅዳሜ kidamè Samedi
እሁድ ihoude Dimanche
በል bál Le jour de fête
ሥራ cira Un jour ouvrable
ጦም ṭòme Le jour de jeûne, le jour maigre
ብሉት billote Le jour gras
ግዝረት guizrète La Circoncision
ልደት lidéte Noël
ሰብሰገል cèracèguèle L'Epiphanie
ኩዳዴ cuodadé, አውራ ፡ ጦም aoura ṭòme Le carême
ደብረ-ዘይት decrezéite La mi-carême
ሆሣዕና hòça-ina Le dimanche des Rameaux
ሕማማት himamate La semaine sainte
ጸሎተ-ሐሙስ tsèlotè-hamouce Le jeudi saint
ስቅለት sikléte Le vendredi saint
ፋሲካ facica Pâques
እርገት irguéte L'Ascension

ፍልሰታ *fi'cètà* L'Assomption
ትንሣኤ *tiṇçaè* La Résurrec-
tion
ሥላሴ *siḷḷaçai* La Trinité

አውዳመት *aoudamète* Grande
fête
ዓመት-በል *amète-ral* Grande
fête

Conditions morales de l'homme (joie, affliction ecc.) et maladies.

ሀዘን *hazène* Affliction
ችጋር *tchiggare* Misère
ድህነት *dihinnète* Pauvreté
ስንፍና *siṇfinna* Faiblesse
ጭንቀት *tchinkète* Angoisse
ሕማም *himame* Maladie
ቃታ *kata* Un asthme
ነቀርሳ *nekerça,*
ሙሽሮ *mouchiro* Tubercule
ቁስል *kouçl* Une plaie
ትቅማጥ *likmate* La diarrhée
ቁርጠት *kourṭète* Douleur de
ventre
ነስር *nèçh e* saignement de nez
ስብራት *sibirate* Une rupture
ተስቦ *teçico* Une épidémie
ቡግንጅ *bouguîndj* Un furon-
cle
እከክ *iḳuec* La gale
እንቅርት *inkirte* Un goitre
ቡቃ *bouka* Une hernie
ደዌሥጋ *dèouè-ciga* La lèpre
እብጥ *ivèṭe* Une tumeur
ድንቆርና *diṇkourinna* La sur-
dité
ጻፍንት *dafinte* La myopie
ፍልጠት *fiḷṭète* Un mal de tête

ጥልቅልቅታ *ṭiḷiklikta* Une nau-
sée
ኩፍኝ *coufign* La petite vérole
ውጋት *ougàte* Une piqûre
ጉንፋን *gounfàne* Un rhume
ሳል *çàl* La phtisie, toux
ግርሻ *guircha* Une rechûte
የጉደፍ *yègoudif* La rougeole
ፋቅ *fak* Un sanglot
ጥለት *ṭiḷète* Une tache
ምጥ *miṭe* Mal d'enfantement
እንክሊስ *anquèlice* Une scarla-
tine
ጥርስ ፡ ቁርጥማት *ṭirce kourṭi-
mate* Mal de dents
ቁርጥማት *kourṭmate* La goutte
ቂጥኝ *kiṭigne* La syphilis
ጨረጥ *tchevete* Gonorrhée
ሽፍፍታ *chififta* Une éruption
ምጣት *miṭate* La fièvre
ንዳድ *nidade* La fièvre mala-
rique
እንቅጥቅጥ *inkiṭkiṭe* La fièvre
intermittente
ክትባት *quiḷḷivate* La vaccine
እንክስና *inquisinna* Le boite-
ment

ጉብጠት *goueṭète* Une bosse
ከሳት *quiçàte* La maigreur
እንባ *inva* Les pleurs
ለምጥ *lèmṭe* La lèpre, cicatrice
ግካዜ *liccazé* La douleur
አሳብ *açave* La méditation
እርሀብ *irhave* La famine
እርሀብ *irhave, irave* La faim
ጥማት *ṭimate* La soif
ብድር *biddire* Une dette
ጠብ *ṭève* Un litige
ክርክር *quiriquire* Une dispute
ሙግት *mougguite* Une discus-
sion
ውርርድ *ourirride* Une gageure
ንዴት *niddéte* Une rage
ቁጣ *koulla* Une colère
በቀል *békèle* Une rancune
ቅጣት *kiṭate* Une punition
ንቀት *nikéte* Le mépris
ኩራት *courate* L'orgueil, la
fierté
ንፍግት *nifguéte* L'avarice
እፍረት *ifréte* La honte
ደስታ *déssità* La joie
ሳቅ *çak* Le rire
ጨዋታ *tchèoita* L'amusement
ዜፋን *séfène* Le chant
ድምጥ *dimṭe* La voce
ሀብት *havte* La fortune
ጠጋ *ṭègga* L'opulence
ከብረት *quivrète* La richesse
ክብር *quivre* L'honneur
ማጫ *maṭcha* Une dot
ግቢ *guibbi* Le mariage

ጥጋብ *ṭigave* L'abbondance, la
satiété
ወዳጅነት *wedadjinnète* L'amitié
ፍቅር *fikire* L'amour; l'amitié
እብለት *iblète* Le mensonge
እውነት *iounète* La vérité
ቂም *kime* La vengeance
ቅጣት *kiṭate* La condamnation
እስራት *issirate* L'emprisonne-
ment
እብደና *ivdinna* L'aliénation,
la folie
መድኀኒት *mèd-hanite* Le re-
mède
መርዝ *merze* Le poison
እርጅና *irdjinna* La vieillesse
በሽታ *bèchita* L'infirmité
ኑዛዜ *nouzazé* Le testament
ውርሽ *ourcha* L'héritage
ጠረሞት *ṭarèmôte* L'agonie
ሞት *môte* La mort
እሬሳ *iréça, réça* Le cadavre
መቃብር *mèkavire* Le tombeau
ፍታት *fitate* L'absoute
ስክር *sicare* L'ivresse
ክፋት *quifate* La méchanceté
ቅናት *kinate* La jalousie
ስምም *simimm* La concorde
እርቅ *irk* La paix
ምሕረት *mih-erète* La grâce
ጉብዝና *gouvzinna*, ቁንጅና
koundjinna La jeunesse
ትህትና *lihitinna* La politesse
ልግስና *liguicinna* La géné-
rosité

ጥርጥር *ṭiriṭṭire* Le doute
እምነት *imnéte* La confiance
ክንደት *quihidète* L'apostasie
ጠባይ *ṭèbaï* Le caractère
እንቅልፍ *inkilf* Le sommeil
እረፍት *irèfte* Le repos
ጥንቃቄ *ṭinkakè* La prudence

ድል *dil* La victoire
እርታታ *irtata* Le gain (procès, pari)
ብልሀት *bilhate* L'intelligence
ስንፍና *cinfinna* La paresse
ብርታት *birtale* La force

Armée et parties.

ጦርነት *ṭorinnète* Une action
ሰራዊት *cèraouite* Armée
ውጊአ *ouguia* Une bataille
ሰልፍ *cèlf* Une ordonnance, rang
ሽብር *chibire* Une alarme
መድፈኛ *mèdfegna* L'artillerie
ፈረሰኛ *fèrècègna* La cavalerie
እግረኛ *igrègna* L'infanterie
ድብቅ ፡ ጦር *dibik-ṭòre* Un corps de réserve
ደጀን *dèdjène* L'arrière-garde
ፊታውራሪ *fitaourari* L'avant-garde
አደጋ *adaga* Un assaut inopiné, un guet-apens
ማጭር *malchare* Une attaque
ክተት *quitète* L'appel
ክቶት *quètelè* Un contingent
መክበብ *mecvèce* Entourage, blocus
በለጦር *balèṭôre,*
በለጋሽ *balègacha* Lancier
ጉዞ *gouzo* Une marche lente
ግሥግሥ *guisguèça* Une marche longue

ሰፈር *cèfère* Un campement
ተኩስ *tècuce* Une canonnade
ተኩስ *tèqouice* Une fusillade
ዘመቻ *zèmétcha* Expédition
ነፍጠኛ *nefṭègnā* Le fusilier
መድፍ *mèdf* Le canon
ጠበንጃ *ṭèbèndja* Le fusil
ቃታ *kata* Le chien
ሰደፍ *cèdèfe* La crosse
ቃታ *kata* La détente
መመላከቻ *memmelaquetcha* Le guidon, mire
መደቅደቂአ *mèdèkdèkia* Le tire balle
ነፍጥ *néfṭe* Une arquebuse
አረር *arère* La balle
ጥይት *ṭiyite* La cartouche
ባሩድ *baroude* La poudre à canon
ዝናር *zinnare* Une cartouchière
ድንኳን *dinquoine* La tente
ጋሽ *gacha* Bouclier
ዘረፋ *zerefa* Pillage
ሰለባ *cèlèva* Les trophées
ምራኪ *mirraqui* Le butin

ሰንደቅ ፡ አላማ *cendèk alama* Une bannière

ወረራ *wèrèra* L'invasion

ምርኮ *mirco* Reddition

ስለላ *sillela* Reconnaissance

ሽሽት *chichète* Retraite

ግብት *guivate* Manoeuvre

ምሽግ *michigue* Une forteresse

እርድ፡ *irde* Une tranchée

መሀላ *mèhala* Le serment

ክዳት *quidate* Trahison

ክዳተኛ *quèddategna* Le traître

እስር *icire* Prisonnier

ድል *dil* Victoire

ምርኮኛ *mircogna* Les arrêts

ተኲሽ *tequoiche* Le tirailleur

አላማ *alama* Le but, la cible

ተቸናፊ *tèlchènnafi* Vaincu

አስቸናፊ *astchènnafi* Victorieux

ቁስል *koucil* Une blessure

አቁሳይ *akou!çaï* Celui qui blesse

ቁስለኛ *koucelègna* Le blessé

እርቅ *irk* La paix

ሰገባ *ceguèca* Le fourreau

ጎራዴ *gouèradé* Le sabre

ቾተል *cholèle* Un cimeterre

ሰይፍ፡ *cèyf* Une épée

ብትን ፡ እርሳስ *bittine irçace* Le plomb

መክደ *mècde* La garde de l'épée

መጨበጫ *mèlchavèlcha* La poignée

ጉዶ *gouddo* Une dague

ስለት *cilèle* Le fil, tranchant

ሽጉጥ *chigoute* Un revolver

መሳሪአ *mèssaria* Arme

ወላጋ *welaga* La poignée

Adjectifs qualificatifs.

አፈሉ *afèlè* Joyeux, -euse

ችክ *tchicco* Ennuyeux, -euse

አይጠጋሽ *aïtèdache* Mécontent, -e

መንፈሳዊ *mènfeçaoui* Pieux

መጥዋች *mètoitche* Charitable

ቁጡ *kouttou* Sévère

አዛኝ *azagne* Pitoyable

ደጋፊ *dèggafi* Protecteur, -trice

ጨካኝ *tchèccagn* Cruel

ነባይ *nèraï* Honnête

ቀጣፊ *kètafi* Malhonnête

ትሁት *tihoule* Humble

ኩሩ *courou* Orgueilleux, -euse

እርጉ *irgou* Calme

እብድ፡ *irde* Fou, folle

ዝምተኛ *zimmitègna* Taciturne

አፈኛ *afègna* Bavard, -e

አፋር ፡ አፋራም *affare, affarame* Timide

ቀሬ *kirè* Effronté

ታዛዠ *lazzoje* Obéissant, -e

እብይ *ibbouy* Désobéissant, -e

እውነተኛ *iounetègna* Sincère

አባይ *avaï* Menteur, -euse
የዋህ *yèoihe* Naïf, -ve
ውዱ *oudde* Cher, -e
እርካሽ *iriccache* Bon marché
መራራ *merara* Amer, -ère
ጣፋጭ *tafatch* Doux, -douce
አሽሟጣጭ *ach-moitatch* Médisant, e
ጥንቁቅ *tinkouk* Prudent, -e
ክብ *quîbb* Rond, -e
ጠፍጣፋ *teftaffa* Plat, -e
ጠንከራ *tèncarra* Fort, -e
ሰነፍ *cènèfe* Faible
ደረታም *dèrètame* Trapu
ቀጭን *ketchine* Maigre
ማለፊአ *malèfia* Beau, -belle
ግም *guîme* Laid, -e
ትልቅ *lilîk* Grand -e
ትንሽ *tinniche* Petit, -e
ወፍራም *wèfram* Gras, -se
ከሳዋ *quèssaoua* Exténué
እሪዝም *irizame* Barbu
ቡሀ *bouha* Chauve
ጉተና *goulena* Huppé
ሽማግሌ *chimaguillé* Vieillard
ባልቴት *baltèle* Vieille
ሽበታም *chivètame* Chenu, -e
ታላቅ *lallak* Majeur, -e
ታናሽ *tannach* Mineur, -e
እረጅም *iredjim* Haut, -e
አጭር *atchire* Bas, -se
እረጅም *irèdjime* Long, longue
አጭር *atchire* Court, -e
ሰፊ *cèffi* Large
ጠበብ *tebbare* Étroit, -e

ቅንት *kinnile* Sobre
ሆዳም *hôdame* Grand mangeur, -geuse
ቀናተኛ *kennategna* Jaloux
እርጉም *irgoûm* Maudit, -e
ቡሩክ *bourouc,*
የተባረከ *yèlèvarrequé* Bénit
ለስላሳ *lèslassa* Deux,
ሽክሽክ *chic-chic* Lâche
ምት *mile* Épais, -se (étoffe)
ጥልቅ *tilk* Profond, -e
እርኩስ *ircouce* Profane
ግማታም *guimatam* Puant, -e
ቅርናታም *kirnatame* Fétide
ንጡህ *nitouh* Propre
ጥሩ *trou* Net
ሰክር *cèccare* Soûl
እድፋም *idfame* Sale
ጎባጣ *gorata* Bossu
ደፍጣጣ *dèftatta* Camus
ደካማ *dècama* Invalide
ማለፊአ *malèfia* Beau, belle, charmant, -e, très bon
መልካም *mèlcame* Bon, -ne
ተወዳጅ *tèwèddadj* Aimable
ሽንቅጥ *chinkile* Avenant, -e
ውብ *oùre* Joliet
ድንቅ *dink* Agréable, joli
ክፉ *quifou* Mauvais, -e
ተጉተተምታሚ *tègouilemlami* Grogneur, -euse
አጉረምራሚ *agouremrami* Murmurant, Boudeur, -e
አድናቂ *adnaki* Admirateur, -trice

ና� naki Méprisant, -e
ሰባኪ cevaqui Flatteur, -euse
ደላይ dellaï Attrayant, -e
ተኮራፊ tecorrafi Chatouilleux, -euse
ታይ tchaï Patient, -e
አዋቂ aoiki Savant, -e
ወረተኛ wèrètègna Inconstant, -e
የታመነ yètamène Fidèle
እሙን imoune Fidèle (m.)
ተሳዳቢ tèçadavi Insolent, -e
ባለጌ baleguè Grossier, -ère
ቀላዋጭ kelaoitch Escroc
ሸውራራ chèourarra Louche
ግድ ፡ የለሽ guidd-yèllèche Nonchalant, -e
ግዙፍ gvizouf Gros, matériel
እረቂቅ rèkik Subtil
ደቃቃ dèkaka Mince
ሸካራ chècara Rude
ፈሪ fèri Peureux, -euse

ደፋር deffare Courageux, -euse
ስስታም cissilâme Gourmand
ንፉግ nifougue Avare
ጭጋራ tchèggarra Difficile
ቀናህ kènnahe Facile
ጥብቅ tjrk Dur, -e
ገር guère Tendre
ብስል bicil Mûr, -e; cuit, -e; intelligent, -e
ሊቅ lik Savant
ደንቆሮ denkoró Ignorant, -e, sourd, -e
ተሸቀንዳሪ lèch-kèndari Dameret
ተኮራሪ tècourari Vaniteux, -euse
ተከበርባሪ tèccervari Blagueur
አልቃሽ alkach Pleureur, -euse; Pleurant, -e; Pleurard, -e
ዘፋኝ zèfagn Chantant, chanteur, -euse

Nombre Cardinaux.

አንድ ande Un
ሁለት houlèlle Deux
ሶስት ceausle Trois
አራት aralle Quatre
አምስት ammisle Cinq
ስድስት ciddiste Six
ሰባት cèvalle Sept
ስምንት cimminle Huit
ዘጠኝ zèlègne Neuf
አስር assire Dix

አስራ ፡ ሀንድ asra-hande Onze
አስራ ፡ ሁለት asra-houlèlle Douze
አስራ ፡ ሶስት asra ceausle Treize
አስራ ፡ አራት asra aralle 14
አስራ ፡ አምስት asra ammiste 15
አስራ ፡ ስድስት asra ciddiste 16
አስራ ፡ ሰባት asra cèvalle 17

እሥራ ፡ ስምንት *asra simminte* 18

እሥራ ፡ ዘጠኝ *asra zéṭègne* 19

ሀ ou ሀያ *ha* ou *hiya* 20

ሀያ ፡ ሀንድ *hiya hande* 21

ሀያ ፡ ሁለት *hiya houlètte* 22

ሀያ ፡ ሶስት *hiya ceauste* 23

ሀያ ፡ አራት *hiya aratte* 24

ሀያ ፡ አምስት *hiya ammiest* 25

ሀያ ፡ ስድስት *hiya ciddèste* 26

ሀያ ፡ ሰባት *hiya cèvatte* 27

ሀያ ፡ ስምንት *hiya cimminte* 28

ሀያ ፡ ዘጠኝ *hiya zéṭègne* 29

ሰላሳ *cèlaça* 30

ሰላሳ ፡ ሀንድ *cèlaça hande* 31 etc.

አርባ *arva* 40

አርባ ፡ ሀንድ *arva hande* 41

አምሳ *amça* 50

አምሳ ፡ ሀንድ *amça hande* 51 ecc.

ስልሳ *cilça* 60

ስልሳ ፡ ሀንድ *cilça hande* 61, ecc.

ሰባ *cèva* 70

ሰባ ፡ ሀንድ *cèva hande* 71

ሰማኒኣ *cèmania* 80

ሰማንያ ፡ ሀንድ *cèmania hande* 81

ዘጠና *zéṭèna* 90

ዘጠና ፡ ሀንድ *zéṭèna hande* 91

መቶ *mètô* 100

ሁለት ፡ መቶ *houlètte mètô* 200

ሶስት ፡ መቶ *ceauste mètô* 300

ecc. ecc,

ሺህ *chih* 1000

ሁለት ፡ ሺህ *houlètte chih* 2000

አሥር ፡ ሺህ *assire chihe*,

እልፍ *ilf* 10,000

ሀ ፡ ሺህ *ha chihe*,

ሁለት ፡ እልፍ *houlètte ilf* 20,000

ሰላ ፡ ሺህ *cèlaça chihe*,

ሶስት ፡ እልፍ *ceauste ilf* 30,000

አርባ ፡ ሺህ *arva chihe*,

አራት ፡ እልፍ *aratte ilf* 40,000

አምሳ ፡ ሺህ *amça chihe*,

አምስት ፡ እልፍ *ammiste ilf* 50,000

ስልሳ ፡ ሺህ *cilça chihe*,

ስድስት ፡ እልፍ *ciddiste ilf* 60,000

ሰባ ፡ ሺህ *cèva chihe*,

ሰባት ፡ እልፍ *cèvatte ilf* 70,000

ሰማንያ ፡ ሺህ *cèmania chihe*,

ስምንት ፡ እልፍ *cimminte ilf* 80,000

ዘጠና ፡ ሺህ *zéṭèna chihe*,

ዘጠኝ ፡ እልፍ *zéṭègne ilf* 90,000

መቶ ፡ ሺህ *mètô chihe*,

አሥር ፡ እልፍ *assire ilf* 100,000

እንድ ፡ መሊዎን *inde mélione*,

መቶ ፡ እልፍ *mètô ilf* 1,000,000

ሁለት ፡ መሊዎን *houlètte melione* 2,000,000.

Pronoms personnels

Avertissement. — Les lecteurs de ce manuel ne prononceront jamais nasalement aucun mot amharique lorsq'ils trouveront des voyelles accompagnées de *n*, *m*, car le son nasal en amharique n'existe point.

Nominatif

እኔ	*inè*	Je, moi	እሱ	*issou*	Il, lui
አንተ	*anlè*	Tu, toi (*m.*)	እሷ	*issoi*	Elle
አንቺ	*antchi*	Tu, toi (*f.*)	እኛ	*igna*	Nous
አንቱ	*antou*	Vous [1]	እናንተ	*innanlè*	Vous
እርስዎ	*irčèò*	Vous [2]	እነሱ	*innèssou*	Ils *ou* elles

AVOIR.

አለኝ ፡ የለኝም *allègne, yèllègnimm* J'ai, je n'ai pas [3]

አለህ ፡ የለህም *allèhe, yèllèhimm* Tu (*m.*) as, tu n'as pas

አለሽ ፡ የለሽም *allèche, yèllèchimm* Tu (*f.*) as, tu n'as pas

አለሁ ፡ የለሁም *allèhou, yèllèhoumm* Vous avez, vous n'avez pas

አለዎ ፡ የለዎም *allèò, yèllèòmm* Vous avez, vous n'avez pas

አለው ፡ የለውም *allèou, yèllèoumm* Il a, il n'a pas

አላት ፡ የላትም *allate, yèllatimm* Elle a, elle n'a pas

አለን ፡ የለንም *allènnè, yèllènnémm* Nous avons, nous n'avons pas

አላችሁ ፡ የላችሁም *allatchihou, yèllatchihoumm* Vous avez, vous n'avez pas

አላቸው ፡ የላቸውም *allatchèou, yèllatchèoumm* Ils ont, ils n'ont pas

Exercices.

ወዳጅ ፡ አለኝ *wèdadje allègne* J'ai (un) ami

ጠላት ፡ አለህ *tèlate allèh* Tu as (un) ennemi

ደጋፊ ፡ አለሽ *dègafi allèch* Tu as (*f.*) (un) protecteur

---

[1] On l'emploie pour personnes âgées et pas trop haut placées.

[2] On l'emploie pour les personnes d'un rang élevé.

[3] En amharique il n'est pas nécessaire d'employer souvent les pronoms personnels dans les conjugaisons des verbes, étants suffisantes les formes (désinences) pronominales.

መሪ ፧ አለህ· *mèri allëhou* Vous avez (un) guide
አስተርጓሚ ፧ አለዎ *astèrgoimi allëo* Vous avez (un) interprète
አዳኝ ፧ አለው· *adagn alleou* Il a (un) sauveur
ጠበቃ ፧ አላት *lecëka allàte* Elle a (un) défenseur
ጌታ ፧ አለን *guela allënnè* Nous avons (un) maitre
ምቀኛ ፧ አላችሁ· *mikègna allatchihou* Vous avez (des) adversaires
እውቂአ ፧ አላቸው· *ioukia allatchëou* Ils ou, elles ont (des) connaissances.

Negatif.

እገዝ ፧ የለኝም *agaje yëllëgnimm* Je n'ai pas (un) aide
መካሪ ፧ የለህም *mècari yëllëhimm* Tu n'as pas (un) conseilleur
ዘመድ ፧ የለሽም *zèmède yëllëchimm* Tu (f.) n'as pas (de) parents
ሃይማኖት ፧ የለሁም *haïmanòte yëllëhoumm* Vous (sg.) n'avez pas (de) religion
ሰላይ ፧ የለዎም *sèllaï yëllëòmm* Vous (sg.) n'avez pas (un) rapporteur, espion
ጥገ ፧ የለውም *liggue yëllëoumm* Il n'a pas (d')appui
ሀብት ፧ የላትም *hàvte yëllatim* Elle n'a pas (de) fortune
ብልሀት ፧ የለንም *bil-hàte yëllènnèmm* Nous n'avons pas (d')intelligence
ገንዘብ ፧ የላችሁም *guènzère yellatchihoumm* Vous n'avez pas (d')argent
ባልንጀሮች ፧ የሏቸውም *baljndjëròlch yëlloïtchëoumm* Ils n'ont pas (des) compagnos.

Exercices.

ፈረስ ፧ አለኝ *fèrèce allëgn* J'ai (un) cheval
ላም ፧ አለህ *làme allëh* Tu as (une) vache
ፍየል ፧ አለሽ *fiyèle allëch* Tu (f.) as (une) chévre
በግ ፧ አለህ· *bègue allëhou* Vous (sg.) avez (des) moutons
ግመል ፧ አለዎ *guimèle allëò* Vous (sg.) avez (des) chameaux
አንደ ፧ አህያ ፧ አለው· *ànde ahiya allëou* Il a (un) âne
ውሾች ፧ አሏት· *wouchòlch alloïte* Elle a des chiens
ድመት ፧ አለን *djmmète allënnè* Nous avons des chats

3

ዶሮ ፡ አላችሁ፡ *doró allatchihou* Vous avez des poulets
በቅሎ ፡ አላቸው፡ *béklò allatchèou* Ils ont des mulets
ጥጃ ፡ አላቸው፡ *tjdja allatchèou* Elles ont des veaux
አሣ ፡ አለን *aça allènnè* Nous avons des poissons.

Négatif.

ብር ፡ የለኝም *birre yèllègnimm* Je n'ai pas de thalers
ወርቅ ፡ የለህም *wèrk yèllèhimm* Tu n'as pas d'or (*m.*)
ብረት ፡ የለሽም *birète yèllèchimm* Tu n'as pas de fer (*f.*)
ናስ ፡ የለሁም *nàce yèllèhoumm* Vous n'avez pas de cuivre
ጦር ፡ የለኦም *tòre yèllèomm* Vous n'avez pas de lance (*sg.*)
ሰይፍ ፡ የለውም *cèyf yèllèoumm* Il n'a pas d'épée
መቀረጫት ፡ የላትም *mèkourètchile yèllatimm* Elle n'a pas de ciseaux
ጠበንጃ ፡ የለነም *tèrèndja yèllènnèmme* Nous n'avons pas de fusils
መሳሪክ ፡ የላችሁም *méssaria yèllatchihoumm* Vous n'avez pas d'armes
ጥይት ፡ የላቸውም *tjyite yèllatchèoumm* Ils n'ont pas de cartouches
አዳራሽ ፡ የላቸውም *addarache yèllatchèoumm* Elles n'ont pas un palais
ቤት ፡ የለነም *bèle yèllènnèmme* Nous n'avons pas de maisons

Exercices.

አንተ ፡ ስራ ፡ የለህም *antè sjrà yèllèhimm* Tu n'as pas une occupation
አንቺ ፡ እረፍት ፡ የለሽም *antchi jrèfte yèllèchimm* Tu n'as pas de tranquillité, repos (*f.*)
አንቱ ፡ ጌጥ ፡ የለሁም *antou guètje yèllehoumm* Vous n'avez pas de bijoux
እርሶም ፡ ከብቶች ፡ የሎምም *jrcèò quèrtòtche yèllouòmm* Vous n'avez pas de bestiaux
እሱ ፡ ሳጥን ፡ የለውም *issou çatjne yèllèoumm* Il n'a pas de malles
እሷ ፡ እቃ ፡ የላትም *issoi jka yèllatimm* Elle n'a pas d'objets
እኛ ፡ ጊዜ ፡ የለንም *igna guizè yèllènnimm* Nous n'avons pas de temps

እናንተ ፡ ሰአት ፡ የላችሁም *innanlè rèile yèllatchihoumm* Vous
n'avez pas de montres

እነሱ ፡ ሰአት ፡ የላቸውም *innessou rèile yellatcheoumm* Ils n'ont
pas d'horloges

እነሱ ፡ መርፌ ፡ የላቸውም *innessou mèrfè yèllatchèoumm* Elles
n'ont pas d'aiguilles

Imparfait.

ቂም ፡ ነበረኝ *kime nèbèrègn* J'avais de la haine

ቂም ፡ ነበረህ *kime nèbèrèh* Tu avais des vengeances

ወረታ ፡ ነበረሽ *wèrrèta nèbèrèch* Tu (*f.*) avais de la reconnais-
sance

እፍረት ፡ ነበረብህ *ifrèle nèbèrèbihou* Vous aviez de la honte

እርሶም ፡ ብድር ፡ ነበረብዎ *irèô biddire nèbèrèbiô* Monsieur, vous
aviez une dette

እሱ ፡ እውነት ፡ ነበረው *issou iounèle nèbèrèou* Il avait raison

እሷ ፡ በደል ፡ ነበረባት *issoi bèdèle nèbèrèbbate* Elle avait tort

ልግሥና ፡ ነበረን *liguicinna nèbèrènnè* Nous avions de la géné-
rosité

ክፋት ፡ ነበረባችሁ *quifàle nèbèrèbbatchihou* Vous aviez de la mé-
chanceté

ንፍገት ፡ ነበረባቸው *nifguèle nèbèrèbbatchèou* Ils avaient de l'a-
varice

ርህራኄ ፡ ነበራቸው *rihrahè nèbèrèbbatchèou* Elles avaient de la
pitié

Négatif.

ኃይል ፡ አልነበረኝም *haïl alnèbbèrègnimm* Je n'avais pas la force

ስንፍና ፡ አልነበረብህም *cinfinna alnèbèrèbbihimm* Tu n'avais pas
de faiblesse, de paresse

አንቺ ፡ ስልጣንም ፡ አልነበረሽ *ankhi cilţanimm alnèbbèrèch* Tu
(*f.*) n'avais pas de facultés

እርሶም ፡ ግድ ፡ አልነበረብዎም *irèô guidd alnèbbèrèbiômm* Vous
n'aviez pas d'obligation

እሱ ፡ ንዴት ፡ አልነበረበትም *issou niddéle alnèbèrèbbètjmm* Il n'avait pas d'irritation

እዒ. ፡ እመል ፡ አልነበረባትም *issoi amèle alnèbèrèbbatjmm* Elle n'avait pas de défauts

ቅናት ፡ አልነበረብንም *kjnate alnèbèrèbjnnèmm* Nous n'avions pas d'envie

ችሎታ ፡ አልነበረንም *tchilota alnèbèrènnèmm* Nous n'avions pas de pouvoir

ሰውነት ፡ አልነበራችሁም *cèounnèle alnèbèratchihoumm* Vous n'aviez pas d'humanité

ልብ ፡ አልነበራቸውም *ljbb alnèbèratchèoumm* Ils n'avaient pas de mémoire (*sg.*)

ወርደት ፡ አልነበረባቸውም *wourdèle alnèbèrèbbatchèoumm* Elles n'avaient pas l'humiliation

ÊTRE.

እኔ ፡ ነኝ ፡ አይደለሁም *jnè nègn, aïdellèhoumm* Je suis, je ne suis pas

አንተ ፡ ነህ ፡ አይደለህም *antè nèh, aïdellèhèmm* Tu (*m.*) es, tu n'es pas

አንቺ ፡ ነሽ ፡ አይደለሽም *antchi nech, aïdellèchjmm* Tu (*f.*) es, tu n'es pas

አንቱ ፡ ነሁ ፡ አይደለሁም *antou nèhòu, aïdellèhoumm* Vous êtes, vous n'êtes pas

እርሶም ፡ ነዎ ፡ አይደሉም *jrcèo nèò, aïdelloumm* Monsieur, ou, Madame, vous êtes, vous n'êtes pas

እሱ ፡ ነው ፡ አይደለም *jssou nèou aïdèllèmm* Il est, il n'est pas

እዒ. ፡ ናት ፡ አይደለችም *jssoi nale, aïdèllèlchimm* Elle est, elle n'est pas

እኛ ፡ ነን ፡ አይደለንም *jgna nènnè, aïdèllènèmm* Nous sommes, nous ne sommes pas

እናንተ ፡ ናችሁ ፡ አይደላችሁም *jnnantè natchihou, aïdellatchihoumm* Vous êtes, vous n'êtes pas (*pl.*)

እነሱ ፡ ናቸው ፡ አይደሉም *jnnessou natchèou, aïdèlloumm* Ils sont, ils ne sont pas.

Défauts des organes et qualités morales, physiques, etc.

ደንቆሮ ፡ ነኝ *dènkorò nègn* Je suis sourd

ድዳ ፡ ነህ *djdà nèh* Tu es muet (*m.*)

ተጉተምታሚ ፡ ነሽ *tegoutèmtami nèch* Tu es (*f.*) grogneuse

ብስቤኽ ፡ ነሁ *bjçitchou nèhòu* Vous êtes nerveux (*sg.*)

እሳቂ ፡ ነዎ *assaki nèò* Monsieur, ou, Madame, vous êtes plaisant, -e

ጠርጣሪ ፡ ነው *tèrtari nèou* Il est supçonneux

እወላዋይ ፡ ናት *awèlaoiy nate* Elle est perplexe

ናቂዎች ፡ ነን *nakiwòtch nènn* Nous sommes méprisants

የተከበሩ ፡ ናቸው *yètèquèbèrou natchèou* Elles sont respectables

የዋሆች ፡ ነን *yèoihòtch nènnè* Nous sommes ingénieux

ጠንቃቃዎች ፡ ናችሁ *tenkakaòtch natchihou* Vous êtes prudents

ጠንቃቃዎችም ፡ አይደሉ *tenkakaotchimm aïdellou* Ils, ou, elles,
ne sont pas prudents, -tes

አሽሟጣጮች ፡ ናቸው *achmoïtatchotch natchèou* Ils, ou, elles
sont médisants, -tes

መርማሪ ፡ ነኝ *mèrmari nègn* Je suis investigateur

ስነፍ ፡ ነኝ *sènèfe nègn* Je suis faible, paresseux

ፈሪ ፡ ነህ *feri nèh* Tu es poltron

ደፋር ፡ ነሽ *dèffar nèch* Tu es (*f.*) audacieuse

ደፋር ፡ ነሁ *dèffar nèhou* Vous êtes hardi

ኩሩ ፡ ነዎ *courou nèò* Monsieur, vous êtes orgueilleux

ምሩቅ ፡ ነው *mjrrouk nèou* Il ést bénit

እርጉም ፡ ናት *jrgoùm nate* Elle est maudite

ቅን ፡ ናት *kin nate* Elle est docile

ቅንት ፡ ነህ *kjnnjte nèh* Tu es sobre

ቀሬ ፡ ነሽ *krè nèch* Tu es (*f.*) effrontée

ብልሆች ፡ ነን *bjlhòtch nènnè* Nous sommes intelligents, -tes

ደንቆሮዎች ፡ ናችሁ *denkoroòtch natchihou* Vous êtes ignorants

አዋቂዎች ፡ ናቸው *aoikiòtch natchèou* Ils sont savants

ሊቆች ፡ ናቸው *likòtch natchèou* Ils sont savants

ተጣናቋይ ፡ ነው *tètènakoiy nèou* Il est provocant

ተፋቃሪ ፡ ነሁ *tèfakari nèhou* Vous êtes pacifique (*sg.*)

Exercices.

ግምተኛ ፡ አይደለሁም zimmitegna aïdellèhoumm Je ne suis pas
taciturne

ጥንቁቅ ፡ አይደለህም tinkoùk aïdellèhimm Tu n'es pas prudent

አፈኛ ፡ አይደለሽም afègna aïdellèchimm Tu (f.) n'és pas ba-
varde

ግሩ ፡ አይደለሁም mari aïdellèhoumm Vous n'etes pas clément, -e

ጨካኝ ፡ አይደሉም tchèccagn aïdelloumm M.ʳ, ou, M.ᵉ, vous n'ètes
pas impitoyable

ዝግተኛ ፡ አይደለም ziguitègna aïdellèmm Il n'est pas lent

ፈጣን ፡ አይደለችም fèttàne aïdellètchimm Elle n'est pas leste

ሃይማኖተኞች ፡ አይደለንም haïmanotègnòtch aïdellènèmm Nous
ne sommes pas religieux

ከሃዲዎች ፡ አይደላችሁም quèhadiòtch aïdellatchihoumm Vous
n'ètes pas méchants, mécréants

ከዳተኞች ፡ አይደሉም quèddatègnotch aïdelloumm Ils ne sont
pas des traitres

እውነተኛ ፡ አይደለሁም iounnètègna aïdellèhoumm Je ne suis
pas véridique

አባይ ፡ አይደለህም avaï aïdellèhimm Tu n'es pas menteur

አዛኝ ፡ አይደለሽም azagn aïdellèchimm Tu n'es pas pitoyable

ተወዳጅ ፡ አይደለሁም tèweddadj aïdellèhoumm Vous n'ètes pas
aimable

ልብ ፡ ጥኑ ፡ አይደሉም libbè tinou aïdelloumm M.ʳ, M.ᵉ, vous
n'ètes pas rude

በለጌ ፡ አይደለም balèguè aïdellèmm Il n'est pas grossier

የተቀጣች ፡ አይደለችም yètèkettatch aïdellètchimm Elle n'est pas
bien élevée

ጥዎች ፡ አይደለንም mògnòtch aïdèllènèmm Nous ne sommes pas
niais

ወረተኞች ፡ አይደላችሁም werètègnòtch aïdellatchihoumm Vous
n'ètes pas inconstants (pl.)

ችከዎች ፡ አይደሉም tchiccoòtch aïdelloumm Ils, ou elles, ne
sont pas ennuyeux, -euses

ጠንቋዮች ፡ አይደሉም *ţenköiyotch aïdelloumm* Ils ne sont pas sorciers, -res

ነቢይ ፡ አይደለሁም *nèviy aïdellèhoumm* Je ne suis pas prophète

Imparfait.

ደስተኛ ፡ ነበር *dessiţègna nebbère* Il était joyeux

ደስ ፡ ብሎኝ ፡ ነበረ *dess-biloyn nebbèrèJ'étais* content, -e

ከፍቶህ ፡ ነበረ *quêftöh nèbberè* Tu étais mécontent, affligé

አዝንተኛ ፡ ነበርሽ *azèntègna nebbèrch* Tu étais avec douleur, chagrinée

ደንግጠሁ ፡ ነበረ *dènguiţèhou nèbbere* Vous étiez épouvauté, -e

ደክሞው ፡ ነበረ *dècmèou nèbbere* M.ʳ, M.ᵉ, vous étiez fatigué, -e

በርትቶ ፡ ነበረ *bèrtiţò nèbberè* Il était devenu fort

ተርቧ ፡ ነበረ *tèrţca nèbberè* Elle était affamée

ጠግባ ፡ ነበረ *ţègca nèbberè* Elle était rassasiée

ተጠምተን ፡ ነበረ *tèţèmtène nèbberè* Nous étions altérés (de soif)

ታማችሁ ፡ ነበረ *tammatchiou nèbberè* Vous étiez malades

ድነው ፡ ነበረ *djnèou nèbberè* Ils étaient guéris

ወፍረው ፡ ነበረ *weffrèou nèbberè* Elles s'étaient engraissées

ከስተው ፡ ነበረ *quèslèou nèbberè* Elles s'étaient devenues maigres

ደህና ፡ ነበረ *dèhna nèbberè* Il était bien portant

አፋር ፡ አይደለሁም ፡ ነበር *affar aïdellèhoumm nèbberè* Je n'étais pas timide

አፋራም ፡ አይደለም ፡ ነበረ *affarame aïdellèmm nèbberè* Il n'était pas chatouilleur

ኩሩ ፡ አይደለሽም ፡ ነበር *courou aïdellerhimm nèbbere* Vous n'étiez pas orgueilleux

ትንትናግ ፡ አይደለሁም ፡ ነበር *ţihţjnnamma aïdellèhoumm nèbberè* Vous n'étiez pas humble

ተንኮለኛ ፡ አይደሉም ፡ ነበር *tèncolegna aïdelloumm nèbbere* Monsieur, vous n'étiez pas malicieux

መሳቂአ ፡ አይደለም ፡ ነበር *mèçakia aïdellèmm nèbbere* Il n'était pas ridicule

ተናቂ ፡ አይደለችም ፡ ነበር *tènaki aïdellètchimm nèbbère* Elle n'était pas méprisable

ክቡሮች ፡ አይደለነም ፡ ነበር፡ *quirourôtch aïdellenemm nèbbere*
Nous n'étions pas honorables

·ብዙ ፡ አይደለነም ፡ ነበር፡ *bzou aïdellènemm nèbbere* Nous n'étions
pas nombreux

ጥቂቶች ፡ አይደላችሁም ፡ ነበር፡ *likitotch aïdellatchioumm nèbbere*
Vous n'étiez pas peu

ጠጪ ፡ ነበርሁ፡ *tetchi nebbèrhou* J'étais un buveur
ቅን ፡ ነበርህ፡ *kinnite nebbèrh* Tu étais sobre
ሆዳም ፡ ነበርሽ *hodam nebbèrche* Tu étais mangeuse
ስስታም ፡ ነበርሁ፡ *cissitâme nebbèrhou* Vous étiez glouton, -ne
ሸፋጭ ፡ ነበሩ፡ *chèffatch nebbèrou* M.ʳ, vous étiez un trompeur
በደለኛ ፡ ነበረ፡ *bèdèlègna nebberè* Il était coupable
ግፈኛ ፡ ነበረች *guifègna nebberetch* Elle était inhumaine, arrogante
ጡረኞች ፡ ነበርን፡ *tourègnotch nebbèrnè* Nous étions inhumains
በጎዎች ፡ ነበራችሁ፡ *beggoôtch nebberatchihou* Vous étiez bons
ሰካራም ፡ ነበረ፡ *sèccarame nèbberè* Il était ivrogne

Déclination.

<table>
<tr><td colspan="2">Datif.</td><td colspan="2">Génitif.</td></tr>
<tr><td>ለኔ lènè</td><td>à moi</td><td>የኔ yènè</td><td>de moi</td></tr>
<tr><td>ላንተ lantè</td><td>à toi (m.)</td><td>ያንተ yânte</td><td>de toi (m.)</td></tr>
<tr><td>ላንቺ lantchi</td><td>à toi (f.)</td><td>ያንቺ yantchi</td><td>de toi (f.)</td></tr>
<tr><td>ላንቱ lantou</td><td>à vous (sg.)</td><td>ያንቱ yantou</td><td>de vous (sg.)</td></tr>
<tr><td>ለርሶም lerrcô</td><td>à Vous, M.ʳ ou M.ᵉ</td><td>የርሶም yerrcô</td><td>de vous M.ʳ, M.ᵉ</td></tr>
<tr><td>ለሱ lèssou</td><td>à lui, lui</td><td>የሱ yessou</td><td>de lui</td></tr>
<tr><td>ለሷ lèssoi</td><td>à elle</td><td>የሷ yessoi</td><td>d'elle</td></tr>
<tr><td>ለኛ lègna</td><td>à nous</td><td>የኛ yègna</td><td>de nous</td></tr>
<tr><td>ለናንተ lennantè</td><td>à vous</td><td>የናንተ yennantè</td><td>de vous (pl.)</td></tr>
<tr><td>ለነሱ lennessou</td><td>à eux</td><td>የነሱ yennessou</td><td>d'eux</td></tr>
</table>

Accusatif.

እኔን ፡ ይመታኛል *inène ymètagnall* Il bat moi (il me bat)
አንተን ፡ ይጠላሀል *ytèlahall* Il déteste toi (il te déteste)
አንቺን ፡ ይንቅሻል *ynikichall* Il méprise toi (f.) (il te méprise)

አንተን ፡ ያይኃል *yïhoill* Il regarde vous (il vous regarde)

እርሰዎን ፡ ይመርጠዋል *ymerṭèoill* Il choisit vous (il vous choisit)

እሱን ፡ ይንቀዋል *ynïkèoill* Il méprise lui (il le méprise)

እሷን ፡ ያከብራታል *y-aquevratall* Il respecte lui (il la respecte)

እኛን ፡ ያደክመናል *yadeemennall* Il lasse nous (il nous lasse)

እናንተን ፡ ያደኽያችኃል *yadèhèyatchihoill* Il appauvrit (il vous vous rend pauvre)

እነሱን ፡ ያከብራቸዋል *yaquevratchèoill* Il enrichit leur (il les enrichit)

አላደንቃትም *aladenkaṭimm* Je ne l'admire pas

አልጠራሁም *alṭerahïmm* Je ne l'appelle pas

አልወደህኡም *alwèdihoumme* Je ne vous aime pas

አልሰማኅም *alcèmaõmm* Je ne vous écoute pas

አላዋርደውም *alaoirrïdèoumm* Je ne l'abaisse pas

አልቆጣትም *allïkoṭaṭimm* Je ne la reproche pas

አልመርቃችሁም *almerrïkalchihoumm* Je ne vous remercie pas

አልጠረጥራችኡም *alṭèrèṭṭiratchèoumm* Je ne soupçonne pas d'eux

Génitif.

የወዳጄ ፡ አገር ፡ እሩቅ ፡ ነው *yèwèdadjè aguère îrouk nèou* Le pays de mon ami est loin

የንጉሡ ፡ ድንኳን ፡ ሰፊ ፡ ናት *yenïgouçou dïnquoine seffi nate* La tente du roi est large

ያንተ ፡ ወምበር ፡ የወርቅ ፡ ነው *yantè wèmbère yèwèrk nèou* Ta chaise est d'or

ያንቱ ፡ አልጋ ፡ ምቹ ፡ ነው *yantou alga miṭchou nèou* Votre lit est commode

የርሰዎ ፡ ምንጣፍ ፡ የሀር ፡ ነው *yèrcèo mïnṭaf yèharr nèou* Votre tapis est en soie

የሱ ፡ ቤት ፡ ጠባብ ፡ ናት *yessou bète ṭebbare nate* Sa maison (de lui) est étroite

የኛ ፡ አዳራሽ ፡ ትልቅ ፡ ነው *yègna addaraeh lïllïk nèou* Notre palais est grand

የናንተ ፡ ልብስ ፡ አሮጌ ፡ ነው *yennantè lïree aroguè nèou* Votre habit est vieux

የነሱ ፡ ሱሪ ፡ አዲስ ፡ ነው። *yennessou çourri addice nèou* Leurs pantalons sont neufs

ያጎታችን ፡ ምድር ፡ ቅርብ ፡ ነው። *yagolatchine midire kirv nèou* La possession de notre oncle est près

የሀንድ ፡ እርሀብ ፡ ጭንቅ ፡ ነበር *yèhinde irhace tchink nebbère* La misère de l'Inde était terrible

የኛ ፡ ትምርት ፡ ቀሉ ፡ ነበር *yègna timirte kinou nebbère* Nos études étaient faciles

የፈረንጆች ፡ ቋንቋ ፡ ቸጋራ ፡ ነበር *yèfèrèndj koinkoi tchegarra nebbère* Les langages des Européens étaient difficiles

የምድር ፡ ባቡሩ ፡ እረጅም ፡ ነበር *yèmidire bacourou irèdjime nebbère* Le chemin de fer était long

የሰማይ ፡ ኮከብ ፡ ቀጥር ፡ የለውም *yècèmaïou coquère koutire yelèoumm* Les étoiles du ciel sont innombrables

የንጉሡ ፡ ሠራዊት ፡ ልክ ፡ አልነበረውም *yenigouçou sèraouile lice alnebberèoumm* L'armée du roi était immense

ያበሻ ፡ ሰው ፡ ሰው ፡ አክባሪ ፡ ነው። *yacècha sèou sèou accari nèou* La population de l'Abyssinie est respectueuse

የንግሊዝ ፡ ሰው ፡ እርጉ ፡ ነው። *yènglize sèou irgou nèou* La population de l'Angleterre est flegmatique et calme

የስሎሞን ፡ ፍርድ ፡ የተደነቀ ፡ ነበረ *yèrelomone firde yètèdennèkè nebbèrè* La justice du roi Salomon était admirable

የሮማ ፡ ከተማ ፡ ማለፊአ ፡ ናት *yèroma quèlèma malèfia nate* La ville de Rome est belle

የምጥዋ ፡ ሙቀት ፡ አይ ፟ ልም *yemitioi moukèle aïtchalinm* La chaleur de Massaouah est étouffante

የቱርክ ፡ መንግሥት ፡ ጨካኝ ፡ ነው። *yèloure menguiste tchèccagn nèou* Le joug du Turc est impitoyable

ያገሬ ፡ ቆሌ ፡ መልካም ፡ ናት *yaguèrè kollè melcame nate* L'air ambiant et le climat de mon pays sont bons

ያማትህ ፡ መልክ ፡ ግም ፡ ነው። *yamatih melc guime nèou* Le visage de ta belle mère est laid

ያያቴ ፡ እድሜ ፡ እረጅም ፡ ነበረ *yayatè idmè irèdjime nebbèrè* L'âge de mon aïeul fut long

Adjectifs démonstratifs

ይኽ ፡ ወረቀት ፡ የኔ ፡ ነው። *yihè wèrèkète yènè nèou* Ce papier est à moi

እኽ ፡ ብር ፡ ያንተ ፡ ነው። *ihè bîre yantè nèou* Cette plume est à toi

እኽ ፡ መጣፍ ፡ ያንቺ ፡ ነው። *ihè mètaf yantchi nèou* Ce livre est à toi (*f.*)

ይህ ፡ ወምበር ፡ ያንቱ ፡ ነው። *yih wèmbère yantou nèou* Cette chaise est à vous

ይህ ፡ መስተዋት ፡ የርሶ ፡ ነው። *yih mèstèhate yercèo nèou* Ce miroir est à vous

እንዚህ ፡ ልጆች ፡ የሷ ፡ ናቸው። *innèzih lijòtch yessoi natchèou* Ces enfants sont à elle

እንዚአ ፡ ላሞች ፡ የሱ ፡ ናቸው። *innèzia lamòtch yessou natchèou* Ces vaches-là sont à lui

እኔህ ፡ ጃንጥላዎች ፡ የኛ ፡ ናቸው። *innih djantlaòtch yeqna natchèou* Ces parasols sont à nous

እኽ ፡ የገናብ ፡ ጥላ ፡ የናንት ፡ ነው። *ihè yèsjnace tjla yennante nèou* Ce parapluie est à vous

ይኽ ፡ አሳብ ፡ የነሱ ፡ ነው። *yihè açàce yennessou nèou* Cette idée est à eux

Adjectifs possessifs.

አገሬ ፡ እሩቅ ፡ ነው። *aguerè irouk nèou* Mon pays est loin

እናትህ ፡ ባልቴት ፡ ናት። *innatjh ballèle nate* Ta mère est âgée, vieille

ባልሽ ፡ ጀግና ፡ ነው። *balîche djeg-na nèou* Ton mari est brave, courageux

ገረድህ ፡ ግም ፡ ናት። *guèredjhou guîme nale* Votre servante est laide

እጅዎ ፡ ንጹህ ፡ ነው። *idjiò nîtouh nèou* Votre main est propre

ጥርሱ ፡ ነጭ ፡ ነው። *tirçou netch nèou* Ses dents sont blanches

እጣቷ ፡ ለስላሳ ፡ ነው። *italoi leslassa nèou* Ses doigts sont délicats

ክንዱ ፡ ወፍራም ፡ ነው. *quindou wéframe néou* Ses bras sont gros (forts)

ሰውነታችን ፡ ቀጭን ፡ ነው. *seounnétatchine keṭchine néou* Nos corps sont minces

ዓይናችሁ ፡ ማለፊአ ፡ ነው. *aïnatchihou maléfia néou* Vos yeux sont très beaux

ቁመታቸው ፡ እረጅም ፡ ነው. *koumétatchéou irèdjime néou* Leurs statues sont hautes

ጠጉራቸው ፡ ሙሉ ፡ ነው. *ṭegouratchéou moulou néou* Leurs cheveux sont touffus

ደረቴ ፡ ሰፊ ፡ ነው. *dèrèté seffi néou* Ma poitrine est large

ጀርባህ ፡ ጉብጣ ፡ ነው. *djerràh gouèraṭa néou* Ton dos est courbé

ጆሮሽ ፡ ትልልቅ ፡ ነው. *djoroche liḷiḷḷik néou* Tes oreilles sont grandes (larges)

ወገብህ ፡ ቀጭን ፡ ነው. *wéguévîhou keṭchine néou* Votre taille est petite (mince)

ሆድም ፡ ትልቅ ፡ ነው. *hodeô liḷlik néou* Votre ventre est gros

እሳቡ ፡ ደግ ፡ ነው. *açavou degg néou* Ses pensées sont nobles

Adjectifs numéraux cardinaux.

ሁለት ፡ ሽጉጦች ፡ አሉኝ *houlette chigouṭolch allougn* J'ai 2 révolvers

አንድ ፡ ብር ፡ ያወጣል *ànde livre yawèṭall* Il coûte 1 thaler

ሶስት ፡ ሰዎች ፡ ሞቱ *çoste cèôlch moṭou* 3 hommes sont morts

አራት ፡ ልጆች ፡ አሉህ. *aratt liḍjolch alloûhou* Vous avez 4 enfants

አምስት ፡ ቄሶች ፡ መጡ. *ammiste kèṣolch meṭou* Cinq prêtres sont venus

ስድስት ፡ ቀን ፡ ሆነ *siḍḍiste kène honé* Il y a 6 jours

ሰባት ፡ ዓመት ፡ አለፈ. *cevaṭe amèle allèfè* 7 ans sont passés

ስምንት ፡ ቀለበት ፡ ገዛ *simminte kèlecète guezza* Il a acheté 8 bagues

ዘጠኝ ፡ ገረዶች ፡ አሉን *zèṭegn guèvèdôlch allounné* Nous avons 9 servantes

አሥር ፡ ሌባዎች ፡ ተያዙ *assire lèraïtch tèyazou* 10 voleurs sont pris; on a capturé 10 voleurs

አሥራ ፡ ሀንድ ፡ ብርጭቆ *asra-hande birtchiko* 11 vertes

አሥራ ፡ ሁለት ፡ መድፍ *asra-houlelle médfé* 12 canons

ሃያ ፡ ነፍጥ *hiya néflé* 20 fusils

ሃያ ፡ ሀንድ ፡ ሳጥን *hiya-hande çatjne* 21 malles, caisses

ሃያ ፡ ሁለት ፡ ሰረገላ *hiya-houlelle cerèguella* 22 voitures

ሰላሳ ፡ መንኮራኩር *cèlaça mencoracour* 30 roues (d'un char)

ሰላሳ ፡ ሀንድ ፡ መከፈቻ *cèlaça hande mecfètcha* 31 clefs

አርባ ፡ ወስፈ *arva wcsfé* 40 alènes

አርባ ፡ ሀንድ ፡ የዝሆን ፡ ጥርስ *arva-hande yèzjhôn tjrce* 41 défenses d'éléphants

አምሳ ፡ ወቄት ፡ ወርቅ *amça wèkète wèrk* 50 poids d'or

ስልሳ ፡ ክንድ ፡ ግምጃ *cilça quinde guimdja* 60 bras d'étoffe en soie

መቶ ፡ ጣቃ ፡ ድንቲ *melò taka djnti* 100 pièces de mousseline

ሁለት ፡ መቶ ፡ የበሬ ፡ ቆርበት *houlelle melo yèvèrè korvète* 200 peaux de bœufs

ሺህ ፡ ወቄት ፡ ዝባድ *chih wèkète zjvade* 1000 poids de muse

ሁለት ፡ ሺህ ፡ ጣቃ ፡ ሻሽ *houlelle chih taka chach* 2000 pièces de gaze

አንድ ፡ እልፍ ፡ ብር *ànde ïlf birr* 10,000 thalers

መቶ ፡ እልፍ ፡ ጀግና *melo ïlf djegue-na* 1,000,000 de guerriers

አንድ ፡ አሥር ፡ ላሞች ፡ ገዛሁ *ànde assire lamôtch guezzàhou* J'ai acheté une dizaine de vaches

አንድ ፡ ሃያ ፡ ብር ፡ አጠፋ *ànde hiya birre atjeffa* Il a dépensé, il a perdu une vingtaine de thalers

አንድ ፡ አምሳ ፡ ቀን ፡ ሆነ *ànde amça kène hônè* Il y une cinquantaine de jours

Prépositions, adverbes, etc. (locatifs).

ተዚአ *lèzia* Là

በዚአ *bèzia* Par là

ተዚአ ፡ ላይ *lèzia laï* Au dessus de cette chose-là

ተዚአ ፡ ታች *tèzia tatch* Au dessous de cette chose-là

በዚአ ፡ ታች *bèzia tatch* Là bas, au dessous de ce côté-là

በዚአ ፡ በኩል *bèzia beccoul* En cet endroit-là

በዚህ ፡ በኩል *bèzihe beccoul* De ce côté, dans cette direction

ተዚህ ፡ አግድመት *tèzihe agdimète* Dans cette partie, de ce côté

በዚህ ፡ አግደመት *bèzihe agdimète* Par ici, en cet endroit

ወዴት *wèdèle?* Où?

በወዴት *bèwèdèle?* Par où?

ተወዴት *tèwèdèle?* D'où?

ተወዴት ፡ መጣ *tèwèdèle mèțța* D'où vient-il?

ተወዴት ፡ አገር *tèwèdèle aguère?* Dans quel pays?

የወዴት ፡ ነው *yèwèdèle nèou?* De quel pays est-il?

የወዴት ፡ ናት *yèwèdèle nate?* De quel pays est-elle?

ምን ፡ ያደርጋል *mȋn yadergall?* Que fait-il?

ይሰራል *yicèrall?* Travaille-t-il?

ምን ፡ ታደርጋለች *mȋne tadergalletche?* Que fait-elle?

ምን ፡ ይላሉ *mȋne yilallou?* Que disent-ils?

ምን ፡ ታያላችሁ *mȋne tayallatchihou?* Que regardez-vous? (*pl.*)

ምን ፡ ታስበለህ *mȋne tassȋcallehe?* Que médites-tu? (*m.*)

ምን ፡ ትጥፈላችሁ *mȋne țȋțifallatchihou?* Qu'écrivez-vous? (*pl.*)

ምን ፡ ይበላል ፡ እሱ *mȋne yivelall ȋssou?* Que mange-t-il, lui?

ምን ፡ ትጠጣላችሁ *mȋne țȋțȋțțallatchihou?* Que buvez-vous? (*pl.*)

ስለምን *sȋlèmȋne?* Pourquoi? A quelle raison?

በምን ፡ ምክንያት *bemȋne mȋcnȋyate?* A cause de quoi?

በምን ፡ ስበብ ፡ ሞተ *bemȋne cȋvère motè?* A cause de quelle maladie est-il mort?

አልሞተም *almotèmm* Il n'est pas mort

አለሞተችም *almoletchimm* Elle n'est pas morte

እንግዲአስ ፡ መልካም *inguȋliasse mèlcàm* C'est bien alors!

ደህና ፡ ነው *dèhna nèou* Il est bien portant

ደህና ፡ ናት *dèhna nàte* Elle est bien portante

Dérivations des adverbes.

ጻር ፡ ከጻር *dâre; quédare* Limite, bord, lisière, dans la limite

በጻር *bèdâre* Sur le bord

ወደጻር *wèdèdâre* Vers la lisière, vers l'extrémité

ጻር ፡ ለጻር *dâre-ledâre* En suivant la lisière, le bord

ጫፍ ፡ ከጫፍ *tchaf; quétchaf* La pointe, extrémité, sur la pointe, etc.

በጫፍ *betchâf* A l'extrémité, sur la pointe

ወደጫፍ *wedetchâf* Vers l'extrémité, vers la pointe

ጫፍ ፡ ለጫፍ *tchâf letchaf* En suivant l'extrémité, etc.

መሀል ፡ ተመሀል *méhâl, tèmèhal* Le milieu, centre, au milieu,

በመሀል *bemehâl* Dans, ou, au milieu

ወደመሀል *wèdèmèhâl* Vers le centre

መሀል ፡ ለመሀል *mehâl lemehâl* En se tenant au centre au milieu

መካከል ፡ ተመካከል *mècaquèl, tèmècaquèle* Centre, milieu; au centre, au milieu

በመካከል *bemecaquèl* Dans, ou, au milieu

ወደመካከል *wèdèmècaquèl* Vers le centre

መካከል ፡ ለመካከል *mecaquèl lemecaquèl* En se tenant au centre

ውስጥ, ተውስጥ *ousṭe, tèouṣṭe* Dedans, au dedans

በውስጥ *beouṣṭe* En dedans, au dedans

ወደውስጥ *wedeouṣṭe* Vers l'intérieur

ውስጥ ፡ ለውስጥ *ousṭe-lèousṭe* En se tenant au milieu

ውጭ, ተውጭ *oûtch, tèoûtch* Hors, dehors

በውጭ *beoûtch* En dehors, au dehors

ወደውጭ *wedeoûtch* Vers le dehors

ውጭ ፡ ለውጭ *oûtch-lèoûtch* En se tenant au d'hors

እጻሪ ፡ ተጻሪ *iddari. teddarĭ* Hors de la maison, dehors

በጻሪ *beddari* Dehors

ወደጻሪ *wededdari* Vers le dehors

እጻሪ ፡ ለጻሪ *iddari-leddari* En se tenant au dehors

ደጅ, ተደጅ *dedj, tèdèdj* Hors, dehors

በደጅ *bededj* Dans le dehors

ወደደዮ፡ *wèdèdèlj* Vers le dehors
ደዮ ፡ ለደዮ *dèdj-lèdèdj* En se tenant au dehors
ላይ. ተላይ *laï, tèlaï* Sur, au contact de, sur
በላይ *belaï* Au dessus, en dessus
ወደላይ *wèdèlaï* Vers le dessus
ላይ ፡ ለላይ *laï-lèlaï* En se tenant au dessus, en planant
ታች, ከታች *tatch, quètatch* Sous, au dessous
በታች *betatch* En dessous, en bas.
ወደታች *wedetatch* Vers le dessous, vers le bas
ታች ፡ ለታች *tatch-letatch* En suivant le bas
ዙሪአ, ተዙሪአው *zouria, tezouriaou* Autour, alentour
በዙሪአ *bezouria* Tout autour, par tour
ወደዙሪአ *wèdèzouria* Vers la circonférence, autour
ዙሪአ ፡ ለዙሪአ *zouria-lezouria* En suivant le pourtour
ጐን, ተጐን *gouènn, tègouènn* Côté, à côté
በጐን *begouènn* Dans le côté, à côté, sur le côté
ወደጐን *wedegouènn* Vers le côté
ጐን ፡ ለጐን *gouènn-legouènn* Côte à côte
ቅርብ, ተቅርብ *kirr, lèkirv* Près, au près, ici près
በቅርብ *bekirr* Tout auprès, tout près
ወደቅርብ *wedekirv* Vers le voisinage, dans le voisinage
ቅርብ ፡ ለቅርብ *kirv-lekirv* En côtoyant, côte à côte
እሩቅ. ተሩቅ *irouk, tèrouk* Loin, éloigné, dans le lointain
በሩቅ *berouk* Au loin
ወደሩቅ *wèdèrouk* Vers le loin
እሩቅ ፡ ለሩቅ *irouk-lerouk* En distance
ፊት, ተፊት *file, lèfile* Avant, devant
በፊት *befile* En avant, avant
ወደፊት *wedefile* Vers le devant
ፊት ፡ ለፊት *file-lefile* Vis-à-vis de..., en face, face à face
ኋላ. ተኋላ *hoïla, lehoïla* Derrière, arrière, après
በኋላ *behoïla* Sur le derrière, an arrière, après
ወደኋላ *wedehoïla* Vers le derrière
ኋላ ፡ ለኋላ *hoïla-lehoïla* Dos-à-dos

መጀመሪአ. ተመጀመሪአ *medjemméria, lèmedjemméria* Com-
mencement, principe, au commencement

በመጀመሪአ *bémédjemméria* Dans le commencement, au principe

ወደመጀመሪአ *wèdèmedjemméria* Vers le commencement

መጀመሪአ ፡ ለመጀመሪአ *medjemméria-lemedjemméria* À l'o-
rigine

መጨረሻ ፡ ተመጨረሻ *meṭchèrrècha lèmeṭchèrrècha* La fin, sur,
ou, à la fin

በመጨረሻ *bemeṭchèrrècha* Enfin, à la fin, finalement

ወደመጨረሻ *wèdèmeṭchèrrècha* Vers la fin

መጨረሻ ፡ ለመጨረሻ *meṭchèrrècha-lemeṭchèrrècha* En suivant
la fin

Adverbes de quantité et de manière.

ብዙ *bzou* Beaucoup, plusieurs

በብዙ *bevzou* En quantité

በብዙው *bevzou-ou* En quantité, à foison

አያሌ *ayalé* Beaucoup

በያሌ *bayalè* À foison

በያሌው *bayaléou* En quantité, à foison

እጅግ *idjigue* Beaucoup, très

በጅግ *bedjigue* En quantité

በጅጉ *bedjigou* En quantité, à foison

ጥቂት *ṭikite* Peu

በጥቂት *beṭikite* En petite quantité

በጥቂቱ *beṭikitou* En petite quantité

ትንሽ *tinnich* Petit, -e

በትንሽ *betinnich* En petit, -e quantité

በትንሹ *betinnichou* En petit, -e quantité

ቶሎ *tolo, tèlò* Vite, rapidement, tout de suite

በቶሎ *betolo, bètèlò* En toute vitesse

ፍጥነት *fiṭnéte* Vitesse, rapidité, vélocité, promptitude

በፍጥነት *befiṭnéte* Avec promptitude, rapidité

ዝግታ *zigguita* Lenteur

በዝግታ *bezigguïtà* Sans vitesse, sans se presser
ለዝብታ *lèžèrtà* Lenteur, calme
በለዝብታ *bèlèžèrtà* Avec calme, doucement
ቀስታ *kèssïtà* Silence, l'action de faire doucement
በቀስታ *bekessïtà* Doucement, silencieusement, en silence
ችኮላ *tchïccola* Hâte
በችኮላ *betchiccolà* En hâte, avec hâte
ማስተዋል *mastèoil* L'action de faire attention, assiduité
በማስተዋል *bemastèoil* Avec attention, application, réflexion
ዝምታ *zïmmïtà* Silence
በዝምታ *bezïmmïtà* Avec silence, silencieusement
ግድ *guïdd* Bon gré, mal gré
በግድ *beguïdd* Forcément, par force

Adverbes de temps.

እሁን *ahoûn* A présent, tout à l'heure
ኋላ *hoïlà* Après
ነገ *neguè* Demain
ተነገ ፡ በስቲአ *lènèg-bestia* Après demain
ዛሬ ፡ ነገ *zarè; negue* Aujourd'hui; demain
የዛሬ ፡ ሳምንት *yèzarè çammïnte* D'aujourd'hui en huit
የዛሬ ፡ ወር *yèzarè wère* D'aujourd'hui à un mois
የዛሬ ፡ ዓመት *yèzaré amète* Dans un an, d'ici à un an
የዛሬ ፡ አስር ፡ ዓመት *yèzaré assïre amète* D'ici à dix ans
ማታ *matà* Ce soir, soir
ወደማታ *wèdèmatà* Vers le soir
ሌሊት *lèlile*, ou ሌት *lèle* Nuit
ወደሌሊት *wèdè-lèlile* Vers la nuit
ቀን *kène*, መዓልት *mealle* Jour
ወደቀኑ *wèdè-kènou* Plus tard, pendant la journée
ጠዋት *tèoile* La matinée
ወደጠዋት *wèdè-tèoile* Vers le matin et midi
ምሽት *mïchèle* Soir, le coucher du soleil

ወደ ምሽቱ፧ *wèdè-michètou* Vers le soir
ኋላ *hoila* Plus tard, après
ወደ ኋላው *wede-hoilaou* Encore plus tard

Exercices.

እሩቅ ፡ ነው *irouk nèou?* Est-il loin?
እንካን ፡ ቅርብ ፡ ነው *inquoine kire nèou* Non, il est près
ወደ ቀኝ ፡ ነው *wedekègne nèou?* Est-il à droite?
እንካን ፡ ወደ ግራ ፡ ነው *inquoine, wèdègra nèou* Non, il est à
    gauche
ጠባብ ፡ ነው *ṭebar nèou?* Est-il étroit?
እንካን ፡ ሰፊ ፡ ነው *inquoine ceffi nèou* Non, il est large
ድልድል ፡ መሬት ፡ ነው *di'idiï mèrèle nèou?* Est-ce un terrain
    plat?
እንካን ፡ ቀላቀለት ፡ ነው *inquoine, koulkoulèle nèou* Non, c'est
    un précipice
አቀበት ፡ ነው *akerèle nèou?* Est-ce une montée?
እንካን ፡ ሜዳ ፡ ነው *inquoine mèda nèou* Non, c'est une plaine
መስክ ፡ ነው *mesc nèou?* Est-ce un pré?
አይደለም ፡ ዱር ፡ ነው *aïdellemm, doure nèou* Non, c'est un bois
ገቢአው ፡ ወዴት ፡ ነው *gueriaou wèdèle nèou* Où est le marché?
ተፊታችን ፡ ነው *lèfilalchine nèou* Il est devant nous
አደባባዩ ፡ ሰፊ ፡ ነው *addevaraïou ceffi nèou* La place est-elle
    large?
አወን ፡ ሰፊ ፡ ነው *aône ceffii nèou* Oui, elle est large
ሰፈሩ ፡ ወዴት ፡ ነው *cèfèrou wèdèle nèou* Où est le campement?
ወደ ኋላችን ፡ ነው *wedehoilalchine nèou* Il est derrière nous
ከተማው ፡ ተዚህ ፡ እሩቅ ፡ ነው *quètèmaou lèzih irouk nèou?* La
    ville est-elle loin d'ici?
አወን ፡ እሩቅ ፡ ነው *awène irouk nèou* Oui, elle est loin
መንገዱ ፡ እረዥም ፡ ነው *menguèdou iredjime nèou?* La rue
    (route) est-elle longue?
አዎ ፡ እሩቅ ፡ ነው *aô, irouk nèou?* Oui, elle est longue
ቤትህ ፡ ቅርብ ፡ ነው *bèlih kire nèou?* Ta maison est-elle près?

አወን ፡ ቅርብ ፡ ነው። *aône kîre nèou* Oui, elle est près

ደብዳቤው ፡ እረጅም ፡ ነው። *dèrdabèou jrèdjime nèou?* Est-elle longue la lettre?

እንካን ፡ አጭር ፡ ናት *jnquoine atchire nâte* Non, elle est courte

ይሄ ፡ አገር ፡ ሙቀታም ፡ ነው። *yihè aguère moukètame nèou?* Ce pays est-il chaud?

እንካን ፡ ብርዳም ፡ ነው። *jnquoine bjrdame nèou* Non, il est froid

ይሄ ፡ ባሕር ፡ ጠሊቅ ፡ ነው። *yihè bahjre tèlik nèou?* Ce lac est-il profond?

ጥልቅም ፡ አይደል ፡ ቋም ፡ ነው። *tjlkjmm aïdell, koïme nèou* Il n'est pas profond, il est guéable

ምንጭ ፡ አለ ፡ ተዚአ *mjntch allè tezia?* Y a-t-il des sources là?

እንካን ፡ የለም *jnquoine yellemm* Non, il n'y en a pas

ያ ፡ ዛፍ ፡ እረጅም ፡ ነው። *ya zaf jrèdjime nèou?* Cet arbre-là est-il haut?

እንካን ፡ አጭር ፡ ነው። *jnquoine atchire nèou* Non, il est bas

እዪ ፡ አገር ፡ ማን ፡ ይባላል *jhè aguère mâne yibbalall?* Comment appelle-t-on ce pays?

ኢትዮጵያ ፡ ትብላለች *Iliyopjya tjbbalalletch* On l'appelle Ethiopie

Adverbes et prépositions de lieu.

ተዚህ *lèzihe* Ici, d'ici

ተዚህ ፡ ድረስ *lèzihe drèce* Jusqu'ici

ተዚህ ፡ እስተዚያ *lèzihe jstezia* D'ici jusque là

ተዚያ ፡ እስተዚህ *lèzia jstèzihe* De là jusqu'ici

ተላይ ፡ እስከ ፡ ታች *lelaï jsquè-latch* Du haut en bas

ከታች ፡ እስተ ፡ ላይ *quèlatch jstè-laï* De bas en haut

ተዳር ፡ እስተ ፡ መሀል *lèdare jstlè-mehâl* De l'extrémité au centre

ተመሀል ፡ እስተ ፡ ዳር *lèmèhâl jstlè-dare* Du centre à l'extrémité

ተዳር ፡ እስከ ፡ ዳር *lèdare jsquè-dare* D'un bout à l'autre

ዳርቻ *darjtcha* Limite, frontière, confin, fin

ዳርቻ ፡ እስተ ፡ ዳርቻ *darjtcha jstè darjtcha* D'une limite à l'autre

ተዳርቻ ፡ እስተ ፡ ዳርቻ *lèdarjtcha jstè darjtcha* D'un point à l'autre

ተጫፍ ፣ እስተ ፣ ጫፍ *tḝchaf ĭstĕ ̧chaf* Du sommet à la base

መጀመሪኣ *mĕdjĕmmĕria* Commencement, bout

መጀመሪኣ ፣ እስተ ፣ መጀመሪኣ *mĕdjĕmmĕria ĭstĕ mĕdjĕmmĕria* D'un bout à l'autre, d'un commencement à l'autre

መጨረሻ *mḝchĕrrĕcha* Fin

መጨረሻ ፣ እስከ ፣ መጨረሻ *mḝchĕrrĕcha ĭstĕmḝchĕrrĕcha* De la fin à la fin, d'une extrémité à l'autre

ተባሕር ፣ እስታብሽ *tĕbahĭre ĭstabĕcha* De la mer à l'Abyssinie

ጥንፍ ፣ እስተ ፣ ጥንፍ *ĭ̧inf ĭstḝinf* L'étendue, dans toute

ጽንፍ ፣ እስተ ፣ ጽንፍ *̧cĭnf ĭstĕ-̧cĭnf* L'étendue, universellement

ተልጅነት ፣ እስተ ፣ ሞት *tĕlijĭnnĕte ĭstĕ mote* Du berceau à la mort

Prépositions Instrumentales.

በመድፍ ፣ ይዋጋሉ *bemĕdf yĭoiggallou* Ils combattent avec des canons

በመርፌ ፣ ይሰፋል *bĕmĕrfĕ yĭcĕfall* Il coud avec une aiguille

በመቀስ ፣ እቀጻለሁ *bemĕkĕce ĭkĕddallĕhou* Je coupe avec des ciseaux

በመጥረቢኣ ፣ ትቆርጣለህ *bemḝrevia ̧ikoŗallĕhe* Tu (m.) coupes avec une hache

በብር ፣ ትጥፋላችሁ *bȩire ̧i̧ifallatchihou* Vous écrivez avec une plume

በመክፈቻ ፣ ትዝጋለህ *bemecfetcha ̧izegallĕhe* Tu (m.) fermes avec une clef

በገመድ ፣ ታስሪኣለሽ *begwĕmĕde tasriallĕche* Tu (f.) lies avec une corde

በፈረስ ፣ ትሄዳላችሁ *befĕrĕce ̧ihĕdallatchihou* Vous allez à cheval

በካራ ፣ ትመትራለች *becarra ̧imĕtralletch* Elle tranche avec un couteau

በሰይፍ ፣ ይማታሉ *becĕyif yĭmmattallou* Il se battent à l'épée

በግሬ ፣ እሄዳለሁ *begrĕ ̧ihĕdallĕhou* Je marche à pieds

በይናችን ፣ እናያለን *baïnatchine ̧innaïallĕne* Nous voyons avec nos yeux

በፍንጃል ፡ ቡን ፡ ይቀዳል *befindjal boŭne yikèdall* Il verse du café dans la tasse

በብራና ፡ ይጥፋሉ *becịranna yiḷifallou* Ils écrivent sur le parchemin

በድንኳን ፡ ይኖራል *bedịnquoine yinorall* Il vit dans la tente

በጠዋት ፡ ተነሣሁ *bèḷeoile ṭènèssahou* Je me suis levé dé bonne heure

በሌሊት ፡ ነቃን *belélile neckannè* Nous nous sommes réveillés dans la nuit

በልቤ ፡ ብዙ ፡ አሳብ ፡ አለኝ *belịbbé bzou açive allègne* J'ai beaucoups d'idées en tête

በፊትህ ፡ ሰው ፡ መጣ *befilịh cèou meḷḷa* Il vient du monde devant toi

በኋላዬ ፡ ብዙ ፡ ውሻ ፡ ቋሚል *behoilaè bzou oucha koumoill* Il y a des chiens debout derrière moi

ተፊትህ ፡ ድመቶች ፡ አሉ *lefịlịh dịmmètòch allou* Il y a des chats devant toi

ተኋላዬ ፡ ፈረስ ፡ ነበር *lehoilaè ferèce nèbberè* Il y avait un cheval derrière moi

በጠገቤ ፡ አለፈ *baḷèguèvé allèfè* Il est passé tout près de moi

ታጠገቤ ፡ ደረስ *laḷeguèrè derrèvè* Il est arrivé tout près de moi

ተኔ ፡ ዘንድ ፡ አልመጣም *lenè zènde almeḷḷàmme* Il n'est pas venu près de moi

በኔ ፡ በኩል ፡ አላለፈም *benè beccoùl alallèfèmme* Il n'a pas passé de mon côté

ብዙ ፡ ሰራን *bịzou cerranè* Nous avons travaillé beaucoup

በብዙው ፡ በላሁ *becịzou-ou bellàhou* J'ai beaucoup mangé

ሁሉን ፡ ጨረሰው *houllŏine ṭchérrècéou* Il a fini tout

ሁላሁሉን ፡ ጨረስነው *houllahoullŏine ṭchérrèsnéou* Nous avons tout à fait fini

ጥቂት ፡ በላች *ḷịkile bellatch* Elle a mangé peu

በጥቂቱ ፡ ጣፍን *beḷịkilou ḷafnè* Nous avons écrit en peu quantité

Avec.

ታንተ ፡ ጋራ ፡ እመጣለሁ *tanlè gara jmetallèhou* Je viens avec toi

ብቻህን ፡ ትበላለህ *bjtchahjne tjrelallèhe* Tu (*m.*) manges tout seul

ተኛ ፡ ጋር ፡ ትነጋገራላችሁ *tègna gàre ljnnegaguerallatchihou*
Vous causez avec nous

ተሷ ፡ ጋር ፡ ይከራከራል *tessoua gàre yicquèraquèrall* Il dispute
avec elle

Sans, excepté.

አለ ፡ ጨው ፡ ምግብ ፡ ሁሉ ፡ መልካም ፡ አይደለም *alè tchèou mj-
gujve houllou melcam aïdellèmm* Les aliments ne sont pas
bons sans le sel

መድፍ ፡ አለባሩድና ፡ አለ ፡ አረር ፡ እንደ ፡ ማንላቸውም ፡ እንጨት ፡
ነው *mèdf alevaroudjnna alè arère jndè-manjllatchooùmm
jntchète nèou* Le canon sans poudre et sans boulet est
comme un bois sans valeur

ተኔ ፡ በቀር ፡ ሰዉ ፡ ሁሉ ፡ ሀብታም ፡ ነው *tenè bekèrre rèou houl-
lou havtàme nèou* Excepté moi tout le monde est riche

ተእግዚአብሔር ፡ በቀር ፡ ሁሉ ፡ አላፊ ፡ ነው *lejgziavhère bekerre
houllou alafi nèou* Tout passe, excepté Dieu

ተእግዚአብሔር ፡ በቀር ፡ ሁሉ ፡ ፍጡር ፡ ነው *lejgziavhère bekerre
houllou floure nèou* Excepté Dieu, tout a été créé

ተሞት ፡ በቀር ፡ ሁሉ ፡ ያረጃል *temòte bekèrre houllou yarejtiall*
Tout vieillit, excepté la mort.

Et.

እኔና ፡ አንተ ፡ አንድ ፡ ነን *jnénna antè ànde nènne* Moi et toi
sommes égaux

አንተና ፡ አባትህ ፡ ትጽፋላችሁ *antènna abbatih tjtjfallatchihou*
Toi (*m.*) et ton père écrivez

እኛና ፡ እነሱ ፡ ስምም ፡ ነን *jgnanna jnnessou sjmimm nènnè*
Nous et eux sommes d'accord

እሷና ፡ እሱ ፡ ወዳጆች ፡ ናቸው *jssouanna jssou wedadjòtch natchè-
ou* Elle et lui sont amis

እኛና ፡ እናንት ፡ ተጣልተናል *ĭgnanna ĭnnante lèṭallènalle* Nous et vous nous sommes en colère.

Exercices.

ተቤት ፡ ሰው ፡ አለ *lecète c̕ou allè* Y a-t-il du monde dans la maison?

ተብርጭቆው ፡ ጠጅ ፡ አለ *leṭĭrṭchikŏou tèdj allè* Y a-t-il du vin dans le verre?

ተዱሩ ፡ እንበሳ ፡ አለ *ledourou anvessa allè* Y a-t-il des lions dans le bois?

ተሳጥኑ ፡ ብር ፡ ነበረ *leçaṭnou bĭrre nèbberè* Il y en avait de thalers dans la caisse

ተብሕሩ ፡ አሣ ፡ አለ *levahĭrou aça allè* Il y a des poissons dans la mer

ከገናሩ ፡ ጥይት ፡ ይኖር ፡ ይሆነ *quezĭnnarou ṭiyile yinŏr yihoṇe* Est-ce qu'il y a des cartouches dans la giberne?

ከመድፉ ፡ አረር ፡ ይኖር ፡ ይሆነ *quèmedfou arère yinŏr yihone* Y a-t-il des boulets dans le canon?

ተመርከቡ ፡ ምን ፡ አለ *lemerquevou mine allè?* Qu'y a-t-il dans le bâtiment?

ምንም ፡ የለበት *mĭnnimm yèllèbbele* Il n'y a rien

ተጠርሙሱ ፡ አረቂ ፡ የለም *leṭèrmouçou areki yellèmme* Il n'y a pas de liqueur dans la bouteille

ተመከከላችን ፡ ነበር *lemecacquèlalchine nèbberè* Il était parmi nous

ተወምበሩ ፡ ላይ ፡ ተቀመጥ *lewemberou lâï lekèmmèṭe* Assieds-toi sur la chaise

ተደጁ ፡ ላይ ፡ ሰው ፡ አለ *lededjou lâï c̕èou allè* Il y a du monde hors la porte

ተደጁ ፡ ላይ ፡ አትቀመጭ *lededjou lâï aḷĭckemèḷche* Ne t'assieds pas sur le seuil de la porte (tu *f.*)

ተመንገድ ፡ ተያየን *lemenguede ḷeyayènè* Nous nous sommes vus en chemin

ተመንገዱ ፡ ላይ ፡ ነበሩ *lemenguedou lâï nèbbèrou* Ils étaient dans la rue

Autorités, oppressions, abus, clémence, etc.

ይገዛል *yiguèzall* Il gouverne
ይዳኛል *yidagnall* Il règne, il juge
ታዝዛለች *tazzizalletch* Elle commande
ትጠይቃለህ *titèyikallèhou* Vous interrogez
በግድ ፡ ትይዛለህ *bèguidd tyizallèhou* Vous obligez
ያዋርዳል *yawoirridall* Il humilie
ትቄጣለህ *tikouèțțallèhe* Tu (*m.*) blâmes, tu grondе
ትወርሻለሽ *tiwerchnllèche* Tu (*f.*) confisques
እንቀጣለን *inkețallène* Nous punissos
ትምሬላችሁ *timirallatchihou* Vous grâciez, pardonnez
ያስራሉ *yasrallou* Ils emprisonnent
ፍርድ ፡ ያወጣሉ *firde yawețallou* Elles rendent la justice
ያንገራግራል *yangueragguirall* Il menace
ትሰድባለች *tisedcallètch* Elle injurie, insulte
እመታለሁ *imètallèhou* Je bats
እንከባለን *inquèbballène* Nous assiégeons
ትከባላችሁ *tiquebballatchihou* Vos entourez
ይታገላሉ *yillagguèlallou* Ils luttent
ይቄርጣል *yikouèrțall* Il mutile
ትቀማለች *tikèmmalletch*, ትንጥቃለች *tinețkalletch* Elle arrache
ታንቃለሁ *tankallèhou* Vous étranglez
ያርዳሉ *yardallou* M.ʳ vous égorgez
ታብርራለህ *tabbarirallèhe* Tu (*m.*) chasses loin
ትገያለሽ *liguèyallèche* Tu (*f.*) tues
እመረምራለሁ *imèrèmmirallèhou* Je m'enquiers
እንዳኛለን *indagnallène* Nous jugeons,
ትገመግማላችሁ *tiguèmègguimallatchihou* Vous jugez, evaluez
ይፈታሉ *yifètallou* Ils absolvent
ይፈቅዳሉ *yifèkdallou* Elles autorisent
ህግ ፡ ያደርጋል *higgue yadergall* ይደነግጋል *yidènègguigall* Il promulgue
ይሾማል *yichomall* Il élit, il nomme

ይሽራሉ *yichirallou* M.r, vous dégradez

ፍርድ ፡ ታጠፋሉ *firde laṭèfalléhou* Vous commettez une injus-
tice

አድሊ ፡ ነህ *adli nèhe* Tu (*m.*) es partial

አታዳየይምም *alladèyimm* Tu (*f.*) es impartiale

La vie.

ወለደ *wèllèdé* Il a procréé

ወለደች *welledetch* Elle a procréé, accouché

ተወለድሁ *tèwèllèdhou* Vous êtes né

አጠባች *aṭebatch* Elle a allaité

ጠባ *ṭèbba* Il est nourri

አሳደገ *açadègou* M.r, M.e a crû, grandi

አደገ *addègou* M.r, M.e, vous avez grandi

መገብን *meguèvnè* Nous avons entretenu

ተመገብን *lèmèguèvnè* Nous sommes nourris, entretenus

አለበሱ *alebèçou* Ils ont revêtu

ለበሱ *lebbeçou* Ils sont habillés

አገባህ *aguebah* Tu as épousé

ተጋባህ *legabah* Tu t'es marié

አገብን *aguèbané* Nous avons épousé

ተጋብን *lègabané* Nous nous sommes mariés

አሰረጉ *acerregou* Ils ont célébré les noces

ተሰረገ *leserregué* La noce est célébrée

ኖረ *noré* Il a vécu

ወፈረ *wèfféré* Il a engraissé

ለማች *lèmmatch* Elle a prospéré, grandi

ተዋለዱ *teoilledon* Ils se sont multipliés

አረጀን *arédjèné* Nous sommes devenus vieux

ተዳከመ *ledaquèmè* Il est devenu très faible

ሞተ *mòté* Il est mort

ቴነጀች *konèdjetch* Elle est arrivée à l'âge de se marier

አረገዘች *areguèzètch* Elle est devenue enceinte

ጐለመሰ *gollemmezè* Il est devenu grand

አበበ *abèvé* Il est devenu florissant

አፈለ *affélé* Il est devenu florissant, gai

ገነዘ *guènnèzé* Il a enveloppé un mort

ተገነዘ *tèguènnèzé* Il est enveloppé (un mort)

ቀበረ *kèbèré* Il a enseveli, enterré

ተቀበረ *tèkèbbèré* Il est enseveli, enterré

Divertissements.

ይዘፍናል *yizefnall* Il chante

ትዘፍናለች *tizefnallelch* Elle chante

ትስቃለሁ *lisikallehon* Vous riez (*sg.*)

ትስቂ ፡ ነበር *liciki nèbbère* Tu riais (*f.*)

ይጫወታሉ *yitchawelallou* M.ʳ, M.ᵉ, vous amusez, conversez

ይጫወቱ ፡ ነበር *yitchawelou nèhbère* Ils s'amusaient

ያላግጣሉ *yallaguilallou* Elles badinent

ያላግጡ ፡ ነበረ *yallaguilou nèbbère* Elles badinaient

ትዋኛላችሁ *livoignallatchihou* Vous nagez (*pl.*)

ትዋኝ ፡ ነበር *livoignou nèbbér* Vous nagiez (*pl.*)

እናድናለን *innaddinallène* Nous chassons (chasse)

እናድን ፡ ነበር *innaddine nèbbère* Nous chassions

ሰንጠረጅ ፡ ይጫወታሉ *sènlèvèdj yitchawelallou* Ils jouent aux échecs

አይጫወቱም *aïtchaweloumm* Ils ne jouent pas

ይጋልባል *yigallivall* Il chevauche

አይጋልብም ፡ ነበር *aïgallivimm nèbbère* Il ne chevauchait pas

ጉግሥ ፡ እጫወታለሁ *gougce ilchawelallehou* Je joue, je m'amuse à cheval

አልጫወትም *alilchawelimm* Je ne joue pas, je ne m'amuse pas

ትዞሩ ፡ ነበር *lizorou nèbbère* Vous vous promeniez

አትዞሩም ፡ ነበር *alzoroumm nèbbère* Vous ne vous promeniez pas

ትተርባለህ *lilerrivallèhe* Tu (*m.*) badines, tu brocardes

ትተርብ ፡ ነበር *lilerrive nèbbère* Tu (*m.*) badinais, tu brocardais

እንዝለላለን *inizzallelallène* Nous nous amusons à courir

እንዛለል ፡ ነበር *inizzallel nèbbère* Nous nous amusons à courir

ግሆን ፡ እደን ፡ ይወጻል *zihòne adène yiweddall* Il aime aller à la chasse de l'éléphant

ሽመል ፡ ግርፊኽ ፡ ትወጻለህ *chimel guirfia tiwzddallèhe* Tu aimes l'escrime (avec un long bàton)

አላግ ፡ ተዞስ ፡ እወጻለሁ *alama teqouice iweddallèhou* J'aime tirer à la cible

ካስ ፡ ጨዋታ ፡ ይወጻሉ *quoice tchèoila yiweddallou* Ils aiment le jeu de la paume

አብያሽ ፡ ይጫወታሉ *abbiàòche yitchawelallou* Ils jouent à l'aveuglette, à coup de paume

ደስ ፡ ብሎኛል *dèsse blognal* Je suis heureux, satisfait

ደስ ፡ ብሎሀል *dèsse byohall* Tu es heureux

ደስ ፡ ብሎናል *dèsse blonnall* Nous sommes heureux

ደስ ፡ ብኂችኋል *dèsse bloitchihoill* Vous êtes heureux (*pl.*)

ደስ ፡ ብኂቸዋል *dèsse bloitcheoill* Ils sont heureux

ደስ ፡ ብኂታል *dèsse bloitall* Elle est heureuse

ደስ ፡ ብሎኂል *dèsse blohoill* Vous êtes heureux (*sg.*)

ደስ ፡ ብሎዋል *dèsse blo-oill* M.ʳ, M.ᵉ, vous êtes heureux, -euse

ደስ ፡ አለኝ *dèsse alégn* Je suis content, satisfait

ደስ ፡ አለህ *dèsse alèhe* Tu es content

ደስ ፡ አለሽ *dèsse alèche* Tu es contente

ደስ ፡ አለሁ *dèsse alèhou* Vous êtes content

ደስ ፡ አለዎ *dèsse alèò* M.ʳ, M.ᵉ êtes content, -e

ደስ ፡ አለው *dèsse alèou* Il est content

ደስ ፡ አላት *dèsse alate* Elle est contente

ደስ ፡ አለነ *dèsse alennè* Nous sommes contents

ደስ ፡ አላችሁ *dèsse alatchihou* Vous êtes contents

ደስ ፡ አላቸው *dèsse alatchèou* Ils, elles sont contents, -es

ደስ ፡ ይለኛል *dèsse yilègnall* Je serai content (cela) me plaît

ደስ ፡ ይልሀል *dèsse yilihall* Tu seras content, satisfait

ደስ ፡ ይለናል *dèsse yilennall* Nous serons contents, etc.

Afflictions.

እዝኛለሁ· *azignalléhou* Je suis chagriné

እዘንተኛ *azènlegna* Affligé, malheureux

አሳብ ፡ ገብቶሃል *açave gueclohall* Tu es préoccupé; chagriné

ተጨንቃለች *telchenkallelch* Elle est accablée de chagrins

ደንግጧል *denguiloill* Il est épouvanté

ተቸግረኃል *telcheguirehoill* Vous êtes pauvre, gêné

ያለቅሳሉ· *yalekçallou* M.ʳ, M.ᵉ, vous pleurez

ታነባለች *lanevallelch* Elle pleure continuellement et en silence

እንባ *inva* Larme

ደሀይተኃል *dehyiléhoill* Vous êtes devenu pauvre

ተርዟል *terizèhall* Tu es nu, sans vêtements

ተብደራለች *teveddivallelch* Elle a des dettes

ተርቧል *terivoill* Il est affamé, il est devenu pauvre

እርቦኛል *irvognall* J'ai faim, appetit

ጠምቶሻል *lemtochall* Tu as soif (*f.*).

ትለምናለሁ· *lilemminalléhou* Vous priez, vous mendiez (*sg.*)

ሰርቃችኃል *serkatchihoill* Vous avez volé (*pl.*)

ታስራለች *lasrallelche* Elle est emprisonnée

ተቀጥተዋል *lekèl-lèoill* Ils sont punis

ተፈርዶበታል *leferdobbelall* Il est condamné

ተዋርደናል *lèoirdenall* Nous sommes humiliés

ተንቃችኃል *lenikatchihoill* Vous êtes méprisés

ተጐድቷለች *legouèdlallelch* Elle est ruinée, abimée

ተስፋ ፡ አጥተኃል *lesifa al-lehoill* Vous êtes désespéré

ግፍ ፡ ተሰርቶብዋል *guif'leserlobbioill* M.ʳ, M.ᵉ, vous avez subi des vexations

ተጠቅታችኃል *leleklalchihoill* Vous êtes accablés

ተደብድበሃል *lededvicchall* Tu es battu

ቆስያለሁ· *kociyalléhou* Je suis blessé

ታመኛል *lammenall* Nous sommes malades

በርዶሃል *berdohall* Tu as froid (*m.*)

ታጥራለች *lalvallelch* (Choa) Elle gémit, agonise

ይቃትታል *yikallilall* Il gémit

Mouvements du corps.

ይሮጣል *yiroṭall* Il court, il courra

እሩጫ *irrouṭcha* Course, pas de course

ትዘላለች *tizellalletch* Elle saute, elle sautera

ዝላይ *zillaï* Saut, l'action de sauter

ትንቀሳቀሳለህ *tinkeçakkeçallehou* Vous-vous bougez

መንቀሳቀስ *menkeçakèce* L'action de se bouger

ታንጋጥጣለህ *tangaṭiṭallèhe* Tu lèves la tête (vers le ciel)

ማንጋጠጥ *mangaṭèṭe* L'action de lever la tête (vers le ciel)

ትወዘወዛለሽ *tiwezewejallèche* Tu (f.) bouges çà et là

መወዝወዝ *mewezwèze* L'action de se bouger çà et là

ይሰቀላሉ *yissèkkèlallou* Ils montent

መሰቀል *messekèle* L'action de monter

እንወርዳለን *inwerdallène* Nous descendons

መውረድ *meourède* L'action de descendre

ትዘነበላላችሁ *tizzenebbelallatchihou* Vous vous inclinez

ይጎነብሳሉ *yigouènèbbèçallou* Ils s'inclinent (au dos)

መጎንበስ *meggouènbève* L'action de s'incliner (au dos)

እራመዳለሁ *irrammedallèhou* Je fais des pas, je passe

እርምጃ *irmiǰja* Un pas

ይወራጫል *yiweraṭchall* Il se débat

መወራጨት *meweroṭchète* L'action de se débattre

ይንቀጠቀጣል *yinkeṭekkeṭall* Il frissonne

መንቀጥቀጥ *menkèṭkèṭe* L'action de frisonner, trembler

ይንበደበዳል *yinbèdèbbèdall* Il tremble

መንበድበድ *mènbèdbède* L'action de trembler

ይሄዳል *yihèdall* Il marche, il va

መሄድ *mèhède* L'action de marcher, aller

ይዞራል *yizorall* Il se tourne, il se promène

ዙረት ፣ መዞር *zourète mezore* Promenade, l'action de se tourner

ትሳበለች *tissaralletch* Elle se traine

መሳብ *messav* L'action de se trainer

ታልፋለሁ *talfallèhou* Vous (sg.) passez

ማለፍ፡ *malèfe* L'action de passer
ትቀናላችሁ *likenallatchihou* Vous vous dressez (*pl.*)
መቅናት *méknale* L'action de se dresser
ትቆማላችሁ *likomallatchihou* Vous vous levez debout (*pl.*)
መቆም *mekome* L'action de se lever debout
ትነሣላችሁ *linnessallatchihou* Vous vous levez
መነሣት *menneçale* L'action de se lever
ይነቃነቃል *yinnekannekall* Il se bouge
መነቃነቅ *mennékanek* L'action de se bouger
ታነክሳለህ *tanequiçallèhe* Tu boites (*f.*)
ማነከስ *manècquéce* L'action de boiter
እጠጋለሁ *illeggallèhou* Je m'approche, m'appuye
መጠጋት *mellègale* L'action de s'approcher, de s'appuyer
እቀርባለሁ *ikervallèhou* Je m'approche
መቅረብ *mèkrèce* L'action de s'approcher
ትርቃለህ *lrikallèhe* Tu t'éloignes (*m.*)
መራቅ *merak* L'action de s'éloigner
ትንበረከኪአለሽ *limbèrèquèquialleche* Tu t'agénouilles (*f.*)
መንበርከክ *mèmbèrquéc* L'action de s'agénouiller
ትዘረጋለሁ *lizzerèggallèhou* Vous vous étendez (*sg.*)
መዘርጋት *mezzergale* L'action de s'étendre
ይታጠፋል *yillalléfall* Il se plie
መታጠፍ *mellaléf* L'action de se plier
ይቀመጣሉ *yikkemmeçallou* Ils s'asseoient
መቀመጥ *mekkemèçe* L'action de s'asseoir
ይጋደማሉ *yiggaddemallou* Ils, elles s'étendent
መጋደም *meggadème* L'action de s'étendre
ይንጋለላል *yingallèlall* Il se couche sur le dos
መንጋለል *mengalèle* L'action de se coucher sur le dos
ትደፋለሁ *liddeffallehou* Vous vous couchez ventre à terre
መደፋት *meddefale* L'action de se coucher ventre à terre
አትዞሮ ፡ አየ *alcouro ayé* Il a fixé ses regards (sur...)
እንደ ፡ ዋዛ ፡ አየች *indèoiza ayétché* Elle a vu furtivement

Exercices.

አልሄድም *alhédimm* [1] Je ne vais pas [2]

አትጠጋም *atilleggamm* Tu ne t'approches, t'appuies pas

አትርቂም *atrikimm* Tu (f.) ne t'éloignes pas

አይጋደሙም *aïggadémoumm* M.r M.e vous ne vous étendez pas

አትንጋለሉም *atlingalleloumm* Vous ne vous couchez pas sur le dos

አይወርድም *aïwerdimm* Il ne descend pas

አይሰቀልም *aïssekkelimm* Il ne monte pas

አንሮጥም *anrotimm* Nous ne courons pas

አትዘሉም *alzélloumm* Vous ne sautez pas

አይንቀጠቀጡም *aïnketekkétoumm* Ils, elles ne frissonnent pas

ሸሸሁ *chèchéou* Je me suis échappé

ተሸሸግሽ *techèchégche* Tu t'es cachée, tu t'es égaré

ጠፋህ *teffàhe* Tu as disparu, tu t'es égaré

ተመለስሁ *temèllèshou* Vous êtes revenu

ተነሱ *tènèssou* Ils sont partis, ils se sont levés

ወጣችሁ *wellatchihou* Vous êtes sortis

ገቡ *guèbbou* Ils sont entrés

ተገለበጥሁ *léguélèbbéthou* Je me suis jeté en arrière

ተንከባለልህ *lènquèvallélh* Tu t'es roulé

ብቅ ፡ አልሽ *zikk alch* Tu t'es baissée

ተንቀሳቀስሁ *lènkéçakkéshou* Vous vous êtes remué

ጉልበትዎን ፡ አጠፉ *M.r, M.e, vous avez ployé le genou*

እጁን ፡ ዘረጋ *idjoun zeregga* Il a tendu la main

እራሷን ፡ ነቀነቀች *iraçoine nekennékélche* Elle a haussée la tête

ዓይኔን ፡ ጨፈንሁ *aïnéne lcheffénhou* J'ai fermé les yeux

ዓይናችሁን ፡ ከፈታችሁ *aïnatchihoûn quèffétalchihou* Vous avez ouvert les yeux

አፋቸውን ፡ ከፈቱ፡ *afatchéoûn quèfflélou* Ils ont ouvert la bouche

---

[1] En ajoutant l'auxiliaire ነበረ au présent *négatif* du verbe, on obtient le temps de l'imparfait (ex. አልሄድም ፡ ነበረ je n'allais pas).

[2] Le temps du présent et le temps futur sont égaux, excepté dans les deux verbes *avoir* et *être*.

Actions avec les verbes actifs et réfléchis ou passifs.

እጥባለሁ· *aṭralléhou* Je lave
እታጠባለሁ· *iṭṭaṭèralléhou* Je me lave
ትላጭላለህ *ṭilaṭchallèhe* Tu (*m.*) rases
ትላጭላለህ *ṭillaṭchallèhe* Tu (*m.*) te rases
ትቀባአለሽ *ṭikeviallèche* Tu oins (*f.*)
ትቀባአለሽ *ṭikkèbbiallèche* Tu (*f.*) te frottes de...
ትመታለሁ· *ṭimetallèhlou* Vous battez (*sg.*)
ትመታለሁ· *ṭimmeṭṭalèhou* Vous êtes ou serez battu, -e
ያያሉ· *yayallou* Ils voient
ይታያሉ· *yiṭṭayallou* Ils sont ou seront vus
ይቴጥራል *yikoṭrall* Il compte
ይቴጥራል *yikkouèṭṭérall* Il sera compté
እንገፋለን *inguéfallène* Nous poussons
እንገፋለን *inigguéffallène* Nous serons poussés
ትጠብቃላችሁ· *liṭebikallalchihou* Vous surveillez, gardez
ትጠብቃላችሁ· *liṭṭebbèkallalchihou* Vous êtes gardés, surveillés
ያስራሉ· *yasrallou* Ils lient, ils garrottent, emprisonnent
ይታስራሉ· *yiṭṭasserallou* Ils seront liés, emprisonnés
እንፈታለን *infeṭallène* Nous délions, défons, délivrerons
እንፈታለን *iniffeṭallène* Nous serons déliés, delivrés etc.

Imparfait.

እነቅፍ ፡ ነበር *inèkf nèbbère* Je critiquais
እነቀፍ ፡ ነበር *innèkkèfe nèbbère* J'étais critiqué
ትጠላ ፡ ነበር *liṭéla nèbbère* Tu (*m.*) détestais
ትጠላ ፡ ነበር *liṭṭella nèbbère* Tu (*m.*) étais détesté
ትሰድቢ ፡ ነበር *lisédvi nèbbère* Tu (*f.*) insultais
ትሰደቢ ፡ ነበር *lisseddévi nèbbère* Tu étais insultée
ትንቁ ፡ ነበር *linikou nèbbère* Vous méprisiez
ትናቁ ፡ ነበር *linnakou nèbbère* Vous étiez méprisé
ይፈሩ ፡ ነበር *yiférou nèbbère* M.ʳ, M.ᵉ redoutiez
ይፈሩ ፡ ነበር *yifferrou nèbbère* M.ʳ, M.ᵉ étiez redouté, -e
ይስቅ ፡ ነበር *yiciḳe nèbbère* Il riait

5

ይሳቅበት ፡ ነበር *yissakibbèle nèbbère* Il était raillé, bafoué, berné
ይሳቅ ፡ ነበር *yissak nèbbère* On riait
ትጠራ ፡ ነበር *lilera nèbbère* Elle appelait, invitait
ትጠራ ፡ ነበር *lilerra nèbbère* Elle était appelée, invitée
ይበላ ፡ ነበር *yivela nèbbère* Il mangeait
ይበላ ፡ ነበር *yibbella nèbbère* Il était mangé
ይበላ ፡ ነበር *yibbella nèbbère* On mangeait
ይወዱ ፡ ነበር *yiweddou nèbbère* Ils aimaient
ይወደዱ ፡ ነበር *yiwèddedou nèbbère* Ils étaient aimés
ይይዙ ፡ ነበር *yiyizou nèbbère* Elles prenaient, saisissaient
ይያዙ ፡ ነበር *yiyazou nèbbère* Elles étaient prises, saisies
እንለቅ ፡ ነበር *inlekk nèbbère* Nous abandonnions
እንለቀቅ ፡ ነበር *inllekkèk nèbbère* Nous étions abandonnés
እናማ ፡ ነበር *innama nèbbère* Nous calomnions, disions du mal
እንታማ ፡ ነበር *inllamma nèbbère* Nous étions calomniés, criti-
 qués

Formes radicaux des verbes actifs et passifs.

ከሰሰ *quèssècé* Quereller, accuser en jugement
ተከሰሰ *léquèssècé* Être querellé, accusé
ቀማ *kemma* Prendre par force, usurper, enlever, ravir
ተቀማ *lèkemma* Être pris par force, ôté, enlevé, ravi
ከለከለ *quèlècquèlé* Empêcher, prohiber, défendre
ተከለከለ *lèquèlècquèlé* Être empêché, prohibé, défendu
አዳነ *adanè* Sauver, faire guérir
ዳነ *danè* Être sauvé, être guéri
ፈወሰ *fèwècé* Faire guérir, satisfaire
ተፈወሰ *lèfèwècé* Être guéri, satisfait
ጎዳ *gouèdda* Nuire
ተጎዳ *lègouèdda* Avoir nui, être victime, être endommagé
ነከሰ *nècquècé* Mordre
ተነከሰ *lènècquècé* Être mordu
ሳመ *çamé* Embrasser
ተሳመ *lèçamé* Être embrassé

ላከ *laqué* Envoyer
ተላከ *tèlaqué* Être envoyé
አባረረ *abbarrèré* Chasser, mettre déhors
ሸሸ *cheché* Echapper, fuir
አሳደደ *assadèdé* Expulser, exiler
ተሰደደ *tèsèddèdé* Être exilé, chassé
ወረሰ *wèrrècé* Confisquer
ተወረሰ *tèwerrécé* Être confisqué
አወረሰ *awèrrécé* Laisser en héritage à
ወረሰ *wèrrècé* Hériter, être héritier
ዘረፈ *zèrrèfé* Piller
ተዘረፈ *tèzèrrèfé* Être pillé
ገፈፈ *guèffèfé* Dépouiller
ተገፈፈ *tèguèfféfé* Être dépouillé
አራቆተ *arrakkoté* Dépouiller, dénuder
ተራቆተ *terakkoté* Être denué, être déshabillé
ለመነ *lèmmèné* Prier, mendier
ተለመነ *tèlèmmèné* Être prié, mendié
አቄላመጠ *akkouèlammèté* Cajoler, prier avec grâce
ተቄላመጠ *tèkouèlammèté* Être cajolé
ማረ *maré* Pardonner, gracier
ተማረ *tèmaré* Être pardonné, gracié
አስተማረ *astèmaré* Enseigner, apprendre
ተማረ *tèmaré* Étudier, apprendre
አስለቀሰ *aslekkecé* Faire pleurer
አለቀሰ *alekkècé* Pleurer
መራ *merra* Guider
ተመራ *temèrra* Être guidé
አስደነገጠ *asdènègguèté* Épouvanter
ደነገጠ *dènègguèté* Être épouvanté
ሰበረ *sebbèré* Casser
ተሰበረ *tèsebbèré* Être cassé
በጠሰ *bèttècé* Rompre (corde, fil, etc.
ተበጠሰ *tèbèttecé* Être rompu (corde, fil, etc.)
አረጋጋ *arrègaggá* Calmer, consoler, soulager

ተረጋጋ *lèrègagga* Être calmé, être consolé

አመሰገነ *amècègguèné* Remercier, admirer

ተመሰገነ *lèmècègguèné* Être remercié, être admiré

መረቀ *mèrrèké* Faire des éloges, bénir, remercier

ተመረቀ *lèmèrrèké* Être béni, complimenté, remercié

እረገመ *ireggуémé* Maudire

ተረገመ *lèrègguèmé* Être maudit

ሸሸገ *chechegué* Cacher

ተሸሸገ *lechechegué* Se cacher, être caché

አመለጠ *amèllèté* Se sauver, s'enfuir, échapper, s'échapper

ገለጠ *guèllèté* Découvrir, ouvrir, éclairer

ተገለጠ *leguèllèté* Être découvert, ouvert, clair

አገኘ *aguégné* Trouver

ተገኘ *leguégné* Être trouvé

መረጠ *mèrrèté* Choisir

ተመረጠ *lemèrrèté* Être choisi

አከበረ *aquèbèré* Respecter

ተከበረ *lequebbèré* Être respecté

ናቀ *nakè* Mépriser

ተናቀ *lenakè* Être méprisé

ገዛ *guèzza* Acheter, dominer

ተገዛ *leguèzza* Être acheté, soumis

አዘዘ *azzèzé* Commander, autoriser

ታዘዘ *lazzèzé* Être commandé, autorisé

አስቸነፈ *aslchennèfè* Vaincre, gagner

ተቸነፈ *lèlchènnèfè* Être vaincu

ድል ፡ አደረገ *dil adèrrègué* Vaincre, battre

ድል ፡ ሆነ *dil hòné* Être battu, vaincu

ሰጠ *celté* Donner

ተቀበለ *lèkèbélé* Recevoir

አበደረ *avèddèré* Prêter

ተበደረ *lèvèddèré* Être prêté, demander un prêt

አገዘ *agguèzè* Aider

ታገዘ *lagguèzè* Être aidé

ሸጠ *chèté* Vendre

ተሸጠ *lechètè* Être vendu
ከዳ *quèdda* Trahir
ተከዳ *lequèdda* Être trahi
ሰረቀ *cerrekè* Voler
ተሰረቀ *lecerrekè* Être volé, dérobé
አመነ *ammènè* Croire, ajouter foi, persuader
ታመነ *tammenè* Être cru, affidé
መረመረ *tèrèṭṭèrè* Douter, suspecter
ተመረመረ *teṭèrèṭṭèrè* Être suspect, être soupçonné

በላ *bella* Manger

በላሁ *bellahou* J'ai mangé
አልበላሁም *alvellahoumm* Je n'ai pas mangé
በበላሁ *bevellahou* Je mangerais
ባልበላሁም *balvellahoumm* Je ne mangerais pas
በበላሁ ፡ ነበር *bèvèllahou nèbbère* J'aurais mangé
ባልበላሁም ፡ ነበር *balvellahoumm nèbbère* Je n'aurais pas mangé
በልቼ *bèliṭchè* Ayant mangé
በልቼ ፡ ነበር *beliṭchè nèbbère* J'avais mangé
አልበላሁም ፡ ነበር *alvellahoumm nèbbère* Je n'avais pas mangé
እበላለሁ *ivelallèhou* Je mange, -rai
አልበላም *alvelamm* Je ne mange, -rai pas
እበላ ፡ ነበር *ivela nèbbère* Je mangeais
አልበላም ፡ ነበር *alvelamm nèbbère* Je ne mangeais pas
ብበላ *bivèla* Si je mange, -rai
ባልበላ *balvela* Si je ne mange, -rai pas
እበላ ፡ ዘንድ *ivela zènde* Afin que je mangeasse
ስበላ *civèlà* Pendant que je mange, lorsque je mange
ስበላ ፡ ሳለ *civèlà sallè* Lorsque je mangeais
ሳልበላ *salvela* Sans, ou, avant que je mange
ለመብላት *lemevlate* Pour manger
ላለመብላት *laiemevlate* Pour ne pas manger
ልበላ *livela* Pour manger (moi)
ልብላ *livla* Que je mange (il faut que...)

እልብላ *alḃla* Que je ne mange pas (il faut que…)

መብላት *mevlate* L'action de manger

ጠጣ *ṭeṭṭa* Boire

ጠጣህ *ṭeṭṭah* Tu as bu

አልጠጣህም *alṭeṭṭahimm* Tu n'as pas bu

በጠጣህ *beṭeṭṭahe* Tu boirais

ባልጠጣህም *balṭeṭṭahimm* Tu ne boirais pas

ጠፕተህ *ṭeṭiṭèhe* Toi ayant bu

ጠፕተህ ፡ ነበር *ṭeṭṭiṭèhe nebbère* Tu avais bu

አልጠጣህም ፡ ነበር *alṭeṭṭahimme nèbbère* Tu n'avais pas bu

ትጠጣለህ *tiṭeṭṭallèhe* Tu bois, boiras

አትጠጣም *atṭeṭṭamm* Tu ne bois pas

ትጠጣ ፡ ነበር *tiṭeṭṭa nèbbère* Tu buvais

አትጠጣም ፡ ነበር *atṭeṭṭamm nèbbère* Tu ne buvais pas

ጠጣ ፡ አትጠጣ *ṭeṭṭa, atṭeṭṭa* Bois, ne bois pas (ne pas boire)

ብትጠጣ *biṭṭeṭṭa* Si tu bois

በትጠጣ *balṭeṭṭa* Si tu ne bois pas

ትጠጣ ፡ ዘንድ *tiṭeṭṭa zènde* Afin que tu boives

ስትጠጣ *siṭṭeṭṭa* Lorsque tu bois

ስትጠጣ ፡ ሳለ *siṭṭeṭṭa sallè* Lorsque tu buvais

ጠጭ *ṭeṭch* Celui qui boit

መጠጣት *mèṭeṭṭate* L'action de boire

ሰራ *serra* Travailler

ሰራሽ *serrach* Tu (f.) as travaillé

አልሰራሽም *alserrachimm* Tu (f.) n'as pas travaillé

በሰራሽ *beserrach* Tu (f.) travaillerais

ባልሰራሽም *balserrachimm* Tu (f.) n'aurais pas travaillé

ሰርተሽ *sertèche* Toi (f.) ayant travaillé

ሰርተሽ ፡ ነበር *sèrtèche nèbbère* Tu (f.) avais travaillé

አልሰራሽም ፡ ነበር *alserrachimm nèbbère* Tu n'avais pas travaillé

ትሰሪያለሽ *tiseriallèche* Tu (f.) travailles

አትሰሪም *alserimm* Tu (f.) ne travailles pas

ትሰሪ ፡ ነበር *siṭseri nèbbère* Tu (f.) travaillais

አትሰሪም ፡ ነበር *atserimm nèbbère* Tu ne travaillais pas
ስሪ *sri* Travaille (toi *f.*)
አትስሪ *allisri* Toi ne pas travailler
ብትሰሪ *bilseri* Si tu travailles
ባትሰሪ *batseri* Si tu ne travailles pas
ትሰሪ ፡ ዘንድ *tiseri zènde* Afin que tu travailles
ስትሰሪ *sitseri* Lorsque tu travailles
ስትሰሪ ፡ ሳለ *sitseri sallè* Lorsque tu travaillais
ሰሪ *seri* Celui qui travaille (le travailleur)
መስራት *mesrate* L'action de travailler
አለመስራት *alemesrate* L'action de ne pas travailler

ተኛ *tegna* Dormir; se coucher

ተኙ *tègnou* M.ʳ, M.ᵉ, vous avez dormi [1]
አልተኙም *allegnoumm* M.ʳ, M.ᵉ, vous n'avez pas dormi
በተኙ *bètègnou* M.ʳ, M.ᵉ, vous dormiriez
ባልተኙም *ballegnoumm* M.ʳ, M.ᵉ, vous ne dormiriez pas
ተኝተው *tègnitèou* M.ʳ, M.ᵉ, vous ayant dormi
ተኝተው ፡ ነበር *tègnitèou nèbbère* M.ʳ, M.ᵉ, vous dormiez
አልተኙም ፡ ነበር *allegnoumm nèbbère* M.ʳ, M.ᵉ, vous ne dormiez
    pas
ይተኛሉ *yitègnallou* M.ʳ, M.ᵉ, vous dormirez
አይተኙም *aïtegnoumm* M.ʳ, M.ᵉ, vous ne dormirez pas
ይተኙ ፡ ነበር *yitègnou nèbbère* M.ʳ, M.ᵉ, vous dormiez
አይተኙም ፡ ነበር *aïtegnoumm nèbbère* M.ʳ vous ne dormiez pas
እየተኙ *iyètègnou* M.ʳ, M.ᵉ, vous en dormant
ይተኙ *yitègnou* dormez, M.ʳ, M.ᵉ
አይተኙ *aïtègnou* Ne pas dormir, M.ʳ, M.ᵉ
ቢተኙ *bitègnou* M.ʳ, M.ᵉ, si vous dormez
ባይተኙ *baïtègnou* M.ʳ, M.ᵉ, si vous ne dormez pas
ሲተኙ *sitègnou* Lorsque vous dormez
ሲተኙ ፡ ሳለ *sitègnou sallè* Lorsque vous dormiez

---

[1] Cette forme sert à la troisième personne du pluriel *ils* et *elles*, sans aucune modification.

ይተኙ ፡ ዘንድ yitegnou zènde Afin que vous dormiez

ተኚ tegni Celui qui dort

መተኛት melègnàte L'action de dormir.

አለመተኛት alèmetegnate L'action de ne pas dormir

ተነሣ tenèssa Se lever, se lever debout, partir, etc.

ተነሣን tenessanè Nous nous sommes levés, etc.

አልተነሣንም altenessanèmme Nous ne nous sommes pas levés

በተነሣን betenessanè Nous nous lèverions etc.

ባልተነሣንም baltenessanèmme Nous ne nous serions pas levés

ባልተነሣንም ፡ ነበር baltenessanemm nèbbère Nous ne nous serions pas levés etc.

ተነሥተን lenèstène Nous etant levés

ተነሥተን ፡ ነበር tenestène nèbbère Nous nous étions levés

አልተነሣንም ፡ ነበር allènessanemm nebbère Nous ne nous étions pas levés

እንነሣለን ininnessallène Nous nous levons

አንነሣም aninnessamm Nous ne nous levons pas

እንነሣ ፡ ነበር ininnessa nèbbère Nous nous levions

አንነሣም ፡ ነበር aninnéçamm nèbbère Nous ne nous levions pas

እንነሣ ininneça Levons-nous

አንነሣ aninnéça Ne nous levons pas

ተነሸ tenèche Celui qui se lève

መነሣት mennèçate L'action de se lever

አለመነሣት alemennèçate L'action de ne pas se lever

ብንነሣ bininnessa Si nous nous levons

ባንነሣ baninnessa Si nous ne nous levons pas

ስንነሣ sininnessa Lorsque nous nous levons

ሳንነሣ çaninnessa Avant ou sans que nous ne nous levions pas

እንነሣ ፡ ዘንድ ininnèssa zènde Afin que nous ne nous levions pas

እንድንነሣ indininnessa Afin que nous nous ne nous levions pas

እስትንነሣ istininnessa Jusq'à ce que nous nous soyons levés

እስትንነሣ ፡ ድረስ istininnessa drèce Jusqu'à ce que nous nous soyons levés

መጣ *meṭṭa* Venir

መጣችሁ· *meṭṭalchihou* Vous êtes venus (vous *pl.*)

አልመጣችሁም *almeṭṭalchihoumm* Vous n'êtes pas venus

በመጣችሁ· *bemeṭṭalchihou* Vous viendriez

ባልመጣችሁም *balmeṭṭalchihoumm* Vous ne viendriez pas

በመጣችሁ ፡ ነበር *bemeṭṭalchihou nèbbère* Vous seriez venus

ባልመጣችሁም ፡ ነበር *balmeṭṭalchihoumm nèbbère* Vous ne se-
riez pas venus

መጥታችሁ· *meṭṭalchihou* Vous étant venus

መጥታችሁ· ፡ ነበር *meṭṭalchihou nèbbère* Vous étiez venus

አልመጣችሁም ፡ ነበር *almeṭṭalchihoumm nèbbère* Vous n'étiez
pas venus

ትመጣላችሁ· *ḷimeṭallalchihou* Vous venez

አትመጡም ፡ ነበር *almeṭoumm nèbbère* Vous ne veniez pas

ትመጡ· ፡ ነበር *ḷimeṭou nèbbère* Vous veniez

አትመጡም *almeṭoumm* Vous ne venez pas

ኑ ፡ አትምጡ· *nou; alḷimḷou* Venez; ne venez pas (ne pas venir)

መጭ *meṭch* ou መጪ *méṭchi* Celui qui vient

መምጣት *mèmṭale* L'action de venir

አለመምጣት *alèmèmṭale* L'action de ne pas venir

ብትመጡ· *bḷimeṭou* Si vous venez

ባትመጡ· *balmeṭou* Si vous ne venez pas, viendrez pas

እንድትመጡ· *ḷndḷlmèḷou* Afin que vous veniez

እንዳትመጡ· *ḷndalmeḷou* Afin que vous ne veniez pas

ትመጡ· ፡ ዘንድ *ḷimèḷou zènde* Afin que vous veniez[1]

Salutations familières en cas de rencontre.

እንዴት ፡ ዋልህ[2] *ḷndèle woilh* Bonjour (à toi *m.*; *litt.*: comment
as-tu passé la journée?)

---

[1] Il faut toujours se rappeler que le temps du présent ne diffère au-
cunement du futur en amharique.

[2] ወዳጅ *wèdadjè* Mon cher, ma chère — ወንድም *wèndjmmè* Mon
cher, ou, mon frère — እቴ *lè* Ma chère, ou, ma sœur.

እንዴት ፡ ዋልሽ *ịndèle oilch* Bonjour (à toi *f.*; *litt.*: comment as-tu passé la journée?)

እንዴት ፡ ዋላችሁ *ịndèle oilatchihou* Bonjour (à vous *pl.*; *litt.*: comment avez-vous passé la journée?

እንዴት ፡ አመሸህ *ịndèle amèchèh* Bonsoir (à toi *m.*; *litt.*: comment as-tu passé la soirée?)

እንዴት ፡ አመሸሽ *ịndèle amèchèche* Bonsoir (à toi *f.*; *litt.*: comment as-tu passé la soirée?)

እንዴት ፡ አመሻችሁ *ịndèle amechatchihou* Bonsoir (à vous *pl.*; *litt.*: comment avez-vous passé la soirée?).

እንዴት ፡ አደርህ *ịndèle addèrh* Bonjour (à toi *m.*; *litt.*: comment as-tu passé la nuit?)

እንዴት ፡ አደርሽ *ịndèle addèrche* Bonjour (à toi *f.*; *litt.*: comment as-tu passé la nuit?)

እንዴት ፡ አደራችሁ *ịndèle addèratchihou* Bonjour (à vous *pl.*; *litt.*: comment avez-vous passé la nuit?)

እንዴት ፡ አረፈድህ *ịndèle arèffèdhe* Bonjour (à toi *m.*; *litt.*: comment as-tu passé la matinée?)

እንዴት ፡ አረፈድሽ *ịndèle arèffèdche* Bonjour (à toi *f.*; *litt.*: comment as-tu passé la matinée?

እንዴት ፡ አረፈዳችሁ *ịndèle areffèdatchihou* Bonjour à vous (*pl.*; *litt.*: comment avez-vous passé la matinée?)

እንዴት ፡ ሰነበትህ *ịndèle sènèbbèthe* Comment as-tu (*m.*) passé les derniers jours?

እንዴት ፡ ሰነበትሽ *ịndèle sènèbbèlche* Comment as-tu (*f.*) passé les derniers jours?

እንዴት ፡ ሰነባታችሁ *ịndèle sènèbbèlatchihou* Comment avez-vous (*pl.*) passé les derniers jours?

እንዴት ፡ ክረምህ *ịndèle querrèmhe* Comment as-tu (*m.*) passé l'hiver?

እንዴት ፡ ክረምሽ *ịndèle querrèmche* Comment as-tu (*f.*) passé l'hiver?

እንዴት ፡ ክረማችሁ *ịndèle querrèmatchihou* Comment avez-vous (*pl.*) passé l'hiver?

እንዴት ፡ በጀህ *ịndèle bạdjèhe* Comment as-tu (*m.*) passé l'été?

እንዴት ፣ በጀሽ *ịndèle badjèche* Comment as-tu (*f.*) passé l'été?

እንዴት ፣ በጃችሁ *ịndèle badjatch'hou* Comment avez-vous (*pl.*) passé l'été?

እንዴት ፣ ነህ[1] *ịndèle nèhe* Comment t'es-tu (*m.*) porté (pendant tout le temps que nous ne nous sommes pas vus?)

እንዴት ፣ ነሽ *ịndèle nèche* Comment t'es-tu (*f*) portée (pendant tout le temps que nous ne nous sommes pas vus?)

እንዴት ፣ ናችሁ *ịndèle natchihou* Comment vous êtes-vous (*pl.*) portés (pendant tout le temps que nous ne nous sommes pas vus?)

እንዴት ፣ አለህ *ịndèle allèhe* Comment t'es-tu (*m.*) porté (pendant tout le temps que nous ne nous sommes pas vus?)

እንዴት ፣ አለሽ *ịndèle allèche* Comment t'es tu (*f.*) portée? ecc.

እንዴት ፣ አላችሁ *ịndèle allatchihou* Comment vous ecc., portez-vous?

Réponse.

እግዚአብሔር ፣ ይመስገን *Igziavhère yimmesguène* Dieu soit loué [2]

Salutations familières en se séparant.

ደህና ፣ ዋል *dèhịna oil* Bonjour (*litt.*: passe bien la journée; toi *m.*)

ደህና ፣ ዋይ *dèhịna oiy* Bonjour (*litt.*: passe bien la journée; toi *f.*)

ደህና ፣ ዋሉ *dèhịna oilou* Bonjour (*litt.*: passez bien la journée)

ደህና ፣ አምሽ *dèhịna âmch* Bonsoir (*litt.*: passe bien la soirée)

ደህና ፣ አምሺ *dèhịna amchi* Bonsoir ecc. toi (*f.*)

ደህና ፣ አምሹ *dèhịna amchou* Bonsoir (*litt.*: passez bien la soirée.

ደህና ፣ እደር *dèhịna ịdère* Bonne nuit (*litt.*: passe bien la nuit; toi *m.*)

ደህና ፣ እደሪ *dèhịna ịdèri* Bonne nuit (*litt.*: passe bien la nuit; toi *f.*)

---

[1] On emploie cette forme après une longue période de temps de séparation.

[2] Et on le répète simplement comme les demandes ci-dessus.

ደህና ፡ እደሩ *dèhịna ịdèrou* Bonne nuit (*litt.*: passez bien la nuit ;

ደህና ፡ ሰንብት *dèhịna sènbịte* Bon séjour (à toi *m.*)

ደህና ፡ ሰንብች *dèhịna sènbịchị* Bon séjour (à toi *f.*)

ደህና ፡ ሰንብቱ: *dèhịna senbịtou* Bon séjour (à vous)

ደህና ፡ ክረም *dèhịna crème* Passe bien l'hiver (toi *m.*)

ደህና ፡ ክረሚ *dèhịna crèmi* Passe bien l'hiver (je te souhaite,
toi *f.*)

ደህና ፡ ክረሙ *dèhịna crèmou* Passez bien l'hiver (je vous sou-
haite, etc.)

ደህና ፡ በጅ *dèhịna bàdj* Passe bien l'été (je te souhaite un bon
été ; *m.*)

ደህና ፡ በጂ *dèhịna badji* Passe bien l'été (*f.*)

ደህና ፡ በጁ *dèhịna badjou* Passez bien l'été (je vous souhaite
un bon été)

ደህና ፡ ሁን *dèhịna houn* Porte-toi bien (*m.*)

ደህና ፡ ሁኚ *dèhịna hougni* Porte-toi bien (*f.*)

ደህና ፡ ሁኑ *dèhịna hounou* Portez vous bien

ደህና ፡ ያገናኝን *dèhịna yaguènagnènne* Au revoir (ceci sert pour
tous les cas)

Réponses.

አሜን ፡ ደህና ፡ ያገናኝን *amène dèhịna yaguènaguènne* Ainsi soit-
il, au revoir

አሜን ፡ በደህና ፡ ያገናኝን *amène bèdèhịna yaguènaguènne* Ainsi
soit-il, au revoir

አሜን ፡ በደህና ፡ ቆየኝ *amène bèdèhịna koyègne* Ainsi soit-il, bonne
permanence à toi (*m.*)

Salutations de respéct, dans une rencontre.

ጤና ፡ ይስጥልኝ *tèna yisṭịllịgn* Votre serviteur [1]

ጤና ፡ ይስጥልኝ ፡ ጌታው *tèna yisṭịllịgn guétaou* Je vous révère,
Monsieur [1]

[1] (*Litt.*: que Dieu vous donne la santé, selon mon désir, comme je le
souhaite).

ጤና ፡ ይስጥልኝ ፡ እመቤቲቱ፡ *lèna ysţil' lign immerètilou* Mes hommages respectueux, Madame

እንዴት ፡ ዋሉ ፡ ጌታዬ *indèle oilou guélaïé* Bonjour, Monsieur?

እንዴት ፡ ዋሉ ፡ እመቤቱ *indèle oilou immerètè* Bonjour, Madame?

እንዴት ፡ አደሩ *indèle addèrou* Bonjour, M.ʳ, ou M.ᵉ (comment avez vous passé la nuit, M.ʳ, ou M.ᵉ?)

እንዴት ፡ አመሹ *indèle amèchou* Bonsoir, M.ʳ, ou M.ᵉ

እንዴት ፡ ከረሙ *indèle quèrrèmou* Comment avez-vous passé l'hiver (M.ʳ ou M.ᵉ)?

እንዴት ፡ በጁ *indèle badjou* Comment avez-vous passé l'été (M.ʳ, ou M.ᵉ)?

እንዴት ፡ ነዎ *indèle nèo* Comment allez-vous (M.ʳ, M.ᵉ)?

እንዴት ፡ አሉ *indèle allou* Comment vous portez-vous (M.ʳ, M.ᵉ)?

እንዴት ፡ ሰነበቱ፡ *indèle sènèbelou* Comment avez-vous passé la semaine, ou les jours passés, M.ʳ, M.ᵉ?

En se séparant.

ጤና ፡ ይስጥልኝ ፡ ጌታው *lèna ysţillign guélàou* Je vous révère, Monsieur

ጤና ፡ ይስጥልኝ ፡ እመቤቲቱ፡ *lèna ysţillign immerètilou* Je vous révère, Madame

ደህና ፡ ይሁኑ *dèhina yihounou* Portez-vous bien M.ʳ, M.ᵉ

ደህና ፡ ይክረሙ *dèhina yicrèmou* Je vous souhaite, M.ʳ, M.ᵉ, un bon hivernage

ደህና ፡ ይሰንብቱ፡ *dèhina yisènritou* Bon séjour, M.ʳ, ou M.ᵉ

ደህና ፡ ይደሩ *dèhina yidèrou* Bonne nuit, M.ʳ, ou M.ᵉ, je vous souhaite, etc.

ደህና ፡ ይዋሉ *dèhina yioilou* Bonjour, M.ʳ, ou M.ᵉ, je vous souhaite, etc.

ደህና ፡ ያምሹ *dèhina yamrhou* Bonsoir, M.ʳ, ou M.ᵉ, je vous souhaite, etc.

NB. - Aux souverains et aux princes le plus haut placés, il est d'usage de s'incliner profondément sans rien dire.

Remerciments (entre des amis).

እግዚ.አብሔር ፡ ይስጥህ *Igziavhère yisṭih* Merci (à toi *m.*) [1]

እግዚ.አብሔር ፡ ይስጥሽ *Igziavhère yisṭiche* Merci (à toi *f.*)

እግዚ.አብሔር ፡ ይስጣችሁ *Igziavhère yisṭatchihou* Merci (à vous *pl.*)

እግዚ.አብሔር ፡ ይስጡ *Igziavhère yisṭihou* Merci (à vous *sg.*)

እግዚ.አብሔር ፡ ይስጥዎ *Igziavhère yisṭò* Merci (à vous, M.ᶜ

(እ)ሳድጉህ *saddiguih* Merci, ou bravo! (à toi *m.*)

(እ)ሳድግሽ *sadiguiche* Merci, ou bravo! (à toi *f.*)

(እ)ሳድጉ *sadiguihou* Merci, ou bravo! (à vous *sg.*)

(እ)ሳድጋችሁ *sadigatchihou* Merci, ou bravo! (à vous *pl.*)

እግዚ.አብሔር ፡ ይስጥልኝ ፡ ጌታዬ *Igziavhère yisṭillign guèlaïe*
Merci, Monsieur

እግዚ.አብሔር ፡ ይስጥዎ ፡ እመቤቴ *Igziavhère yisṭò immèrèté*
Merci Madame

እግዚ.አብሔር ፡ ይስጥዎ ፡ ጌታው *Igziavhère yisṭò guèlàou* Merci,
Monsieur [1]

ለምን ፡ ተቸገሩብኝ ፡ ጌታው *lemine tètcheguèroubigne guèlàou*
Pourquoi vous êtes-vous dérangé, M.ᶜ, ou M.ᵉ, à cause de
moi ou por moi?

Blâme.

አንተ ፡ ደግም ፡ አላደረግህ! *antè dèguimm aladerregh* Tu as
mal fait!

አንት ፡ ክፉ! *ànte cfou!* Quel méchant es toi!

አንት ፡ እርጉም! *ànte irgoûme!* Quel maudit es toi!

አንች ፡ ክፉ! *ànlch cfou!* Quelle méchante es toi!

አንች ፡ እርጉም! *ànlch irgoume!* Quelle maudite es toi!

ለምን ፡ እንዲህ ፡ አደረግ ። *lemine indihe aderrègh?* Pourquoi
as-tu fait comme ça? (*m.*)

ለምን ፡ እንዲህ ፡ አደረግሽ ። *lemine indihe aderrègche?* Pourquoi
as-tu fait comme ça? (*f.*)

---

[1] *Litt.:* que Dieu vous donne (la récompense).

አንተ ፣ ተንኩለኛ! *ánte tenqouèlegna!* Quel coquin es toi!

አንች ፣ አበይ! *ántch avaï!* Quelle menteuse es toi!

አንተ ፣ ሌባ! *ánte lèca!* Quel voleur es toi!

አንች ፣ ሌባ! *ántch lèca!* Quelle voleuse es toi!

አንተ ፣ አውዴልዳይ! *ánte aoudeldaï!* Quel paresseux es toi!

አንች ፣ አውዴልዳይ! *ántch ooudeldaï* Quelle paresseuse es toi!

አንቺ ፣ ቀጣፊ! *antchi keṭafi* Tu es fausse, menteuse

አንች ፣ እብድ! *ántch îrde* Tu es folle

አንተ ፣ እብድ! *ánte îrde* Tu es fou

አንቱ ፣ እብድ! *antou îrde* Vous ètes fou

እናንተ ፣ እብዶች! *innante irdotch* Vous ètes fous

አንተ ፣ አፈኛ! *ánte afegna!* Tu es un bavard!

አንች ፣ አፈኛ! *ántch afegna* Tu es une bavarde!

እናንተ ፣ አፈኞች! *innante afegnotch!* Vous ètes des bavards!

ቀበጣሪ ፣ ነው! *kevaṭari nèou!* C'est un bavard infatigable!

ምን ፣ አደረግሁ ። *mine aderréghou?* Donc quelle faute ai-je faite?

ምነው ፣ ጌታዬ ። *minnèou guétaè?* Pourquoi donc, Monsieur?

ምነው ፣ እመቤቴ ። *minnèou immèrètè?* Pourquoi, Madame?

ምነው ፣ ይቄጣሉ ። *minnèou yikouèṭallou?* Pourquoi grondez-vous?

ምን ፣ አጠፋሁ ። *mine aṭeffáhou?* Quelle faute ai-je commise?

ምን ፣ አጠፋች ። *mine aṭeffálch?* Quelle faute a-t-elle commise?

እርግጥ ፣ አጥፍተሀል! *irguiṭe aṭiftèhall!* Certainement, tu as mal fait!

እርግጥ ፣ አጥፍተሻል! *irguiṭe aṭiflechall!* Certainement, tu (*f.*) as mal fait!

እርግጥ ፣ አጥፍታችኋል! *irguiṭe aṭiflatchihoill!* Certainement, vous (*pl.*) avez mal fait!

አሰት ፣ ነው! *assète nèou!* Cela n'est pas vrai!

እውነት ፣ ነው *iounnèle nèou* C'est vrai

እውነትም ፣ ነው *iounèliò nèou* Vous avez raison, M.ʳ, ou M.ª

ይማሩኝ ፣ ጌታዬ! *yimarougn gelaïè!* Pardonnez-moi, M.ʳ, ou M.ᵉ!

አልደግምም *aldègmimm* Je ne le ferai plus

አንደግምም *andègmimm* Nous ne le ferons plus

ይማሩን *yimarounnè* Pardonnez-nous, M.ʳ, ou M.ª

ማሩን *marennè* Pardonne-nous (toi *m.*)

ማሪነ *marinnè* Pardonne-nous (toi *f.*)

ማሩነ *marounnè* Pardonnez nous (vous *pl.*)

ምሬሀለሁ *mirrèhallèhou* Je te pardonne (te *m.*)

ምሬሽለሁ *mirrèchallèhou* Je te pardonne (te *f.*)

ምሬኋለሁ *mirrialchihoillèhou* Je vous pardonne (vous *pl.*)

Demander un plaisir, une grâce, un aide, un appui, etc.

አደራ ፡ አታስጠብቀኝ *adera attastèbikègne* Je te recommande de ne pas me faire attendre

አደራ ፡ አትዘገይ *adera atzéguiy* Je te recommande de ne pas retarder

አደራ ፡ አትርሳ *adera attirça* Je te recommande de ne pas oublier

አደራ ፡ አስተውል *adera astèoul* Je te recommande de faire attention!

አደራ ፡ ነቅተህ ፡ ጠብቅ *adera nèklèhe tèbbik* Je te recommande d'être bien vigilant

አደራ ፡ ቶሎ ፡ እሩጥ *adera tolò iroutè* Je te recommande de courir promptement

እባክህ ፡ ቡን ፡ አፍላልኝ *ivaquihe boùn aflallign* Fais-moi (*m.*) le plaisir de me faire chauffer du café

እባክህ ፡ ውሀ ፡ ስጠኝ *ivaquihe wiha sitègne* Donne-moi de grâce de l'eau (*m.*)

እባክሽ ፡ ተወረቀቱ ፡ ስጪኝ *ivaquiche tèwèrekètou citchigne* Donne-moi (*f.*), je te prie, du papier

እባክሽ ፡ ጣረቄው ፡ ስጪኝ *ivaquiche tarekiou citchigne* Donne-moi (*f.*), de grâce, de la liqueur

እባክችሁ ፡ እገዙኝ *ivaccalchihou iguezougn* Aidez-moi, je vous prie (*pl.*)

እባክም ፡ መሪ ፡ ይስጡኝ *ivaquiò meri yistougn* Donnez-moi, je vous prie, M.ʳ, ou M.ᵉ, un guide

እባክም ፡ ይገዙኝ *ivaquiò yiguèzougn* Je vous prie, M.ʳ, M.ᵉ, de m'aider

Consentiments (consentir).

እሺ. *ičhi* Oui (je le ferai)

እሺ ፡ አደርጋለሁ· *ičhi adergallëhou* Oui, je le ferai

እሺ ፡ እናደርጋለን *ičhi innadergallëne* Oui, nous le ferons

እሺ ፡ አግዝሀለሁ· *ičhi agzihallëhou* Oui je t'aiderai (toi *m.*)

እሺ ፡ አግዝሻለሁ· *ičhi agzichallëhou* Oui je t'aiderai (toi *f.*)

እሺ ፡ አግዛችኋለሁ· *ičhi agzatchihoïllëhou* Oui je vous aiderai

እሺ ፡ እሰጥሀለሁ· *ičhi isetihallëhou* Oui je t'en donnerai (à toi *m*).

እሺ ፡ እሰጥሻለሁ· *ičhi isetichallëhou* Oui je t'en donnerai (à toi *f.*)

እሺ ፡ እሰጣችኋለሁ· *ičhi isetatchihoïllëhou* Oui je vous en don-
nerai (à vous *pl.*)

እሺ ፡ እሰጥዋለሁ· *ičhi isetioïllehou* Oui, je vous en donnerai (à
vous M.ͬ, M.ͬ)

ይሁን *yihoûn* Bien, c'est bien, je consens

ይሁን ፡ እሺ. *yihoun ičhi* Oui, j'y consens

Réfuser.

አይሆንም *aïhonimme* Non, ou, je n'y consens pas; non, je ne
peux pas faire cela

አይሆንልኝም *aïhonillignimm* Cela n'est pas possible pour moi

አይሆንልነም *aïhonillinnèmm* C'est impossible (faire) pour nous

አይቻለኝም *aïchalegnimm* C'est impossible faire cela, pour moi

አይቻለነም *aïchalennemm* Non, nous ne pouvons pas faire cela

ይኸስ ፡ አይሆንም *yihesse aïhonimm* Cela n'est pas possible

Voyageur européen en Abyssinie.

Arrivée sur la côte de la Mer Rouge d'un voyageur où d'un marchand européen qui, pour la première fois vient d'entreprendre un voyage en Abyssinie, et premières préparatifs pour se rendre dans l'intérieur de l'Ethiopie.

(Cet Européen prendra, avant tout, des informations divers c'est-à-dire, qu'il demandera quel genre d'objets et quelle sorte de marchandises il pourra écouler plus facilement au centre de l'Abyssinie; enfin, quel genre de marchandises seront préférées par les indigènes).

E. Bonjour, monsieur! Vous êtes Abyssin, n'est-ce pas?

እንዴት ፡ ዋሉ ፡ ጌታው? ያበ ሽ፡ሰው፡ነም፡መሰለኝ፡እውን?	*Indèle oilou guéldou? yavécha c'ou neò messèlègne ioune?*

I. Oui, monsieur, je suis Abyssin; je vous salue respectueusement.

አወን ፡ ጌታው ፡ ያበሽ ፡ ሰው ፡ ነኝ ። ጤና ፡ ይስጥልኝ ።	*Aòne guéldou yavécha c'ou nègne, téna ysÿlligne.*

E. Fort bien, je suis charmé que vous soyez Abyssin!

እጅግ ፡ መልካም ፡ ያበሽ ፡ ሰው ፡ በመሆንዎ ፡ እጅግ ፡ ደስ ፡ አ ለኝ!	*Idjigue melcâme, yavécha c'ou bemehonÿo ÿljigue dèsse alègne!*

I. Pourquoi, monsieur, à quoi puis-je vous être utile?

ስለምን ፡ ጌታው? ምን ፡ አደ ርግለዋለሁ?	*Sÿémÿne guéldou, mÿne aderguÿleoillèhou?*

E. Certes, vous pouvez me rendre des grandes services, si vous voulez.

ተወደዳስ ፡ እርግጥ ፡ ብዙ ፡ ነ ገር ፡ ቢ.አደርጉልኝ ፡ ይቻልዋ ል ።	*Tèwèddèdoûsse ÿrguÿle bzou néguère biadérgoullÿgne yilchaleoill.*

I. Si vos ordres sont en rapport avec ma capacité parlez donc.

የሚአገዙኝ ፡ ነገር ፡ ለኔ ፡ እቅ
ም ፡ የሚቻል ፡ ተሆነ ፡ ይንገሩ
ኝ ፡ እስቲ ።

Yèmmiazizoûgne néguère lené àkm yèmmitchal lèhôné yinguérougne istì.

E. Ecoutez-moi alors; voilà ce que je désire!

እንግዲአስ ፡ ይስሙኝ ፡ የም
ኛው ፡ ነገር ፡ ይሄውልዮ ።

Inguidiasse yismougne, yemmimmégnéou neguère yihéoullio.

I. Me voilà, dites-moi, monsieur, que désirez-vous?

እሄው ፡ አለሁ ፡ ይንገሩኝ ። ም
ን ፡ ይፈልጋሉ ፡ ጌታው?

ihéou allèhou, yinguérougn ; mine yifelligallou guétàou?

E. Je désire aller dans vôtre pays pour y commercer; mais surtout pour voir le pays et connaitre la nature des marchés pour une autre fois. Et, c'est pour cela que je désire que vous me donniez des éclaircissements à ce sujet.

እኔ ፡ ወደገራችሁ ፡ ለመሄድና ፡
ለመንገድ ፡ እመኛለሁ ። ይልቁ
ንም ፡ ለሌላው ፡ ጊዜ ፡ አገሩን ፡
ለማየት ፡ ገቢአውን ፡ ለመመር
መር ፡ ነው ። ይሄውልዮ ፡ ስለ
ዚህ ፡ ነው ፡ የዚህን ፡ ነገር ፡ እ
ንዲአስታውቁኝ ፡ ብዬ ፡ የተመ
ኝሁዎ ።

Inè wèdaguératchihou lèmèhèdinna lèmènègguéde immegnallèhou. Yilikounimm lelèlàou guizè aguèroûne lemayèle, guéviaoûne lémèmèrmère néou. Yihéoullio silèzihe néou yézihinne néguère indiaslaouikoûgne biyè yètèmègnèhouò.

I. Si c'est pour cela, je vous donnerai toutes les informations que vous pouvez désirer.

ለዚህስ ፡ ተሆነ ፡ የተመኙትን ፡
ሁሉ ፡ ወሬ ፡ እነግረዋለሁ ።

Lezihisse lehôné yètèmègnoutine houllou wèré inègrèoillèhou.

E. C'est fort bien; je vous remercie d'avance. Maintenant écoutez-mois que je veux vous dire.

እጅግ ፡ መልካም ፡ ታሁኑ ፡ ጀ
ምሬ ፡ አመሰግንዋለሁ ። እሁን

Idjigue mélcàme ; tahounou djemmirrè amecegguinéoillèhou.

ሰ ፡ ልነገረም ፡ የተመኘሁትን ፡
ልንገርም ፡ ያድምጠኝ ።

*Ahounisse ljnégrjò yèlèmégnéhou-
line ljnguérjò yadmjjougne.*

I. Parlez, parlez, je vous écoute, monsieur!

ይንገሩኝ ፡ ጌታው ፡ ይንገሩኝ ፡
አደምጠዋለሁ ።

*Yinguèrougn guèldou yingue-
rougn adèmjèoillèhou.*

E. Quel genre de marchandises vaut-il mieux prendre ici
pour revendre dans vôtre pays?

ታገራችሁ ፡ ወስዶ ፡ ለመሸጥ ፡
ተዚህ ፡ ምን ፡ አይነት ፡ እቃ ፡
መያዝ ፡ ይሻላል ።

*Taguéralchihou wèsdo lèmé-
chèle lèzihe mine aïnèle jka mé-
yaze yichalall?*

I. Vous pouvez prendre quoique ce soit, excepté des bijoux
avec des pierres précieuses (comme diamants, perles, etc.) et des
machines de tous genres.

አልማዝ ፡ እንቁ ፡ ሉልና ፡ እ
ንዲህ ፡ እንዲህ ፡ ያለ ፡ ውዳው
ድ ፡ ፈርጥ ፡ ደንጊአ ፡ ታለበት ፡
ጌጥና ፡ ተመዘወር ፡ ሁሉ ፡ በቀ
ር ፡ ማንላቾውንም ፡ አይነት ፡
እቃ ፡ ይዘው ፡ ቢሄዱ ፡ ይሆን
ለጣል ።

*Almazjnna, jnkuj, loùl jndihe
jndihe yallè oujldaoujdd fèrje
dènguia lallèbbèle guéjinna lémé-
zèwère houllou bekèrre manil-
lalcho-ounjmm aïnèle jka yizèou
bihèdou yihónjllèoill.*

E. Vend-on beaucoup de miroirs?

መስተህት ፡ ብዙ ፡ ይሸጣል ።

Mèslèhále bzou yichèjalle?

I. De petits miroirs, oui, monsieur, on en vend beaucoup;
mais je ne peux pas vous encourager à en prendre de grands
et de larges, car, personne ne les achèterait (au moin pour mo-
ment) pour orner son appartement.

ትንንሽ ፡ መስተአት ፡ አዎን ፡
ብዙ ፡ ይሸጣል ። ነገር ፡ ግን ፡
ተላላቅ ፡ ሰፋፊ ፡ መስተህት ፡
ይያዙ ፡ ብየ ፡ አደፋፍረቃ ።

*Tjnjnjche mèslèhále adne bzou
yichèjall; néguère guine lelallak-
cèfaffi mèslèhále yiyazou bjyé
addèfajjirjò zènde aïhonjllj-*

ንድ ፡ አይሆንልኝም ። ስለም
ን ፡ ለኋላው ፡ እንጃ ፡ እንጂ ፡
ላሁኑ ፡ ቤቱን ፡ ለማስጌጥ ፡ ተ
ላላቅ ፡ መስተአት ፡ የሚገዝ ፡
ምንም ፡ ሰው ፡ የለ ።

*gnimm. Cjèmjne lehoilàou jndja-
jndji lahounou bèloune lèmasguèṭe
tèlallàk mèstèhàte yemmiguéza
mjnjmm cèou yèllè.*

E. C'est bien; les tapis sont-ils beaucoup recherchés par les personnes riches ?

መልከም ። የባሕር ፡ ምንጣፍ
ሳ ፡ ግዞኛ ፡ ወላንሳ ፡ ተሀብታ
ሞች ፡ ዘንድ ፡ ብዙ ፡ ይወደዳ
ልን ።

*Mèlcàme; yèrahjre mjnṭafjssa-
zjgadja, wèlança tèhartamôlch
zènde bjzou yiwèddedalljne?*

I. Oui, monsieur, les tapis sont excessivement recherchés, pas seulement par les grandes personnages, mais, aussi pour embellir les Eglises.

አወን ፡ ጊታው ፡ ግዞኛና ፡ ወላ
ንሳ ፡ እጅግ ፡ የሚወደደው ፡
ተትልቆች ፡ ጌቶች ፡ ብቻም ፡
አይደለ ፡ ለየቤተክሲኣኑ ፡ ሁ
ሉ ፡ ማስጌጫ ፡ ይወደዳል ።

*Aône, guèlaou, zjgadjanna wè-
lança jdjigue yèmmiwèdèdèou tè-
ljljkôlch guèlolch bjtchamm aidèl-
lè lèyè-bèlècsianou houllou mas-
guèlcha yiwèddedall.*

E. Puis-je en prendre beaucoup alors ?

እንግዲኣማ ፡ ብያሌው ፡ መው
ሰድ ፡ ይሆንልኛላ ።

*Inguidiamma bayalèou mèoui-
cède yihonjljignalla?*

I. Certainement prenez-en en quantité et des toutes les dimensions et de tous les genres: je suis sûr que vous ferez une bonne affaire avec cet article, en Abyssinie.

እርግጥ ፡ ብያሌው ፡ ከትልልቁ
ም ፡ ከትንንሹም ፡ ሁሉ ፡ ምን
ጣፍ ፡ እያይኑ ፡ ይያዙ ። ታብ
ሻ ፡ በዚሁ ፡ እቃ ፡ ብዙ ፡ እን
ዲኣተርፉብት ፡ እኔ ፡ እርግጥ ፡
ኛ ።

*Irguile bayalèou-quèljljllj-
koùmm, quèljnjnnjchoùmm houl-
lou mjnṭaf jyaïnèlou yiyazou.
Tarècha bèsihou jka bjzou jndia-
lèrfoubbèle jnè irguile nègne.*

E. En ce cas, j'en prendrai en quantité. En outre, quel genre de marchandises dois-je porter danz vôtre pays?

እንዲህስ ፡ ተሆነ ፡ በያሌው ፡ እይዛለሁ። ፡ ሌላሳ ፡ ምን ፡ አይ ነት ፡ የሽቀጥ ፡ እቃ ፡ ወዳገራ ችሁ ፡ መውሰድ ፡ ይሳለኛል።

Indihiss tèhônè bayalèou iyizallèhou. Lèlassa, mîne aïnète yèchèkèțe iķa wèdaguéralchîhou mèoucède yichalegnall?

I. Prenez aussi et autant que vous voudrez des toiles, gazes blanches et des mousselines assorties blanches et colorées.

ቲል ፡ አቡጆዲም ፡ ሻሽም ፡ ድ ንቲም ፡ እያይነቱ ፡ ሽትም ፡ የ ወዶዶትን ፡ ያህ ፡ እስተ ፡ ተ ቻላ ፡ ድረስ ፡ ይዘው ፡ ይሂዱ ።

Tilimm, aroudjédimm, chàchimm, dintilimm iyaïnélou, chilîmm yèwedlèdoutine yahî istèlèlchalèò direce yizèou yihidou.

E. Ferais-je bien d'exporter aussi des étoffes en soie fine?

ጥሩ ፡ የሀር ፡ ግምጃም ፡ ይዤ ፡ ብሄድ ፡ ደግ ፡ በደረግሁ ፡ ይ ሆን።

Trou yèharre guimdjamm yije bihède dègg baderrèghou yihône?

I. Certainement, vous ferez bien d'en prendre et en quantité. Quant à la finesse de la soie, je ne veux pas vous faire faire des illusions...

እርግጥ ፡ መልካም ፡ በደረጉ ፡ ይልቁንም ፡ በያሌው ፡ አጋፊ ውት ፡ ቢሄዱ ፡ መልካም ፡ በደ ረጉ ። የሀሩን ፡ ጥሩነት ፡ የሆ ነ ፡ እንደሆነ ፡ ግን ፡ እጅግ ፡ ም ርጥ ፡ እረቂቅ ፡ ይሁን ፡ ብየ ፡ አልመክረዎም ።

Irguițe mèlcàme badèrrègou, yilikounîmm bayalèou agaffèoule bihèdlou mèlcàme badèrrègou. Yèharroune țirounnèle yèhônè indèhônè guine idjigue mîrțe rèkik yihoùne bîyè almecrèòmm.

E. Soit! merci; quelles couleurs de soies vaudra-t-il mieux offrir et quelle étoffes en soies sont les plus recherchées par les indigènes?

ይሁን ፡ መልካም ፡ ሳድገም ። ቀ ለሙ ፡ ምን ፡ አይነት ፡ የሆነ ፡

Yihoùne, mèlcàme saddiguèò; kèlèmou mîne aïnète yèhônè harre

ሀር ፡ ግምጃ ፡ ይወፃል ፡ ያገሩ ፡   *guimdja yiwèdall yaguèrou cèou?*
ሰው ፡

I. Toutes les couleurs. pourvu que ces couleurs soient vives
et éclatantes.

አይን ፡ ግቡ ፡ ደማቅ ፡ ይሁን ፡   *Aïnè guicou dèmmak yihoûne*
እንጂ ፡ ማንላቸውም ፡ አይነት ፡   *indji manillatchooûmm aïnète*
ቀለም ፡ ይወደፃል ።   *kèlème yiweddèdall.*

E. J'ai aussi porté de mon pays beaucoup de pièces de ve-
lours pour vendre en Abyssinie; cette qualité d'étoffe est-elle
connue dans votre pays?

አበሻ ፡ ለመሸጥ ፡ ብዙ ፡ ጣቃ ፡   *Arècha lèmèchète bzou taka*
ከፈይም ፡ ታገሬ ፡ አምጥቻለ   *quèfèyimm taguèrè amtitchallè-*
ሁ ፡ ይሄው ፡ አይነት ፡ ግምጃ ፡   *hou; yihèou aïnète guimdja ba-*
ባገራችሁ ፡ ይታወቃል ፡ ይሆን ።   *guèralchihou yittawèkall yihone?*

I. Laissez-moi s'il vous plait, et ne me faites pas rire !

ይተውኝ ፡ እባክዎን ፡ አያስ   *Yitèouign ivaquine ayassi-*
ቁኝ !   *kougn!*

E. Pourquoi cela vous fait-il rire?

ስለምን ፡ ይሄ ፡ ነገር ፡ ያስቅ   *Cilèmine yihè nèguère yassi-*
ዋል ።   *keoill?*

I. Car, si en Abyssinie on ne fabrique pas d'étoffes en soie,
il y a longtemps que toutes sortes d'étoffes y sont connues étant
offertes par le commerce.

ስለምንማ ፡ ባበሻ ፡ ሀር ፡ ግምጃ ፡   *Cilèminimma, barècha, harre*
ባይሰራ ፡ በንግድ ፡ ለመሸጥ ፡   *guimdja baïsserra benigde lèmè-*
እየመጣ ፡ በያይነቱ ፡ ከታወቀ ፡   *chète iyèmètta bèyaïnètou quela-*
ጊዜው ፡ እሩቅ ፡ ነው ።   *wèkè guizèou iroûk nèou.*

E. Je le crois, j'ai demandé cela, seulement pour m'en
assurer.

ነገሩን ፡ አምናለሁ ። አሄን ፡ መ   *Nèguèroûne amnallèhou; then-*

ጠየቄ ፡ ነገሩን ፡ ሱማስረገጥ ፡
ቤኃ ፡ ነው ።

ne mèlèyèkè nèguèroûne lèmasrè-guèle bilcha nèou.

I. Vous faites bien, en tout cas il vaut mieux être sûr d'une chose que de rester indecis.

መጠየቅም ፡ መልካም ፡ አደረ
ጉ ፡ ለሁሉም ፡ ነገር ፡ በውል
ውል ፡ ተመቀመጥ ፡ ነገሩን ፡
ማስረገጥ ፡ ይሻላል ።

Mèlèyèkib mèlcâme alerrègou lehoulloumm nèguère bèouiljouil lèmèkkèmèle nèguèroune masrè-guèle yichalall.

E. C'est très juste.

እርግጥ ፡ ነው ። *irguile nèou.*

I. De quelles couleurs sont le velours que vous avez portés de votre pays, monsieur?

ታገሪያ ፡ ያመጡት ፡ ከፈይ ፡
ቀለሙ ፡ ምን ፡ አይነት ፡ ነው ፡
ጌታዉ ፡።

Taguèrèû yammèlloule quèfèy kèlèmou mine aïnèle nèou, guè-lâou?

E. J'ai porté des velours rouges, verts, bleus foncés et jaune; je voulais en porter aussi d'autres couleurs moins vives, mais j'ai préféré connaitre avant tout, le pays et faire un essai.

ቀይ ፡ ከፈይ ፡ አረንጓዴ ፡ ከፈ
ይ ፡ ጥቁር ፡ ከፈይ ፡ ብጫም ፡
ከፈይ ፡ አምጥቻለሁ ። ቀለሙ ፡
ደብብ ፡ ያለ ፡ ከፈይም ፡ ለማም
ጣት ፡ አስቤ ፡ ነበር ፡ ነገር ፡ ግ
ን ፡ አስቀድሜ ፡ አገሩን ፡ ለማ
ወቅና ፡ ነገሩን ፡ ለመሞከር ፡ ብ
የ ፡ ተውሁት ።

Kèy quèfèy, arèngoidè què-fèy, likoûre quèfèy, bilchâmm quèfèy amljchallèhou; kèlèmou dèvèbb yalè quèfeyimm lemam-late assibbè nèbbère, nèguère guine askèddimmè aguèroûne lèmawè-kinna nèguèroûne lèmèmocquère bilyè lèouhoûle.

I. Vous avez bien fait de n'avoir pas porté de velours de couleurs moins vives et moins connues. Vous auriez cependant bien fait si vous aviez apporté beaucoup de brocarts et de damas.

ቀለሙ ፡ እምብዛ ፡ ያልደመቀ
ና ፡ እምብዛ ፡ ያልተለመደ ፡ ከ

Kèlèmou imbiza yaldèmmèkèn-na imbiza yallèlèmmèdè quèfèy

ፈይ ፡ ግምኛ ፡ አለማግምጣትም ፡ መልከም ፡ አደረጉ ። ነገር ፡ ግን ፡ ብዜ ፡ ወርቅ ፡ ዘበና ፡ ብዜ ፡ ደማስ ፡ አምጥተው ፡ ቢሆን ፡ መልከም ፡ ነበር ።

guiṇadja alèmamṭalṭi mèleàme aderrigou; nèguère guiṇe bịzou wèrkè-zèrènna bịzou dèmàce amṭṭèou bihòne mèleàme nèbbère.

E. Oui, j'en ai porté en quantité, parce que j'avais entendu dire qu'en Abyssinie, ce genre d'étoffes est recherch.;, surtout pour les Eglises.

አምን ፡ ብዜ ፡ ወርቀዘበና ፡ ብዜ ፡ ደማስ ፡ አምጥያሎሁ ። ስለምን ፡ ባበሻ ፡ እንዲህ ፡ ያለው ፡ አይነት ፡ ውድ ፡ ነው ፡ ይ ልቁንም ፡ ለቤተክስ.ኣን ፡ ይፈ ለጋል ፡ ሲሉ ፡ ሰምቼ ፡ ነበር ።

Aìne, bịzou wèrkè-zerènna bịzou dèmàce amṭṭchallèhou; eilè-mịne, barècha ịndihe yallèou aì-nèle ouidd nèou, yilịkounịmm lèeǎteeliàne yiffèllègall eilou eè-mịtchè nèbbère.

I. Oui, monsieur, et je vous le confirme moi aussi.

አምን ፡ እውነት ፡ ነው ፡ ይሄኑ ፡ ወራ ፡ እኔም ፡ ሳልቀር ፡ አስረ ግጥዋለሁ ።

Aìne ịnunèle nèou-yihènnou wèrè ịnèmm salkère asrèguiṭèoil-lèhou.

E. Alors je en suis content; il est trop tard maintenant pour pouvoir continuer nos entretiens si agreables et si intéressants pour moi; pouvez vous venir demain matin chez moi?

እንግዲ.አስ ፡ ደስ ፡ አለኝ ። እን ግዴሀ ፡ እንዲህ ፡ ደስ ፡ ያለና ፡ የጣፈጠ ፡ ንግግራችነን ፡ በጣ ም ፡ እንዳንነጋገር ፡ መሸብነ ። ነገ ፡ ማለዳ ፡ ወዴኔ ፡ መምጣት ፡ በሆነልም ፡ ይሆን ።

Inguịdiasse dèsse alègne: ịn-guịdèhe ịndihe dèsse yalenna yi-ṭaffèṭè nịguịguịratchinène bèṭàme ịndanịnnègagguère mèchèbịnnè; nèguè malèda wèdènè mèmṭate behònèllịò yihòne?

I. Oui, monsieur, je peux venir, si vous me désirez.

አምን ፡ ጌታው ፡ እርሰም ፡ ተፈ ለጉ ፡ መምጣት ፡ ይሆንልኛል ።

Aìne guélàou, ịrèò lèfèllègou mèmṭate yihònịllịgnall.

E. Alors, venez, je vous attendrai et la maison où je loge actuellement est celle que nous voyons devant ce grand arbre ; voilà on l'aperçoit d'ici.

እንግዲ፡አስ ፡ ይምጡ ፡ እጠብ ቀዋለሁ ። አሁን ፡ ያለሁብትም ፡ ቤት ፡ ተዚአ ፡ ተትልቁ ፡ ዛፍ ፡ ፊት ፡ ለፊት ፡ የሚታየነው ፡ ነ ው ፡ ተዚህ ፡ ሁኖ ፡ ያው ፡ ይታ ያል ።

Inguidiasse yimtou itèbbikèoil- lèhou ; ahoùne yallèhoubbèlimm bèle tèzia tètillikou zàf filé-lèfilé yèmmillayènnèou nèou, tèzike hounà ydou yillayall.

I. Oui, monsieur, je la vois ; elle est blanche et très haute.

አዎን ፡ ጌታው ፡ አያታለሁ ፡ ነ ጭና ፡ ብዙ ፡ እረጅም ፡ ናት ።

Aône guèldou ayatallèhou-nèt- chinna bzou irèdjim nate.

E. Précisément ; à quelle heure pouvez-vous donc venir ?

ልክ ፡ አውቀዋታል ። ነጋ ፡ ማ ለዳ ፡ በምን ፡ ሰአ ፡ ይመጣሉ ፡ እንግዴሁ ።

Licc aoukèoilall : neguè ma- leda bemìne sèate yimèlallou in- guidèhe ?

I. Je peux venir demain, après midi car le matin j'ai un rendez-vous avec des compatriotes qui sont ici.

ነጋ ፡ ተቀን ፡ እኮል ፡ በኋላ ፡ መምጣት ፡ ይቻለኛል ፡ ስለም ን ፡ ነጋ ፡ ማለዳ ፡ ተዚህ ፡ ታሉ ት ፡ ታገሬ ፡ ሰዎች ፡ ጋር ፡ ቀ ጠሮ ፡ አለብኝ ።

Nèguè tèkène iccoul bèhoila mèmtale yilchalègnall, cijèmine nèguè malèda tèzihe lalloute ta- guèrè cedlch gàre kèjèrà allèbi- gne.

E. Cela ne fait rien, je vous attendrai demain après midi, bonne nuit, mon cher ; je vous remercie beaucoup de m'avoir donné, sur votre pays des renseignements que je désirais vivement depuis longtemps.

ለዚህስ ፡ ግድ ፡ የለም ፡ ነጋ ፡ ተ ቀን ፡ እኮል ፡ ወዲአ ፡ እጠብ ቀዋለሁ ። ደህና ፡ ይደሩ ፡ ወዳ ጄ ። ተብዙ ፡ ጊዜ ፡ ጀምሬ ፡ እ

Lèzihisse guidd yèllèmme, nè- guè tekène iccoul wèdia itèbbikèoil- lèhou ; dèhina yiderou wèdadjè. Tevizou guizè djemmirré idjigue

ጅግ ፡ ስመኘው ፡ የነበረን ፡ ያ
ገራችሁን ፡ ወሬ ፡ ስላጫጩ፤
ኝ ፡ ባየሌው ፡ እግዚአብሔር ፡
ይስጥዎ ።

*simmègnèou yènèbbèrène yague-
ratchihoune wèrè ellatchawètougn,
bayalèou Igziachère yistio.*

I. Rien de quoi; je viendrai donc demain; en attendant,
je vous salue très respectueusement, monsieur, bonne nuit.

ምን ፡ አደረግሁለዎና ፡ ያመሰ
ግኑኛል ፡ እንግዴህ ፡ ነገ ፡ እመ
ጣለሁና ፡ እስተዚአው ፡ ድረ
ስ ፡ ጤና ፡ ይስጥልኝ ፡ ጌታዬ ፡
ደህና ፡ ይደሩ ።

*Mine adèrrèghoullèonna ya-
mecegujnougnall? Inguidèhe nè-
guè imètallehounna istèziaou di-
rèce tèna yistilligne guètaïè dè-
hina yidèrou.*

L'indigène arrive ponctuellement selon son rendez-vous.

E. Bonjour, mon cher; vous n'avez pas oublié notre rendez-
vous! Vous êtes très ponctuel!

እንዴት ፡ አደሩ ፡ ወዳጄ ፡ ቀጠ
ሯችነን ፡ አልረሱምና ! ቀጠሮ ፡
አክባሪ ፡ ነዎ !

*Indète addèrou wèdadjè? Kè-
tèroitchinène alrèssoummjnna !
kètèrô acvari 'nèô!*

I. Pourquoi, monsieur, vous montrez-vous étonné de ma pon-
ctualité aux rendez-vous? Si ce n'est pour un accident grave et
inattendu, c'est un manque de politesse que de se faire attendre
à un rendez-vous. Il n'en est pas ainsi seulement en Europe,
chez nous aussi c'est une honte.

ምነው ፡ ጌታው ፡ ቀጠሮ ፡ በግ
ክበሬ ፡ ይደነቃሉ ፡ ያልታሰበ ፡
ብር፤ ፡ እክል ፡ ታልደረስ ፡ በ
ቀር ፡ ቀጠሮ ፡ አፍርሶ ፡ ሰው ፡
ማስጠበቅ ፡ ብር፤ ፡ ነውር ፡ ነ
ው ። እዥ ፡ በፈረንጅ ፡ አገር ፡
ብቻም ፡ አይደለ ፡ ተኛም ፡ ዘ
ንድ ፡ እፍረት ፡ ነገር ፡ ነው ።

*Minnèou guètaou, kètèrô bemac-
rèrè yiddènnèkallou? yallassèrè
birtou iquit taldèrrècè bekèrre
kètèrô africô cèou mastèbbèk bir-
tou nèouire nèou, ihè bèfèrèndj
aguère bitchamm aïdellè tègnàm-
me zènde ifrèle nèguère nèou.*

E. C'est vrai, je parle de votre ponctualité seulement, pour vous dire que vous êtes exact à votre parole, même envers une personne que vous ne connaissez pas bien, comme moi.

ይሄ ፡ እውነት ፡ ነው ። ነገር ፡ ግን ፡ በጣም ፡ ታላወቁት ፡ እን ደኔ ፡ ታለው ፡ ሰው ፡ ጋርም ፡ ቃልም ፡ አለመዛባቱን ፡ ነው ፡ መናገሬ ።

Yihè journèle nèou; nèguère guîne bèţame lakawèkoûţe jndènè tallèou cèou garamm kaļô alè-mezzavatoûne nèou mènnaguèrè.

I. Oh! monsieur, qu'importe! la promesse sortie de la bouche d'un honnête homme doit être maintenue également envers qui que ce soit.

ጌታው ፡ ሆይ! የደህና ፡ ሰው ፡ ቃል ፡ ታንደበት ፡ ተወጣ ፡ በ ኻላ ፡ ለማንም ፡ ሰው ፡ ይሁን ፡ መዛባት ፡ አይገባውም ።

Guèţáou hôy! yèdèhjna cèou kä' ţanderèţe lèweţţa behoiţa lè-mannîmm cèou yihoûne mezza-vaţe aïguèbbaoûmm.

E. C'est juste, vous avez raison; maintenant, nous pouvons causer de mes affaires comme nous avons commencé de le faire hier; n'est ce pas?

ይሄ ፡ የተገባ ፡ ነው ፡ እውነት ም ፡ ነው ። አሁንስ ፡ ትናንት ፡ እንደ ፡ ጀመርነው ፡ የኔን ፡ ጉዳ ይ ፡ እንነጋገር ፡ እውን ፡

Yihè yèlèguèbba nèou, journèljô nèou; ahounjsse ţjnänţe jndè djèm-mernèou yènène gouddaï jnjnnè-gaguère; jounè?

I. Oui, monsieur, parlez-moi de tout ce qui vous intéresse.

እሺ ፡ ጌታው ፡ የፈለጉትን ፡ ሁ ሉ ፡ ነገር ፡ ይንገሩኝ ።

Ichi, guèláou; yjfellègouljne houllou nèguère yinguèroûgne.

E. A quel point en étions-nous hier? Vous en souvenez-vous?

ትላንት ፡ ን ገግራችን ፡ ተምን ፡ ላይ ፡ ቆመ ፡ ይሆን ። እርሰም ፡ ይንሏበታል ።

Tţanţe njgujggujralchine lè-mîne lä' kômè yihône? Irceô yjg-guènèzzèvoutall?

I. Oui, monsieur, je m'en souviens; nous nous sommes arrê-
tés aux brocarts et aux damas.

አምን ፡ አረሳሁትም ፡ ንግግራ
ችን ፡ ያረፈ ፡ ተወርቀዘበውና ፡
ተዴማሱ ፡ ንግግር ፡ ስንደርስ ፡
ነው ።

*Aône, arrèssahoutjmm, niguig-
guiratchine yarrèfè tèwèrkè-zècè-
ounna tèdèmaçou niguigguire
sindèrce nèou.*

E. Précisément; maintenant, dites moi, a l'égard des armes;
est-il vrai que les fusils sont vraiment recherchés en Abyssinie?

ልክ ፡ ተዚህ ፡ ስንደርስ ፡ ነው ፡
ያረፍን ። አሁንስ ፡ የመሳሪአ
ን ፡ ነገር ፡ ይንገሩኝ ። በበሻ ፡
ነፍጥ ፡ መወዴዱ ፡ እውነት ፡
ነውን ።

*Lice tèzihou sindèrce nèou yar-
rèfnè. Ahoûnisse yèmèssariane
nèguère yinguèrougn: barècha,
nèfle mèwèdèdou founèle nèoune?*

I. Il est certain que les fusils sont très recherchés et vous
pouvez en porter autant que vous voudriez.

ጠበንጃ ፡ መፈለጉ ፡ እርግጥ ፡
ነው ፡ እስተፈለጉት ፡ ድረስ ፡
ይዘው ፡ ቢሄዱ ፡ ይሆንለዋል ።

*Tèrèndja mèffèlègou irguite
nèou, istèfèllègoûte dirèce yizèou
bihèdou yihònjllèoill.*

E. Quelle qualité de fusils est la plus recherché en Abys-
sinie?

ምን ፡ አይነት ፡ ብረት ፡ ነው ፡
አበሻ ፡ የሚወዴዱው ።

*Mine aïnèle birèle nèou arècha
yèmmiwèdldèdèou?*

I. Tous les fusils modernes sont recherchés, mais, à cause
de la facilité de s'en servir et de les nettoyer, les fusils reming-
tons étaient et sont encore préférables; c'est l'avis des soldats,
sans parler de la valeur intrinsèque des autres fusils.

አዲሱ ፡ አይነት ፡ ሁሉ ፡ ጠበ
ንጃ ፡ ይወደዳል ። ነገር ፡ ግን ፡
በተዞሉና ፡ በመጥረጉ ፡ መቅ
ናት ፡ የተነሳ ፡ ሰናድር ፡ ይወደ
ድ ፡ ነበር ፡ ዛሬም ፡ ይወደዳል ።

*Addiçou aïnèle houllou tèrèn-
dja yiwèddèdall: nèguère gine
bèlèçouiçounna bèmètrègou mèk-
nale yètènessa cenadire yiwèd-
dèdè nebbère, zarèmme yiwèddè-*

ይሄ ፡ ነገር ፡ ወታደሩ ፡ እንደ
ሚናገረው ፡ ነው ፡ እንጃ ፡ የሌ
ላው ፡ ያዲሱ ፡ አይነት ፡ ጠበን
ጃ ፡ ይሻላል ፡ አይሻልም ፡ ለማ
ለት ፡ አይደለም ።

dall. Yihè nèguère wèlladdèrou indèmminnaguèrèou nèou indji yèlèlàou yaddiçou aïnèle tèvèn- dja yichalall aïchalimm lèmalèle aïdellèmm.

E. Et, pour la chasse, quelle qualité de fusils est préférable?

ላደንሳ ፡ ምን ፡ አይነት ፡ ጠበን
ጃ ፡ ይወደዳል ።

Ladènçssa mine aïnèle tèvèn- dja yiweddedall?

I. Les fusils à deux coups, qui servent pour la chasse ordinaire sont préférables, ou ceux de fabrique anglaise ou belge.

ለማንላቸውም ፡ አደን ፡ የሚ
ሆን ፡ ሁለት ፡ አፍ ፡ ጠበንጃ ፡
የንግሊዝ ፡ ወይም ፡ የበልጂክ ፡
አገር ፡ ስራ ፡ ይወደዳል ።

Lemanillatchèoumm adène yèmmihóne houlèlle àf tèvèndja yènglize wèyimm yèvèldjic aguè- re çira yiwèddèdall.

E. Et, en outre?
ሴላሳ ፡ *Lèlassa?*

I. Mais, s'il s'agit des fusils à gros calibre qui servent pour la chasse aux éléphants, les préférables sont ceux de fabrique belge. Si vous voulez savoir en outre des fusils de luxe, comme les wenchesters, ceux de fabrication américaine sont à préférer.

የገዞሆን ፡ መስበሪአ ፡ የሚሆን ፡
ትልልቅ ፡ ጠበንጃ ፡ የሆነ ፡ እ
ንደሆነ ፡ ግን ፡ የበልጂክ ፡ አገ
ር ፡ ስራ ፡ ይወደዳል ። ደግሞ ፡
ለጌጥ ፡ የሚአምረውን ፡ እን
ደ ፡ ወሽሽተር ፡ ያለ ፡ ጠበንጃ ፡
ለማወቅ ፡ የወደዱ ፡ እንደሆነን ፡
ያመሪክ ፡ አገር ፡ ስራ ፡ ይመረ
ጣል ።

Yézihóne mèsvèria yèmmihóne lilillik tèvèndja yèhóné indehóné guîne yèvèldjic aguère çira yiwed- dèdall. Dégmó léguète yemmiam- rèoùne indè wèchelère yallè tè- vèndja lemawèk yèweddèdou in- dehóné yamèrica aguère çira yim- mèrrètall.

E. Et de petites armes, comme les revolvers, les sabres etc.?

እንደ ፡ ሽጉጥና ፡ እንደ ፡ ጐራ

Indé-chigoullnna indé-gouèradè

ዮ ፡ ያለ ፡ የትንንሽ ፡ መሳሪአ ፡
ነገርሳ ፡ እንዴት ፡ ነው ።

*yallé yétininineche méssaria né-
guérissa indéle néou?*

I. Les revolvers les plus recherchés surtout sont les amé-
ricains.

በጣም ፡ የሚወደድ ፡ ሽጉጥ ፡
ተሁሉም ፡ ያመሪክ ፡ ሽጉጥ ፡
ነው ።

*Bétâme yèmmiwèddède chi-
goûte, téhoulloûmm yamérica
chigoûte néou.*

E. A cet égard, ils n'ont pas de mauvais goût les Abyssins!...

በዚህስ ፡ ነገር ፡ አበሻች ፡ ክፉ
ም ፡ አልመረጡ ።

*Bèzihiss nèguère avechôtch qui-
foumm almèrrètou.*

I. Soyez sûr, monsieur, que les gens qui ne savent rien fa-
briquer sont les plus prompts à trouver les défauts des objets
fabriqués par les autres.

ጌታው ፡ ሆይ ፡ ምንም ፡ ስራ ፡
መስራት ፡ የማያውቅ ፡ ሰው ፡
ሌላ ፡ በስራው ፡ እቃ ፡ አመል ፡
ለማውጣት ፡ ፈጣን ፡ መሆኑን ፡
ይወቁት ።

*Guétâou hôy mininimm cira yem-
mayâouk céou léla bècèrràou ika
amèle lèmaoutate fètÿane mèhô-
noûne yiwèkoute.*

E. Peut-être ce sera comme vous dites. Dites-moi maintenant,
si l'on fabrique des cartouches de tous genres, et si l'on a assez
de poudre.

እንዲሁ ፡ እርሰም ፡ እንደሚሉ
ት ፡ ይሆን ፡ ይሆናል ። አሁን
ስ ፡ ጥይት ፡ እያይነቱ ፡ ሁሉ ፡
ታገራችሁ ፡ ይሰራ ፡ እንደሆን
ና ፡ በሩድም ፡ የሚበቃ ፡ ያሀ
ል ፡ እንዳለ ፡ ይንገሩኝ ፡ እስኪ ።

*Indihou ircèà indèmmiloûte yi-
hône yihônall. Ahouniss tÿite
iyaïnètou houtlou taguèratchihou
yisserva indehôninna baroudimm
yemmircèka yahÿl indallé yingue-
rougne isti?*

I. Je ne devrais jamais vous répondre à ce sujet; mais, du
moment que toutes les petites fabrications de ce genre sont exé-
cutées par des mains européennes; du moment que toutes les cho-

ses les plus secrètes de l'empire d'Ethiopie sont confiées plutôt aux Européens qu'aux dignitaires indigènes, je peux vous répondre qu'au Choa on avait commencé à fabriquer avec une toute petite machine un seul genre de cartouches pour les fusils remington. Cela pourrait donner à croire qu'il y existe une fabrique; tandis que, en réalité, il n'y existe ni fabrique de cartouches, ni de véritable poudre à canon.

ለዚህ ፡ ጥያቄም ፡ ምንም ፡ መ
መልስ ፡ ባልተገባኝ ፡ ነበር ፡ ዳ
ሩ ፡ ግና ፡ ቢሆን ፡ ይሄው ፡ የ
ሆነው ፡ ትንሽ ፡ ትንሽ ፡ መዘ
ወር ፡ ሁሉ ፡ በፈረንጆች ፡ እ
ጅ ፡ ተሆነ ፡ ዘንድና ፡ የኢትዮ
ጵያ ፡ መንግሥት ፡ ብርቱ ፡ ብ
ርቱው ፡ ሁሉ ፡ ምስጢራ ፡ ለባ
ላቦዎች ፡ ላበሸ ፡ መኪንት ፡
እየተሸሸነ ፡ ለፈረንጆች ፡ እየ
ታመነ ፡ ተተገለጠ ፡ ዘንድ ፡ ለ
ጠየቁኝ ፡ ነገር ፡ በመልስልም ፡
ይሆንልኛል ። በሸዋ ፡ በትንሽ ፡
መዘወር ፡ መሳይ ፡ የሰናድር ፡
ጥይት ፡ አንድ ፡ አይነት ፡ ብቻ ፡
መሰራት ፡ ተጀምሮ ፡ ነበረ ፡ እ
ውነት ፡ ተው ። ይሄ ፡ በሸ ፡
ጥይት ፡ ይሰራል ፡ ለማለት ፡ ያ
በል ፡ ነው ። እንደ ፡ እውነት ፡
ግን ፡ እንኳን ፡ ጥይት ፡ ይሰራ ፡
የውነተኛ ፡ ጥሩ ፡ ባሩድም ፡ በ
በሸ ፡ አይሰራ ።

Lézihe ljy'kaò mjnjmm mèmèllèce balt'iguèbagn nèbbère, darou gujna bihòne yihèou yèhoúnèou ljnnjch-ljnnjch mèzèwère houllou bèfèrèndj jdj tèhònò zèndjnna yèiljyopjya mènguiste bjrtou bjrtoùou houllou mjsjirou lèralabbatotchou larecha mequoi-njnte jyèlèchèchègui' lèfèrèndjotch jyèlammènè tèlèguèllètè zènde, lètèyèkoùgn nèguère bjmèlljsjljò yjhonjlljgnall. Bèchèoi, beljnnjch mèzèwère mèçaï yècènadjre ljyjle ànde aïnèle bjlcha mèssèrale lèdjèmmjrò nèbbèrè, jounjnèle nèou; yihè barècha ljyjle yissèrrall lemalèle yahjî nèou: jndèounèle gujne jnquoine ljyjle yissèra yèounèlègma trou baroudjmm bavècha aïsserra.

E. Certainement, alors que les cartouches de toutes sortes seront bien recherchées en Ethiopie, j'y en porterai en quantité.

እርግጥ ፡ እንግዲ.አውስ ፡ በኢ.
ትዮጵያ ፡ ጥይት ፡ በያይነቱ ፡

Irguile, jnguidiaoùss bèilyopiya ljyile beynjnètou houllou

ሁሉ ፡ በጣም ፡ ይወደድ ፡ ይሆ
ናልና ፡ ባያሌው ፡ እገ ፡ እሄዳ
ለሁ ።

*bèṭàme yiweḧlèḧe yihònalljnna
bayalèou įjè įhèdallèhou.*

I. Certainement, vous ferez bien; mais, vous ferez encore
mieux, si vous porterez plus de munitions de guerre que de chasse.

እር ፡ ግጥ ፡ መልካም ፡ ባደረጉ ።
ነገር ፡ ግን ፡ ይልቀንም ፡ ታደ
ን ፡ ከርቱሽ ፡ ይልቅ ፡ የጦርነ
ት ፡ የሚሆን ፡ ጥይት ፡ አብጊ
ተው ፡ ቢወስዱ ፡ ደግ ፡ ባደረጉ ።

*įrguįṭe mèlcame baderrègou;
neguère guįne yiljkounįmm ta-
dène quèrtouch yiljk yèṭorįnnèṭe
yèmmihòne įiyiṭe arsįṭèou bàwès-
dou dègg badèrrègou.*

E. Croyez-vous que cela vaille mieux?

ይሄ ፡ ይሻል ፡ ይመስለዋል ፡

Yihè yichal yimesḷèoill?

I. Certainement, cela vaut mieux pour votre commerce.

እር ፡ ግጥ ፡ ለንግድም ፡ እሄው ፡
ይሻለዋል ።

*įrguįṭe, lenįgdįò įhèou yicha-
lèoill.*

E. Puisque je m'aperçois que vous êtes doué de sagacité et
que vous êtes très attentif, j'agirai conformément à vos conseils;
vous verrez.

ጠንቃቃነትዎንና ፡ ብዙ ፡ አስ
ተዋይነትዎን ፡ አያለሁና ፡ እር
ሰም ፡ እንደመከራኝ ፡ አደርጋ
ለሁ ፡ ያያታል ።

*Ṭènkakannetįònįnna bįzou as-
teoiyinnetèòne ayallèhou-įnna įr-
rèò įndèmèquèrougn adèrgallè-
hou-yayoutall.*

I. A propos, avez-vous porté de votre pays de beaux sabres
et de bonnes épées? En Abyssinie les sabres, surtout, sont fort
recherchés, pourvu qu'ils soient un peu courbés, bien damassés
et ornés de filets d'or.

የሆነስ ፡ ይሁን ፡ ታገርዎ ፡ ማ
ለፊአ ፡ ማለፊአ ፡ ጉራዴና ፡ ሰ
ይፍ ፡ አምጥተዋል ፡ በበሽ ፡ ይ
ልቀንም ፡ ጉራዴ ፡ ጥቄት ፡ በ

*Yèhònèss yihòune; ṭaguèrèò
malefįa-malèfįa gouèradènna cèyf
amṭįtèouall? Bacècha, yilįkou-
nįmm gouèradè, įįkile balè guįṭe-*

ለ፡ግትና፡በለ፡ወርቅ፡ሀረግ፡ *inna balè wèrke harègue yihoune*
ይሁን፡እንጂ፡በብርቱ፡ወ *indji bévirtou ouîdd nèou.*
ድ፡ነው፡ ፨

E. Je n'ai asporté ni sabres, ni épées; mais, je peux écrire au directeur de la meilleure fabrique de sabres; c'est précisément un de mes meilleurs amis.

ጐራዴም፡ሰይፍም፡ይሉ፡ኡ *Gouèradémm cèyfîmm yilou*
ላመጣሁ፡ ፨ ነገር፡ግን፡ምርጥ፡ *alamèllàhou; neguère guîne mîrle*
ምርጥ፡ጐራዴ፡ለሚሰራበቱ፡ *mîrle gouèradè lèmmisserrabélou*
ስፍራ፡ ዋና፡ ሁዋ፡ ለሚኣሰ *cifra, oinna hounò lemmiasser-*
ራው፡ሰው፡ ጥሬ፡ በስመጣ፡ *ràou cèou lille basmella yihònilli-*
ይሆንልኛል ፨ እሱም፡ እንዳጋ *gnall, issoumm indaggalami houl-*
ጣሚ፡ ሁሉ፡ ብርቱ፡ ወዳጅ፡ *lou birlou wèdadjé nèou.*
ነው፡ ፨

I. Vous feriez très bien alors, si vous pouviez en recevoir au plus tôt.

እንግዲኣስ፡ ቶሎ፡ እንዲደርc *inguîliass lolò indidércillîo*
ስልም፡ በደረጉ፡ እጅግ፡ መ *baderrègou idjigue mèlcàme néb-*
ልካም፡ ነበር ፨ *bère.*

E. Oui, même je pourrais lui envoyer une dépêche pour lui demander de m'en envoyer immédiatement.

አወን፡ ከተም፡ ቶሎ፡ አፋጥ *Aóne, quèllèmme lolò affalnò*
ኖ፡ እንዲልክልኝ፡ ስልክ፡ ብ *indiliquillîgn cîlquîmme biliquil-*
ልክለትም፡ ይሆንልኛል ፨ *lèle yihònillîgnall.*

I. Ce fabricant vous enverra-t-il les sabres que vous désirez et beaucoup, moyennant le fil télégraphique?

ይሄው፡ ጐራዴ፡ ሰሪ፡ የሚፈ *Yihèou gouèradé ceri yèmmi-*
ልጉትን፡ ሁሉ፡ ጐራዴ፡ በያ *fèlligoulîne houllou gouèradé ba-*
ሌው፡ በስልኩ፡ ሽበ፡ አድር *yalèou bèsilcou chivò adirgo nèou*
ን፡ ነው፡ የሚሰድልም፡   *yèmmicòddillîó?*

E. Dites-vous cela pour rire ou sérieusement?

ይኽን ፡ ማለትም ፡ ለሳቅ ፡ ብለ   *Yihènne malètjô lèçak bjlèou*
ው ፡ ነው ፡ ወይስ ፡ የምርም ፡   *nèou wèyiss yèmjrrjô nèou?*
ነው ፡

I. Sérieusement, monsieur, puisque vous autres Européens vous êtes des Dieux sur terre, je ne pense pas qu'il y ait quelque chose qui puisse s'opposer à votre volonté.

የምሬ ፡ ነው ፡ እሬ ፡ ጌታው ፡   *Yèmjrrè nèou œrè, guèlàou!*
ደግሞም ፡ እናንተ ፡ ፈረንጆች ፡   *Dègmômm jnnàntè fèrèndjotch*
እግዚአብሔሮች ፡ ናችሁ ፡ በ   *Igziac-hèrôtch natchihou. bèmj-*
ምድር ፡ ላይ ፡ ለናንተ ፡ እምል   *dre laï lènnantè amĵļô yèmmi-*
ጠ ፡ የሚቀር ፡ ነገር ፡ አለ ፡ እ   *kère nèguère allè aïmeslègnimm.*
ይመስለኝም ፡

E. (En part, quelle naïveté!!) Soit moyennant le fil télégraphique, soit moyennant un coup de vent comme vous voulez, j'en recevrai bientôt, vous le verrez.

በስልኩ ፡ ሽበም ፡ ይሁን ፡ በነ   *Bècjlcou chiœômm yihoùne. bè-*
ፋስም ፡ አውቃር ፡ ይሁን ፡ እ   *nèfacĵmm aoulare yihoùne jn-*
ንደወደዱ ፡ ጐራዴው ፡ ቶሎ ፡   *dèwèddèdou, gouèradèou lèlò bè-*
በብዙው ፡ እንዲደርስልኝ ፡ አ   *cĵzoù-ou jndidersĵlĵgne adergal-*
ደርጋለሁ ፡ ያዩታል ፡   *lèhou yayoutall.*

Petits objets.

E. Et, maintenant, parlez-moi de petits objets et je vous prie de me pardonner mes longues insistances.

እንግዴህ ፡ የትንንሹን ፡ እቃ ፡   *Jnguĵdèhe yèljnjnnjchoùne jka*
ነገር ፡ ይንገሩኝ ፡ ነገር ፡ ግን ፡   *nèguère yinguùroùgne; nèguère*
ችክ ፡ ብዬ ፡ በመጠየቄ ፡ እደ   *guùne lchicc bjyè bèmèļéyékè adè-*
ራ ፡ ይማሩኝ ፡ አይሰልቹኝ ፡   *ra yimaroùgne aïseltchoùgne.*

I. Demandez-moi librement tout ce que vous voulez; de quels objets voulez-vous parler?

የወደዳችን ፡ ሁሉ ፡ ነገር ፡ እ ንደ ፡ ፈቀደም ፡ ተዛንተው ፡ ይጠይቁኝ ፡፡ የምን ፡ እቃ ፡ ነገ ር ፡ ሊጠይቁኝ ፡ ይፈልጋሉ ፡፡

Yèwèddèdoulîne houllou nè_ guère indèfèkèdèo lèzanlèou yi-lèyikoùgne. Yèmîne ika nèguère lilèyikoùgne yifèlligallou?

E. Je voudrais vous demander si les parfums sont en Abyssinie chers ou à bon marché.

የባሕር ፡ ሽቶ ፡ ባብሽ ፡ ውደነ ችና ፡ እርካሽነቱን ፡ ልጠይቄ ም ፡ እመኛለሁ ፡፡

Yèvahîre chillo bavecha ouid-dinnelinna iriccachinnèloùne li-lèyikiò immègnallèhou.

I. Oui, les parfums sont très recherchés, surtout par les femmes et les personnes notables.

እምን ፡ ሽታሽቱ ፡ ሁሉ ፡ እጅ ግ ፡ ውደ ፡ ነው ፡ ይልቀንም ፡ እሴቶችና ፡ ጌቶቹ ፡ ይፈልጉ ታል ፡፡

Aône, chillachillou houlloù îdji-gue ouidd nèou, yilikounîmm icélotchinna guélolchoù yifèlli-goulall.

E. Et les savons, les canifs, les papiers à lettre, les rasoirs, les ciseaux et tous les petits objets de ce genre sont-ils également chers?

ሳሞናውስ ፡ ሰንጢውስ ፡ ለደ ብዳቤ ፡ መጣፊአ ፡ የሚሆን ፡ ወረቀትስ ፡ ምላጭስ ፡ መቀሪ ጮትስ ፡ እንዲህ ፡ እንዲህ ፡ ያ ለው ፡ ሁሉ ፡ ትንንሽ ፡ እቃ ፡ እንደ ፡ ሌላው ፡ ሁሉ ፡ እቃ ፡ ውደ ፡ ነው ፡፡

Çamônaouîss, cenîioùss, lèdèr-dabbé mèlafia yèmmihône wèrè-keliss, milalchiss, mekurelchilîss, indih, indih yallèou houllou tnin-nich ika indelèlàou houllou ika ouidd nèou?

I. Prenez en très petite quantité de tout ce que vous venez d'énumérer; mais je vous préviens qu'en Abyssinie il y a beaucoup de gens qui sont plus disposés à vous demander des objets en cadeau qu'à vous en acheter; sachez bien cela!

ተዚህ ፡ ተቆጠራት ፡ ሁሉ ፡ ተ

Tèzihe lèkouîleroùle houllou,

ያይነቱ ፡ በጥቂት ፡ በጥቂቱ ፡ *léyayinétou beṭikite beṭikitou yi-*
ይያዙ ። ነገር ፡ ግን ፡ አስቀድ *yazou; nèguère guîne askèddṃ-*
ሜ ፡ የምነገርዶ ፡ ነገር ፡ ታበ *mé yèmmṃnègriò nèguère, lavé-*
ሻ ፡ ተመግዛቱ ፡ ይልቅ ፡ ተታ *cha, lémègzatou yiliḳ lèkaó bèn-*
ም ፡ በእንዲአው ፡ ይስጡኝ ፡ ማ *diòou yisţoùgne malèle yèmmi-*
ለት ፡ የሚቀናው ፡ ብዙ ፡ ሰው ፡ *kènòou bizou céou allènna yiwé-*
አለና ፡ ይወቁት ። *koùle.*

E. Parbleu! Je réaliserai alors un grand bénéfice, grâce à ces gens-là!

በእግዚ.አብሔር ! እንግዲአስ ፡ *Bègziav-hère! ịnguịdiass bèn-*
በነሱ ፡ ቸርነት ፡ ብዙ ፡ ትርፍ ፡ *nèssou lchérịnnèle bizoa lịrf aler-*
አተርፋለሁ ! *fallèhou!*

I. Ne croyez-pas cependant, monsieur, que tous les indigènes se ressemblent; il y a des gens qui, quand même il vous auraient demandé quelque objet d'Europe en cadeau, vous payeront plusieurs fois plus qu'ils n'on reçu.

ነገር ፡ ግን ፡ ጌታው ፡ ያበሻ ፡ *Nèguère guîne, guélaou! ya-*
ሰው ፡ ሁሉ ፡ አንድ ፡ አይምስ *vecha céou houllou ànde aïmcè-*
ልዎ ። የፈረንጅ ፡ እቃ ፡ በእን *lió; yèfèrèndj ịka bèndiòou yis-*
ዲአው ፡ ይስጡኝ ፡ ብሎ ፡ ቢለ *ţoùgne bilò bilèmmịnéòmm, bè-*
ምነዋም ፡ በዘ.አው ፡ በወሰደ *ziòou bèwèssedèou ịka bizou guizè*
ው ፡ እቃ ፡ ብዙ ፡ ጊዜ ፡ እጥ *îlf adịrgò yèmmimèllịcịllịò bizou*
ፍ ፡ አድርጎ ፡ የሚመልስልዎ ፡ *céou yigguègnall.*
ብዙ ፡ ሰው ፡ ይገኛል ።

E. Nous avons fini de causer des choses essentielles, et je vous remercie infiniment, mon cher.

የዋና ፡ የዋናውን ፡ ነገር ፡ ተነጋ *Yèoinna yèoinnaoùne néguère*
ግረን ፡ ጨረስከነ ፡ እጅገን ፡ እግ *lènègagrène lchèrresné, ịdjigoùne*
ዚ.አብሔር ፡ ይስጥዎ ፡ ወዳጄ ። *Igziav-hère yisţò wedadjé.*

I. Pas de quoi, monsieur.

ምን ፡ አደረግሁልዎና ፡ ጌ *Mịne adèrrèghoulèònna gué-*
ታው ። *làou!*

E. Je serais bien aise cependant que vous acceptiez mon invitation à dîner chez moi; en attendant nous causerons de mes affaires, n'est-ce pas?

ነገር ፡ ግን ፡ ምሳችንን ፡ አብረ ፡ ን ፡ እንድንበላ ፡ ተኔ ፡ ቤት ፡ በመጡ ፡ ደስ ፡ ባለኝ ። ወዳኤ ፡ ውም ፡ የጉዳየን ፡ ነገር ፡ እንን ፡ ጋገራለነ ፡ እውን ፡ ።

Nèguère guîne, miçatchinène avrène indinvela ténè bèle bimètou dèsse balègue; wediaoûmm yègouddayène néguère ininnègaguèrallènè, ioune?

I. Oh! monsieur, ce serait pour moi un grand honneur que de manger avec vous, mais, n'étant pas habitué à manger à l'usage des Européens, je vous prie de m'excuser, si je ne peux pas accepter.

ጌታዬ ፡ ሆይ! ተርስፕ ፡ ጋር ፡ አብር ፡ መብላት ፡ ለኔ ፡ ትል ቅ ፡ ክብሬ ፡ ነበረ ፡ ነገር ፡ ግን ፡ እንደ ፡ ፈረንጆች ፡ መብላት ፡ አልለመድኩህምና ፡ ጥሪየን ፡ ገ ፉ-ብኝ ፡ ብለው ፡ አይከፉብኝ ፡ ይማሩኝ ።

Guélayè hóy! terció gáre avró mévlate lenè liḷḷik quiçré nebbère néguère guine indè-fèrèndjòtch mévlate allèmmèdhouminna ḷirriyène guèffabigne biḷèou aïquéfoubbigne-yimaroûgne.

E. Comment! n'êtes-vous pas habitué à manger au moins de la viande et du poisson?

እንዴት ። በይሆን ፡ እንኳ ፡ ሥ ጋና ፡ አሣ ፡ መብላትም ፡ አል ለመዳ ፡ ።

Indète? baïhóne inquoi ciganna aça mévlatimm allèmmèdou?

I. Pas pour cela, monsieur; je ne suis pas habitué à manger comme les Européens avec quatre doigts.

በዚህም ፡ አይደል ፡ ጌታው ። እኔ ፡ እንደ ፡ ፈረንጆች ፡ በራ ት ፡ እጣት ፡ መብላት ፡ አላው ቅም ፡ ማለቴ ፡ ነው ።

Bèzihimm aïdèll, guétáou: inè invè-fèrèndjòtch baralte iḷate merlate alaouikimm malètè nèou.

E. Voulez-vous parler de la fourchette?

የሹካውን ፡ ነገር ፡ መናገርፆ ፡
ነው ፡ ይሆን፡።

Yéchouccaoune nèguère mèn naguèrèò nèou yihòne?

I. Oui, monsieur, nous autres Abyssins employons pour manger, la fourchette naturelle, les cinq doigts que nous avons hérités d'Adam et qui ne sont pas l'ouvrage de l'homme.

እወን ፡ ጌታው ፡። እኛ ፡ ያበሻ ፡
ሰዎች ፡ የምንበላ ፡ ታዳም ፡ በ
ቴየነው ፡ ሰው ፡ በልሰራው ፡ በ
ውንተኛው ፡ ሹካ ፡ በምስት ፡ እ
ጣታችን ፡ ነው ፡።

Aòne, guèldou; igna yavècha cèòtch yèmminvela taddàme bòkouéyènnèou cèou balcèrr àou bèounètègndou choucca bammiste itatatchine nèou.

E. Vous vous êtes plus rusés que nous autres Européens, puisque vous ne dépensez pas d'argent comme nous, pour acheter des fourchettes et des cuillers qui remplacent les doigts, au moment de manger. Employez-vous les couteaux, pour découper la viande?

ተኛ ፡ ተፈረንጆቹ ፡ ይልቅ ፡ እ
ናንተ ፡ ብልጦች ፡ ናችሁ ፡ በ
ጣት ፡ ፈንታ ፡ ለመብሊአ ፡ የ
ሚሆን ፡ ሹካና ፡ ማንክ ፡ ለመግ
ዛት ፡ እንደኛ ፡ ገንዘብ ፡ አታብ
ላሹም ፡። ሥጋ ፡ ስትበሉሳ ፡ በ
ከራ ፡ ነው?

Tegna lèferendjotchou yilîk innantè billòtch natchihou, bètate fèntà lemevlia yèmmihòne choucanna manca lèmègzate indègna guénzève attabbelachoùmm: cîga cilvèloussa bècarra nèou?

I. Oh! monsieur, si un autre individu m'avait adressé cette demande, j'aurais répondu: « En Abyssinie, pour abattre les bœufs et pour couper la viande, on emploie des plumes de volaille »; mais, pour vous, qui m'interrogez sur les usages de mon pays, sans arrière-pensée, je vous réponds, sans malice, que pour couper la viande, on emploie des couteaux même en Abyssinie.

አየ ፡ ጌታው ፡ እሂን ፡ አጠያየቅ ፡
ሌላ ፡ ሰው ፡ አድርጎት ፡ ቢሆን ፡
በበሻ ፡ በሬ ፡ የሚታረድና ፡ ሥ

Ayè guètàou! ihinn attèyayèk lèla cèou adrigote bihòne: barècha bèrè yèmmittarrèdinna cîga yèm-

ጋ ፡ የሚ.ሞተር ፡ በዶሮ ፡ ላባ ፡
ነው ፡ ብየ ፡ በመለስኩለት ፡ ነ
በር ። ለርሰፇ ፡ ግን ፡ አለ ፡ ተን
ኩል ፡ ነውና ፡ ያገሬን ፡ ልግ
ድ ፡ የጠየቁኝ ፡ እኔም ፡ አለ ፡ ተ
ንኩል ፡ አም ፡ ባበሻም ፡ ሥጋ ፡
የሚ.ሞተር ፡ በከራ ፡ ነው ፡ ብ
የ ፡ እመልስልዋለሁ ።

*mimmèllère bèdorö lava nèou,
bįyè bèmellèshoullèle nébbère; lèr-
cèö guine, alèlèncôle nèouįnna ya-
guèrène lįm a d e yèįèyèkoùgne
įnèmm alè-lènqouèle: aö, bavè-
chamm, cįga yemmimmellère be-
carra nèou bįyè įmèllįcįllèö allè-
hou.*

E. Merci; en tout cas venez diner avec moi.

ሳድግም ። ለሁ-ሉ-ም ፡ ነገር ፡ ይ
ምጡና ፡ አብረን ፡ እራታችነ
ን ፡ እንብላ ።

*Çaddįguįö! Lèhoulloumm nè-
guère yimįounna avrène ratal-
chinène įnnįvla.*

I. Laissez-moi, monsieur, je vous prie, au moins pour cette
fois, puisque mes compagnons m'attendent à diner.

ጌታው ፡ እባክዎን ፡ ይተወኝ ፡
ባይሆን ፡ የዛሬን ፡ እንኳ ፡ ይተ
ውኝ ፡ ደግሞም ፡ በልንጀራችዬ ፡
ቼ ፡ ለምሳ ፡ ይጠብቁኛል ።

*Guèldou, įvaquįöne yilèougn,
baïhöne yèzarène įnquoi yilèougn,
dègmömm balįnįjeraölchè lèmįça
yįlèbbįkougnall.*

E. Soit! ce sera pour une autre fois; et pouvez-vous venir
cet après-midi, vers le soir?

ይሁን ፡ ለሴላ ፡ ጊዜ ፡ ይሆናል ፡
ይተውት ። ተቀን ፡ እሹል ፡ በ
ኋላሳ ፡ ዛሬ ፡ ወደ ፡ ማታው ፡
መምጣት ፡ ይሆንልዋል ፡

*Yihoùne, lèlèla guizè yihönall
yilèoule; lèkène įccoul bèhoilassa,
zarè wèdèmaldou mèmįįate yihö-
nįllįoill?*

I. Oui, je peux revenir, si vous me désirez.

አወን ፡ ተፈለጉኝ ፡ መመለስ ፡
ይሆንልኛል ።

*Aöne, lèfèllègougn mèmmèlècè
yihönįllįgnall.*

E. Selon moi, je serais bien aise de vous voir toujours; donc
au revoir cet après-midi.

እንዴኔስ ። ዘወትርም ፡ ባይዋ ፡

Indènèsse zèwèlrįmm baïö

ደስ ፡ ባለኝ ። እንግዴህ ፡ ደህ
ና ፡ ይሁኑ ፡ ዛሬ ፡ ወደማታ ፡
እንገናኛለን ።

dèsse balègne; ïnguïdéhe dèhïna yihounou: zaré wèdèmatà ïnïg-guènagnallène.

I. Oui, monsieur, je vous salue bien.

እሺ ፡ ጌታዬ ፡ ጤና ፡ ይስጥል
ኝ ፡ ደህና ፡ ይዋሉ ።

Ichi guétaïé, téna yistïllïgn-dé-hina yioilou.

L'indigène revient:

E. Oh! vous voilà, arrivé ponctuellement! bravo!

ልክ ፡ በቀጠሮዎ ፡ ደረሱና ! እ
ሳድግዎ !

Lïcc bèketerowò dèrrèçounna! ïçaddïguïò!

I. N'ayant pas de montre, j'avais peur d'arriver en retard; quelle heure est-il, monsieur?

ሰአት ፡ የለኝምና ፡ ዘገየሁ ፡ መ
ስሎኝ ፡ ፈርቼ ፡ ነበር ። ምን ፡
ሰአት ፡ ነው ፡ አሁን ፡ ጌታው ።

Cèate yèllègnimm-ïnna zèguè-yèhou mèslògn fèrïchè nèbbère; mïne cèate nèou ahoûne, guétàou?

E. Il est juste cinq heures; maintenant, avant de recommen-cer notre conversation, je voudrais savoir une chose de vous, mais ... je n'ose pas vous le dire ...

ልክ ፡ አምስት ፡ ሰአት ፡ ነው ።
አሁንስ ፡ ንግግራችንን ፡ እንደ
ገና ፡ ሳንጀምር ፡ በፊት ፡ ተር
ሰም ፡ እንድ ፡ ነገር ፡ ባወቅ ፡ በ
ወደድሁ ፡ ነገር ፡ ግን ፡ ደፍሬ ፡
እነግርዎ ፡ ዘንድ ፡ እፈራለሁ ።

Lïcc ammsïte cèate nèou; ahounïsse nïguïgguïratchinène ïn-dèguèna sandjemmïre befïte terrcò ànde néguère bàouk bèwèddèd-hou; nèguère guïne dèfïrrè ïnègrïò zènde ïfèrallèhou.

I. Vous n'osez pas me le dire! Pourquoi, monsieur? Avez-vous peut-être peur d'un pauvre diable comme moi? Savez-vous que moi, je passe ma vie allant et venant dans le désert, con-tinuellement avec les voyageurs ou marchands européens, en qua-lité de guide? Jugez donc, monsieur, si je suis un personnage qui puisse inspirer de la crainte.

ለመናገር ፡ አልደፍርም ፡ ይላ

Lémènnaguère, aldéfrïmm yi-

ሉ ፡ ስላም፡ ነው ፡ አለመደ
ፈርፕ ፡ እንዴ፡ ላለ ፡ ደህ ፡ ፈ
ርተው ፡ ነው ፡ ይሆን ፡ ያሁቃ
ሉ ፡ እኔ ፡ እከ ፡ እድሜየን ፡ የ
ምሽኝ ፡ ዘላለም ፡ ተፈረንጅ ፡
መንገደኛ ፡ ወይም ፡ ተፈረንጅ ፡
ነጋዴ ፡ ጋር ፡ ሁኝ ፡ መንገድ ፡
መሪ ፡ እየሆንሁ ፡ በበረሀው ፡
እየተመላለስሁ ፡ እንጂ ፡ ነው ፡
እንግዴህ ፡ እውነት ፡ ለመፈረ
ት ፡ የተገባሁ ፡ እንደሆንሁ ፡ እ
ስቲ ፡ ይፍረዱት ፡

*lallou? çįlèmįne nćou alèmèdfè-
rįó? įndèné lallè dįha fèrlèou
nćou yihóne? yaoukallou? Inć
įcco įdméyène yémmįchègne zè-
lalèm lèfèrèndj mènguèdègna wè-
yimm lèfèrèndj nèggádé gâre
hougué mènguède mèri įyèhón-
hou bèvèrèhàou įyèlèmèlallèshou
įndji nćou? įnguįdèhe įounèțe
lèmeffèrale yèlèguèbàhou įndè-
hónhou įsli yifrédoûle?*

E. J'ai compris, maintenant; moi aussi, je voulais savoir
cela et vous demander, si vous êtes libre; parce que si vous êtes
libre et si vous voulez prendre un engagement avec moi, j'en
serai bien aise et, je suis sûr que vous me serez très utile.

እሁንስ ፡ ነገሩ ፡ ገብኝ ፡ እኔም ፡
ይሄነን ፡ ለማወቅና ፡ በዘን ፡ መ
ሆን ፡ አለመሆንዎን ፡ ለማወቅ ፡
ነበር ፡ የፈለግሁት ፡ ስላም ፡
በዘን ፡ ተቀምጠው ፡ እንደሆን ፡
በደመወዝ ፡ ተኔ ፡ መግባቱን ፡
ቢፈልጉ ፡ ለኔ ፡ እጅግ ፡ ደስ ፡
ባለኝ ፡ ደግሞም ፡ እርሰዎ ፡ ለ
ኔ ፡ ብዙ ፡ እንዲጠቅሙኝ ፡ አ
ውቃለሁ ፡

*Ahounįsse nèguérou guèbagn,
įnèmm yihénnène lèmawékįnna
bozéne mèhóne alèmèhónįóne lè-
mawèk nèbbère yèfèllèghoule. Çį-
lèmįne bozéne lèkèmmįļèou įndè-
hóne bèdèmèwèze lèné mègralûn
bifellįgou lèné įdjigue dèsse ba-
légn, dègmómm įrcèò lèné bįzou
įndiļèkmoúgn aoukallèhou.*

I. Je serai bien aise, monsieur, moi aussi, de vous servir
de guide et je suis parfaitement libre depuis un mois et demi.

እኔንም ፡ ደስ ፡ ይለኛል ፡ መንገ
ድ ፡ መሪ ፡ ሁኝ ፡ በገለግልዎ ፡ ለ
በዘንቴም ፡ ታንደ ፡ ወር ፡ ተዞ
ል ፡ ጅምሬ ፡ ምንም ፡ ስራ ፡ የ
ለብኝ ፡ በዘን ፡ ተቀምጬአለሁ ፡

*Inénįmm dèsse yilègnall, mèn-
guède mèri hougné baįguèlèguįįó;
lècozènįnnèlèmm, ţànde wère lèc-
coûl djèmmįrré mįnįmm çįra yèl-
lèbįgn-bozéne lèkèmmįlchallèhou.*

E. Je suis bien heureux que vous vous soyez décidé à m'aider dans mes travaux de voyage.

የመንገዴን ፡ ነገር ፡ ያግዙኝ ፡ ዘንድ ፡ በመቀረጠም ፡ ብዙ ፡ ደስ ፡ አለኝ ።	*Yèmènguedène nèguère yag-zoùgn zènde bèmèkouirèlio bizou dèsse alègn.*

I. Je vous aiderai dans tout ce que je pourrai.

በተቻለኝ ፡ ሁሉ ፡ ነገር ፡ እሺ ፡ አግዘዋለሁ ፡ ጌታዬ ።	*Bètètchalègn houllou nèguère ichi agzèoillèhou, guètaè.*

E. C'est bien; allez alors chez vous et prenez vos dispositions, pour venir définitivement ici demain matin, n'est-ce pas.

ይሁን ፡ መልካም ። እንግዲአ ስ ፡ ወደቤትዎ ፡ ይሂዱና ፡ ጉ ዳይዎን ፡ አክናውነው ፡ ነገ ፡ ማ ለዳ ፡ ጭራሽዎን ፡ እንዲመ ጡ ፡ ይሁን ፡ እውን ።	*Yihoùne melcâm; inguidiasse wedecèteo yihidounna gouddaòine acquènaounèou nèguè malèda lchirrachòne indimèlou yihoùne; iouine?*

I. Oui, monsieur, je reviendrai alors demain de bon matin, et en attendant je vous salue, monsieur,: bonne nuit.

እሺ ፡ እንግዴሁ ፡ ነገ ፡ በነግህ ፡ እመጣለሁና ፡ ለሁሉም ፡ ነገር ፡ ጤና ፡ ይስጥልኝ ፡ ደህና ፡ ይ ደሩ ።	*Ichi, inguidèhe nèguè bènèghe imètallèhounna lèhoulloùmm nèguère lèna yistillign-dèhna yidèrou.*

Pour enrôler des hommes d'escorte.

E. Bonjour, mon cher. Aujourd'hui, nous nous occuperons de l'enrôlement des gens d'escorte.

እንዴት ፡ አደሩ ፡ ወዳጄ ፡ ። ዛ ሬ ፡ የሚከተሉን ፡ ሰዎች ፡ ፈል ገን ፡ እንደናገብ ፡ ይሁን ።	*Indèlè adderou wèdadiè: zarè, yèmmicquèllèlounnè cèòlch fèlli-guène indinnaguèra yihoùne.*

I. C'est bien; mais, avant d'entrer dans cet argument, je vous prie de ne pas me dire « vous »; on ne dit pas *vous* en parlant à un homme qui vient pour vous servir; puisque (le) dire *vous*, de la part d'un maitre, au domestique ne figure bien ni pour celui qui fait l'honneur de cet appellatif, ni à celui qui le reçoit; tutoyez-moi donc, monsieur, je vous en prie.

እሺ ፡ መልካም ፡ ነው ። ነገር ፡ ግን ፡ ተነገራችን ፡ በፊት ፡ እር ሰዎታዖን ፡ እባክዖን ፡ ይተዉ ኝ ። ለሉሌነት ፡ የመጣልዖን ፡ ሰው ፡ እርሰዎ ፡ ማለት ፡ አይገ ባም ። ደግሞም ፡ ገጅና ፡ ተገ ጋር ፡ ሁኖ ፡ ገቦ ፡ ለተገቦ ፡ እር ሰዎታ ፡ መስጠት ፡ ለሰጭው ም ፡ አያምርበት ፡ ለተቀባዩም ፡ ደስ ፡ አይል ። አሁንም ፡ አን ተ ፡ ይበሉኝ ፡ እባክዖን ፡ ጌታዬ ።

ichi, melcàme nèou; nèguère guine lèneguerątchine befile įr-cįòlaòne įraquįòne yilèoùgn; lelolènnèle yemeţţalįone cìou įrcįò malèle aïguebbamm. Dègmòmm, guèjinna lèguèj hounò guèjou lèlè-guejou įrcèòla mèsļèle lècèļchioùmm ayamrįbbèle. lèlèkebbayoùmm dèsse aïl. Ahounįmm antè yivèloùgn įraquįòne guèlaïè.

E. Cela n'est pas juste; tous les hommes doivent se respecter également les uns les autres, et les gens riches ne doivent pas prétendre d'être honorés davantage, parce qu'ils sont riches; ni les pauvres ne doivent pas croire qu'ils sont avilis parce qu'ils sont pauvres, puisque l'honneur de l'un et de l'autre dépend uniquement de sa conduite et de son honnêteté personnelle; d'autre part personne ne peut être riche sans travailler et vous travaillez en honnête homme, voilà tout.

እሄስ ፡ ደግም ፡ ስራት ፡ አይደ ለ ። ሰው ፡ ሁሉ ፡ እርስ ፡ በር ሱ ፡ ትክክል ፡ መከባበር ፡ ይገ ባዋል ፡ እንጂ ፡ ሀብታምም ፡ ህ ብታም ፡ ነኝና ፡ በሀብታምነቱ ፡ ተሌላው ፡ የላቀ ፡ ልክበር ፡ ማ ለት ፡ ደህም ፡ ደህ ፡ ነኝና ፡ ለ መኝቅ ፡ የተገበሁ ፡ ነኝ ፡ ማለ ት ፡ አይገባውም ፡ ሁለዑም ፡

įhèsse dègguįmm cįràle aïdèllè; cìou houllou įrce bèrçoù lįquįrquįl mècquèrarère yigguèbaoïll įndji harlamįmm havlàme nègne-įnna bèharlamįnnèle lèlèlàou yèlakè lįcquèrère malèle, dįhàmm dįha nègninna lèmènnak yèlèguèbbàhou nègn malèle aïgguèbbaoùmm, houleloùmm, harlamįmm hònè,

ሀብታምም ፡ ሆነ ፡ ድሀም ፡ ሆ
ነ ፡ በገዛ ፡ ምግባሩና ፡ በነባይነ
ቱ ፡ ነው፡ ፡ መከበሩ ፡፡ በቀረው፡
ስ ፡ ማን ፡ ነው ፡ ሳይሰሩ ፡ ሀብ
ታም ፡ የሚሆን ፡፡ እርሰዎም ፡
እዬው ፡ በነባይነት ፡ ይሰራሉ ፡
ሌላ ፡ ምን ፡ ይሁን ፡፡

djhàmm hônè bèguèzza migva-
rounna benèvaïnnèlou nèou mè-
cquèvèrou. Bèkèrrèoùsse màne
nèou çaïcèra havtâme yèmmi-
hòne? irèòmm ihèou bènevaïn-
nèle yicèrallou lèla mïne yi-
koùne?

I. Vous parlez fort bien, mais tout le monde n'est pas si juste que vous; en Abyssinie surtout, il est d'usage que les seigneurs ne disent jamais « *vous* » à leurs dépendants.

እርሰዎ ፡ እኾግ ፡ መልከም ፡ ቃ
ል ፡ ይናገራሉ ፡ ነገር ፡ ግን ፡ ሰ
ው፡ ፡ ሁሉ ፡ እንዲሀ ፡ እንደ ፡ እ
ርሰዎ ፡ ድልድል ፡ አይዶለም ፡፡
ይልቁንም ፡ በበሻ ፡ ልማዱ ፡
ጌቶቹ ፡ ሁሉ ፡ ተገጥዎቻቸውን ፡
ምንም ፡ ቢሆን ፡ እርሰዎ ፡ አ
ይሉ ፡፡

Irèò idjig mèlcàme kàl yin-
nagguèrallou, nèguère guïne cèou
houllou indihe indè irèò dïldïl
dïl aïdellèmm; yilïkounïmm, ba-
rècha lïmadou guèlotchou houl-
lou tèguèjotchatchèòune mïnïmm
bihòne, irèò aïlou.

E. Si vous voulez, je vous tutoierai pour me conformer à l'usage de votre pays, mais d'autre part soyez sûr que malgré moi, à cause de la connaissance que je possède de la langue amharique, je vous donnerai, en même temps tous les titres et de tous les genres. Mais, brisons là dessus et occupons-nous plutôt des mes affaires.

ተወደዱት ፡ እንዳገራችሁ ፡ ል
ማድ ፡ ለማድረግ ፡ አንተ ፡ እለ
ዋለሁ ፡፡ ነገር ፡ ግን ፡ በዚሀ ፡
በኔ ፡ አማረኛ ፡ አተዋወቅ ፡
እልሀም ፡ ብለው ፡ አይሆንል
ኝ ፡ እርግጥ ፡ ይሁንም ፡ በንድ ፡
ጊዜ ፡ እንቱና ፡ እርሰዎ ፡ አን
ተና ፡ አንኺ ፡ እያልሁ ፡ ነው ፡

Tèwèddèdoute, indaguèratchi-
hou lïmade lèmadrègue antè
ilèoillèhou; nèguère guïne bèzihe
bènè amarègna allèoiwèk ilïhïmm
bïlèou aïhònïllïgne irguile yihou-
nïò, bànde guizè antounna ir-
çïò, antenna antchi iyàlhou nèou
yèmmïlèvaò. Ahounïsse yihènn

የምጠራዎ ። እሁንስ ፡ ይኄን ፡   *lilène yène goulday yilik in-*
ትተን ፡ የኔን ፡ ጉዳይ ፡ ይልቅ ፡   *ydze.*
እንያገ ።

I. Oui, monsieur, dites-moi ce que vous désirez.

እሺ ፡ ጌታዬ ፡ የሚፈልጉትን ፡   *Ichi guélaïé, yèmmifèlligoulîne*
ነገር ፡ ይንገሩኝ ።   *nèguère yinguèroùgn.*

E. Pouvez-vous me trouver dix ou douze hommes d'escorte ?

አሥር ፡ አሥራ ፡ ሁለት ፡ ያህ   *Assire asra-houlèlle yahлou*
ሉ ፡ የሚከተሉኝ ፡ ወንዶች ፡   *yèmmicquèllèloùgn wendôlch lè-*
ለማግኘት ፡ ይሆንልዋል ።   *mag-gnéte yihônilllloill ?*

I. Certainement, je n'aurai pas de difficulté ; je vous en trou-
verai autant que vous voudrez ; je vous prie seulement de me dire
« *tu* » et non pas « *vous* ».

እርግጥ ፡ አይቸግረኝም ፡ እስ   *Irguîle aïcheguirègnimmi islè-*
ተፈልጉት ፡ ድረስ ፡ አገኛለዋለ   *fèllègoùte dirèce aguègnillèoillè-*
ሁ ። እርሰዎታዋን ፡ ብቻ ፡ ት   *hou. Irceôlaône bilcha lilèou ira-*
ተው ፡ እባክዎ ፡ አንተ ፡ ይበ   *cquió anlè yivèloùgn.*
ሉኝ ።

E. Oh ! je ne m'en rappelais pas ! toi, toi ! est-tu content
maintenant ?

ዘንጉቸው ፡ ነበር ። አንተ ! አ   *Zenguilchèou nèbbère ; anlè,*
ንተ ! እሁንሳ ፡ ደስ ፡ አለህ ።   *anlè. Ahounissa, dèss alèh ?*

I. Oui, je suis content ; n'oubliez pas cela dorénavant, je vous
en prie.

አወን ፡ ደስ ፡ አለኝ ። ተንግዶ   *Aône. dèsse alègn ; lenguilléhe*
ህ ፡ አይረሰዎ ፡ አደራ ።   *aïrrèçaò adèra.*

E. C'est bien ; ne te préoccupe pas de cela ; maintenant dis-moi,
quels sont les gages accordés ici pour chaque homme d'escorte ?

ይሁን ፡ ለዚህ ፡ አትስብ ። አሁ   *Yihoùn, lézihe allissîve ; ahou-*

ንስ ፡ ለሚከተሉት ፡ ሰዎች ፡ ለ
ያንዳንዱ ፡ የሚሰጠውን ፡ ንግ
ረኝ ፡ በዚህ ፡ አገር ፡ ምን ፡ ያህ
ል ፡ ደመወዝ ፡ ይሰጣል ።

*nîsse lèmmirquèllèloute cèôlch lè-
yandandou yemmisse{{eoûne nì-
gverègne; bèzih aguère mîn ya-
hîl dèmèwèze yissè{{all?*

I. En vérité, depuis quelques années le salaire des gens d'escorte est augmenté. Il y a quelques années qu'un jeune homme n'exigeait pas plus de dix thalers pour escorter de la côte jusqu'à la ville royale (la Capitale d'Abyssinie), mais, maintenant, le salaire est de quinze à vingt thalers.

እንደ ፡ እውነት ፡ እንደሆነ ፡ አ
ሁን ፡ ወደኋላው ፡ የበረሀ ፡ ወ
ራጅ ፡ አሽከር ፡ ደመወዝ ፡ እያ
ደገ ፡ ሂዷል ። ጥቂት ፡ ዓመት ፡
ሆነ ፡ በረሀ ፡ ወራጅ ፡ ሎሌ ፡ ተ
ባሕር ፡ አንስቶ ፡ እስተ ፡ ንጉ
ው ፡ ከተማ ፡ ለመክተል ፡ ቃሥ
ር ፡ ብር ፡ የበለጠ ፡ አይፈልግ
ም ፡ ነበር ። አሁን ፡ ግን ፡ የበ
ረሀ ፡ አሽከር ፡ ደመወዝ ፡ አሥ
ራ ፡ አምስትኛ ፡ ሀ ፡ ብር ፡ ሆነ ።

*Indè-{ouinèle {ndèhônè ahoûn
wèdèhoîldou yèrèrèha wèradj a-
chiquère dèmèwèze iyaddèguè hi-
doill. T{ikile amèle honè bèrèha
wèrâdj lolé tèvahîre ancìto {stè
nigouçou quèlèma lèmècquèlèle
{assìre bîrre yèvèllèlè aîfelligu{mm
nèbbère; ahoûne gu{ne yèrèrèha
achiquère dèmèwèze asrammî-
st{nna ha bîrre hônè.*

E. Quinze ou vingt thalers par tête?...

አሥራምስትኛ ፡ ሀ ፡ ብር ፡ ለያ
ንዳንዱ ።

*Asrammîst{nna ha bîrre leyan-
dandou?*

I. Oui, monsieur; mais cela pour les hommes pratiques de voyager dans le désert, savez-vous?

አወን ። ነገር ፡ ግን ፡ ይሄው ፡
ደመወዝ ፡ በረሀ ፡ ለለመዶ ፡ አ
ሽከር ፡ ነው ፡ ያውቃሉ ።

*Aône; nèguère gu{ne, yihèou
dèmèwèze bèrèha lèlèmmèdô ache-
quère néou, yaoukallou.*

E. Et les provisions à charge de qui sont-elles?

ስንቁሳ ፡ በማን ፡ ላይ ፡ ነው ፡
አሰቡ ።

*C{nkoussa bèmâne laï néou
açarou?*

I. Les provisions sont à votre charge, monsieur, mais elles vous coûteront très peu.

የስንቁ ፡ እሳብ ፡ በርስዎ ፡ ላይ ፡ ነው ። ነገር ፡ ግን ፡ ብዙም ፡ ገ ንዘብ ፡ አያስጠፋም ።	*Yéçinkou açave bèrceù lây nèou; nèguère guîne bjzoumm guènzève ayastèffaù.*

E. Ce ne fait rien, j'y penserai; maintenant, finissons ce qui concerne les hommes que nous engageons et leurs gagnes.

ግድ ፡ የለም ፡ እኔ ፡ አስብበታ ለሁ ። አሁንስ ፡ የሚከተሉንን ፡ ሰዎች ፡ ነገርና ፡ የነሱን ፡ ደመወ ዝ ፡ ነገር ፡ እንጨርስ ።	*Guidde yellèmm, jnè assjcjb- bètallèhou. Ahounjsse yèmmic- quèllèlounnène cèòlch nèguèrjnna yènnèssoüne dèmèwèze nèguère jntchèrrjce.*

E. Donc, pour toi, je te donnerai 25 thalers, comme sa- laire, outre la gratification que je te destine, car je désire te con- fier tout ce qui regarde mon voyage; c'est à dire, l'organisation de la caravane, comme si c'était moi-même, l'engagement des hommes d'escorte aux meilleures conditions possibles, et celui des chameliers, enfin, une convention avantageuse pour le transport de toutes mes marchandises et bagages; n'est-ce pas?

እንግዲህ ፡ እዚ‌ውልህ ፡ ላንተ ፡ በንዲ አው ፡ ተምሰጥህ ፡ ስጦታ ፡ ሴላ ፡ ለደወወገዝሀ ፡ ሀያ ፡ አምስ ት ፡ ብር ፡ እሰጥሀለሁ ፡ ስለምን ፡ የመንገዴን ፡ ሁሉ ፡ ነገር ፡ እሳ ቡን ፡ በንተ ፡ ላይ ፡ ለመጣል ፡ ተ መኝቻለሁና ፡ ነው ። እንዴት ፡ ማለት ፡ አንተ ፡ እኔ ፡ አክል ፡ ሁነህ ፡ ዝሌንም ፡ እንድታሰናዳ ፡ የሚከተሉኝንም ፡ ሰዎች ፡ እኔ ፡ እንጻልጎዳ ፡ አድርገው ፡ ደመ ወዞቻውን ፡ ቀጥረህ ፡ እንድታ ገብ ፡ ለንግዴ ፡ ሁሉ ፡ እቃና ፡ ለ ሰጢ ፡ ሁሉ ፡ የከርካፉ ፡ ዋጋ ፡	*Ingdéh jhéoulljhe lantè bendi- dou tèmmjcèljh cjtota léla lède- mèwèzjhe hjya ammjste bjrre jcè- tjhallêhou, cjèmjne, yèmènguè- déne houllou, nèguère açavoüne hantè lây lèmètal tèmèguitchallè- hounna nèou. Indéte malète antè jnéne acquèl houn è he gouazé- njmm jndjllassènadda, yemmi- cquellèlougninjmm cèòlch jné jn- daljgouèdda a'jrguèhe dèmèwcè- zatchéoün kètrèhe jndjllaguèra, lenjgdè houllou jkanna lèçatné houllou yéqujrcarou oigu jndaï-*

እንዳይበዛብኝ ፡ አድርገህ ፡ ተ
በለ ፡ ግመሎች ፡ ጋራ ፡ እንድ ት
ዋዋል ፡ ማለቴ ፡ ነው ። ገብህ ፡
ነነሩ ።

rèzabbign adriguèhe tèvalèguimè-
lòtch gara indjijoioual malèlè
nّou; guèbbahe neguèrou?

I. Oui, monsieur, ce va mieux comme ça.

እዎን ፡ ጌታዬ ፡ እንዲህ ፡ ይሻ
ላል ።

Aône, guètaè inܦlihe yichalall.

E. Et, quant aux autres hommes d'escorte je payerai quinze
ou vingt thalers à chacun d'eux selon l'usage du pays, pourvu
qu'ils soient vigilants, forts et surtout honnêtes.

ለሌላዎች ፡ ሰዎች ፡ ግን ፡ ንቁ
ዎችና ፡ ጉልበታዎች ፡ ይልቁ
ንም ፡ ነባዮች ፡ ይሁኑ ፡ እንጂ ፡
እንዳገሩ ፡ ልማድ ፡ ለየራሳ
ው ፡ አሥራምስት ፡ ወይ ፡ ህ ፡
ህ ፡ ብር ፡ እሰጣለሁ ።

Lèlèlaòtch ceòtch guine, nِ-
kouotchinna gouِlّèّlamòtch, yi-
*liِkounِmm nّ
ّayòtch yihounou*
indji indaguèrou liِmade lèyèra-
çatchèou asrammِste wey ha ha
bِrre iِçّallèhou.

I. Je vous remercie, monsieur, surtout de la confiance que
vous avez en moi; je ferai tout ce qui dépendra de moi pour
que vous n'ayez pas à vous repentir de la confiance que vous
m'accordez. Et puisque vous m'avez chargé de préparer tout ce
qui concerne notre voyage, reposez-vous sur moi (abandonnez tous
vos soucis). Dites-moi seulement combien d'hommes vous voulez
pour votre escorte et combien de chameaux exige votre bagage.

እግዚ.አብሔር ፡ ይስጥዎ ፡ ጌታ
ዬ ፡ ይልቁንም ፡ እምነትዎን ፡
በኔ ፡ ላይ ፡ ስለማድረግዎ ። እ
እም ፡ በተቻለኝ ፡ ሁሉ ፡ ነገር ፡
እኔን ፡ በመኑበት ፡ ነገር ፡ ጠ
ጠት ፡ እንዳያድርበዎ ፡ አደር
ጋለሁኝ ። እንግዴሁ ፡ የጉዳና
ዎን ፡ ሁሉ ፡ ጉዳይ ፡ አምነው ፡
እንዳሰናዳ ፡ ታዘዙኝ ፡ አሳብዎ

Igziav-hère yisِlِّö guètaِü yiliِ-
*kounِmm inّmnèّ
öne bènّ laï eّ
lè*
*madrèguِ
ö. Inّ
mm bèّ
èّ
chalegne*
*houllou nّ
èguère inّ
ne bammّ
è-*
*noubbّ
èle nّ
èguère ّèّ
èle inّ
daya-*
*driِbeò adّ
èrgallّ
ّ
èhouِgn. Inguِّ
lèhe,*
*yègouّ
èdّ
anaòne houllou gouِlّ
daِü*
*amnّ
èou inّ
dassènaّ
lّ
la lazzّ
èzouِgn*
*açavِ
öne houllou bènّ
 lày yiّ
la-*

ን ፡ ሁሉ ፡ በኔ ፡ ላይ ፡ ይጣሉ
ት ፡ ። ብፃ ፡ የሚከተለምን ፡ ሰ
ው ፡ ይሄን ፡ ያህል ፡ ይበቃኛ
ል ፡ ለቃዬም ፡ መጫኛ ፡ እኔን ፡
ያህል ፡ ግመል ፡ ይበቃል ፡ ብ
ያው ፡ ይንገሩኝ ።

*loule. Bîlcha yèmmicquèllèleme
cèou yihènn yahîl yivèkagnall, le-
kayèmm melchagna yihènn yahîl
guîmèle yirèkagnall bîlèou yin-
guèrougn.*

E. Une douzaine d'hommes suffiront peut-être pour mon escorte, et une soixantaine de chameaux pour mes bagages.

እኔን ፡ ለመክተል ፡ አንድ ፡ አ
ሥራ ፡ ሁለት ፡ ሰዎች ፡ ይበቁ
ኝ ፡ ይሆናል ። ለቃው ፡ ጭነ
ት ፡ ደግሞ ፡ አንድ ፡ ስልሳ ፡ ያህ
ል ፡ ግመል ፡ ይበቃ ፡ ይሆናል ።

*Inéne lèmècquèlèl ånde asra-
houlètte cèôlch yivèkougne yiho-
nall. Lèkaou lchinète dègmô ånde
cilça yahîl guîmèle yirèka yiho-
nåll.*

I. Une douzaine d'hommes seront beaucoup trop pour vous escorter; car puisque le chemin du désert ne présente aucun danger comme il l'offrait il y a quinze ans, il n'est pas nécessaire d'avoir beaucoup de monde à sa suite.

እርሰዎን ፡ ለመክተል ፡ አሥ
ራ ፡ ሁለት ፡ ሰው ፡ እጅግ ፡ ይ
በዛል ። እንዴት ፡ ማለት ፡ የበ
ረሀው ፡ መንገድ ፡ የዛሬ ፡ አሥ
ራ ፡ አምስት ፡ ዓመት ፡ ያስፈራ ፡
እንደነበረ ፡ ሁሉ ፡ ዛሬ ፡ ምን
ም ፡ አያስፈራምና ፡ ብዙ ፡ ተ
ከታይ ፡ ለርሰዎ ፡ የሚጠቅመ
ው ፡ ነገር ፡ የለም ።

*Irceóne lèmèquèlèle asra hou-
lelle cèou îdjigue yivezall; îndèle
malèle, yèvèrèhàou menguède yè-
zaré asrammîsle amèle yasferra
îndènèbbèrè houllou zaré mînîmm
ayasferramm-înna bîzou lèquèl-
tåy lèrceô yèmmîlèkmèou nèguère
yèllèmm.*

E. Croyez-vous qu'il n'y a aucun danger à courir dans le désert, si nous voyageons seulement avec quatre ou cinq hommes d'escorte?

በረሀውን ፡ ሁሉ ፡ ታራትና ፡
ታምስት ፡ ሰው ፡ ጋር ፡ ብፃ ፡
ብንገ ፡ ምንም ፡ ከፉ ፡ ነገር ፡ አ
ይደርስብን ፡ ይመስለዋል ።

*Bèrèhaoune houllou larallînna
lammîsle cèou gåre bîlcha bînî-
goize mînîmm quîfou nèguère
aüdèrsîbbînnè yimèsleoill?*

I. Non, monsieur, il n'y a aucun risque pour vous e pour personne: laissez à mes soins le sort de votre voyage, j'en suis responsable; d'ailleurs, en admettant même la probabilité d'un danger, vous ne serez jamais touché par aucun ennemi, avant que je sois tombé mort devant vous.

እንኳን ፡ ጌታው ፡ ለርሰምም ፡ ለማንም ፡ ማን ፡ የሚአስፈራ ፡ ነገር ፡ ምንም ፡ የለ ። የጐዳና ዎን ፡ ሁሉ ፡ ነገር ፡ በኔ ፡ ላይ ፡ ይተውት ፡ እኔ ፡ አልፍበታለሁ ኝ ። በቀረውም ፡ የሚአስፈራ ም ፡ ነገር ፡ ሚፋር ፡ ቢሆን ፡ እ ኔ ፡ ተፈትፕ ፡ ሙቼ ፡ ሳልንዘ ራጋ ፡ በፈት ፡ እርሰምን ፡ ምን ም ፡ ጠላት ፡ አይነካም ።	*Inquoine guétàou, lèrceômm lé-mannîmm-màne yèmmiasfèrra nèguère mịnịmm yéllè; yègoda-naône houllou nèguère bènè lày yitèoule, ịné alfịbbètallèhóugn. Bekerreoimm yèmmiasferramm nèguère mịnore bihóne ịné te-fiteo moutchè salịnzèragga befile ịrceóne mịnimm lèlale aïnècao.*

E. Oh! bravo!... et puis? ton cadavre me défendra-t-il?

ሳድግህ! ተዚኤ ፡ ወዳኣሳ ፡ እ ፈስህ ፡ ተከላክሉ ፡ ተጠላት ፡ ያድነኛል ።	*Sadlịguịhe! lèzia weliassa, ịré-çohe lèquèlacló lelelate yadịnè-gnall?*

I. Je m'exprime ainsi pour vous dire que, s'il y avait la plus petite crainte de danger dans le cours de votre voyage, je ne vous donnerais jamais un pareil conseil, sachant que je pourrais mourir moi-même et abimer vos intérêts et vos projets.

እንዲህ ፡ ማለቱ ፡ በሚሄዱበ ት ፡ መንገድ ፡ ጥቁትም ፡ ይሁ ን ፡ የሚአስፈራ ፡ ነገር ፡ ኑሮ ፡ ቢሆን ፡ እኔም ፡ ለራሴ ፡ እንድ ሞት ፡ ሳውቀው ፡ የርሰምንም ፡ ወረትና ፡ አሳብ ፡ መና ፡ ለማስ ቀረት ፡ እንዲህ ፡ ያለ ፡ ምክር ፡ ባልሰጠሁም ፡ ማለቱ ፡ ነው ።	*Indihe malèté bèmmihèdoublèle mènguède lịkilịmm yihoûne yèm-miasfèrra nèguère nouro bihóne ịnémm leraçai ịndịmóte çaou-kèou, yèrceónịmm werètịnna aça-re mèna lemasckerrèle ịndihe yallè mịquịre balsèllèhowimm malèti n^eou.*

E. Oui, oui, j'ai compris; j'ai dit cela seulement pour rire.

Et, maintenant, engage bien vite les hommes d'escorte et les chameliers.

አወን ፡ ኧረ ፡ አውቂአለሁ ፡
ገብቶኛል ። እንዲህ ፡ ማለቴ ፡
ለመሳቅ ፡ ብየ ፡ ነው ። አሁንስ ፡
ቶሎ ፡ ብለህ ፡ የሚከተሉትን ፡
ሰዎችና ፡ በለግመሎችን ፡ ፈ
ልግ ።

Aône oerè aoukiallêhou guèv- tognall. Indih malètè lèmèçak biyé nèou. Ahouniss tolô bjlèhe yèmmiquèllèloutjne ceôtchinna balèguimèlotchine felligue.

I. Oui, monsieur, je vais me mettre à l'oeuvre tout de suite.

እሺ ፡ ጌታዬ ፡ አሁኑ ፡ ለመፈ
ለግ ፡ እሄዳለሁ ።

ichi guétayé, ahounou lèmèfel- legue ihédallêhou.

Le commis revient et annonce à son nouveau maitre qu'il a trouvé les gens d'escorte et les chameliers.

I. J'ai combiné, monsieur, pour le transport de vos bagages, avec les chameliers que je vous présente. Les voilà.

ለቃም ፡ ጫነት ፡ ተበለ ፡ ግመ
ሎች ፡ ጋር ፡ ዋጋ ፡ ተቋረጥሁ ።
በለግመሎችም ፡ እኒኸውልዎ ፡
ጌታው ።

Lèkaô ichinèle, tèvalè guimè- lôtch gàre oiga lèkoirrèijhou; balè guimèlotchimm innihéoulljô, gué- làou.

E. Bonjour. Combien de chameaux avez-vous donc?

እንዴት ፡ ዋላችሁ ። እስንት ፡
ግመል ፡ አላችሁ ፡ እናንተ ።

Indèle oilatchihou? icinle gui- mèl allatchihou innantè?

I. Oh, monsieur, ces gens ne comprennent pas l'amharique!

ጌታው ! እነዚህ ፡ ሰዎች ፡ እኩ ፡
አማረኛ ፡ አይውቁም !

Guélàou, innèzih ceôlch icco amarègna ayàoukoùmm!

E. Oui? je croyais qu'ils savaient comme vous l'amharique; ces chameliers combien de chameaux ont-ils?

እውነት ። እኔ ፡ እንደ ፡ እናን
ተ ፡ ሁሉ ፡ አማረኛ ፡ ያውቁ ፡

jounèle? iné indè-innantè houl- lou amarègna yaoukou meslôgne

መስሉኝ ፡ ተበሬ ፨ እኔሁ ፡ በ   nebbèrè; innihou balèguimèlôtch
ለግመሎች ፡ እስንት ፡ ግመል ፡   içinte guimèl allatchéou?
አላቸው ፨

I. Ils en ont en quantité; mais, moi j'ai engagé quarante chameaux seulement.

ብዙ ፡ ግመል ፡ አላቸው ፨ ነገ   Bizou guimèl allatchéou. Ne-
ር ፡ ግን ፡ እኔ ፡ ላርባ ፡ ግመሎ   guère guinè inè larva guimè-
ች ፡ ብቻ ፡ ነው ፡ የተዋዋል   lotch bitcha nèou yètèoioialhoûte.
ሁት ፨

E. Quarante chameaux seulement ne suffiront pas pour charger toutes mes marchandises, mon cher.

ወጻጀዋ ፡ የንገዴን ፡ ሁሉ ፡ እ   Wedadjèoi, yènigdéne houllou
ቃ ፡ ለመጫን ፡ አርባ ፡ ግመል ፡   ika lemetchâne arva guimèl bi-
ብቻ ፡ አይበቃም ፨   lcha aïvèkamm.

I. Vous verrez qu'ils seront bien suffisants; en tous cas, nous aurons le temps d'en ajouter encore d'autres.

አሳምር ፡ ይበቃል ፡ ያዩቃል ፨   Açammirò yivèkall-yayoulall.
በቀረውም ፡ በነሰው ፡ ሌላ ፡ ለ   Bèkèrrèoûmm, bannècèou lèla lè-
ማከል ፡ ጊዜ ፡ አለን ፨   macquèl guizè allènnè.

E. Fais alors comme tu veux. Et, comment t'es-tu accordé pour le montant du transport par chameau?

እንግድያውስ ፡ አንተው ፡ እን   Inguidiaousse antèou indèwèd-
ዳወደድህ ፡ አድርግ ፨ የክርክ   dèdhe adrigue yèquivcaroûne oi-
ሩን ፡ ዋጋስ ፡ በያንዳንዳ ፡ ግመ   gassa, bèyandandoû guimèl min
ል ፡ ምን ፡ ምን ፡ ያህል ፡ ገንዘ   min yahil guènzève litcèite lèoi-
ብ ፡ ልትሰጥ ፡ ተዋዋልህ ፨   oilhe?

I. Pour chaque chameau, vingt thalers, dont la moitié est payable ici avant le départ et l'autre moitié après notre arrivée à la frontière entre le désert et la région tempérée.

በያንዳንዳ ፡ ግመል ፡ ሀያ ፡ ብ   Bèyandandou guimèl hiya bir-
ር ፡ እኩሌታውን ፡ ተዚህ ፡ ሰ   re, içqouèlèlaoûne lèzih saninnèssa

ንነሣ ፡ በፊት ፡ እኩሌታውን ፡
ተዚኣ ፡ ተበረሀውና ፡ ታብራ
ጃው ፡ አገር ፡ መለያያ ፡ ስንደ
ርስ ፡ ለመስጠት ፡ በዚህ ፡ ኋቶዋ
ዋልህ ፡ ።

*befite içqouèlètaoûne tezia lèrèrè-
haounna tavradjàou aguère mèl-
lèyaya sindèrce lèmèslèle, bèzih
lèoi-oilhou.*

E. Et que faut-il donner aux chameliers?

ለባለ ፡ ግመሎቻሳ ፡ ምን ፡ ይ
ስጣል ፡።

*Lèvalè guimelotchissa mîne yis-
sèltall?*

I. Les chameliers ne sont pas payés à part; ils sont payés
avec les chameaux, tout compris.

በለ ፡ ግመሎቹ ፡ ለብቻ ፡ ዋጋ
ም ፡ የላቸው ፡ በዚኣው ፡ ለግ
መሉ ፡ ክራይ ፡ በሚሰጠው ፡
ዋጋ ፡ ይቈጠሩበታል ፡ ።

*Balè-guimelotchou levilcha oi-
gamm yellatchèou leguimèlou qui-
ràay bèmmissèllèou oiga yikouèl-
lèroubbèlall.*

E. Tant mieux alors.

እንግዲኣስ ፡ ይልቁንም ፡ ተ
ሻለ ፡ ።

*Inguidiass yilikounîmm lè-
chalè.*

L'approvisionnement.

E. Comment ferons-nous pour nourrir les hommes d'escorte
et les chameliers?

ለሚከተሉኝ ፡ ሰዎችና ፡ ለባለ ፡
ግመሎች ፡ ምግብ ፡ እንዴምን ፡
እናደርጋለን ፡።

*Lèmmicquèllèloûgn cèwèlchin-
na levalè guimèlotch miguiv in-
dèmîne innadèrgallène?*

I. Pour les chameliers il n'y a pas à s'en préoccuper; ils
se pourvoient eux-mêmes, mais pour les hommes d'escorte, il est
d'usage que le chef songe à les entretenir.

ለባለ ፡ ግመሎች ፡ አሳብ ፡ የለ
ም ፡ እነሱው ፡ እራሳቸው ፡ ይ

*Levalè guimèlotch açàv yèl-
lèmm, innèssoûou iraçatchèou yi-*

ሰነቃሉ ። ለተከታዮች ፡ አሽከ
ሮች ፡ ግን ፡ ልግዱ ፡ ጌትዮው ፡
ነው ፡ የሚ.ቀልብ ።

cènnèkallou. Lèlèquèllayòtch ach-quèròtch guîn limadou guéliyòou nèou yèmmikellív.

E. Pourquoi cette différence ?

ስለምን ፡ ነው ፡ እዬ ፡ ልዩነት ፡፡

Cîlèmîne nèou îhé liyounnèle ?

I. Parce que les hommes d'escorte sont considérés comme des domestiques de la maison de celui qu'ils servent.

ስለምንማ ፡ ተከታዮ ፡ ሎሉ ፡ እ
ንደቤት ፡ አሽከር ፡ ነው ፡ የሚ.
ቆጠር ።

Cîlèmînîmma, lèquèllày lolè în-dèvèle achquère nèou yèmmîkol-lère.

E. C'est juste et maintenant j'ai compris. Et, après, comment ferons-nous dans le désert pour trouver des provisions, si nous n'en achetons pas ici, avant notre départ ?

የተገባ ፡ ነው ፡ አሁንስ ፡ ገባኝ ።
ኋላ ፡ ተበረሀው ፡ ስንቅ ፡ ለማ
ግኝት ፡ እንዴት ፡ ይሆንልናል ፡
ሰንነሣ ፡ በፊት ፡ ተዚሁ ፡ ቃላ
ሰናዴነ ፡፡

Yètèguèbba nèou, ahounîsse guè-bàgn. Hoîla lèrèrèhàou, cînk lè-mag-gnèle îndèle yihônîlînnall, çanînnèssa béfîle lèzihoù lalas-sènaddanè ?

I. C'est sûr, monsieur ; il faut en prendre suffisamment ici.

እዬ ፡ እርግጥ ፡ ነው ፡ ጌታው ።
ተዚሁ ፡ የሚበቃ ፡ ያህል ፡ መያ
ዝ ፡ ነው ።

Ihé îrguîle nèou, guélàou ; le-zihou yèmmîreka yahîl mèyase nèou.

E. Voilà alors de l'argent ; achète tout de suite tout ce qu'il faut pour nos provisions.

ገንዘቡ ፡ እዬውልህ ፡ እንግዲአ
ስ ፡ ተሎ ፡ የሚሆንነን ፡ ሁሉ ፡
ስንቅ ፡ አሰናዳ ።

Guènzèvou îhéoullîh, inguîdias-se lolô yèmmîhônènnène houllou cînk assènada.

I. Oui, monsieur.

እሺ ፡ ጌታዬ ። *Ichi, guélaü.*

E. Mais fais tout cela dans la journée et demain, car nous n'avons pas de temps à perdre.

ነገር ፡ ግን ፡ እኔን ፡ ሁሉ ፡ ተዛ
ፈና ፡ ተነገ ፡ ብለህ ፡ አድርግ ፡
ስለምን ፡ ጊዜ ፡ የለነም ።

Nèguère guîne ihênn houllou lèzarénna tènèguè bjlèhe adrîgue, cjlèmine guizé yèllènnèmm.

I. Oui, monsieur, et avant tout j'achèterai beaucoup de farine qui puisse suffire pour un mois pour nous et nos hommes, et j'achèterai encore d'autres choses de cuisine.

ይሁን ፡ ጌታዬ ። ተሁሉ ፡ በፊ
ት ፡ ለኛና ፡ ለሰዎቻችን ፡ ላን
ድ ፡ ወር ፡ የሚበቃ ፡ ዶቄት ፡
ባያሌው ፡ እገዛለሁ ። ደግሞ ፡
ሌላም ፡ የወጥ ፡ ነገር ፡ እገዛለ
ሁኝ ።

Yihoûn, guélaiè. Tehoullou bè-fite legnanna leceôtchatchin lânde wére yèmmirèka dokèle bayaléou iguèzalléhou; dègmò lélâmm yé-wéte nèguère iguèzallehoûgn.

E. N'aimez-vous pas le riz pour la nourriture pendant le voyage ?

ለመንገድ ፡ ስንቅ ፡ እሩዝ ፡ አ
ትወዱምን ።

Lemenguède sînk iroûze atwé-doummine ?

I. Nous l'aimons, mais, il n'y a pas de riz en Abyssinie; nous préférons le pain de froment.

እንወዳለን ። ነገር ፡ ግን ፡ ባበ
ሻ ፡ እሩዝ ፡ የለም ፡ የስንዴ ፡
ዳቦ ፡ እንመርጣለን ።

Inwèddallène; nèguère guine barècha iroûze yellèmme yecîndè diabbo înmertallène.

E. Comment ! il n'y a pas de riz en Abyssinie ?

እንዴት ! በበሻ ፡ እሩዝ ፡ የለም ።

Indéte! barècha iroûze yèllèmmi ?

I. Non monsieur, c'est à peine si le commerce en a introduit dans l'Harrar et dans la Capitale; mais en très petite quantité qui puisse servir comme échantillon.

እንካን ፡ ጌታው ። ቢኖርም ፡
አሁን ፡ ገና ፡ አረርጌና ፡ አዲስ ፡

Inquoine, guètâou: binorîmme ahoûne guèna Arèrguénna Ad-

አበባ ፡ በንግድ ፡ የመጣ ፡ ነው ። ነገር ፡ ግን ፡ እኔውም ፡ ጥቂት ፡ ጥቂት ፡ ለጭነፈታ ፡ ያሀል ፡ ነው ። | dice-Arera beniguide yemèḷḷa nèou; neguere guîne jhèoumme ḷḳiḷe-ḷḳiḷe leḷchiguèrèḷa yahîḷ nèou.

E. C'est drôle! le riz qui est connu de tout le monde n'est pas encore connu en Abyssinie! Maintenant achète tout ce que vous préférez vous autres.

ጉድ ፡ ነው ! ባለም ፡ ሁሉ ፡ የ ታወቀው ፡ እሩዝ ፡ በበሻ ፡ ገና ፡ አልታወቀም ። አሁንስ ፡ እናን ተ ፡ የምትወዱትን ፡ ሁሉ ፡ ግዛ ። | Goùde nèou; balèmou houllou yetawekèou jroùze barecha guèna allawekèmm: Ahonnîss innantè yèmmịḥtwèḋḋoutịne houllou guịza.

I. Oh! monsieur, pour nous autres, tout est bon, puis, en voyage on ne choisit pas la nourriture et tous les aliments sont également bons, pourvu que le ventre se remplisse.

ጌታው ፡ ሆይ ! ለኛ ፡ ሁሉም ፡ መልካም ፡ ነው ። ደግሞም ፡ በጉዳና ፡ ምግብ ፡ አይመረጥ ም ፡ ሆድ ፡ ይምላ ፡ እንጂ ፡ ሁ ሉም ፡ ትክክል ፡ መልካም ፡ ነው ። | Guèḋiou hòy! lègna houlloumm melcàme nèou, deymòmm bego-dana, miịguère ażmmèrreḷịmm, hòde yimla jnḋji houlloùmm ti-quịcquịl melcàme nèou.

E. Préfère-t-on la viande séchée (conservée) au poisson sé-ché pour vous?

ተደረቀ ፡ አሣ ፡ የሥጋ ፡ ቋንጣ ፡ ይሻል ፡ ለናንተ ። | Tederrèkè aça yecịga koinḷa yichalall lennantè?

I. Mais, s'il s'agit de préférence nous aimons l'un et l'autre, mais cela n'est pas absolument nécessaire pour nous autres Abys-sins; car, nous ne sommes pas comme les Européens, qui ne peu-vent pas passer un jour sans manger de la viande.

ለመውደድስ ፡ ሁሉንም ፡ እን ወዳለን ፡ ነገር ፡ ግን ፡ ሥጋው | Lemèoudèdịss houllonnịmm jn-wèḋḋallène, nèguère guine ej-

ም ፡ ሆን ፡ ያጣውም ፡ ቁንጣ ፡
ሆን ፡ ለኛ ፡ ላበሾች ፡ እጅግም ፡
ቅም ፡ ነገራችን ፡ አይደለ ። እ
ኛ ፡ እከ ፡ እንደ ፡ ፈረንጆች ፡
እንድ ፡ ቀን ፡ አለሥጋ ፡ እንደ
ማታድሩቱ ፡ አይደለንም !

*gaoùmm hônè yaçaoùmm kuinţa
hônè lègna lavèchotch ịljịguịmm
koùme nèguèratchine aïdellè;
ignacco ịndè ferindjôtch àmle
kène alè-cịga ịndèmmalladroulou
aïdellènèmm!*

E. Et pour les assaisonnements? préférez-vous l'huile au beurre pour la cuisson des aliments?

ማጣፈጫሳ ፡ ለወጥ ፡ መስሪአ ፡
ቅባኑግ ፡ – ዘይት ፡ – ትወዳ
ችሁ ፡ ወይስ ፡ ቅቤ ።

Maţafeţchassa lewèţe mesria kịranoùgue (zèyţe) lịweddallatchihou, cèyisse kịvé?

I. Pour nous l'un et l'autre sont bons, mais, il ne faut acheter le beurre ici, car il coûte trop cher.

ለኛ ፡ ሁለቱም ፡ መልከም ፡ ነ
ው ። ነገር ፡ ግን ፡ ከዚህ ፡ ቅቤ ፡
አለመግዛት ፡ ነው ፡ ስለምን ፡
ተዚህ ፡ ቅቤ ፡ ውድ ፡ ነው ።

Legna houlettoùmm melcàme nèou; neguère guìne quezih kịrè alemègzàte nèou; cịemịne tèzih kịrè oùdle nèou.

E. Où faut-il l'acheter alors, pour l'avoir à bon marché?

እንግዲ አ ፡ በርከች ፡ ለማግኘት ፡
ተወዴት ፡ መግዛት ፡ ይሻላል ።

ịnguịdia berịccàch lèmag-gnète tèwèdéte mégzate yichalall?

I. Nous pourrons en trouver au désert, parmi les populations qui l'échangent contre de petits chiffons de couleur.

ተበረሀው ፡ ያሉት ፡ ሰዎች ፡ በ
ትንንሽ ፡ የሽት ፡ ቅዳድ ፡ ይሽ
ጡልናል ።

Tèrèrèhàou yàlloùte ceôtch bèlịnịnnịch yèchile kịldadj yicheţoullịnnall.

E. Vraiment! alors, il faut prendre beaucoup de petites cotonnades colorées, n'est-ce pas?

እውነት ! እንግዲ አስ ፡ ተናናሽ ፡
ሽት ፡ ብብዙው ፡ መያገ ፡ ነው ።
እውን ።

Iounéte! ịnguịdiass tenannàch chịle berịzoùou mèyàze nèou; ioune?

I. Oui, monsieur; précisément ce sont des articles qui nous serviront partout pour pourvoir à notre subsistence.

አወን ፡ ጌታው ። እርግጥ ፡ በ የኺድንበት ፡ ሁሉ ፡ ለስንቃችን ፡ የሚጠቅመን ፡ እንዲህ ፡ ያ ለው ፡ ሽቀጥ ፡ ነው ።	*Aône, guétdou; irguile beyêhèd-nibbète houllou lecinkalchine yem-milèkmèmè indih yallèou chèkèle nèou.*

E. Tant mieux encore, surtout pour ne pas prendre tant de farine et de riz qui sont très lourds; je vois par cela que tu es un bon ménage!

እንግዲአስ ፡ ከቶውንም ፡ ተሽ ለ ። ይልቁንም ፡ ከባድ ፡ ዱቄት ና ፡ እሩዝ ፡ አብገቶ ፡ ላለመያ ዙ ፡ ተሻለ ። በዚህ ፡ መልካም ፡ አስተናባሪና ፡ ግንዘብ ፡ ቄጣቢ ፡ መሆንህ ፡ ይታወቃል ።	*ingdiass quèllo-ounimm lèchalè: yilikounimm quebbâde dokètinna irouze avzilò lalèmèyazou lèchalè. Bezih, melcâme astènacarinna guènzère kollari mèhôniih yilla-wèkall.*

I. Du moment que vous avez rejeté sur moi toute la responsabilité, je ferai tout mon possible pour vous éviter toute dépense inutile.

ነገሩን ፡ ሁሉ ፡ በኔ ፡ ላይ ፡ ተጣ ሉት ፡ ወዲአ ፡ በተቻለኝ ፡ ሁ ሉ ፡ አለውል ፡ ግንዘብ ፡ እንዳ ያበላሹ ፡ እጥራለሁ ።	*Neguèroune houllou benè laï lelaloûte wedia, bètètchalèyne houl-lou, alè-oûl guènzère indaïabbè-lachou illrallèhou.*

E. Très bien, mon cher, moi aussi je te récompenserai à la fin, pourvu que mon voyage se complète aussi bien qu'il a commencé.

መልካም ፡ መልካም ። የመንገ ዴ ፡ ነገር ፡ እንዲህ ፡ እንደ ፡ ተ ጀመረ ፡ መጨረሻው ፡ ይመር ፡ እንጂ ፡ እኔም ፡ በመጨረሻው ፡ እክስሀለሁ ፡ ወዳጄ ።	*Melcâme, melcâme! yèmenguè-dè nèguère indih indètèdjèmmèrè mèlchèrrèchâou yimère indji, inèmm bèmèlchèrrèchâou illilil-hallèhou, wedadjè.*

L'ordre du départ.

E. As-tu préparé les approvisionnements pour le départ?

<table>
<tr><td>ለመነሳት ፡ ስንቁን ፡ ሁሉ ፡ አስ
ናድተሀል ፡ አንተ ።</td><td>*Lemènnèçate çjnkoûne houllou
assènadlèhall antè?*</td></tr>
</table>

I. Oui, monsieur; les chameliers ont aussi préparé les charges et sont prêts à partir.

<table>
<tr><td>እዮን ፡ ጌታው ። ባለግመሎች
ም ፡ ጭነቱን ፡ ሁሉ ፡ ቀርቅበ
ው ፡ ለመነሣት ፡ ተሰልፈዋል ።</td><td>*Aône, guétáou; balègujmèlo-
lchimm lchinetoûne houllou ker-
kjrrou lèmènnèçate tècèlljfõoill.*</td></tr>
</table>

E. Bien, bien! alors, demain matin de bonne heure, il faut que les chameliers partent avec les bagages, et nous partirons quelques heures après; ne voudrait-il pas mieux que quelqu'un de nos hommes suivent les chameliers pour surveiller mes bagages?

<table>
<tr><td>መልከም ፡ መልከም ። እንግዲ.
አስ ፡ ነገ ፡ እጅግ ፡ በጠዋት ፡ በ
ለ ፡ ግመሎች ፡ ተጭነቱ ፡ ጋራ ፡
ይነሱና ፡ ይሂዱ ። እኛም ፡ ጥ
ቂት ፡ ቆይተን ፡ እንነሣለን ። ከ
ኛዎች ፡ አሽከሮች ፡ እቃየን ፡
ለመጠበቅ ፡ አንድ ፡ ሁለት ፡ ሰ
ዎች ፡ ባለግመሎችን ፡ ቢከተ
ሉ ፡ ባልተሻለም ።</td><td>*Melcáme, melcáme! Inguidiass
nègué, jdjigue belèoite balègui-
mèlotchou letchinèlou gara yin-
neçounna yihidou; jgnámm ljkile
koyilène injnnèssallène. Tegnaôlch
ach-quèrotch jkaéne lèmélebbèk
ánde-houlelte ceôlch balègujmèlo-
tchine bicquèllèlouballèchalemme?*</td></tr>
</table>

I. Le chef de la caravane partira avec eux.

<table>
<tr><td>ነጋድራሱ ፡ — ሞሀባው ፡ — አ
ብሯቸው ፡ ይነሣል ።</td><td>*Neggadraçou (mohabbáou) ar-
roilchèou yinnèçall.*</td></tr>
</table>

E. C'est bien; les chameaux marchent-ils plus vite que les hommes?

<table>
<tr><td>ደግ ፡ ነው ። ግመል ፡ ተሰው ፡
ይፈጥናል ፡ ሲሄድ ።</td><td>*Dègg néou. Gujmél lecéou yi
felnall cihéde?*</td></tr>
</table>

I. Non, monsieur; les chameaux de transport marchent très lentement.

እንካን ፡ ጌታው ። የጭነት ፡ ግ   *Inquoïne, guétäou; yétchinéte*
መል ፡ ሲሄድ ፡ እጅግ ፡ ከሳሳ ፡   *guimél cihède içjigue coçaça nèou.*
ነው ።

E. Et, alors, nous partirons demain plus tard vers cinq heures du soir.

እንግዲ,አስ ፡ ግፃ ፡ ብለን ፡ ነገ ፡   *Inguïdiass zigg bilène neguè*
ወደማታ ፡ በምስት ፡ ሰአት ፡ እ   *wedèmata-bammiste ceäte içinn-*
ንነሣለን ።   *nèssallène.*

I. Oui, monsieur, nous partirons plus tard vers les cinq heures, nous les atteindrons si nous partons même à six heures.

አዎን ፡ ግፃ ፡ ብለን ፡ ወፃምስ   *Aöne, zigg bilène wèdammi-*
ቱ ፡ ሰአት ፡ ሲሆን ፡ እንነሣለን ።   *stou ceäte cihóne içinnèssallène.*
በስድስትም ፡ ሰአት ፡ ቢሆን ፡   *Beçiddistem ceäte bihóne biçin-*
ብንነሣ ፡ እንደርስባቸዋለን ።   *nessa içndercçibbatcheoïllène.*

Un petit banquet aux indigènes, avant de quitter la côte pour l'intérieur de l'Abissinie.

E. Puisque c'est la dernière nuit que nous passons ici, voilà de l'argent pour acheter un mouton beau et gras, et sept ou huit bouteilles de vin, ou, si vous préférez de la bière, prenez de la bière, et ce soir mangez, buvez tous ensemble et amusez-vous.

ዛሬ ፡ መጨሬሻ ፡ ቀናችን ፡ ነው   *Zaré meçcherrécha kènatchine*
ና ፡ ተዚህ ፡ የምናድር ፡ ገንዘ   *nèou-içnna tezih yèmminnadire*
ብ ፡ እዜውላችሁ ፡ ማለፊአ ፡   *guènzève içhéoullatchihou, malefia*
ወፍራም ፡ ሙክትና ፡ ሰባት ፡   *wefràme moucquilinna ceralle,*
ስምንት ፡ ያህል ፡ ጠርሙስ ፡ የ   *çimminte yahil termoûse yewène*
ወይን ፡ ጠጅ ፡ ጠላም ፡ ብት   *çidj, çellàmm biçmerçou, çella gui-*
መርጡ ፡ ጠላ ፡ ግዙና ፡ ዛሬ ፡   *zounna zaré mata houllatchi-*
ማታ ፡ ሁላችሁም ፡ እንድነት ፡   *hoümm awlçinnéle hounatchihou*
ሁናችሁ ፡ ብሉ ፡ ጠጡ ፡ ደስ ፡   *biçou, çeçlou, dess yivelatchîhou.*
ይበላችሁ ።

I. Merci, monsieur; quant à la bière européenne, nous ne sommes pas habitués et, nous préférons le vin.

እግዚ.አብሔር ፡ ይስጥልን ፡ ጌ
ታዮ ፡ የጠላውን ፡ ነገር ፡ ቢሆ
ን ፡ ግን ፡ እኛ ፡ የፈረንጅን ፡ ጠ
ላ ፡ አልለመድንምና ፡ የወይን ፡
ጠጁን ፡ እንመርጣለን ።

Igziav-hère yis[i]'[i]nne, gu[è]ta[è]. Yè[t]èllaoùne neguère bih[ó]ne gu[ŝ]ne, ig̣na yèfèrènd̲j [t]ella allèmmè- d̲nèmm-i̱nna yewène [t]è[d̲]joùne [i̱]nmer[t]allène.

E. Êtes-vous habitués à boire du vin européen et, y en a-t-il beaucoup chez vous?

የፈረንጅን ፡ አገር ፡ የወይን ፡ ጠ
ጁ ፡ መጠጣት ፡ ለምዳችሁ ፡ ታ
ል ፡ ታገራችሁስ ፡ ብዙ ፡ ይገ
ኛል ።

Yeferènd̲jine aguère yewène [t]e[d̲]j me[t]e[t]ate lemd̲alchihoutall. la- guerd̲alchihouss bi̱zou yeferènd̲j [t]è[d̲]j yigguègnall?

I. Il n'y a pas de vin européen, en Abyssinie, mais nous avons l'hydromel et la bière qui sont bons et qui ne sont pas amers comme la bière européenne.

የፈረንጅ ፡ አገር ፡ የወይን ፡ ጠ
ጁ ፡ ታብሻ ፡ የለም ። ነገር ፡ ግ
ን ፡ እንደ ፡ ፈረንጅ ፡ ጠላ ፡ የ
ማያመር ፡ መልካም ፡ ጠላና ፡
መልካም ፡ የማር ፡ ጠጅ ፡ አለን ።

Yeferènd̲j aguère yewèyine [t]ed̲j lavèchà yellèmm; neguère gu[î]ne i̱nd̲èferènd̲j [t]èlla yèmmaïmèrre mel[c]áme [t]ellanna melcáme ye- m[á]re [t]è[d̲]j allennè.

E. Et aimez-vous les liqueurs européennes?

የፈረንጅ ፡ አረቂስ ፡ ትወዳላ
ችሁ ።

Yeferènd̲j arekissa [t]iweddal- lotchihou?

I. Oh! monsieur, les Abyssins raffolent des liqueurs euro- péennes, quand même ce serait de l'eau de la mer mise en bou- teille avec une étiquette portant le nom de n'importe quelle liqueur européenne.

ጌታው ፡ ሆይ ፡ ያብሻ ፡ ሰዎች ፡
ለፈረንጅ ፡ አገር ፡ አረቂ ፡ ያብ
ዳሉታል ። የባሕራም ፡ ውሀ ፡

Gu[è]tiou h[ò]ï! yavecha re[ò]tch leferènd̲j aguere areki yavdoul- letall; yevahi̱roumm ouha yihoù-

ይሁን ፡ በጠርሙስ ፡ ይሁንና ፡
በላይ ፡ ላይ ፡ የፈረንጅ ፡ አረቄ ፡
ተብሎ ፡ የማንላቸውም ፡ አረ
ቄ ፡ ስም ፡ ይጣፍበት ፡ እንጂ ፡
ያብዱልታል ።

ne beṭermouce yihounǵana be-laïou kïy yeferèndj arèki terïlo yemaniṭla'cho-oùmm arèki cim yiṭṭafïbbèle ïndji yavdoulletall.

E. Vraiment?!

እውነት! *Iounèle!*

I. À l'époque où régnait l'empereur Jean, mort il y a dix-huit ans, une bouteille d'absinthe coûtait moins d'un thaler, tandis qu'en Europe une bouteille de cette liqueur coûte encore sept ou huit francs (deux thalers à peu près); pourquoi cela?

ባጤ ፡ የሐንስ ፡ ጊዜ ፡ ይኾው ፡
ተሞሎ ፡ አሥራ ፡ ዘጠኝ ፡ ዓመ
ት ፡ ሆነ ፡ እንደ ፡ ጠርሙግ ፡
አቡሰንት ፡ ታንደ ፡ ብር ፡ ያነ
ስ ፡ ይሸጥ ፡ ነበረ ። ተፈረንጅ ፡
አገር ፡ ግን ፡ እኄው ፡ አረቄ ፡
እንዱ ፡ ጠርሙግ ፡ ዛሬም ፡ ወ
ዴ ፡ ሁለቱ ፡ ያሀል ፡ ብር ፡ ያወ
ጣል ። እኄ ፡ መሆኑ ፡ ስለም
ን ፡ ነው ።

Baṭé yohannèce guizé-yihèou temolou asra zeṭègn amèle hônè ànde ṭermoùze aroucènle tànde bïrre yannècè yichèṭe nebbèrè. Teferèndj aguère guïne ïhèou arèki andou ṭermoùze zarèmm wedè houlellou yahïl bïrre yawelall; yihè mehònou cïlemïne nèou?

E. Je ne conçois pas.

እንጃ ፡ እኔ ፡ አላውቅም ። *Indja ïnè alaoukïmm.*

I. Moi, j'en sais le motif; il venait en Abyssinie, sous le nom d'absinthe, la bouteille seulement contenant quelque poison! Tout cela est connu maintenant même en Abyssinie.

ምክንያቱን ፡ እኔ ፡ አውቃለሁ ።
ባቡሰንት ፡ ስም ፡ ወዶበሽ ፡ የ
ሚወጣው ፡ መርዝ ፡ መሳይ ፡
ያለበት ፡ ጠርሙስ ፡ ብቻ ፡ ነ
ው ። እኄ ፡ ሁሉ ፡ ዛሬ ፡ ታብሽ
ም ፡ ታውቋል ።

Mïcnïyatoùne ïnè àoukallèhou; bavoucènle cïme wedavecha yemmiwèṭdou mèrze meçaï yallebbèle ṭermouce bïlcha nèou. Ihè houllou zarè tarecchamm taoukoïll.

E. Tant mieux comme cela. Donc, ce soir, amusez-vous tous ensemble et tu va rejoindre tes compagnons.

እንዲህ ፡ መታወቁ ፡ ይሻላል ። እንግዴህ ፡ ዛሬ ፡ ማታ ፡ ሁላችሁም ፡ አንድነት ፡ ሁናችሁ ፡ ደስ ፡ ይበላችሁ ። ሂድ ፡ ተብል ንጀሮችህ ፡ ተደብለቅ ።

Indih mellawekou yichalall. Inguidèhe zaré mata houllatchihoùmm andjnnèle hounalchihou dess yivelatchihou. Ilide, tèvaljndjerotchih lèdèvlèk.

I. Oui, monsieur, merci. Je vous préviens cependant, avant de vous quitter que les chameliers ne mangent pas de viande tuée de la main des chrétiens, ni boivent de vin, car leur religion, la musulmane, le leur défend.

እሺ ፡ ጌታዬ ፡ እግዚአብሔር ፡ ያሰንብትልን ። ነገር ፡ ግን ፡ ሳ ልተውም ፡ በፊት ፡ እንደ ፡ ነገ ር ፡ አስታውቀዋለሁ ፡ በለግመ ሎች ፡ ክርስቲአን ፡ ያረደውን ፡ ሥጋ ፡ አይበሉም ፡ ጠጅም ፡ አ ይጠጡ ። ስለምን ፡ ሃይማኖታ ቸው ፡ የስላም ፡ ሃይማኖት ፡ ይ ከለክላፕጥል ፡ ይወቁ ።

Ichi, guélaé, Igziav-hère yacenvjljlljnne. Neguère gujne çaltèouò befìte ânde neguère astaouìkèoillèhou: balègujmeòlch crjsliàne jjarredeoùne ciga aivèloùmm. ledjimm aïlèllou; silemjne, haïmanotatchèou yèslàme haïmanòte yiquelecquilatchéoill, yiwèkou.

E. Que dois-je faire, moi, s'ils n'en veulent pas? Mangez et buvez vous, les chrétiens, en leur lieu et place!

ታልፈለጎተ ፡ እኔ ፡ ምን ፡ ላደ ርግ ። ስለነሱ ፡ የነሱንም ፡ ፈን ታ ፡ እናንተ ፡ ክርስቲያኖች ፡ ብ ሉ ፡ ጠጡ ።

T'alfellègoùte jnè mîne ladjrgue? silennèssou, yènnessounjmm fenla jnnanlè crjslianòlch bjlou, lellou.

Le départ.

E. Bonjour, mon cher. La caravane est-elle tout prête à partir?

እንዴት ፡ አደርህ ፡ ወዳጄ ። ጓ

Indéte aldèrh, wedaljé? Goi-

ዙ ፡ ሁሉ ፡ ለመነሣት ፡ ተዘጋጅ | *zou houllou lĕmĕnnèçale lĕzĕga-*
ቷልን ፡ | *djtoillĭne?*

I. Oh! monsieur, elle est déjà partie à huit heures (deux heures du matin).

ወይ ፡ ጌታው ! ጓዙ ፡ ተነስቶ ፡ | *Wĕy guĕldou! goizou lĕnĕslo*
የሄደ ፡ ገና ፡ በሌሊት ፡ በስም | *yĕhĕdè guena belĕlĭle becĭmmĭnle*
ንት ፡ ሰአ ! | *ceale nĕou!*

E. Vraiment? si tôt?

የውነት ፡ እንዲህ ፡ በቶሎ ፡ | *Yeounèle? ĭndih belolò?*

I. Oui, monsieur, parce qu'il faut faire le campement à deux heures de la même matinée (huit heures du matin).

አዎን ፡ ጌታው ። ስለምን ፡ መ | *Aòne guĕldou; slemĭne medeb-*
ደበር ፡ የሚመታ ፡ አሁን ፡ ማ | *bere yemmimmella ahoüne ma-*
ለዳ ፡ በስምንት ፡ ሰአት ፡ ነው ። | *leda becĭmmĭnle seale nĕou.*

E. Peut-être, pour éviter la chaleur? Si c'est pour cela, nous ferions bien nous aussi de partir tout à l'heure; qu'en dis-tu?

ተበረህው ፡ ሙቀት ፡ ለማምለ | *Tevĕrehdou moukèle lemamlĕle*
ጥ ፡ ይሆን ! ስለዚህ ፡ እንደሆ | *yihòmi? slĕzih ĭndĕhònè, ĭgnam-*
ን ፡ እኛም ፡ ቶሎ ፡ አሁን ፡ ብን | *me lolò ahoüne bĭnĭnnessa dĕgg*
ነሣ ፡ ደግ ፡ በሆን ። ምን ፡ ትላ | *behònè; mĭne llallĕhe anlessa?*
ለህ ፡ አንተሳ ፡ |

I. Je crois qu'il vaut mieux que nous partions. Maintenant, puis-je seller les mulets?

ብንነሣ ፡ ይሻል ፡ ይመስለኛል ። | *Bĭnĭnnessa yichal yimeslĕgnall,*
በቅሎዎችን ፡ ልለገምን ፡ አ | *beklo-òlchine lĭlegoüme ahoüne?*
ሁን ፡ |

E. Oui, et bien vite; en attendant, dis au garçon de me préparer une tasse de café.

አወን ፡ ተሎ ፡ ፈጥነህ ፡ ቺን ። | *Awène, lolo felpnĕhe lĕhaine. ĭsle-*

እስተዚያው ፡ ድረስ ፡ እንድ ፡ ፍንጃል ፡ ቀህ ፡ አፍላልኝ ፡ በ ለው ፡ እሽክሩን ።	*zidou dirèce ànde findjàl kouha* *aflallign belèou ach-queroùne.*

I. Je vais vous l'apporter dans un instant.

እሁኑ ፡ እመጣልዋለሁ ።	*Ahounoù amètallioillèhou.*

E. Et, les mulets? Sont-ils déjà sellés?

በቅሎዎችሳ ፡ ተጭነ ፡ ።	*Beklóòtchissa letchanoù?*

I. Oh! ils sont déjà sellés, les mulets.

በቅሎዎችማ ፡ ተጭነው !	*Beklóòtchimma letchinéou!*

E. Vous êtes bien leste; donnez-moi alors cette mule; elle
sera peut-être commode à chevaucher, n'est-ce pas?

እጅግ ፡ ፈጣኞች ፡ ናችሁ ። እ ንግዲአስ ፡ እንስቲቱን ፡ በቅ ሎ ፡ አቅርቡልኝ ፡ እሷው ፡ ለ መቀመጥ ፡ ትመች ፡ ይሆናል ፡ እውን ፡።	*Idjigue fettanòtch natchíhou.* *Inguidiass inistitoûne beklò akri-* *voullign; issoìou lemekkemete tim-* *mètch yihònall, ioûne?*

I. Oui, monsieur; elle est très agile et, en même temps très
docile.

አምን ፡ ብዞ ፡ ሰጋር ፡ ወድያው ም ፡ እጅግ ፡ ገራም ፡ ናት ።	*Aóne, bzou ceggàre, wediyao-* *ùmm idjigue guèrràme nate.*

Le départ de la côte à l'intérieur de l'Abyssinie.

E. Après deux mois de séjour, je quitte enfin, ce matin la côte de la Mer Rouge! Allons donc, guidez-moi!

ሁለት ፡ ወር ፡ ተተቀመጥሁ ፡
በኋላ ፡ እሄው ፡ ዛሬ ፡ ማለዳ ፡
የኤርትራን ፡ በሕር ፡ ዳር ፡ መ
ተዌ ፡ ሆነ ፡፡ እንግዴሀ ፡ እስቲ ፡
ምሩኝ ፡ እንሂድ ፡፡

Houlètte wère tèlèkemmèțhou behoila ịhéou zaré maleda yéèr-trâne bahịre dàre mèlèwé hôné; inguịdèhe ịsti mịrougn, ịnnịhide!

(*En cheminant mélancoliquement*): Qui sait, si je peux y revenir et reprendre le bateau pour rentrer dans mon pays!...

ማን ፡ ያውቃል ፡ ተዚሀ ፡ እን
ደገና ፡ መጥቼ ፡ ተመርከብ ፡ ገብ
ቼ ፡ አገሬን ፡ ለመመለስ ፡ ይሆ
ንልኝ ፡ እንደሆነ !

Mâne yaọukall, lezih ịndèguéna meţilché temèrquère gueŗilché aguèréne lememmelèce yihônịllị-gne ịndehônè!..

I. Pourquoi doutez-vous de cela, monsieur? Croyez-vous peut-être d'aller à l'extrémité du monde, si vous allez en Abyssinie? Comme vous savez, l'Abyssinie est tout près de nous.

ይሄን ፡ መጠርጠርዎ ፡ ስለምን ፡
ነው ፡ ጌታው ፡ አበሻ ፡ ቢሄ
ዱ ፡ ወደ ፡ ዓለም ፡ መጨረሻ ፡
መሄድ ፡ ይመስለዋል ፡ ወይ ፡
እንደሚአውቁት ፡ አበሻ ፡ ተዚ
ሀ ፡ ተቅርበችን ፡ ናት ፡፡

Yihénne mèțèrțerịó sịlèmịne néou, guétaou? Arecha bihédou wedè alème meţchérrecha mèhé-deyimesleoill wèy? ịndemmiaou-koute Arècha lezih tekịrralchine nâte.

E. Je sais bien, qu'elle est tout près, mais tu sais aussi que la mort est plus près encore que le pas d'un enfant, surtout en Abyssinie, où règnent des maladies de tous genres.

አበሻ ፡ እጅግ ፡ ቅርብ ፡ መሆኗ
ን ፡ በጣም ፡ አውቃለሁ ፡፡ ነገ
ር ፡ ግን ፡ እንተም ፡ ሞት ፡ ተ

Arecha ịdjịgue kịrre mèhônoi-ne beţâme aoukallèhou: neguère guịne antémṇn môle teţchékla lịdj

ጨቅላ ፡ ልጅ ፡ እርምጃ ፡ አብ
ሳ ፡ እንድትቀርብ ፡ ታውቃለህ ፡
ይልቁንም ፡ ደዌ ፡ በያይነቱ ፡
ተሞላበት ፡ አገር ፡ ታበሻ ።

*ịrmịdja avịça ịndịtkèrve taoukal-
lèhe, yilịkounịmm dewé beyaïnè-
lou temollabbèté aguère tavecha*

I. Comment? Il y a beaucoup de maladies en Abyssinie?
Avant tout, en Abyssinie, il n'y a pas beaucoup de maladies
comme on croit en Europe; d'ailleurs, en supposant même qu'il
y en ait, qu'importe cela pour vous qui êtes européen? Avez-
vous peut-être peur, vous aussi, des maladies, comme nous au-
tres Abyssins qui ne comprenons rien aux remèdes?

እንዴት ፡ በበሻ ፡ ብዙ ፡ ደዌ ፡
አለበት ፡ ተነገሩ ፡ ሁሉ ፡ በፈ
ት ፡ በፈረንጅ ፡ አገር ፡ እንደሚ
ባለው ፡ በበሻ ፡ ብዙ ፡ በሽታ ፡
የለም ። በቀረው፡ እስቲ፡ በ
ሽታስ ፡ ይኑር ፡ ይሄስ ፡ ቢኖር ፡
ምንተዳዖ ፡ ለርሰዖ ፡ ለፈረን
ጁ ። እርሰዖም ፡ እንደኛ ፡ መ
ድኃኒት ፡ ምንም ፡ እንደማናው
ቀዖች ፡ አበሾች ፡ ሁሉ ፡ ሕማ
ም ፡ ይፈራሉ ፡ ይሆን ፡

*Indèle? bavecha bịzou dewé
allebbete? Tènèguerou houllou be-
fite beferéndj aguère ịrdemmib-
balëou, bavecha bịzou beḥ ḥila yel-
lèmm; bekerrèousse, ịsti, bechi-
lasse yinoùre; yihéss binore mịn-
tedaô lerceô leferendjou? ịrce-
ômm ịndegna medhanile mịnịmm
ịndemmannaoukèôtch avechotch
houllou hịmàme yiferallou yi-
hône?*

E. Diable! Crois-tu que les Européens ne tombent pas ma-
lades et ne meurent jamais?

ወይ ፡ ሰይጣን! ፈረንጅ ፡ የማ
ይታመምና ፡ የማይሞት ፡ ይ
መስልሀል ፡ አንተ ፡

*Wey ceylàne! feréndj yemmaït-
lammèmịnna yemmaïmôte yi-
meslịhall antè?*

I. Certainement, la mort ne pardonne à personne, en ce monde,
mais, chez nous, on raconte que pour les Européens rien n'est
impossible, excepté celui de donner l'âme aux corps inanimés
(créer une âme).

ጦት ፡ በዚህ ፡ ዓለም ፡ ማንንም ፡
አይተው ፡ እኔ ፡ እርግጥ ፡ ነ

*Môte bezihe alème mannenịmm
aïtèou, ịhé ịrguịte nèou; neguère*

ው ። ነገር ፡ ግን ፡ ከኛ ፡ ዘንድ ፡
ለፈረንጆች ፡ ነፍስ ፡ ተማግባ
ት ፡ በቀር ፡ እንድም ፡ የሚሳና
ቸው ፡ ነገር ፡ የለ ፡ ይባላልና ፡
ነው ፡ እንዲህ ፡ ማለቴ ፡

guĩne quegna zènde leferendjòlch nèfce temagvate bekerr andĩmm yemmissanalchèou neguère yellè yibbalallĩnna nèou ĩndihe maletè.

E. (*A part:* si cela était vrai, le monde serait sans défaut). Notre caravane où sera-t-elle arrivée?

— እኄማ ፡ ሁኖ ፡ ቢሆን ፡ — ጓዛ
ቾን ፡ ወዴት ፡ ደርሶ ፡ ይሆን ።

(Ihèmma houno bihone) goiza-tchine wedèle derçò yihòne?

I. Voilà, monsieur, qu'elle s'arrête là-bas, au milieu de la plaine; les animaux son déjà déchargé; mais, le campement n'est pas encore tout à fait formé; la voyez-vous monsieur?

እኄው ፡ ተዚአ ፡ ተመስኮ ፡ መ
ከከል ፡ አርፏል ። ከብቶችም ፡
ተራግፈዋል ። መደበሩ ፡ ግን ፡
ገና ፡ ተዉርሶ ፡ አልተመታም ።
ይታየዋል ፡ ጌታው ።

ĩhèou, tezia lèmescou mecaquèle arfoill; quevtotchimm teragfèoill: medebberou guĩne guena leţchèr-riçò allèmettamm; yilta-yèoill guèlàou?

E. Oui, je la vois bien. Mais, les chameaux marchent-ils si lentement pour que notre caravane soit encore si près de nous, qui sommes partis depuis peu de temps?

አዎን ፡ ደግ ፡ ሁኖ ፡ ይታየኛል ።
እንዴት ! ግመል ፡ እንዲህ ፡ ዝግ
ግ ፡ ብሎ ፡ ነው ፡ የሚሄድ ፡ እ
ኛ ፡ አሁን ፡ ተነስተን ፡ እንዲ
ህ ፡ ተቅርበችን ፡ የተገኘው ።

Aòne, dègg houno yilta-yègnall. ĩndèle! guĩmèle ĩndihe zigg bĩlo nèou yemmihède, ĩgna ahoune teneslene ĩndihe lekĩrralchine ye-lèguègnèou?

I. Oh! monsieur, au contraire, celte fois, les chameaux ont marché bien vite.

ወይ ፡ ጌታው ! ዛሬስ ፡ ይልቁ
ንም ፡ ግመሎቻ ፡ ፈጥነው ፡ ሂ
ደዋል ።

Wey guèlàou: zarèss yilĩkou-nĩmm guĩmelotchou feţnèou hi-deoill.

E. Oh! tu dis qu'ont bien marché cette fois, les chameaux?

እንዴታ፣ አሁንስ፣ ፈነጡው፣ሂ   *įndeta! ahouniss feṭnèou hi-*
ደዋል ፣ ትላለህ ፣ አንተ ፣ ግመ   *dèoill ttallèhe antè guįme'otchine?*
ሎ፦ችን ፡፡

I. Oui, monsieur, puisque, vous ne vous êtes pas aperçu de
la longueur de la marche, que nous avons faite ce matin, car
vous étiez sur un beau et bon mulet, tandis que le chemin a été
éternel pour nous autres, pauvres piétons.

አዎን ፣ ጌታው ፡፡ ደግሞም ፣ ለ   *Aóne, guétdou; dègmòmm ler-*
ርሰዎ ፣ በግለፊአ ፣ ሰጋር ፣ በቅ   *ceò bemalefia ceggare beklò leho-*
ሎ ፣ ለሆኑት ፣ የዛሬ ፣ ማለዳ ፣   *noüte yezaré maleda mèngue-*
መንገዳችን ፣ አረዛዛም ፣ በይታ ፣   *datchine arrèzazème baïllawekįò*
ወቅዎ ፣ ለኛ ፣ በግራችን ፣ ለም   *legna begratchine lemmįnhèdèòtch*
ንሂደዎች ፣ ለደሆዎቹ ፣ ዳርቻ ፣   *ledehaòtchou darįtcha yellèllèou*
የሴለው ፣ መስሎ ፣ ታይቶናል ፡፡   *meslò tailonnall.*

E. En ce cas, tu as raison, mon mulet est vraiment superbe;
certainement c'est pour cette raison que je ne me suis pas aperçu
de la longueur du chemin: en effet, je vois maintenant, en re-
gardant ma montre, que nous avons déjà marché cinq longues
heures.

በዚህስ ፣ እውነትህ ፣ ነው ፣ በ   *Bezihįss įounetįhe nèou, beklo-*
ቅሎዬ ፣ በውነት ፣ ማለፊአ ፣   *yè bèounète malefia tchinnįne*
ችንን ፣ ናት ፡፡ እርግጥ ፣ በዚህ ፣   *nale, įrguįle bezihe nouroill ye-*
ኑሬል ፣ የመንገዱ ፣ እርጋ፦   *mènguèdoû įrzįmèle yallawekègn:*
ት ፣ ያልታወቀኝ ፡፡ እውነትም ፣   *įounèlįmm ammįste cèale mou-*
አምስት ፣ ሰአት ፣ ሙሎ ፣ መጓ   *lou meggoizatchinène guèna ahoü-*
ዘችነን ፣ ገና ፣ እሁን ፣ ሰዓቴን ፣   *ne cèaléne bàï awèkhoüte.*
ባይ ፣ አወቅሁ፦ት ፡፡

I. Êtes-vous content, alors, de votre mulet, monsieur?

እንግዲአግ ፣ በበቅሎዎ ፣ ነገ   *įnguįdiamma bevekloò neguère*
ር ፣ ደስ ፣ ብሎ፦ዋላ ፣ ጌታው ፡፡   *dess blooilla, guétaou?*

E. Sans doute, mon cher. Quel magnifique mulet que celui-ci !
oui, c'est un magnifique mulet ! il marche vite et sans me secouer
nullement, si bien qu'il me semblait que j'étais assis sur un sopha
commode.

እሂ ፡ ጥርጣሬ ፡ የለውም ፡ ወ
ዳጄ ፡ ሆይ ። እንዴት ፡ ማለፊ
አ ፡ ነውና ፡ እሂ ፡ በቅሎ ። በ
ውነት ። ማለፊያ ፡ በቅሎ ፡ ነ
ው ። ፈጥኖም ፡ ሲሰግር ፡ ምን
ም ፡ አይነቀንቀኝ ፡ ተመልካ
ም ፡ ም፝ ፡ ድንክ ፡ አልጋ ፡ የ
ተቀመጥሁ ፡ ነው ፡ የሚመስ
ለኝ ።

*ihé trittaré yellèoumm, weda-
djé hòy; indéle malèfia nèou-inna
ihé beklò! bèounèle malefia beklò
nèou. Fetnomm cicèguir mi-
nîmm aïnekennikègne, temelcàme
mitchou dinc alga yèlèkemmèt-
hou nèou yemmimeslègne.*

I. Nous sommes bien contents, nous aussi, de vous voir sa-
tisfait du mulet, que nous avons acheté.

በገዘንለም ፡ በቅሎ ፡ ደስ ፡ ሲል
ም ፡ ብናይ ፡ እኛንም ፡ ደስ ፡ አ
ለነ ።

*Beguezzanillò beklò dèss cilèò
binnày ignanîmm dèss alennè.*

E. Je suis vraiment satisfait de mon mulet; mais, les mulets
de votre pays sont-ils toujours aussi bons que celui-ci?

በበቅሎዬ ፡ ነገርስ ፡ በውነት ፡
ደስ ፡ ብሉኛል ። የሆነስ ፡ ሆነ ፡
በገራችሁ ፡ በቅሎው ፡ ሁሉ ፡
እንደዚህ ፡ በቅሎ ፡ ሁለዜም ፡
ማለፊአ ፡ ማለፊአ ፡ ነው ፡

*Berekloyé negueriss bèounèle
dess bilognall; yehonèss honè;
baguèratchihou beklòou houllou
indèzihe beklo houllezzémm ma-
lefia-malefia nèou?*

I. Pas toujours, monsieur; il y en a de bons et de mauvais:
les bons servent pour les montures et les mauvais pour les transports.

ሁለግዜም ፡ አይደል ። ሰጋር
ም ፡ አለ ፡ አጋሰስም ፡ አለ ። ሰ
ጋር ፡ ሰጋሩ ፡ ለጭን ፡ አጋሰ ፡
አጋሰሱ ፡ ለጭነት ፡ ይሆናል ።

*Houllegzémm aïdell; cegga-
rîmm allè, agassecimm allè: ceg-
gar-ceggarou letchine, agasse-
ce agassecou letchinèle yihonall.*

E. Les mulets européens sont gros et grands, mais ils sont mauvais pour la monture. Les vôtres, au contraire, sont petits de corps, mais charmants d'allure et remplacent les chemins de fer que vous n'avez pas encore dans l'intérieur de votre pays.

የፈረንጅ ፡ አገር ፡ በቅሎ ፡ ተ ላላቅ ፡ ወደል ፡ ወደል ፡ ነው ፡ ለኮረቻ ፡ ግን ፡ ግም ፡ ነው ። የ ናንት ፡ አገር ፡ በቅሎዎች ፡ ግ ን ፡ አካላቸው ፡ ትንንሽ ፡ ሁነ ው ፡ አስጋገራቸው ፡ የማይገ ኝ ፡ ግሩሞች ፡ ናቸው ። በመ ሀል ፡ አበሽ ፡ ገና ፡ የምድር ፡ ባቡር ፡ ስለሌለ ፡ ምትክ ፡ ሁነ ው ታል ።	*Yeferindj aguère beklô telallak wedèle-vedèle néou; lecore-tchia guîne guîme néou. Yen-nante aguère bekloôtch guîne aca-latchéou tjninnich hounéou assè-gaguèratchéou yemmaïgguègne guiroumôtch natchéou. Bemèhal Avecha guèna yemjdjre bavoûre cjlelèllè mjljcc hounèoutall.*

I. Oui, monsieur, nous n'avons pas encore de chemin de fer à l'intérieur du pays.

አዎን ፡ ጌታው ፡ ታገሩ ፡ ውስ ጥ ፡ ገና ፡ የምድር ፡ ባቡር ፡ አ ልገባበትም ።	*Aône, guélaou, taguerou ouîste guena yemjdjre bavoure alguèb-babbetjmm.*

Ordres donnés par le chef aux hommes de l'escorte avant d'aller se coucher, le soir de jour de l'arrivée dans des lieux suspects.

E. Appelle-moi tous les hommes, qu'ils viennent tous ensemble!

ሰዎቹን ፡ ሁሉ ፡ አንደነት ፡ እ ንዲመጡ ፡ ጥራልኝ!	*Cèotchoune houllou andjnnéte jndimetou trattjgn!*

I. Voilà, monsieur, qu'ils viennent tous.

እኔው ፡ ጌታው ፡ ሁሉም ፡ መ ጥተዋል ።	*jhéou, guélaou, houlloumm met-téoill.*

E. Mes garçons, notre guide me dit que nous sommes dans un lieu qui n'est pas trop sûr et c'est pour cela que je vous fais appeler, afin de vous recommander de vous tenir sur vos gardes. D'ailleurs, vous savez que je suis venu tout seul, entreprendre un voyage si dangereux, confiant uniquement à vous autres ma vie et toute ma fortune.

አሽከሮቸ! መንገድ ፡ መሪአች ን ፡ አሁን ፡ ያለንብት ፡ ሥፍራ ፡ እንብዛ ፡ የሚዛኑብት ፡ ሥፍራ ፡ አለመሆኑን ፡ ነገረኝ ። አሁን ፡ ስለዚህ ፡ ነው ፡ አደራ ፡ በጣም ፡ እንድ፡ትጠነቀቁ ፡ ለማለት ፡ ያ ስጠራኋችሁ ። በቀረው ፡ ሞ ቴንም ፡ ሽረቴንም ፡ ወረቴን ም ፡ ሁሉ ፡ አሳቤን ፡ በናንተ ፡ ላይ ፡ ጥየ ፡ እናንተን ፡ ብቻ ፡ አምኜ ፡ እንዲህ ፡ ያለ ፡ የሞት ፡ መንገድ ፡ መውጣቴን ፡ እናን ተም ፡ ታውቃታላችሁ ።	*Achiquerotché! menguède me- rialchine, ahoune yallenjbbèle ci- fra jmbjza yemmizzannoubbèle cifra alemehonoune negguerègne: ahoune cjlezihe nèou, adera be- lame jndjljltjenekkekou lemalèle yasterrahoitchîhou! Bekerre- oùmm, moténîmm, chirelénîmm, wereténîmm houllou açarène ben- nantè lày tjyè, jnnantène bjtcha amjgnè, jndihe yallè yemòte men- guède mèoutatène jnnantemm ta- oukoutollatchihou!*

I. Soyez tranquille, monsieur, nous sommes responsables de votre sort, et il n'y a aucun danger à courir.

ጌታው ፡ በርስዎ ፡ ነገር ፡ እኛ ፡ እናልፋለንና ፡ አይስቡ ፡ ምን ም ፡ አይደርስብዎ ።	*Guétàou! berceò neguère jgna jnnalfallenjnna aïssjrou, mjnjmm aïdercjbbjò.*

E. C'est bien; et, chacun de vous est-il exercé au maniement du fusil?

መልካም ፡ ነው ። የጠበንጃ ፡ ነገርሳ ፡ ሁላችሁም ፡ መተክስ ፡ ታውቃላችሁ ።	*Melcàme nèou: yeteçendja ne- guerjssa, houllatchihoùmm me- leccòre taoukallatchihou?*

I. Oui, monsieur, car cela est très nécessaire pour ceux qui vont et viennent au milieu du désert, comme nous (sommes-nous).

አወን ፡ እናውቃለን ። ደግሞ	*Aône, jnnaoukallenè; degmòmm*

ም ፡ እንደኛ ፡ ላሰ ፡ በበረህ ፡
ለሚመላለስ ፡ ሰው ፡ የጠበን
ኛ ፡ ተኩስ ፡ መማር ፡ ብዙ ፡ ያ
ስፈ.ልገዋል ።

*ịndegna lallè beçereha lemmım-
mèlallèce céou yeẓeçendja lécouce
memmare bzou yasfelliguéoill.*

E. Très bien que vous êtes dressés à cela; alors, à chacun
de vous je donnerai un fusil et vingt cartouches: voilà, prenez.

እጅግ ፡ መልካም ፡ ሆነ ፡ ማወ
ቃችሁ ። እንግዴህ ፡ ለያንዳን
ዳችሁ ፡ አንዳንድ ፡ ጠበንኛና ፡
ሀያ ፡ ሀያ ፡ ክርቱሽ ፡ እሰጣችኋ
ለሁና ፡ ይኼዋላችሁ ፡ ተቀ
በሉ ።

*ịndjigue melcame honè-mawe-
katchịhou! ịnguịdéhe, leyandan-
daẻchịhou, andande ẻeçendjanna
hịya-hịya quertouche ịceẻatchi-
hoïllëhou-ịnna yihéoullatchihou
tekebbelou.*

E. Maintenant séparez-vous en deux groupes et, lorsqu'une
partie reposera, l'autre veillera rigoureusement autour du cam-
pement, chacun portant son fusil à l'épaule, et s'appelant de temps
en temps l'un l'autre, pour empêcher de céder au sommeil.

እንግዴህ ፡ ተሁለት ፡ ወገን ፡ ተ
ከፈሉና ፡ እኮሌታችሁ ፡ ስታር
ፉ ፡ እኮሌታችሁ ፡ ጠበንኛ ፡ ጠበ
ንኛችሁን ፡ በጫንቃ ፡ በጫንቃ
ችሁ ፡ እያደረጋችሁ ፡ እንቅል
ፍ ፡ እንዳይጫናችሁ ፡ በየጊዜ
ው ፡ እርስ ፡ በርሳችሁ ፡ እየተጣ
ራችሁ ፡ በመደበሩ ፡ ዙሪኣው
ን ፡ ሁናችሁ ፡ በብርቱ ፡ ነቅታች
ሁ ፡ ዘብ ፡ ጠብቁ ።

*ịnguịdéhe lehoulette weguène
lequefelounna ịccolélatchịhou sịt-
tarfou, ịccolélatchịhou ẻeçèndja-
ẻeçèndjaẻchihoüne beẻchanka-be-
ẻchankaẻchihou ịyaderregaẻchi-
hou, ịnkịlf ịndaïẻchanatchihou
beyèguizéou ịrce berçaẻchịhou
ịyéẻeẻarraẻchihou bemedebberou
zouriaoune hounatchịhou beçịrtou
nekẻatchịhou zéçe ẻebbịkou.*

E. Je vous recommande cependant, en cas d'alarme, de faire
grande attention de ne pas décharger votre fusil en vous tour-
nant vers notre campement.

ነገር ፡ ግን ፡ ምናልባች ፡ ጠላ
ት ፡ ቢመጣና ፡ የተሸበራችሁ ፡
እንደሆን ፡ አደራ ፡ ወደሰፈራ

*Neguère guịne, mịnaẻçatch ẻe-
ẻaẻe bimeẻanna yelechebberatchi-
hou ịndehónè, adera wedecefera-*

ችን ፡ ዙራችሁ ፡ ጠበንጃችሁ
ን ፡ እንዳትተዙሱ ፡ በጣም ፡ አ
ስተውሉ ።

*tchine zouratchihou ṭevendjatchi-
houne ịndat-teccouçou beṭâme as-
teoulou.*

I. Oui, monsieur, soyez tranquille; à cet égard nous sommes trés-bien dressés et nous ne nous ferons jamais surprendre par aucun ennemi, ni nous dechargerons les fusils au hasard, contre nos campements.

እሺ ፡ ጌታዬ ፡ አይስቡ ፡ በዚ
ህስ ፡ ጉዳይ ፡ አሳምረን ፡ ለም
ደነዋል ። ባዳጋ ፡ ምንም ፡ ጠላ
ት ፡ እንዳያጠቃን ፡ እናደርጋለ
ን ፡ ጠበንጃችንንም ፡ እንዲአ
ው ፡ በዘፈቀደ ፡ ወደሰፈራችን ፡
አንተኩስም ።

*ịchi, guètaé, aïssịvou! Bezihe
goudday açammịrène lèmdenèoill.
Badaga mịnịmm ṭelate ịndayaṭe-
kannè ịnnadergallène, ṭevindja-
tchinenịmm ịndiâou bezefekedè
wedeceferatchine anteccoucịmm.*

E. C'est bien, allez donc, bonne nuit. Qui est celui qui veillera autour de ma tente?

መልካም ፡ ነው ። እንግዴህ ፡
ሂዱ ፡ ደህና ፡ እደሩ ። ማን ፡
ነው ፡ ተድንኳኔ ፡ አጠገብ ፡ ሁ
ኖ ፡ የሚጠብቅ ፧

*Melcâme néou: ịnguịdèhe hi-
dou, dehịna-derou! Mannéou te-
dịnquoinè aṭeguève hounò yem-
miṭebbịk?*

I. Nous deux, monsieur.

እኛ ፡ ሁለታችን ፡ ነን ፡ ጌታው ። *ịgna houlettatchine nennè, guetâou!*

E. Bien; faites bien attention de me réveiller en cas d'alarme.

መልካም ። ሽብር ፡ የሆነ ፡ እን
ደሆን ፡ እንድትቀሰቅሱኝ ፡ በ
ውል ፡ አስተውሉ ።

*Melcame; chibbịre yehonè ịn-
dehòne ịndịtkecekkịçougn beoùl
astèoulou.*

I. Oui, monsieur, mais, il n'arrivera rien, pas d'alarme, et l'époque dangereuse est passée, depuis longtemps, chassez de votre esprit cette préoccupation.

እሺ ፡ ጌታዬ ። ነገር ፡ ግን ፡ ም

ịchi, guétaè; neguère guine mị-

ንም ፡ አይደርስብነና ፡ ይኼን ፡
አሳብ ፡ ተልብጾ ፡ አውጥተው ፡
ይግሉት ። የሽብሩና ፡ የሚአ
ስፈራው ፡ ጊዜ ፡ ታለፈ ፡ ብዙ ፡
ጊዜው ፡ ነው ።

*nimm aïdersibbinnenna yihénn
açàv telibbiò aoutiléou yitaloute.
Yechibbirounna yèmmiasferràou
guizé tallefé bzou guizéou nèou.*

E. Tout est pour le mieux. Approche-moi une bougie et des allumettes et va-t'en où tu dois aller.

እንግዲ አስ ፡ ነገሩ ፡ ሁሉ ፡ አግ
ረ ፡ ማለት ፡ ነው ። መብራትና ፡
ክብሪት ፡ አቅርብልኝና ፡ ተም
ትሄዱብት ፡ ሂዱ ።

*ingdiasse neguerou houllou a-
marè malete néou. Mevratinna
quivrite akiriviilligninna lemmi-
thédoubbete hidou.*

Avant de prendre le sommeil.

E. Le guide et le chef de la caravane s'en sont-ils allés?

መሪውና ፡ ሙህባው ፡ ተዚህ ፡
ሂደዋል ፡።

*Meriounna mouhabbàou tezih
hideoill?*

I. Voilà, monsieur, que nous attendons vos ordres, surtout pour connaitre votre décision au sujet de notre étape de demain.

ይኼው ፡ ጌታው ፡ የሚአገዘን
ን ፡ ለመስማት ፡ እንጠብቃለን ፡
ይልቁንም ፡ ለነገው ፡ መንገዳ
ችን ፡ ቁርጡን ፡ ለማወቅ ፡ ብ
ለን ።

*Yihéou, guétàou, yemmiassi-
zouanène lemesmate intebbikal-
lène, yilikounimm leneguèou mèn-
guedatchine kourtoune lemawek
bilene.*

E. Tiens! vous êtes encore ici; vous n'êtes pas partis?

እውነት ፡ ገና ፡ ተዚህ ፡ ኃች
ሁ ፡ አልሄዳችሁም ፡ ወይ ፡።

*iouneti? guena tezihe natchihou
alhèdatchihoumm wéy!*

E. Je vous cherche moi aussi, pour cette raison; dites-moi donc, à l'égard de notre itinéraire de demain; sera-t-il long?

እኔም ፡ ስለዚህ ፡ ነው ፡ የምፈ

inémm silezih nèou yemmifel-

ል.ጋችሁ ። የነገውን ፡ መንገዳ
ችንን ፡ ነገር ፡ እስቲ ፡ ንገሩኝ ።
ም?ንሰፍርበት ፡ ሥፍራ ፡ እሩ
ቅ ፡ ነው ፡ ይሆን ።

*ligatchihou: yeneguéoûne men-
guedatchinène neguère isti nigue-
rougn? Mincefribbèle cifra irouk
nèou yihône?*

I. Non, monsieur, il ne sera pas trop long, mais, en revanche,
le chemin est très mauvais et aride.

እንካን ፡ ጌታየ ፡ እንብዛም ፡ እ
ሩቅ ፡ አይደለ ። ነገር ፡ ግን ፡ ይ
ልቁን ፡ መንገዱ ፡ እጅግ ፡ ክ
ፉ ፡ ነው ።

*inqoine, guelaé, imbizimm roûk
aïdellè. Neguère guine yilikoûne
mènguedou idjig quifou nèou.*

E. Y at-t-il des descentes et des montées?

አቀበትና፡ቁልቁለት፡አለበት ።

Akeretinna koulkoulète allebbete?

I. Non, monsieur, il n'y a ni descente, ni montée; il est tout
uni; mais, sablonneux et épineux; car, toute la terre par où nous
passerons est couverte de bois d'accacias (robiniers) et d'autres
arbres tout aussi épineux.

እንካን ። ቁልቁለትም ፡ አቀበ
ትም ፡ የለበት ፡ ሁሉም ፡ ትክ
ክል ፡ ሜዳ ፡ ነው ። ነገር ፡ ግን ፡
ድብሽትና ፡ አቃቅማ ፡ ሞልቶ
በታል ፡ በመንገዱ ። ስለምን ፡
በምንሄድበት ፡ ሁሉ ፡ ያለው ፡
መሬት ፡ ግራርና ፡ ሌላ ፡ በለ
እሾህ ፡ ዛፍ ፡ የበቀለበት ፡ ዱ
ር ፡ ለበስ ፡ ነው ።

*inqoine; koulkouletimm, ake-
retimm yellebbele, houllouìmm li-
quicquil méda nèou. Neguere
guine dibbichtinna akakma mol-
tobbelall bemènguedou. Silemine
bèmìninhédibbele houllou yallèou
merète guirarinna lèla balèchòhe
zaf yerekkelebbèle doûre lebbèce
nèou.*

E. Et de l'eau; y a-t-il, au moins, des puits et de l'eau, à
l'endroit où nous ferons notre campement?

ውሀሳ ፡ መደበራችንን ፡ ተም
መታበት ፡ ሥፍራ ፡ የውሀ ፡ ጉ
ድንድና ፡ ውሀ ፡ አለበት ፡ ይ
ሆን ፡ ባይሆን ፡ እንኪ ።

*Ouhassa medebberatchinène te-
minmelabbèle cifra yèouha goud-
goidinna ouha allebbèle yihòne
baïhòne inqoi?*

I. Point du tout; nous n'aurons aucune qualité d'eau, pendant deux jours de marche.

ምንም ። ውሀ ፡ የሚሉት ፡ ሁ
ለት ፡ ቀን ፡ ሙሉ ፡ ስንንጓ ፡
ምንም ፡ እናገኝ ።

Minimm; ouha yemmiloute houlette kène moulou sinigoise minimm annaguègn.

E. Dieu de miséricorde! Comment ferons-nous, alors, deux jours entiers sans eau?

መሐሪው ፡ አምላክ! ሁለት ፡
ቀን ፡ ሙሉ ፡ አለ ፡ ውሀ ፡ እን
ዴት ፡ እናደርጋለን ፡ እንግዲ አ ።

Mehariou Amlác! houlette kène . moulou alè ouha indéte innadergallène ingdia?

E. Ne mourrons-nous pas de soif, si nous restons deux jours entiers, avec cette chaleur excessive, sans boire?

በዚህ ፡ መክራ ፡ ጠሐይ ፡ ሁለ
ት ፡ ቀን ፡ ሙሉ ፡ ውሀ ፡ ሳንጠ
ጣ ፡ ብንቀር ፡ በጥማት ፡ አንሞ
ትም ።

Bezih mequera tèhây, houlette kène moulou ouha çantetta bjnkère bettmale anmotjmmjnj?

I. Certainement nous mourrons, si nous sommes privés d'eau; mais, ne vous préoccupez pas de cela, monsieur, nous ne serons pas privés d'eau.

እርግጥ ፡ ውሀ ፡ ታልጠን ፡ እ
ንሞታለን ። ነገር ፡ ግን ፡ አለው
ሀ ፡ አንቀሙጥምና ፡ በዚህ ፡ እ
ሳብ ፡ አይግባዎ ፡ ጌታው ።

irguite, ouha tattettané inmotallène; neguère guine alèouha annikkemmetjmminna bezih açáre aïgraó, guétáou.

E. Comment! s'il n'y en a pas dans les régions que nous parcourrerons demain et après demain, où pouvons-nous trouver de l'eau?

እንዴት! ነገና ፡ ተነገ ፡ ወዲአ ፡
በምናልፍበት ፡ አገር ፡ ተሌለ ፡
ውሀ ፡ ተወዴት ፡ ለማግኘት ፡
ይሆንልናል ።

indele! neguenna tenegue wedia bèmminnalfjbbete aguère lelèllè, ouha tewedéte lèmag-gnéte yihonjlljnnall?

I. Nous ferons charger de l'eau en quantité suffisante, sur les chameaux, dans des outres, par les chameliers.

የሚበቃ ፡ ያህል ፡ ውሀ ፡ በቀር
በንታ ፡ እየሆነ ፡ በግመል ፡ በ
ላገመሎች ፡ እንዲጭኑ ፡ እና
ረጋለን ፨

Yemmireka yahil ouha beker-
rénta iyéhoné bègmèle baléguimè-
lötch indilchinou innarègallène.

E. C'est bien pour nous –les hommes–, mais, pour nos bêtes?

ይሄስ ፡ መልካም ፡ ለኛ ፡ ለሰም
ቹ ፡ ለከብቶችሳ ፡

Yihess melcâme, legna lecèit-
chou; lequèvtotch-issa?

I. Nous en prendrons aussi pour les mulets, mais les chameaux peuvent rester sans eau pendant deux jours.

ለበቅሎዎችም ፡ እንይዛለን ፨ ግ
መሎቹ ፡ ግን ፡ ሁለት ፡ ቀን ፡ አ
ለውሀ ፡ መቀመጥ ፡ ይቻላቸዋ
ል ፨

Lereklo-otchimm   inyizallène:
guimelotchou guîne houlette kène
alèouha mekkemète yilchalatché-
oill.

E. Faites alors comme vous croirez, pourvu que vous ne me laissiez pas mourir de soif.

እንግዲ አስ ፡ በውሀ ፡ ጥማት ፡
እንዳትገሉኝ ፡ እንጂ ፡ በቀረው
ስ ፡ እንደ ፡ ወደዳችሁ ፡ አድርጉ ፨

ingdiasse, bèouha limate indat-
guellougne inlji, bekerrèousse in-
dè weddedatchihou adrigou.

(*Le guide, en riant*): Si vous ne mourez pas de peur, nous ne vous laisserons mourir ni de la main des ennemis, ni faute d'eau.

መንገድ ፡ መሪው ፡ እየሳቀ ፡ በ
ፍራት ፡ አይሙ ፡ ቱብን ፡ እንጂ ፡
በጠላትም ፡ እጅ ፡ ቢሆን ፡ በው
ሀ ፡ ጥማትም ፡ ቢሆን ፡ እንዲ
ሞቱ ፡ አናረግ ፨

Menguède meriou iyèçake: Be-
firate aimoudoubbimné inlji bele-
latimm idj bihome, bèouha lima-
limm bihóne indimotou annarè-
gue.

E. Tu es un grand farceur! À quelle heure partirons-nous d'ici demain matin?

አንተ ፡ እንደሆን ፡ የወጣልህ ፡

Anté inlehóne yeweljallihe ter-

ተራቢ ፡ ነህ! ነገ ፡ ማለዳ ፡ ተዚ, ህ ፡ በስንት ፡ ሰአት ፡ እንነሣለን ።

ravi nèhe! Neguè malęda tezih becinte ceate ininnessallène.

I. Pour éviter la grande chaleur, il vaudrait mieux que nous partissions d'ici à minuit, et après avoir marché jusqu'à l'aube, nous ferons halte et resterons jusqu'au soir pour reprendre la marche pendant la fraicheur de la nuit.

ብርቱው ፡ ጸሐይ ፡ እንዳያገኘ ን ፡ ተዚህ ፡ በሌሊት ፡ እኩል ፡ መነሣት ፡ ይሻላ ። እስቲነጋ ፡ ድረስ ፡ ስንሄድ ፡ አድረን ፡ እና ርፋለን ። ተዚያው ፡ እስቲመ ሽ ፡ አርፈን ፡ ውለን ፡ እንደገ ና ፡ በሌሊቱ ፡ አብራጃ ፡ እንን ዛለን ።

Birtouou tcehaÿ indaïaguegnen- nè tezih belèlite icouil menneçate yichalall: istinega dirèce cinhède adrène innarfallène. Teziàou isti- mèche arfène oulène indeguena belèlitou avradja inigoizallène.

E. Mais, les autres voyageurs marchent-ils aussi pendant la nuit?

ሌላዎቹ ፡ ጉዳነኞችሳ ፡ ሁሉ ም ፡ እንደዚሁ ፡ በሌሊት ፡ ይ ንዛሉ ።

Lèlaôtchou gouèdanegnotchis- sa, houlloumm indezihou belèlite yigoizallou?

I. Certainement, monsieur, puisque je suis un guide bien connu et que depuis huit ans, j'accompagne des voyageurs euro- péens de la même façon.

እርግጥ ፡ ጌታው ። ደግሞም ፡ ሰው ፡ በጣም ፡ ያወቀኝ ፡ መን ገድ ፡ መሪ ፡ ነኝ ። ተስምንት ፡ አመት ፡ ጀምሬ ፡ ፈረንጆችን ፡ ሁሉ ፡ እንደዚህ ፡ እያደረጉ ፡ ነው ፡ የምመራ ።

irguitę, guétàou; degmômm cèou betàııe yawekègne mènguè- de meri nègne; tecimminte amè- le djemmirrè ferindjotchine houl- lou indezih iyaderrèghou nèou yemmimera.

E. Je te crois; fais comme tu as fait pour les autres, alors.

አምንሀለሁ ። እንግዲያስ ፡ ለ ሌላዎቹ ፡ እንዳደረግህ ፡ አድ ርግ ።

Amnihallèhou. ingdiass, lelè- laotchou inıaderrèghe adrig.

I. Oui, monsieur; vous feriez bien seulement de vous reposer maintenant pour ne pas avoir sommeil pendant la marche nocturne.

እሺ ፡ አደርጋለሁ ። እርሰዎ ፡ ብቻ ፡ ሌሊቱን ፡ ስንንዝ ፡ እን ቅልፍ ፡ እንዳይመጣዎ ፡ ቶሎ ፡ ቢኣርፉ ፡ ደግ ፡ በደረጉ ።	*Ichi, adergallèhou : irceò bitcha lèliloùne sinigoi ze inkilf indaïmè- tnò tolò biarfou degg baderregou.*

E. Tu as raison, vraiment j'ai besoin de me reposer; bonsoir.

እውነትህ ፡ ነው ። በውነት ፡ ማ ረፍ ፡ አምሮኛል ። ደህና ፡ እ ምሽ ።	*iounetihe nèou ; bèounète ma- rèf amrognall ; dehina àmche.*

Entretien pendant la marche nocturne.

E. Quelle nuit sombre! Mais, comment les animaux peuvent-ils marcher sans s'écarter d'un chemin si étroit et couvert d'herbes et de feuillages?

እንዴት ፡ ያለ ፡ ጨለማው ፡ የ ከበደ ፡ ሌሊት ፡ ነው! ከብቶች ስ ፡ በዚህ ፡ እሳርና ፡ ቅጠል ፡ ለ በስ ፡ ጠባብ ፡ መንገድ ፡ ሳይሳ ሳታቸው ፡ እንዴት ፡ መሄድ ፡ ይሆንላቸዋል ።	*indèle yallè tchèllemàou ye- quebbedè lèlile nèou! querlotchiss bezihe içarinna kitèl lebbece tèb- bàre, mènguède çayissaçalalchèou indèle mehède yihonillalchèoill?*

I. Il faut admirer, monsieur, surtout les chameliers, qui précèdent les animaux, et tirent avec une corde attachée à leur cou sans s'écarter et sans perdre la piste.

ጌታው! ማድነቅስ ፡ በለገመሎ ችን ፡ ይልቅ ፡ በፊት ፡ ቀድመ ው ፡ በገመድ ፡ ከብቶችን ፡ እየ ሳቡ ፡ ተመንገዱ ፡ ምንም ፡ ሳይ ዛነፉና ፡ ሳያሳስቱ ፡ የሚሄዱት ን ፡ ነው ።	*Guèlàou! madnekiss balègui- melolchine yilik, befile kedmèou beguemède querlotchine iyeçavou lemènguedou minimm saïzzan- nèfounna sayassaçilou yemmihè- loutine nèou.*

E. C'est bien cela; mais, l'intelligence des animaux est plus surprenante que celle des hommes.

ይኼስ ፡ መልካም ፡ ይሁን ፡ ነገ
ር ፡ ግን ፡ ተሰዎቹስ ፡ ይልቅ ፡
የሚአስደንቀው ፡ የንስሣዎች ፡
እውቀት ፡ ነው ።

Yihéss melcáme, yihoune; ne-guere guine, tecesIchouss yiljk yemmiasdennjkèou yencjçaóIch joukèle néou.

I. Oui, monsieur; mais, les bêtes ne servent pas de guide, et si on les laissait aller à l'aventure sans aucun guide, elles quitteraient le chemin, pour chercher des herbes.

አወን ፡ ጌታው ። ነገር ፡ ግን ፡
ከብቶች ፡ መንገድ ፡ መምራት ፡
አይሆንላቸውም ። አለመሪም ፡
ፈት ፡ ፈት ፡ እንዲሄዱ ፡ ቢለቁ
ቸው ፡ እሳር ፡ ለመፈለግ ፡ ተመ
ንጉ ፡ አየወጡ ፡ በሄዱ ፡ ነበር ።

Aóne, guèldou; neguere guine querIótch mènguèdle mèmrale aī-honjllaIchéoümm. Alèmèrimm fī-le fīle jndihédou bilekkoiIchéou içar Ièmefellegue temènguèdou iyewe{ou behédou nebbere.

E. N'auraient-elles pas peur de l'obscurité de la nuit?

ጨለማ ፡ በልፈሩም ፡ ይሆን ።

Tchellema balferrroumm yihone?

I. Elles y sont habituées, puisqu'elles sont nées en plein air, où elles vivent jusqu'à leur mort, sans entrer dans aucune écurie.

ለምደውታል ፡ ጨለማም ፡ አ
ይፈሩ ። በቀረውም ፡ የተወለ
ዱብት ፡ ተዳሬው ፡ ላይ ፡ ነው ።
ተዚህው ፡ እስከሞቱ ፡ ድሬስ ፡
ምንም ፡ ተቤት ፡ ሳይገቡ ፡ ይ
ኖራሉ ።

Lèmdèoulall Ichellemamm aī-ferou; bekerrèoümm yelèwcelle-doubbele leddarlou láy néou, te-ziáou. jslimolou diręce minimm levéle saīguèvou yinorallou.

E. Alors, elles sont nées sous une bonne étoile.

እንግዲአስ ፡ በመልካም ፡ ኮኮ
ብ ፡ ተፈጥረዋል!

jngdiass bemelcáme voquev e lefe{rèoill.|

E. Quelle nuit silencieuse! elle est profonde, cela fait impression.

እንዴት ፡ ጭር ፡ ያለ ፡ ሌሊት ፡

jndèle {chirr yalè lélile néou!

ነው! እጅግ ፡ የሚከብድ ፡ ሌ
ሊት ፡ ነው ። ያስፈራል!

*idjigue yemmiqwede lèlite nèou,
yasferrall!*

E. Quelle nuit lugubre que celle-ci! Mais, si de tout côté il
ne brillait pas d'innombrables étoiles au ciel, comment pourrions-
nous marcher au milieu du bois?

እንዴት ፡ ጭር ፡ ያለ ፡ ሌሊት ፡
ነው! ቁጥር ፡ መሳፍርት ፡ የሌ
ለው ፡ ከከብ ፡ በየሰማይ ፡ ላይ ፡
ባያበራ ፡ እንዴት ፡ በዚህ ፡ ዱ.
ር ፡ መሀል ፡ ለመሀል ፡ መሄድ ፡
ይቻለን ፡ ኑሯል ።

*Indète tekirr yalè lèlite nèou!
koutire meçafirte yelèllèou coquè-
re beyècemayou làij baïarera, in-
dète bezihe dour mehale lemehale
mehède yitchalennè nouroill?*

I. Le ciel du désert est toujours clair, et il n'a presque jamais
de nuages.

የበረሀው ፡ ሰማይ ፡ ዘወትርም ፡
እንዲሁ ፡ ብርሃን ፡ ነው ፡ ደመ
ና ፡ ምንም ፡ አይዞርበት ።

*Yererehàou cemày zewètrimm
indihou brhàne nèou demmèna
minimm aïzoribbète.*

E. Ne pleut-il jamais?

ምንም ፡ አይዘንብ ። *Minimm aïzènve?*

I. Presque jamais, où, s'il pleut, cela arrive tout au plus deux
ou trois fois par an.

ተመዝነትም ፡ አይቆጠር ። ቢ
ዘንብም ፡ ቢበዛ ፡ ቢበዛ ፡ ባመ
ት ፡ ሁለት ፡ ሶስት ፡ ጊዜ ፡ ነው ፡
የሚዘንብ ።

*Temezneçimm aïkottere; bi-
zènvimm, birèsa birèsa bamète
houlette çoste guizè nèou yem-
mizènve.*

E. Comment les plantes peuvent-elles végéter et fleurir alors
ici, dans le désert, quoique ces plantes soient toutes épineuses?

እንግዲአ ፡ ተዚህ ፡ ተበረሀው ፡
ዛፉ ፡ ሁሉ ፡ ምንም ፡ እሾህም ፡
ብቻ ፡ ቢሆን ፡ እንደምን ፡ መለ
ምለምና ፡ ማበብ ፡ ይሆንላታል ።

*ingdia tezihe tererehàou zafou
houllou minimm ichohame bitcha
bihòne indemine me'emleminna
mabèce yihonilletall?*

I. Cela ne fait rien; la pluie abondante qui tombe dans les hautes régions de l'Abyssinie et les fleuves qui descendent de ces régions, les arrosent toutes, car la terre absorbe cette eau.

ይሄስ ፡ ግድ ፡ የለም ። ተላይ ፡ ታበሽ ፡ አገር ፡ የሚዘንበው ፡ ብዙ ፡ ግኝናብና ፡ ተዚአው ፡ የ ሚወርደው ፡ ወራጅ ፡ ውሀ ፡ ውስጥ ፡ ለውስጥ ፡ እየመጣ ፡ ያጠጣዋል ፡ ስልምን ፡ የበረሀ ው ፡ መሬት ፡ ያነኑ ፡ ውሀ ፡ ው ስጥ ፡ ለውስጥ ፡ ይመጠዋል ።	*Yihéss guîdd yellemm ; teldy ta-vecha aguère yemmizenvéou bzou zinarinna tezidou yemmiwerdéou werùdj ouha ousţe leousţe iyè-melĭa yaţeĭţaoill silemĭne, yevè-réhdou meréte yannènou ouha ousţe-leousţe yimeĭţèoill.*

E. Oh, j'ai compris maintenant!

እንዲህ ፡ ነው ፡ ወይ! አሁንስ ፡ ገባኝ ።	*ĭndihe néou wéy! ahounĭs guebbagn.*

Le chemin sablonneux.

E. Quel mauvais chemin! Le sable tourmente les animaux en s'opposant à leur marche régulière!

ምን ፡ አስቸጋሪ ፡ መንግድ ፡ ነ ው! ድብሽቱ ፡ ከብቶችን ፡ እ ግራቸውን ፡ አያሰረ ፡ እንደል ብቻቸው ፡ እንዳይሄዱ ፡ ያስጨን ቃቸዋል ።	*Mĭne astchèggari mènguède néou! dĭbbĭchtou querlotchíne igratcheoùne iyasserò ĭndelĭţ' tchèou ĭndaîhédlou yasţchènn tchèoill!*

I. Ce ne sont pas seulement les animaux, monsieur, que le sable gêne; mais, il nous tourmente nous aussi; car, il faut faire un pas en arrière et un pas en avant: on peut dire que nous répétons, deux ou trois fois, le même pas, pour ne pas perdre du chemin, lorsque nous ferons retour à la côte.

ጌታው! ድብሽቱ ፡ የሚአስቸ ግረው ፡ ከብቶችን ፡ ብቻም ፡ አይደለ ፡ እኛንም ፡ ሰዎቹን ፡	*Guétaou, dĭbbichtou yemmias-tcheguĭréou querlotchíne bĭ-tchamm aïdellè, ĭgnanĭmm ceó-*

አስጨንቆናል ። ስለምን ፡ እሄ
ው ፡ ድብሽት ፡ ወደፊት ፡ ስን
ረግጥ ፡ እንደገና ፡ ወደኋላ ፡ ት
ንብክ ፡ ትንብክ ፡ እያለ ፡ ይመ
ልሰናል ። ለኋላው ፡ ወደ ፡ በሒ
ር ፡ ስንመለስ ፡ መንግዱ ፡ እን
ዳይረሳን ፡ የተራመድነውን ፡ እ
ንደገና ፡ ሁለት ፡ ሶስት ፡ ጊዜ ፡
የምንከልስ ፡ እንጂ ፡ ሌላም ፡
አይመስል ።

tchoùne astekennikonnall; cilemi-ne, ihéou dibbîchte wedefîte cin-règle indeguena wedehoila, timbice timbice iyalê yimellicennall. Lehoilàou wedè-bahire cinimmellece mènguèdou indaïrressanne yelèrammedneoùne indeguèna houlelle çoste guizè yemminquellice indji lèlamm aïmecil.

E. Heureusement que vous ne portez pas de souliers; car, autrement vous glisseriez encore davantage.

ለናንተ ፡ ደግነቱ ፡ መጫሚያ ፡
አለማድረጋችሁ ። በቀረው ፡ ግ
ን ፡ ይልቁንም ፡ ይሄው ፡ ድብ
ሽት ፡ በጣም ፡ ባንሸተታችሁ ፡
ነበር ።

Lennantè degguinnetou metchamia alemadregatchihou; bekerrèou guine yilikounimm yihéou dibbîchte betâme banchattètatchihou nebbère.

I. Cela est vrai; mais, s'il était d'usage de porter des souliers chez nous, nos pieds seraient garantis contre les pierres et les épines qui s'enfoncent à chaque instant dans notre chair.

ይሄ ፡ እውነት ፡ ነው ። ነገር ፡
ግን ፡ ታገራችን ፡ መጫሚያ ፡
የማድረግ ፡ ልማድ ፡ ኑሮ ፡ ቢ
ሆን ፡ እግራችን ፡ ተንቅፋትና ፡
እየጊዜው ፡ በሾህ ፡ ተመወጋ
ት ፡ እንዲድን ፡ ይሆን ፡ ነበር ።

Yihè iounèle nèou; neguère guine tagueratchine metchamia yemadrègue limade nourô bihône igratchine tenkifatinna iyeguizéou bechohe temewegale indidîne yihône nebbère.

E. Pourquoi ne portez-vous pas de souliers, alors?

እንግዲያ ፡ ምነው ፡ አለመጫ
ሚያ ፡ መሄዳችሁ ፧

ingdia minnèou alèmetchamia mehèdatchihou?

I. Parce que chez nous, l'usage de porter des chaussures, comme en Europe, n'existe pas encore.

ስለምንማ ፡ በገራችን ፡ እንደፈ

Sileminimma bagueratchine in-

ረንጅ ፡ እገር ፡ የመጫማት ፡ ኣ *dèferindj aguere yemelchamale*
ገር ፡ ገኻ ፡ አልተለመደም ። *neguère guena allelemmèdemm.*

E. Les grands personnages mêmes ne portent-ils pas de souliers ?

ትልልቆች ፡ ጌቶችም ፡ ጫማ ፡ *Tĭlĭllĭkotch guélotchimm lchan.-*
አያደርጉ ። *ma ayadergou ?*

I. Non, monsieur, ils n'en portent jamais, ou, si quelques-uns ont des chaussures, ils ne peuvent pas les mettre lorsqu'ils vont à l'église et à la cour, surtout à l'église, où il est rigoureusement défendu d'être chaussé, ce qui est considéré comme un péché.

እንኳን ፡ ጌታው ፡ ምንም ፡ መ *inqoine guélaou, mĭnĭmm mé-*
ጫሚ እ ፡ አያደርጉ ። ወይም ፡ *lchamia ayadergou ; tceyimm, an-*
አንዳንዶቹ ፡ ጌቶች ፡ መጫሚ *dandotchou guétotch melchamia*
እ ፡ ቢኖራቸው ፡ ተቤተክሲያ *binoratchèou tecéleclianĭnna le-*
ንኻ ፡ ተቤት ፡ መንግሥት ፡ ሲ *celè-mènguisl ciguecou lemadrĭ-*
ሄ ፡ ለማድረግ ፡ አይሆንላቸ *gue aïhonĭllatchéoumm ; yilikou-*
ውም ። ይልቁንም ፡ ተቤተክሲ *nĭmm tecélecliane lchamma adrĭ-*
ያን ፡ ጫማ ፡ አድርጎ ፡ መግባ *go megrale haliale nèou terĭlò*
ት ፡ ኃጢአት ፡ ነው ፡ ተብሎ ፡ *becirlou lequelquĭloill.*
በብርቱ ፡ ተክልክሏል ።

E. Péché ? c'est un péché de faire usage de chaussures en entrant dans l'église ?

— Quel est le péché, des souliers ou de l'homme qui les porte ?

— Peut-être ce seront les souliers, du moment que l'homme peut entrer dans l'église, après d'être déchaussé.

እበሳ ። ተቤተክርስቲያን ፡ ጫ *Aceça? Tecélécrĭsliyane lcham-*
ማ ፡ አድርጎ ፡ መግባት ፡ አበ *ma adrĭgo megrale aceça neou-*
ሳ ፡ ነውን ። በላበሳው ፡ ጫማ *ne ? Balacèçdou lchammdou nèou*
ው ፡ ነው ፡ ወይስ ፡ ጫማ ፡ አ *tceyisse lchamma adraguiou cèou*
ድራጊው ፡ ሰው ፡ ነው ። ሰዉ ፡ *nèou ? Ceou alemelchamia béle-*
አለመጫሚኢ ፡ ቤተክሲያን ፡ *crĭsliyane lemegvale lehônellete*
ለመግባት ፡ ተሆነለት ፡ እንግዲ *ingdiass balaceçdou lchammdou*

አስ ፡ ባላበሳው ፡ ጫማው ፡ ይ   *yihóne yihonall!!*
ሆን ፡ ይሆናል ።

E. Et les souliers, sont-ils faits de cuir de bœuf ou de vache,
en Abyssinie?

ጫማውስ ፡ በበሽ ፡ በበሬና ፡ በ   *Tchammaoussa barecha bere-*
ላም ፡ ቆርብትም ፡ አይደለ ፡ የ   *rénna beláme korretjmm aütellè*
ሚሰፋው ።   *yemmisseffaou?*

I. Oui, monsieur, cela est certain.

አዎን ፡ ጌታው ፡ እዬ ፡ እርግ   *Aóne guétdou, yihé irguiŧe néou.*
ጥ ፡ ነው ።

E. Alors le péché est à ces bêtes-là...

እንግዲአስ ፡ አበሳው ፡ የነዚሁ ፡   *ingdiass areçdou yennezihou*
እንስሣዎች ፡ ይሆናል ።   *inciçaòteh yihonall.*

I. Vous avez raison; c'est la bêtise et l'ignorance qui ré-
gnent en Abyssinie.

እውነተም ፡ ነው ። ሞኝነትና ፡   *iouneteó néou: moȷminnetjnna*
ድንቁርና ፡ ነው ፡ በበሽ ፡ የገን   *djnkourjnna néou barecha ye-*
ነው ።   *guennenéou.*

I. Nous espérons, cependant, que cette bêtise sera bientôt
abandonnée.

ነገር ፡ ግን ፡ ይዬ ፡ ድንቁርና ፡   *Neguére guȷne yihé djnkourjn-*
ቶሎ ፡ ይጠፋልን ። ዘንድ ፡ ተስ   *na tolò yiŧéfalljnné zònde tesfa*
ፋ ፡ አለን ።   *allennè.*

E. Est-il aussi défendu aux Européens d'entrer dans les églises
avec des souliers?

ለፈረንጆችም ፡ ጫማ ፡ አድር   *· Leferindjotehinm ŧchamma*
ን ፡ ተቤተክሲአን ፡ መግባት ፡   *adrigo tevéteeliane megcate te-*
ተከልክጓል ።   *quelquȷloill?*

I. Non, monsieur, s'il était défendu aux Européens d'entrer dans les églises avec leurs souliers, il aurait été imposé aux Abyssins de laisser leurs pieds à la porte lorsqu'ils entrent dans les églises et à la cour d'Abyssinie.

እንካን፡ጌታው። ለፈረንጆች፡ ተቤተክሲአን፡ እስተ፡ ጫማ ቸው፡እንዳይገቡ፡ተከልክሎ፡ ቢሆን፡ላበሻ፡ሰዎችስ፡ተቤ ተክሲአንና፡ተቤተ፡መንግሥ ት፡ስግቡ፡እግራችሁን፡ተ ደጃፉ፡ሳትተዉ፡አትግቡ፡ተ ብሎ፡ሳይከለከል፡ባልቀረም፡ ነበር።

Inqoine, guétâou; leferindjotch terétectiane isté-tchammatchèou indaiguerou tequelquilô bihône larecha seôtchiss; terétectianinna tevété menguiste citguerou igratchikoûne tededjafou sat-tèou alligrou tevitô saïcquelecquèle balkerrèmm nebbère.

E. Tes saillies sont très piquantes et pleines de sel. Toi, qui comprends beaucoup de choses relatives à l'Europe, tu seras fort apprécié par tes compatriotes.

ንግግርህ፡እጅግ፡ልብ፡የሚ ሰርጽ፡በጨው፡የተቀመመ፡ ነው። አንተ፡በኤውርፓ፡ጉ ዳይ፡ብዙ፡ነገር፡ታውቃለህ ና፡ታገርህ፡ሰው፡ብዙ፡ሳት ወደድ፡አትቀርም።

Niguigguirih idjigue libb yemmicertce betchèou yetekemmemè nèou; antè beéuropa gouddäy bzou neguere taoukallehinna taguerih cèou zende bzou çallitceddede alkerimm.

I. Oh! monsieur, au contraire, dans mon pays je suis considéré comme le plus ignorant, surtout lorsque je parle de tout ce que j'ai entendu dire par quelques Européens, au sujet de choses qui leur semblent impossibles.

ወይ፡ጌታው! በገሬስ፡እንካ ን፡ብልህ፡እባል፡ከተም፡እ ንዴ፡ዋና፡ደንቆሮ፡ነው፡የ ምቀጥረው፡ይልቁንም፡እው ነት፡የማይመስላቸውን፡ታን ጻንድ፡ፈረንጅ፡የሰማሁትን፡ ሁሉ፡ነገር፡በተናገርሁ፡ጊዜ።

Wèy guétâou! bagueréss inqoine bilh ibbal quellemm indèoinna dènkorô nèou yemmikkotterèou yilikounimm iounèle yemmaïmeslatcheoûne landande ferindj yecemmahoutine houllou neguère belènaguérhou guizé.

E. Vraiment? Comment?

እውነት ፥ ስለምን ፥ *ïounéte? cîlèmïne?*

I. Je me rappelle pourtant, que, une fois, ayant dit que la terre tournait sur elle même et que le soleil restait immobile, j'eus comme réponse de la part des gens qui m'écoutaient, que c'était ma tête qui tournait et non pas la terre.

<table>
<tr><td>ተሁሉ ፥ ሁሉ ፥ የሚታሰበኝ ፥ እንድ ፥ ጊዜ ፥ ምድር ፥ ለትዞ ር ፥ ትኖራለች ፥ ዐ.ሐይ ፥ ግን ፥ እትንቀሳቀስም ፥ ታንድ ፥ ላይ ፥ አርፋ ፥ ትኖራለች ፥ ብዬ ፥ ብኜ ገር ፥ የለግኝ ፥ ሁሉ ፥ ሰው ፥ የ ዘረብህስ ፥ እንተ ፥ ነህ ፥ እንጂ ፥ ምድርስ ፥ ምንም ፥ አትዞር ፥ ብ ሉ ፥ መለሰልኝ ።</td><td>*Tehoullou houllou yemmillacé-règne, ànde guizé, mîdre cîtzòre tnorallełch, tcehày guîne attjake- çakkecïnam tànde lày arfa tnoral- letch bïyè bïnnaguere, yecem- magn houllou cèou: yezorebbïhiss antè nèhe ïndji mïdrïss mïnïmm atzòre blô mellecellign.*</td></tr>
</table>

I. Et en même temps, ils dirent entre eux sur un ton de commisération, que, vivre au contact des Européens, m'avait gâté l'intelligence au lieu de la développer, au point que je parlais d'une façon extravagante, en affirmant qué la terre tournait.

<table>
<tr><td>ወዲአውም ፥ እርስ ፥ በርሳቸው ፥ ለኔ ፥ አዝነው ፥ እንዲህ ፥ ተባ ሉ ፥ ተፈረንጆች ፥ ጋራ ፥ በመ ኖሩ ፥ እያደረ ፥ ብልህት ፥ እን ደመግዘት ፥ ሁሉ ፥ ይልቁንም ፥ ተበላሽና ፥ ቅሱ ፥ የጠፋ ፥ ነገ ር ፥ እያመጣ ፥ ምድር ፥ ትዞሬ ለች ፥ ተማለተ ፥ ደረሰ ፥ አሉ ።</td><td>*Wełiaoumm ïrce berçatchèou, lené aznèou ïndjhe tecavalou: te- ferïndjotch gara bèmènorou ïyad- derè bïlhàte ïndèmegzate houllou, yilïkounïmm tecèlachenna kïtou yełeffa neguère ïyamella mîdre tzorallełch, temalete derrecè, alou.*</td></tr>
</table>

E. Tu as mal fait de parler d'une chose si difficile à expliquer, à des gens, qvi ne peuvent se persuader que de ce qu'ils touchent de leur main, comme St. Thomas.

<table>
<tr><td>አንተም ፥ እንዲህ ፥ ያለውን ፥ ለማሪረዳት ፥ የማይቻለውን ፥ ነ</td><td>*Antèmme ïndïh yallèoùne te- masreddate yemmaïtchalèoùne*</td></tr>
</table>

ገር ፡ እንደ ፡ ቶግስ ፡ ሁሉ ፡ በ
ጃቸው ፡ ታልዳሰሱት ፡ ነገር ፡
ለማያምኑ ፡ ሰዎች ፡ መናገርሁ ፡
መልካምም ፡ አላደረግሁ ፡፡

*neguère įndetomace houllou be-
djatchéou taldasseçoule neguère
lemmayamnou ceólch mènnague-
rįhe melcamįmm aladerrèghe.*

I. Vous avez raison, monsieur; dorénavant, si mes compa-
triotes me disent que le moucheron est plus grand que l'éléphant
je dirais: oui, c'est le plus grand des animaux du monde entier;
n'est-ce pas, monsieur?

እውነትፆ ፡ ነው ፡፡ ተንግደህ ፡
ግን ፡ ያገሬ ፡ ሰዎች ፡ ትንኝ ፡ ተ
ዝሆን ፡ ትበልጣለች ፡ ቢሉኝ ፡
አፆ ፡ ታለሙ ፡ ሁሉ ፡ አራዊ
ት ፡ እዒ ፡ ትበልጣለች ፡ ብዬ ፡
በመለስሁ ፡፡ እውን ፡ ጌታው ፡፡

*įouneteó néou; tèngdéhe guįne
yaguerè ceótch tįnįgn tezehóne
tįveltallèlch bilougn, aò, talèmoù
houllou araouite įssoua tįveltal-
letch byé bemellêshou; įoune, gué-
táou?*

E. Cela vaudra mieux: ce chemin sablonneux est-il inter-
minable!

ይሄ ፡ ይሻላል ፡፡ ድብჽሽት ፡ ያለ
በት፡ መንገድ ፡ ማለቂአ ፡ የለ
ውም !

*Yihé yichalall. Dįbbįchte yal-
lebbetou mènguède malekia yel-
lèoùmm.*

I. Voilà, c'est fini, monsieur; voilà que derrière la colline
se trouve le puits de l'eau où nous nous reposerons jusqu'à ce
soir, et après cela, le chemin est très commode.

ይሄው ፡ አለቀ ፡ ጌታው ፡፡ ያው ፡
ተቁብታው ፡ ኋላ ፡ እስተማታ ፡
የምናርፍበት፡ የውሀው ፡ ጉ
ድንድ ፡ አለ ፡፡ ተዚኣ ፡ ወዲኣ ፡
መንገዱ ፡ ብዙ ፡ የተመቸ ፡ ነው ፡፡

*Yihéou allekè, guétáou; yáou
tekoubbįtáou hoilà įstèmata yem-
mįnnarfįbbetou yeouhdou goud-
goide allè, tezia wedia mènguèdou
bzou yelèmetchè néou.*

E. Quel bonheur que nous soyons arrivés à l'étape! Montez-
moi bien vite ma tente; j'ai grand sommeil; je serais, cependant
bien aise si toi, mon garçon, tu me préparais une tasse de bon café.

እሰይ ! እንኳም ፡ ተምንሰፍርበ

įsséy! inqoimm temmįncefrįb-

ት ፡ ቤታ ፡ ደረስነ! ቶሎ ፡ ድንኳኔን ፡ ትከሉልኝ ፡ ብርቱ ፡ እነቅልፍ ፡ መጥቶብኛል ። ነገር ፡ ግን ፡ አንተ ፡ የኔው ፡ አሽከር ፡ አንደ ፡ ፍንጃል ፡ ቡን ፡ መልካም ፡ አርጊ ፡ ብታፈላኝ ፡ ብዙ ፡ ደስ ፡ ባለኝ ።

bèle bota derresnè! Tolo dinqoinène tiquèloullign, birtou inkîlf mel-lobbignall! Neguère guine, antè, yènèou achquère ânde findjal bouène melcâme arguèhe biltafelallign bzou dèsse balègne.

I. Oui, monsieur, aussitôt que nous aurons déchargé les mulets, je vous l'apprêterai.

እሺ ፡ ጌታዬ ፡ ወድያው ፡ በቅሎዎችን ፡ እንዳራገፍን ፡ አሰናዳልዋለሁ ።

ichi, guèlaé, wèdiâou bekloôtchine indarragguefnè assenaddallio-alléhou.

A table!

I. Monsieur, le diner est servi.

ጌታው ፡ ምሳ ፡ ተሰናድቱል ። *Guélâou, miça lecenadtoill.*

E. Est-il déjà midi?

ድር ፡ ቀን ፡ እኩል ፡ ሆነ ።· *Drô kène iccoul honè?*

I. Il est passé même.

ከቶውንም ፡ አልፏል ። *Quello-ounîmm alfoill.*

E. Que m'as-tu préparé de bon?

ምን ፡ መልካም ፡ ነገር ፡ አሰናድተሀልኝል ፡ አንተ ። *Mine melcâme neguèrè assenadtehillignall antè?*

I. J'ai fait cuire du riz avec de la viande fraiche: j'ai, en outre préparé un peu de viande sèche à l'usage de notre pays; si vous voulez en goûter... .

እሩዝ ፡ ተትኩስ ፡ ሥጋ ፡ ጋር ፡ ሰርቻለሁ ። ደግሞ ፡ እንዳገረ *irouze tel/iccouce çiga gâre cerilchalléhou: Dègmô indaguera-*

ችኑ ፡ ልግድ ፡ እርሰም ፡ ለመቅ
መስ ፡ የወደዱ ፡ እንደሆን ፡ ብ
የ ፡ ቋንጣ ፡ ሰርቻለሁ ።

tchine lịmade ịrceó lemekmèce yeweddẹdou ịndehóne bịyé koinʈa cerịtchallèhou.

E. J'en goûterai, si cela n'est pas assaisonné avec ces poivrons forts, dont vous autres Abyssins, ètes friands.

እናንት ፡ አበሾች ፡ ሳስታችሁ ፡
በምትወዱት ፡ ተኻሻ ፡ በርበ
ሬ ፡ አልተሰራ ፡ እንደሆን ፡ እ
ሺ ፡ እቀምሰዋለሁ ።

ịnnante arechotch çasʈatchịhou bemmịḷweddouleʈecqoicha berveré alʈecerra ịndehónè ịchi ịkemceoillèhou.

I. Non, monsieur, elle n'est pas assaisonnée avec le piment, mais avec des ingrédients très simples et du beurre clarifié.

እንኳን ፡ ጌታው ፡ በሚታክስ ፡
በርበሬም ፡ አልተሰራ ፡ በተራ
ው ፡ ቅመምና ፡ በጥሩ ፡ ንጥር ፡
ቅቤ ፡ ብቻ ፡ ነው ፡ የተሰራው ።

ịnʈoine guéláou, bemmịllaccoce berberèmm alʈecerra, beleráou kịmemịnna beʈịrou nịʈịre kịvé bịṭcha nèou yeʈecerráou.

E. C'est bien; quelle viande est-ce que tu as cuite avec le riz?

መልካም ። ተፈግ ፡ ጋር ፡ የስ
ራኸው ፡ ሥጋ ፡ ምን ፡ ሥጋ ፡
ነው ።

Melcâme; ʈerouze gare yecerrahèou cịga mîne cịga nèou?

I. C'est de la viande d'un magnifique mouton que nous avons tué il y a une heure.

አንድ ፡ ሰአት ፡ ሆነ ፡ ያረድነ
ው ፡ የማለፊአ ፡ የበግ ፡ ሙክ
ት ፡ ሥጋ ፡ ነው ።

Ande ceaʈe honè yarrèdnèou malèfia yevègue moucquîʈe cịga nèou.

E. Bien, bien; j'aime beaucoup la viande de mouton; porte-m'en vite, car j'ai grand' faim!

መልካም ! መልካም ! የበግ ፡
ሥጋ ፡ ብዙ ፡ እወዳለሁ ። ቶሎ ፡
አምጣልኝ ፡ አጥብቄ ፡ እርቦ
ኛል ።

Melcâme! melcâme! yevegue cịga bzou ịweddallèhou; ʈolò amʈallịgne, aʈvịkó ịrvognall!

I. Voilà, monsieur, la viande cuite avec le riz.

እነሆ ፡ ጌታው ፡ ይሄ ፡ ተሩዝ ፡   *innehó, guélâou, yihé terouze*
ጋራ ፡ የተቀቀለው ፡ ሥጋ ፡   *gara yetekekkeléou ciga néou.*
ነው ።

E. Oh! que ce riz, cuit avec la viande de mouton est bon!
C'est bien cuit et bien assaisonné. Tu es un bon cuisinier; où
as-tu appris à cuisiner; dans ton pays?

እሀ! ተብግ ፡ ሥጋ ፡ ጋር ፡ የበ   *ihí! tecègue ciga gare yeves-*
ሰለው ፡ እሩዝ ፡ እንዴት ፡ መ   *seléou roûze indéte melcâme néou-*
ልከም ፡ ነውና! መልከም ፡ ሁ   *inna! melcâme hounó tecertoill;*
ኖ ፡ ተሰርቷል ፡ አቀጣመሙ   *akkemamemoumm melcâme teoil-*
ም ፡ መልከም ፡ ተዋጥቷል ። እ   *toill! antè melcâme welè ceri nèhe;*
ንተ ፡ መልከም ፡ ወጠ ፡ ሰሪ ፡ ነ   *welè mesrate tewedèle temârh, ta-*
ህ ። ወጥ ፡ መስራት ፡ ተወዴ   *guèrih néou?*
ት ፡ ተማርህ ። ታገርህ ፡ ነው ።

I. Non, monsieur, je l'ai appris chez un européen, quand
j'étais à son service, ce qui a duré trois ans.

እንካን ፡ ጌታው ። ታንድ ፡ ፈ   *inqoine guélâou; tânde ferindj*
ረንጅ ፡ ሶስት ፡ ዓመት ፡ ሙሉ ፡   *côste amèle moulou guecilché çal-*
ሉሌነት ፡ ገብቸ ፡ ሳለሁ ፡ ነው ፡   *léhou néou welè mesrate yetemâ-*
ወጥ ፡ መስራት ፡ የተማርሁ ።   *rhou.*

E. De quelle nationalité était-il cet européen? Etait-ce un
français ou un anglais?

ያው ፡ ፈረንጅ ፡ የወዴት ፡ አገ   *yâou ferindj yewedéte aguère*
ር ፡ ሰው ፡ ኑሬል ። ፈረንሳዊ ፡   *céou nouroall? ferinçaoui nouro-*
ኑሬል ፡ ወይ ፡ እንግሊዝ ።   *all wèy inglize?*

I. Il n'était ni français ni anglais; c'était un bon américain.
Oh! monsieur, véritablement, un bon américain, et, en même temps
très riche, mais sans le moindre orgueil, défaut qui caractérise
généralement, les voyageurs européens.

ፈረንሳዊም ፡ እንግሊ,ዝም ፡ አ   *Ferinçaouimm, inglisimm ai-*

ይደል ፡ እንድ ፡ ደግ ፡ ያመሪ
ካ ፡ ሰው ፡ ነበረ ። እየ ፡ ጌታው ፡ l
እውነት ፡ መልክም ፡ ሰው ፡ ነበ
ረ ። ደግሞም ፡ ትልቅ ፡ ከበር
ቴ ፡ ነበር ። ነገር ፡ ግን ፡ ይሔም ፡
ሁኖ ፡ እንደሌላዎች ፡ ፈረንጆ
ች ፡ ሁሉ ፡ ምንም ፡ ኩራት ፡ የ
ሚሉትን ፡ አያውቅ ፡ ነበረ ።

*dell, ânde dègg yamèrica cêou
nebbere: aïè guélâou; ïounète
melcâm cêou nebberè; degmômm
tįllįk quebbertê nebbère. Neguere
guîne, yihémm hounò ïndelélaôtch
ferindjotch houllou mįnîmm cou-
rằte yemmiloutîne ayâouk neb-
berè.*

E. Oui? C'était un américain ... Donne-moi de l'eau à boire.

እውነት ፡ ያመሪካ ፡ ሰው ፡ ኑ
ሯልኝ! የምጠጣው ፡ ውሀ ፡
ስጠኝ ።

*ïounete? yamerica cêou nouro-
allįnna ! yemmįtettâou ouha cįtè-
gne.*

I. Vous ne désirez que de l'eau, sans un peu de miel?

ጥሩ ፡ ውሀ ፡ ብቻ ፡ ነው ፡ ጥቂ
ት ፡ ማር ፡ ሳይጨመርብት ፡ የ
ሚፈልጉት ።

*Trou ouha bįlcha néou, tkite
mâr saïchémmèrįbbete yemmi-
fellįgou?*

E. Seulement de l'eau; je n'aime pas le miel, c'est trop doux.

ውሀ ፡ ብቻ ፡ ነው ፡ ማር ፡ አል
ወድም ፡ እምብዛ ፡ ጣፋጭ ፡
ነው ።

*Ouha bįlcha néou, mâr alwèd-
dįmm, įmbįza tafatch néou.*

I. Comment, trop doux, le miel? Trouvez-vous que le miel
soit plus doux que le sucre de votre pays?

እንዴት ፡ ነው ፡ እንብዛ ፡ ጣፋ
ጭነቱ ፡ ማር ። ቢጣፍጥ ፡ ቢጣ
ፍጥ ፡ ታገርዎን ፡ ስከረ ፡ ነቢያ
ት ፡ ይጣፍጥ ፡ ጀመር ።

*įndète néou įmbįza tafatchin-
netou, mâr ? bįtaffįte bįtaffįte ta-
guereône soquèrè neriyate yįtaf-
fįte djemmère?*

E. Tous les goûts viennent de l'habitude et moi, par exemple,
je préfère un boisson plutòt amer que trop doux.

የሰው ፡ ጣይሙ ፡ ሁሉ ፡ ተል

Yecêou taïmou houllou tetįmade

ማድ ፥ ነው ፥ የሚመጣ ። እኔ
ም ፥ የሆነ ፥ እንደሆን ፥ እምብ
ዛ ፥ ተሚጥም ፥ መጠጥ ፥ ወደ
መምረሩ ፥ ያደላብት ፥ መጠጥ ፥
እመርጣለሁ ።

*nèou yemmimeṭa; inèmm yehonè
indéhóne imbiza lemmiṭime me-
ṭèṭ wèdèmemrerou yadellahbèle
meṭeṭ imerṭallèhou.*

I. Cela est vrai; tout dépend de l'habitude; mais, si vous
voulez m'écouter, puisque l'eau du désert est mauvaise, buvez
quelque autre chose, ou du moins, buvez de l'eau coupée de quel-
que liqueur.

ይሄ ፥ እውነት ፥ ነው ። ሁሉም ፥
ተልማድ ፥ የመጣ ፥ ነው ። ነገ
ር ፥ ግን ፥ ነገሬን ፥ ቢሰሙኝ ፥ የ
በረህ ፥ ውሃ ፥ ክፉ ፥ ነውና ፥ እ
ንድ ፥ ሌላ ፥ ነገር ፥ መሳይ ፥ ይ
ጠጡ ። ወይም ፥ ባይሆን ፥ እን
ኪ ፥ ተውሀው ፥ አረቂ ፥ መሳይ ፥
ተደባልቆበት ፥ ይጠጡ ።

*Yihé iounèle nèou, houlloumm
teṭimade yemeṭṭa nèou. Neguère
guine, neguerène bicèmougne, ye-
vereha ouha quifou nèounna inde
de lèla neguère meçay yiṭeṭṭou,
weyimm baïhóne inqoi leouhiou
areki meçay lederalkobbele yiṭeṭ-
ṭou.*

E. Je sais tout cela; mais, je n'aime pas les liqueurs; car
elles me font mal à la tête; donne-moi plutôt de l'eau avec du café.

እኔን ፥ ሁሉ ፥ እውቃለሁ ፥ ነገ
ር ፥ ግን ፥ አረቂ ፥ የሚሉትን ፥
ሁሉ ፥ አልወድም ፥ እራሴን ፥
ያሳምመኛል ። ባይሆንም ፥ ው
ሀና ፥ ቡን ፥ ፍል ፥ አደባልቀ
ህ ፥ ስጠኝ ።

*Yihènne houllou aoukallèhou;
neguère guine areki yemmilou-
line houllou alweddimm. raçaïne
yaçammimegnall. Baïhóne, ou-
hanna boïne file addèralkèhe çi-
ṭègne.*

I. Comment? Est-il bon le café avec de l'eau fraiche à boire?

እንዴት ፥ ቂህ ፥ ተቀዝቃዛ ፥ ው
ህ ፥ ጋር ፥ ለመጠጣት ፥ መልካ
ም ፥ ነው !

*inṭèle? kouha lekezkazza ouha
gáre lemeṭṭeṭale melcime nèou?*

E. Oui, l'eau fraiche avec un peu de café est très bonne pour
étancher la soif.

እወን ፥ ቀዝቃዛ ፥ ውህ ፥ ተጥቂ

Aóne, kezkazza ouha leṭikile

ት ፡ ቁህ ፡ ጋር ፡ ጥግግትን ፡ ለመ	*kouha gare ţimate lemekourêţe*
ቁረጥ ፡ መልከም ፡ ነው ፡ ።	*melcâme néou.*

Deux jours de halte.

E. Ne vaudrait-il pas mieux nous arrêter ici un jour ou deux, pour reprendre haleine et vigueur nous, ainsi que nos animaux?

እኛም ፡ ከብቶችም ፡ እንድንተ	*ignamm quevtotchimm indin-*
ነፍስና ፡ እንደገና ፡ እንድንጐለ	*teneſſicinna indingoë-*
ብት ፡ አንድ ፡ ቀን ፡ ሁለት ፡ ቀ	*lebbîte ânvle kène houlette kène*
ን ፡ ተዚህ ፡ ውሎ ፡ ብናደርግ ፡	*tezih oulô binvadergue battecha-*
ባልተሻለም ፡ ይሆን ፡	*lemm yihône?*

I. Certainement, monsieur, que cela vaudrait mieux; surtout pour les animaux, qui sont excessivement épuisés par la faim et la soif.

እርግጥ ፡ ይሬው ፡ ይሻላል ። ይ	*irguiţe, yihéou yichalall, yiri-*
ብሱንም ፡ በራብና ፡ በጥግት ፡	*çounimm beravinna beţimate be-*
በጣም ፡ ለተዳከሙቱ ፡ ለከብ	*ţame leledacquemoulou lequevto-*
ቶቿ ፡ ስንል ።	*tchou cinniţ.*

E. Dites alors aux chameliers, de ne pas toucher au campement.

እንግዲአስ ፡ መደበር ፡ እንዳያ	*ingdiass medebbere indayaſer-*
ፈርሱ ፡ ለባለ ፡ ግመሎች ፡ ን	*çou levalè guimelotch niguerou.*
ግሩ ፡	

E. Pendant ces deux jours que ferons-nous donc? y a-t-il sur les lieux des bêtes sauvages, comme les francolins, les perdrix ou les gazelles, etc.?

እሄን ፡ ሁለት ፡ ቀን ፡ ሙሉ ፡ ም	*Ihénne houlette kène moulou*
ንድር ፡ እናደርጋለን ፡ እንገዬ	*mindire innadergallène ingdéhe?*
ህ ፡ ተዚህ ፡ ስፍራ ፡ ቆቅና ፡ ሰ	*Tezihe ciſra kokinna çorène we-*
ረን ፡ ወይም ፡ ሰሳና ፡ እንዲህ ፡	*yimm ceçanna invlihe invlihe yallè*

እንዲህ ፡ ያለ ፡ የሥጋ ፡ አውሬ ፡ yecịga aouré yigguègne yihone ?
ይገኝ ፡ ይሆን ፡

E. S'il y avait de ces bêtes-là, je serais bien aise d'aller à la chasse.

እንዲህስ ፡ ያለ ፡ አውሬ ፡ ቢኖ indihịss yallè aouré binore adè-
ር ፡ አደን ፡ ለመሄድ ፡ በጣም፡ ne lemehéde bețame dess balègn.
ደስ ፡ ባለኝ ፡፡

I. Oui, monsieur, il y en a beaucoup; il y a aussi des lions, des éléphants et des rhinocéros, en quantité.

አወን ፡ ጌታው ፡ ብዙ ፡ አለ ፡፡ Aòne, guélaou, bzou allè, an-
አንበሳም ፡ ዝሆንም ፡ አውራሪ cessamm, zịhonịmm, aourari-
ስም ፡ ብያሌው ፡ ይገኛል ፡፡ cịmm baïa'ḥou yigguegnall.

E. Mon Dieu! Des lions, des éléphants, dis-tu?

የፈጣሪዬ ፡ ያለሁ ! እንበሳና ፡ Yefețarié yallèhou! anressanna
ዝሆን ፡ ትላለህ ፡ አንተ ፡፡ zịhòne tlallèhe antè ?

I. Oui, monsieur, et beaucoup...

አወን ፡ ጌታው ፡ ያውም ፡ ብዙ ፡ Aòne, guéldou, yaoùmm bzou.

E. Comment ferons-nous, alors?

እንዴት ፡ እናደርጋለን ፡ እንግ ịndèle ịnnadergallène ịngdia ?
ዲአ ፡፡

I. Nous ne ferons rien, monsieur; si vous désirez aller à la chasse, nous vous suivrons en prenant nos fusils.

ምንም ፡ አናደርግ ፡ ጌታው ፡፡ Mịnịmm annadèrgue, guéldiou:
አደን ፡ መሄድ ፡ ቢመኙ ፡ ጠበ adène mehéde bimmegnoù ļeren-
ንጃ ፡ ጠበንጃችንን ፡ እያያዝን ፡ dja ļerendjaḥhinène iyịyazn̄
እንከተለዋለን ፡፡ ịnịquelleleoillène.

E. Aller à la chasse! A la chasse de quoi, dois-je aller? des lions?

አደን ፡ መሄድ ፡ እከ ! ወደምን ፡ Adène mehéde ịreo ! wedemịne

እደን ፡ ልሄድ ፡ እንበሳ ፡ ለመ
ግደል ፡ ነው ፡ ።

adène liḥéde? anvessa lemegdele néou?

I. A la chasse des francolins et, si vous voulez, nous-irons aussi à la chasse des lions.

ወደ ፡ ቆቅ ፡ እደን ። ተወደዱም ፡
ወዳንበሳም ፡ እደን ፡ እንሄዳ
ለን ።

Wedekok adène; teweddedoumm wedanvessa adène inhédallène.

E. Moi! aller à la chasse des lions! Je ne suis pas si fou que d'aller au milieu du bois pour chercher la mort!

እንበሳ ፡ ግዳይ ፡ መሄድ! እኔ ፡
እኮ! ። ተዳር ፡ መሀል ፡ ገብቶ ፡
ሞቴን ፡ እፈልግ ፡ ዘንድ ፡ እን
ዲህ ፡ እብድ ፡ አይደለሁም ።

Anvessa guiddaï mehéde!... iné icco! Tedour meh guecï- tché motène ifelligue zénde indihe ivde aïdellehoumm.

I. Pourquoi pas? Les lions ne sont pas si dangereux, monsieur.

ምነው ፡ አለመሆኑ ፡ እንበሳ ፡
እንዲህም ፡ እኮ ፡ አጥብቆ ፡ እ
ያስፈራ ፡ ጌታው ።

Mînnéou alemehónou? Anvessa indihîmm icco atriko ayasferra, guétàou!

E. Comment ne sont-ils pas dangereux?

Les lions de votre pays n'ont-ils pas de griffes et de dents?

እንደምን ፡ ነው ፡ አለማስፈራቃ
ቸው ፡ ። ያገራችሁ ፡ እንበሳም
ች ፡ ጥፍርና ፡ ጥርስ ፡ አያበቅሉ
ምን ፡ ።

indemîne néou alemasferrala- tchèou? yagueralchihou anves- saòtch tifirinna tirce ayavekloum- mîne.

I. Les lions sont toujours dangereux et féroces, c'est vrai; mais, puisqu'ils trouvent partout des antilopes de toute grandeur et de tout genre qu'ils égorgent, ils ne cherchent presque jamais à attaquer l'homme.

እንበሳ ፡ መቼም ፡ ይበላል ፡ ክ
ፉ ፡ ነው ፡ እኒ ፡ እውነት ፡ ነው ።
ነገር ፡ ግን ፡ የሚበላው ፡ እው

Anvessa melchemm yibballal guifou néou, ihé iounéle néou; neguère guîne yemmivelàou aou-

ሬ ፡ ቡ፞ኹርም ፡ ወረቦም ፡ እንዲ
ህ ፡ የመሳሰለ ፡ አውሬ ፡ በያይነ
ቱ ፡ በየመጠኑ ፡ በየስፍራው ፡
ያገኛልና ፡ ሰው ፡ ለማሳረር ፡ ም
ንም ፡ አይፈልግ ፡

ré, bouherîmm, werebbomm. îndihe yemeçasselé aouré beyaynetou beyemeṭènou beyecifraou yaguegnalḷinna, céou lemassarère mịnịmm aïfelḷigne.

E. C'est une bonne nouvelle, celle là aussi; mais, mon cher, si tu m'assures même que les lions d'Abyssinie sont nés sans gueule et sans dents, je n'irai jamais à la chasse de n'importe quelle bête, fût même pour tuer des oiseaux.

ይሄም ፡ መልካም ፡ ወሬ ፡ ነው ።
ነገር ፡ ግን ፡ አካሌዋ ፡ ተንግዴ
ህ ፡ ያበሻ ፡ አንበሶች ፡ ሁሉም ፡
አላፍና ፡ አለጥርስ ፡ ነው ፡ የተ
ፈጠሩ ፡ ብትለኝም ፡ ምንም ፡ ቢ
ሆን ፡ አደን ፡ ለማንላቸውም ፡
አውሬ ፡ ይሆን ፡ እንኳን ፡ ሌ
ላ ፡ ወፍም ፡ ለመግደል ፡ ቢሆ
ን ፡ አልሄድ ።

Yihémm melcáme wéré nèou: neguère guịne, acaléoua, tèngdèhe yavècha anressòtch houlloumm alafịnna alè ṭịrce nèou yetefeḷḷerou bịtḷịléguimm, mịnịmm bihòne adène lemanịḷḷatchòoumm aouré yihoüne, ịnqoine lèla wefịmm lemegdèle bihòne alhéde.

Serpents et scorpions [1].

E. Y a-t-il des serpents et des scorpions dans cette région?

ተዚህ ፡ አገር ፡ እ፞ብ፞ና ፡ ጊንጥ ፡ አለን ።

I. Il n'y a, monsieur, dans cette région, ni serpents ni scorpions.

እንኳን ፡ ጌታው ፡ ተዚህ ፡ አገር ፡ እ፞ብም ፡ ይሉ ፡ ጊንጥም ፡ ይሉ ፡ የለ ።

---

[1] Ayant constaté qu'une partie de mon manuscrit doit rester inédite et mise à part du présent volume, dont j'ai établi d'avance la matière, j'ai dû suspendre ici la composition de la prononciation figurée et j'ai préféré mettre à sa place et autant que possible, du texte amharique qui resterait inconnu, avec la traduction relative en français.

Elle sera cependant reprise là où je le croirai indispensable et le plus nécessaire pour les voyageurs qui ne sont pas encore familiarisés

E. Quel bonheur! Cette nouvelle dissipe mes graves appré-hensions!

አፍናፍ…! ይሂች ፡ ወሬ ፡ የከበደውን ፡ እሳቤን ፡ አቀለለችልኝ !

I. Comment, monsieur! Les serpents et les scorpions font-ils peur aussi aux Européens?

እንዴት ፡ ጌታው ። እባብና ፡ ጊንጥ ፡ ፈረንጆችንም ፡ ያስፈራልን ፡

E. Pourquoi ne feraient ils pas peur aux Européens?

ስለምን ፡ ነው ፡ ፈረንጆችን ፡ አለማስፈራቱ ።

I. Parce que les Européens ont des remèdes très efficaces, en cas de morsures de ces bêtes.

ስለምንግ ፡ እነዚሁም ፡ በነደደፉ ፡ ጊዜ ፡ ፈረንጆች ፡ ብርቱ ፡ ብርቱ ፡ የሚአድን ፡ መድኃኒት ፡ አላቸው ።

E. Oh! mon cher, des remèdes, il s'en trouve peut-être; mais le meilleur remède est de n'avoir jamais aucun mal.

ወዳጄ ፡ ሆይ! መድህኒትስ ፡ ይገኝ ፡ ይሆናል ፡ ነገር ፡ ግን ፡ ተሁሉ ፡ የ ሚሻለው ፡ መድኒት ፡ አለመታመም ፡ ብቻ ፡ ነው ፡

E. Quelle heure est-il, maintenant? Il est trop tard peut être, pour aller chasser quelque gibier pour notre repas de ce soir?

---

avec la prononciation de l'alphabet amharique, sans l'aide de la pronon-ciation figurée.

Pour combler, au moins en partie, cette lacune dans la prononcia-tion figurée, je dois recourir à deux signes de ponctuation qui ne seront employés que dans les cas urgents et ce sont, un point (.) et un trait (—), lesquels seront placés au dessus des lettres ; le premier indiquera que la lettre marquée doit être prononcée forte (surtout dans les mots qui ont deux sortes de prononciation tout en étant écrits de la même façon). Le point sera mis au dessus de n'importe quelle lettre, chaque fois que cette lettre doit être prononcée forte, ex. ሰ ተ ቀ መ ጸ ገ etc. et le second mis au dessus de la lettre በ (bè) et dans toutes ses formes alphabétiques, indiquera que cette lettre doit être prononcée *v* au lieu de *b*. (Ex. ቨ ቩ ቪ ቫ ቬ ቭ ቮ *ve, vou, vi, va, vé, vi, vo,* tandis que sans le trait on prononcera : *bè, bou, bi, ba, bé, bi, bo*).

ምን ፡ ሰአት ፡ ነው· ፡ እሁን ፡· ለጓታ ፡ እራታችን ፡ የሚሆነነ ፡ አው·ሬ ፡
መሳይ ፡ አደን ፡ ለመሄድ· ፡ ጊዜው· ፡ እጅግ ፡ መሽቶ ፡ ይሆን ፡·

I. Nous avons le temps, monsieur, puisque nous trouverons
sans trop nous éloigner d'ici, des chevreaux sauvages ou autres
qui fourmillent par centaines; on peut dire que la sauvagine vient
à notre rencontre.

ጊዜስ ፡ አለነ ፡ ጌታው· ። ደግሞም ፡ እምብዛ ፡ ሳንርቅ ፡ ተዚህ ፡ ተቅርቤ ፡
ቡ·ኸራንም ፡ ምነ·ንም ፡ መቶ ፡ መቶ ፡ እየሆነ ፡ ሲፍለከለክ ፡ እናገኘዋ
ለን ። እኛን ፡ ሊፈልገነ ፡ ተመጣ ፡ ቄጥር ፡ ነው· ።

E. Vraiment! Les antilopes dans le désert, sont ils si abon-
dantes?

እው·ነት ! የሥ·ጋ ፡ አው·ሬ ፡ ተቤረህው· ፡ እንዲህ ፡ ብዙ ፡ ነው· ፡·

I. Oui, monsieur, tous les bois sont pleins de ces bêtes, qui
semblent même indestructibles par la chasse.

እፓን ፡ ጌታው· ። ዱ·ራ ፡ ሁ·ሉ· ፡ እንዲህ ፡ በለው· ፡ አው·ሬ ፡ ሙ·ሉ·ው·ን ፡
ነው· ። በሰው· ፡ ኃይል ፡ ታ·ድኖ ፡ የሚአልቅም ፡ አይመስል ፡

E. C'est alors un bonheur pour les chasseurs passionnés.

አደን ፡ ለሚወድ· ፡ ሰው· ፡ ደስታ·ው· ፡ ይሆናል ፡ እንግዲአስ ፡·

E. Est-ce dans le désert seulement que ces animaux abon-
dent, ou y en a-t-il beaucoup dans l'intérieur de l'Abyssinie?

ተቤረህው· ፡ ው·ስጥ ፡ ብቻ· ፡ ነው· ፡ ይኼው· ፡ የሥ·ጋ ፡ አው·ሬ ፡ የሚ·ቤ
ዘው· ፡ ወይስ ፡ ተመህል ፡ አቤሻም ፡ አለ ፡·

I. Ils pullulent de tout côté, même en Abyssinie.

ታ·ብሻም ፡ በየስፍራው· ፡ ይፍለከለካል ።

E. C'est là une richesse pour les chasseurs de tous les pays.

ተዚያ ፡ ላሉት ፡ ላገሩ ፡ ሁ·ሉ· ፡ አዳኞች ፡ ሀብታ·ም ፡ ያደር·ጋል ።

I. De quelle manière la sauvagine peut-elle constituer une
richesse pour les chasseurs, monsieur?

ያደን ፡ ሥጋ ፡ እንደምን ፡ አድርገ ፡ ላዳዎች ፡ ህብት ፡ ያስገኛል ፡ ጌ
ታው ።

E. Les chasseurs vendent sans doute, le gibier au public.

እዳዎቹ ፡ እርግጥ ፡ የታደነውን ፡ አውሬ ፡ ሥጋ ፡ ለፍጥረቱ ፡ ይሸጡ
ት ፡ ይሆናል ።

I. Cette habitude n'existe pas dans notre pays: avant tout,
en Abyssinie il n'y a pas beaucoup de chasseurs; car, on ne
trouve pas assez de munitions ni de bons fusils de chasse; et outre
cela les naturels ne sont pas habitués à manger la chair des bêtes
sauvages.

ይሄ ፡ ልማድ ፡ በገራችን ፡ የለም ። ተንገሩ ፡ ሁሉ ፡ በፊት ፡ በበሻ ፡ ብ
ዙ ፡ አዳኝ ፡ የለበትም ፡ ስለምን ፡ አረርና ፡ ባሩድ ፡ ጥይት ፡ እንደልብ ፡
አይገኛም ፡ ማለፊአም ፡ ያደን ፡ ጠበንጃ ፡ አይገኝ ። ይልቁንም ፡ ደግ
ሞ ፡ ሰዉ ፡ የታደነ ፡ ሥጋ ፡ መብላት ፡ ግራው ፡ ነው ።

I. Il y a quelques chasseurs seulement qui ne s'occupent ja-
mais sérieusement de chasse pour le gibier; ils s'occupent cepen-
dant de la chasse des éléphants, des buffles, des rhinocéros, des
lions, etc, mais, cela même est encore assez rare.

እንዳንድ ፡ አዳኝ ፡ ብቻ ፡ አለ ። ይሄውም ፡ አዳኝ ፡ ለሥጋ ፡ ብሎ ፡ ም
ንም ፡ አያድን ። ብቻ ፡ ለዝሆን ፡ ለጎሽ ፡ ላውራሪስ ፡ ላንበሳና ፡ እንዲ
ህ ፡ እንዲህ ፡ ላለው ፡ አደን ፡ ብቻ ፡ ነው ፡ የሚአስብ ። ያውም ፡ ጥቂ
ት ፡ ጥቂት ፡ ነው ።

E. La chair de ces dernières bêtes que tu viens de nommer
est elle consommée, est elle bonne à manger?

የነዚህ ፡ አሁን ፡ የቆጠርህቸው ፡ ሁሉ ፡ አውሬዎች ፡ ሥጋሳ ፡ ይበላ
ል ፡ መልካምስ ፡ ነውን ።

I. Jamais, monsieur, on ne les touche pas même du bout du
doigt; quelques personnes, seulement, mangent la viande de buffle.

ምንም ፡ አይበላ ። እንኳን ፡ ሴላ ፡ በጣትም ፡ ጫፍ ፡ አይነካ ። አንዳን
ድ ፡ ሰው ፡ ብቻ ፡ የጎሽ ፡ ሥጋ ፡ የሚበላ ፡ አይጠፋም ።

E. La viande de quel animal sauvage mange-t-on?

የምን ፡ አውሬ ፡ ነው ፡ ሥጋው ፡ የሚበላ ፡፡

I. Celle des animaux qui ont le pied fourchu; il faut en excepter celle du cochon, du porc-épic, et du chameau.

ታላማና ፡ ተጸርት ፡ ተገመል ፡ በቀር ፡ ሰኰናቸው ፡ ስንጥቅ ፡ የሆነ ፡ አራዊት ፡ ሁሉ ፡ ሥጋቸው ፡ ይበላል ፡፡

E. Et, des volatiles? mange-t-on beaucoup de gibier, des oiseaux?

በክንፍ ፡ ተሚበራትስ ፡፡ ወፍ ወፉ ፡ ሁሉ ፡ ይበላል ፡፡

I. Non, monsieur, excepté quelques volatiles, comme le francolin, la pintade, et la perdrix.

እንኳን ፡ ጌታው ፡፡ ተቆቅና ፡ ተጅግራ ፡ ተሰረን ፡ በቀር ፡ ምንም ፡ የሚበላ ፡ ሌላ ፡ ባለ ፡ ክንፍ ፡ የለ ፡፡

E. Quelle est donc l'ignorance de ton pays! Tu ne sais pas comme les oiseaux sont recherchés et comme ils sont chers et bons à manger en Europe; tandis qu' en Abyssinie ils sont, comme tu m'as expliqué, considérés comme des bêtes immondes? Vous mangez cependant de la viande crue comme les chiens!

ያገርህ ፡ ዎኝነት ፡ ምን ፡ ያህላልና ! እንተ ፡ አሁን ፡ እንደምትነግረኝ ፡ ባሻ ፡ ወፍ ፡ እንደ ፡ እርኩስ ፡ ቢቆጠር ፡ በፈረንጅ ፡ አገር ፡ እንዴት ፡ ይፈለግ ፡ እንዴትስ ፡ ውድ ፡ እንዴትስ ፡ ለመብላት ፡ መልካም ፡ መስ ሎሀል ፡፡ አኔውም ፡ ሁኖ ፡ እንደ ፡ ውሻ ፡ ጥሬ ፡ ሥጋ ፡ ብርንዶ ፡ ትበ ላላችሁ ፡

I. Oh! monsieur, c'est pour cela que vous aussi les Européens vous cassez et avalez des œufs crus comme les chats! quel est le plu dégoûtant des deux?

አየ ፡ ጌታው ! በዚህስ ፡ ተሀን ፡ እናንተም ፡ ፈረንጆቹ ፡ እንደ ፡ ድመት ፡ ጥሬ ፡ እንቁላል ፡ እያፈረጣችሁ ፡ ትመጠምጣላችሁ ፡፡ ማንላቸው ፡ ያ ስጠይፋል ፡ ተነዚህ ፡ ተሁለቱ ፡፡

E. Le premier pour nous, et le second pour vous, qui dégoûte.

የፊተኛው ፡ ለኛ ፡ ያስጠይፋ·ል ፡ የኋለኛው ፡ ለናንተ ፡፡

E. Il y a beaucoup de lièvres chez vous, je crois; mange-t-on sa chair, au moin?

ብዙ ፡ ጭንተል ፡ ይኖር ፡ ይመስለኛል ፡ ታገራችሁ ፡ በይሆን ፡ የዚች ፡ እንኳ ፡ ሥጋ ፡ ይበላ ፡ ይሆን ፡·

I. Oui, il y a beaucoup de lièvres; mais la chair de cet animal n'est pas consommée; car, quand les paysans tuent un lièvre d'un coup de leur bâton, non pas d'un coup de lance, ils courent chercher un prêtre pour bénir les armes avec lesquelles le lièvre a été tué; autrement ces armes sont considérées comme contaminées par le contact du lièvre.

አዎ ፡ ብዙ ፡ ጥንቸል ፡ አለ ፡፡ ነገር ፡ ግን ፡ ሥጋው ፡ አይበላም ፡፡ በላገሮች ፡ ሳይቀሩ ፡ በዱላም ፡ ሆነ ፡ በጦርም ፡ ሆነ ፡ ጭንተል ፡ የገደሉ ፡ ጊዜ ፡ የገደሉበትን ፡ መሣሪአ ፡ ለማስባረክ ፡ ወደቄስ ፡ ይሮጣሉ ፡፡ አለ ዚአ ፡ ግን ፡ ይሄው ፡ የገደሉበቱ ፡ መሣሪአ ፡ ተጭንተሉ ፡ ጋራ ፡ ስለ ተነካካ ፡ ተረከሰ ፡ ይቌጥራታል ፡፡

E. C'est drôle; est-ce votre religion qui défend de ne pas manger de tout cela?

ጉድ ፡ ነው ! ይሄ ፡ ሁሉ ፡ እንዳይበላ ፡ የሚአዝዝ ፡ ሃይማኖታችሁ ፡ ነው ፡ ብለህ ፡·

I. Non, monsieur, notre religion ne défend de manger aucune chose ni aucune viande; c'est plutôt l'habitude, ou l'ignorance qui défend tout cela.

እንኳን ፡ ጌታው ፡ የኛ ፡ ሃይማኖት ፡ ይሄን ፡ ብሉ ፡ ይሄን ፡ አትብሉ ፡ ብሎ ፡ የሚከለክለውም ፡ ነገር ፡ የለ ፡፡ ይሄ ፡ ሁሉ ፡ የሚመጣው ፡ አን ድ ፡ ተልማድ ፡ አንድም ፡ ተድንቁርና ፡ ነው ፡፡

E. Et, le poisson? N'est-il pas bon à manger, en Abyssinie?

አሣ ፡ እሳ ፡· በቤሻ ፡ አሣ ፡ ለመብላት ፡ መልካም ፡ አይደለም ፡ ይሆን ፡·

I. Oh! monsieur, le poisson est très bon à manger; seule-
ment on ne trouve pas si facilement par tout du poisson, comme
dans votre pays.

እንዴታ ፣ አሣ ፣ ለመብላት ፣ እጅግ ፣ መልካም ፣ ነው ። ብቻ ፣ አሣ ፣ እ
ንዳገራችሁ ፣ ሁሉ ፣ በሄትም ፣ እንዲህ ፣ በቀላሉ ፣ አይገኝም ።

E. Oh! après une heure entière de demandes sur mille choses,
enfin, je viens d'apprendre que les poissons seulement sont con-
damnés à mort par les dents des Abyssins, tandis que la plus
grande partie des autres animaux, les plus exquis, meurent de
mort naturelle!!

ወይ ፣ ግሩም ! እንድ ፣ ሰአት ፣ ሙሉ ፣ ስጠይቅ ፣ ስጠይቅ ፣ ውዬ ፣ ተ
ሽሁ ፣ ነገር ፣ እጅግ ፣ የሚጣፍጡት ፣ ሁሉ ፣ እንስሣዎች ፣ በእግዚአብ
ሔር ፣ ሞት ፣ ሲሞቱ ፣ እንድ ፣ አሣ ፣ ብቻ ፣ ባበሾች ፣ ጥርስ ፣ ይሞት ፣
በቃ ፣ መፈረዱን ፣ አወቅሁ ።

Au milieu du désert.

E. Tous ces troupeaux que nous voyons fourmiller là bas, au
milieu de ce bois d'acacias appartiennent-ils à ces sauvages?

ተዚያ ፣ ተግራሩ ፣ ዱር ፣ መሀል ፣ ሲንጋጋ ፣ የምናየው ፣ ሁሉ ፣ መን
ጋ ፣ የነዚህ ፣ አህዛቦች ፣ ነውን ።

I. Oui, monsieur; tout le désert est plein de troupeaux.

አወን ፣ ጌታው ። በረሀው ፣ ዙሉ ፣ ክብት ፣ ብቻ ፣ ነው ።

E. Du moment qu'il n'y a pas d'herbes, de quoi ces trou-
peaux se nourrissent-ils?

እሳር ፣ ተዚህ ፣ ተሌለ ፣ ዘንድ ፣ ይኸ ፣ ሁሉ ፣ ክብት ፣ ምን ፣ ይበላል ።

I. Puisque les gens qui habitent cette région sont nomades,
ils mènent leurs troupeaux, partout où ils trouvent de l'herbe,
en abondance.

ያገሩ ፡ ሰው ፡ ዘላን ፡ ነውና ፡ ወዲህና ፡ ወዲያ ፡ እየነዳ ፡ እሳር ፡ ወዳ መቸበት ፡ ስፍራ ፡ ይወስደዋል ።

E. Est-ce que ces gens ne labourent pas la terre avec leurs bœufs qui sont en si grand nombre?

ይኔው ፡ የዚሁ ፡ አገር ፡ ሰው ፡ በዚህ ፡ እልቅ ፡ መሳፍርት ፡ በሌለው ፡ ቤሬው ፡ መሬቱን ፡ አያርስምን ።

I. Non, monsieur, la terre n'est pas labourable, elle est aride et ne produit que des plantes épineuses.

እንካን ፡ ጌታው ። መሬቱ ፡ የሚታረስም ፡ አይደል ፡ ድርቅ ፡ ያለ ፡ ተ ሾህ ፡ በቀር ፡ ምንም ፡ የማያበቅል ፡ መሬት ፡ ነው ።

E. De quoi se nourrissent donc les habitants de ce désert?

ምን ፡ እየበሉ ፡ ይኖራሉ ፡ እንግዲአ ፡ የዚህ ፡ በረሀ ፡ ኗሪዎች ።

I. Ils se nourrissent de viande, de lait, de lait caillé et de beurre.

ሥጋና ፡ ወተት ፡ እርጎ ፡ ቅቤ ፡ እየበሉ ፡ ይኖራሉ ።

E. Pas autre chose, et ne mangent-ils pas de pain?

ሌላ ፡ ነገርሳ ። እንጀራ ፡ አይበሉምን ።

I. Presque pas; car, ils ne trouvent pas de grain pour faire du pain: ne voyez-vous pas comme ils sont maigres?

ተመብላትም ፡ አይቆጠር ። ስለምን ፡ እንጀራ ፡ የሚሆን ፡ እህል ፡ አያ ገኙም ፡ መከሳታቸውንም ፡ አያዩአቸው ፡ እርሰዎ ።

E. Je vois bien qu'ils sont défaits et il semble qu'ils vont tomber au souffle d'un enfant.

በጣም ፡ አያቿዋለሁ ፡ ደቃቃዎች ፡ ናቸው ። በልጋር ፡ ትንፋሽ ፡ ተገ ናተው ፡ የሚወድቁ ፡ ይመስላሉ ።

I. S'ils sont si misérables de corps, ils sont cependant très souples et forts; si vous voyez, monsieur, comme ils sont agiles et terribles à la guerre!

አከላቸው ፡ እንዲህ ፡ መንጣዛ ፡ ቢሆን ፡ በቀረውስ ፡ ነገር ፡ እጅግ ፡ ል
ፊችና ፡ ብርቱዎች ፡ ናቸው ። ቢአየእቸው ፡ ለጦርነት ፡ ፈጣንነታቸ
ውና ፡ ተዋጊነታቸው ፡ ግሩም ፡ ነው ።

E. Quelles armes emploient-ils à la guerre?

የጦርነት ፡ ጊዜ ፡ በምን ፡ መሳሪአ ፡ ይቀጋሉ ፡።

I. Ils combattent avec des lances et des dagues, en tenant
de la main gauche de très petit boucliers ronds, faits de cuir
d'hippopotame. En outre, ils sont très adroits pour monter à che-
val et courir à pied.

በግራ ፡ ክንዳቸው ፡ የገማሪ ፡ ትንሽ ፡ ክብ ፡ ጋሻ ፡ አነግሰው ፡ በጦር
ና ፡ በጉዶ ፡ ይቀጋሉ ። በቀረውም ፡ የወጣላቸው ፡ ፈረሰኞችና ፡ በ
ግር ፡ እሪሎች ፡ ናቸው ።

E. Ne savent ils pas manier le fusil?

ጠብንጃ ፡ መተከስ ፡ አያውቁም ፡።

I. Jamais, monsieur, jusqu'à présent: c'est-ce qui a donné
l'avantage aux Abyssins, autrement ces barbares auraient été un
grand obstacle pour l'empire Éthiopien, comme ils le furent déjà
du temps de Mohammèd Gragne, vers la moitié du XVᵉ siècle.

ላለፈውስ ፡ ምንም ፡ የጠብንጃ ፡ ነገር ፡ አያውቁ ። ላበሻ ፡ ሰው ፡ የጠ
ቀመው ፡ ይሄው ፡ ነው ። በቀረው ፡ ግን ፡ እኒህ ፡ አህዛቦች ፡ ወደ ፡ አ
ራት ፡ መፉ ፡ ታምሳው ፡ ዓመት ፡ ሆነ ፡ በግራኝ ፡ ጊዜ ፡ እንዳደረገት ፡
ሁሉ ፡ ለኢትዮጵያ ፡ መንግሥት ፡ መሰናከያ ፡ በሆኑብት ፡ ነበር ።

Les gens du désert autour du campement.

E. Que font ces gens-là autour de nos campements?

እነዚያ ፡ ሰዎች ፡ በመደበራችን ፡ ዙሪአ ፡ ምን ፡ ያደርጋሉ ፡።

I. Les gens du désert, lorsqu'ils voient quelque campement
de marchands ou de voyageurs européens viennent toujours un

peu par curiosité, mais surtout pour demander du tabac, des co-
tonnades de couleur, et quelques verroteries à échanger contre
des moutons, du lait et du beurre, qu'ils apportent en abondance.

ተበረህዉ ፡ የሚኖራት ፡ ሰዎች ፡ ሁለግዜም ፡ እንዲሁ ፡ ናቸዉ ፡ የነጋዴ
ና ፡ የመንገደኛ ፡ ፈረንጅ ፡ መደበር ፡ ሲአዩ ፡ እንዲአውም ፡ ለማየት ፡
ቢሆን ፡ ይልቁንም ፡ ትምባሆዉን ፡ ሽታሽቱን ፡ ጨርቅ ፡ ደበዉን ፡
ዘሎ ፡ ባይኔዉንም ፡ ለመሰዋወጥ ፡ በብዙዉ ፡ በጉን ፡ ወተቱን ፡ ቅቤ
ዉን ፡ ይዘዉ ፡ ይመጣሉ ።

E. Seulement pour cela, et ne viennent-ils pas pour voler
des bagages, ou pour assassiner les voyageurs européens?

ለዚህ ፡ ብቻ ፡ ነዉ ፡ የሚመጡት ፡ እቃ ፡ ለመስረቅና ፡ መንገደኛ ፡ ፈ
ረንጅ ፡ ለመግደልም ፡ አይዶል ።

I. Non, monsieur, ils n'ont aujourd'hui, aucune mauvaise in-
tention contre les voyageurs, soyez en sûr.

እንኳን ፡ ጌታዉ ፡ ዛሬስ ፡ በመንገደኛዉ ፡ ምንም ፡ ክፋት ፡ ነገር ፡ ለ
መዋል ፡ አያስቡ ።

E. S'ils sont si inoffensifs, achetons une couple de moutons
pour manger ce soir: combien demandent-ils pour chaque mouton?

እንዲህ ፡ የማያስጉ ፡ ተሆኑስ ፡ ማታ ፡ የምንበላዉ ፡ አንድ ፡ ሁለት ፡
በግ ፡ እንግዛ ። በያንዳንዱ ፡ በግ ፡ እስንት ፡ ብር ፡ አምጡ ፡ ይላሉ ፡
ይሆን ፡

I. Habituellement ils ne demandaient pas d'argent; ils se con-
tentaient des petites pièces (de quelques mètres) de cotonnades
ou de quelques mouchoirs de coton bleu, qui servaient d'ornement
pour leurs femmes.

ለልማዱ ፡ ለምሽቶቻቸዉ ፡ ጌጥ ፡ የሚሆን ፡ ባሕር ፡ ሉሚ ፡ የጥቁር ፡
ሻሽ ፡ ቅዳጅ ፡ መሳይ ፡ ወይም ፡ ታንገታቸዉ ፡ የሚጠመጥሙት ፡ መ
ሀርም ፡ መሳይ ፡ ታገኙ ፡ ምንም ፡ ብር ፡ አይፈልጉ ፡ ነበረ ።

E. Comment! seulement de petits chiffons en échange de
leurs moutons si gros, si gras et si bons à manger?

እንዲህ ፡ የወፈሩትን ፡ እንዲህ ፡ የጮመዩትን ፡ ማለፊአዎችን ፡ በጎቻ
ቸው ፡ በትንንሽ ፡ ቅድዳጅ ፡ ብቻ ፡ ሊለውጡ ፡፡

I. Oui, monsieur; car ils ont des troupeux de toute sorte, excessivement abondants et pas de marché pour les vendre.

አወን ። ደግሞም ፡ እልቅ ፡ መሰፍርት ፡ የሌለው ፡ ከብት ፡ በያይነቱ ፡
ተርፎቸዋል ። እንዳይሸጡት ፡ እንዳይለውጡት ፡ እንኳ ፡ ገቢያ ፡ የላ
ቸውም ።

E. Quelle population ignorante! La population d'Abyssinie centrale est-elle bien civilisée?

ምን ፡ ደንቆሮዎች ፡ ናቸው ! የመሀል ፡ አበሻ ፡ ሰውስ ፡ እውቀትና ፡
ስራት ፡ በጣም ፡ አድሮበታል ይሆን ፡፡

I. En comparaison de ces barbares, les Abyssins (du côté des chrétiens) sont très civilisés; mais, en comparaison des Européens nous sommes encore dans les ténèbres.

በነዚህ ፡ አሕዛቦች ፡ አይነት ፡ ያበሻ ፡ ሰው ፡ ክርስቲያኑ ፡ እጅግ ፡ ስራ
ትና ፡ እውቀት ፡ ያደረበት ፡ ነው ። በፈረንጆች ፡ አይነት ፡ ግን ፡ ገና ፡
በጨለማ ፡ ውስጥ ፡ ነው ፡ ያለነው ።

E. Tu verras que bientôt la population de l'empire Ethiopien sera civilisée comme les Européens, puisque beaucoup d'Européens ont pénétré en Abyssinie.

ቆይ ፡ ታያለህ ። ብዙ ፡ ፈረንጆች ፡ ታበሻ ፡ ገብተዋልና ፡ የኢትዮጵያ ፡
መንግሥትም ፡ ሕዝቡ ፡ እንደ ፡ ፈረንጆቹ ፡ ሁሉ ፡ ቶሎ ፡ ብልሀትና ፡ ስ
ራት ፡ ያድርበታል ፡ ታያለህ ።

Une halte inattendue pendant la marche.

E. Pourquoi se sont-ils arrêtés, les chameliers, avec leurs chameaux?

ምነው ፡ ባለ ፡ ግመሎች ፡ ተግመሎች ፡ ጋር ፡ መሄዱን ፡ ትተው ፡
ቆሙ ፡፡

I. Rien, monsieur; un des chameliers et un de mes compagnons, sont un peu souffrants de quelque indisposition; c'est pour cela que la caravane s'est arrêtée momentanément.

ምንም ፡ አይደል ፡ ጌታው ። ብቻ ፡ ተበላ ፡ ግመሎች ፡ እንዳ ፡ ተኔ ም ፡ ንደኞች ፡ እንዳ ፡ ጥቂት ፡ አሟቸው ፡ ቢደቀስቀሱ ፡ ሰለዚህ ፡ ነው ፡ ጉግራችን ፡ ለጥቂት ፡ መቆም ።

E. Et comment? Tous les deux en même temps sont malades? Auront-ils gagné la fièvre du désert?

ሁለቱም ፡ በንድ ፡ ጊዜ ፡ እንዴት ፡ ታመሙ ። የበረሀው ፡ ንዳድ ፡ ይ ግራቸው ፡ ይሆን ።

I. Ils n'ont pas les fièvres paludiennes, car dans cette région cette maladie n'existe pas, et nous sommes hors de danger; je crains plutôt que le chamelier soit malade de dyssenterie et que mon ami ne soit indisposé tout bonnement d'un mal de tête, causé, peut-être, par la chaleur excessive de ces jours-ci.

ንዳድም ፡ አልያዘቸው ። ስለምን ፡ ተዚህ ፡ አውራጃ ፡ እንዲህ ፡ ያለ ፡ ህማም ፡ የለበትም ። ተንግዴህ ፡ ምንም ፡ ንዳድ ፡ አያስፈራን ። ይልቁ ንስ ፡ በለ ፡ ግመሉ ፡ ትቅማጥ ፡ ያመመው ፡ ይመስለኛል ። የኔን ፡ ባል ንጀራ ፡ ግን ፡ በዚህ ፡ ሰሞን ፡ የዐሐዩ ፡ ንዳጻነት ፡ እጅግ ፡ ስለ ፡ በረታ ፡ እንዲአው ፡ እራስ ፡ ፍልጠት ፡ ብቻ ፡ ነው ፡ ያመመው ።

E. Et, maintenant, que faisons-nous? Etablissons-nous ici notre campement, ou allons-nous plus loin?

አሁንሳ ፡ ምን ፡ እናድርግ ። ተዚህ ፡ እንስፈርስ ፡ ወይስ ፡ ወደ ፡ ፊታ ችን ፡ እንጓዝ ።

I. Nous ne pouvons pas, monsieur, nous arrêter ici, parce que nous n'avons pas d'eau à boire, ni pour nous, ni pour nos bêtes.

ተዚህስ ፡ መስፈር ፡ አይሆንልንም ፡ ጌታው ። ስለምን ፡ የሚጠጣ ፡ ው ህ ፡ ለኛም ፡ ለከብቶቻችንም ፡ ተዚህ ፡ የለም ።

E. Comment pouvons-nous avancer, lorsque nous avons deux hommes malades; peuvent-ils nous suivre eux aussi?

ወደ ፡ ፊት ፡ መንገዝ ፡ እንዴት ፡ ይሆንልናል ፡ ሁለት ፡ የቃ·መሙ· ፡ ሰ
ዎች ፡ ሳሉ·ብነ ፡· እኛን ፡ ለመከተል ፡ ይሆንላቸዋል ፡ እነሱ· ፡·

I. Ils ne peuvent pas marcher, monsieur, à pied, mais nous
les transporterons à dos de chameaux.

በግር ፡ ለመሄድስ ፡ አይቻላቸው·ም ፡ ነገር ፡ ግን ፡ በግመል ፡ እናጉ·ዛ
ቸዋለን ፨

E. Avons-nous quelques animaux en plus, disponibles pour
transporter nos deux malades?

ሁለቱ·ንም ፡ እመም·ተኞቻችነን ፡ የምናጉ·ገዘበት ፡ ትርፍ· ፡ ከብቶች ፡
አሉ·ን ፡·

I. L'un nous le mettrons sur le mulet, et pour le chamelier,
les chameliers ses compagnions y penseront.

እንዱ·ን ፡ እኛ ፡ በበቅሎ ፡ ላይ ፡ እናደርገዋለን ፡ ለባለ ፡ ግመሉ· ፡ ግን ፡
ባለግመሉ·ች ፡ ባልንጀራ·ዎቹ ፡ ያስባሉ· ፨

E. S'il en est ainsi, c'est bien; allons! en attendant, je pré-
pare des médecines pour tous les deux: l'endroit où nous trou-
verons de l'eau et où nous pourrons établir notre campement
est-il encore eloigné?

እንዲ·ሀስ ፡ ተሆነ ፡ መልካም ፡ ነው· ፡ እንንገዝ! እስተዚ·ያው· ፡ ድረስ ፡
ለሁ·ለቱ·ም ፡ መድ·ኃኒት ፡ አሰናዳለሁ· ፨ ውሀ ፡ የምናገኝበት·ና ፡ የምን
ሰፍርበት ፡ ስፍራ· ፡ ተዚ·ህ ፡ እሩ·ቅ ፡ ነው· ፡·

I. Il n'est pas loin, monsieur, voilà entre ces deux grands
arbres d'acacia, précisément où de nombreux troupeaux sont ar-
rêtés: ils se trouvent autour de leur abreuvoir; là il y a quatre puits.

እሩ·ቅም ፡ አይደል ፡ ጌታው· ፨ ያስ ፡ ተሁ·ለቱ· ፡ ትልልቆች ፡ ግራሮች ፡
ዛፎ፡ች ፡ መከከል ፡ ልክ ፡ ተዚ·ያ ፡ ብዙ· ፡ ከብቶች ፡ ታሉ·በት ፡ ስፍራ· ፡
ነው· ፡ የምንሰፍር ፨ እነዚ·አው· ፡ ከብቶች ፡ ውሀ ፡ ተሚ·ጠጡ·በት ፡ ስ
ፍራ· ፡ ዙሪያው·ን ፡ ቄመዋል ፨ ተዚ·ያው· ፡ አራ·ት ፡ የው·ሀ ፡ ጉ·ድጓ·ድ ፡
አለበት ፨

E. À la bonne heure!.. Nous sommes alors presque arrivés!..

እሰይ ! እንግዲያስ ፡ ይፊው ፡ መድረሳችን ፡ ነው ፡ !

Les cabanes des indigènes au désert.

E. Comment tous ces gens-là entreront-ils dans leurs cabanes, dont les portes ressemblent à celles des nids d'oiseaux?

እነዚህ ፡ ሁሉ ፡ ሰዎች ፡ ተየጎጁቸው ፡ እንዴት ፡ መግባት ፡ ይሆንላቸ ዋል ፡፡ የጎጁቸው ፡ ደጃፍ ፡ የወፍ ፡ ጎጆ ፡ እፍ ፡ ይመስላል ፡፡

I. Ils entrent en s'agenouillant, monsieur, et touchant la terre de leurs fronts.

እየተንበረከኩና ፡ በግንባራቸው ፡ ምድሩን ፡ እየነኩ ፡ ነዋ ፡ የሚገቡ ፡፡

E. Quelle vie pénible que font ces ignorants! (*en badinant*). D'autre part, ils n'ont pas peur d'être écrasés sous le poids de leurs habitations, en cas de tremblements de terre. Y a-t-il, en Abyssinie centrale de grandes maisons?

እንዴት ፡ ያለ ፡ የመከራ ፡ ኑሮ ፡ ይኖራሉ ፡ እነዚህ ፡ ደንቆሮዎች ! በን ድ ፡ ወገን ፡ ግን ፡ ምድር ፡ በተንቀጠቀጠች ፡ ጊዜ ፡ ቤታችን ፡ ይሩዱ ና ፡ ተውስጥ ፡ ተጭኖ ፡ ያስቀረናል ፡ ብሎ ፡ መፍራት ፡ የለባቸውም ፡፡ ከመሀል ፡ አቢሻ ፡ ተላላቅ ፡ ቤት ፡ አለን ፡፡

I. Oui, il y a de grandes maisons: je dis grandes, mais pas comme les maisons européennes, qui sont faites en chaux et en pierres façonné et ont plusieurs étages; mais, les maisons d'Abyssinie sont grandes, et très grandes, en comparaison de ces cabanes que nous voyons à présent.

እወን ፡ ትልልቅ ፡ ቤት ፡ አለ ፡፡ ትልልቅ ፡ ማለቴ ፡ ግን ፡ እንደ ፡ ፈረን ጅ ፡ አገር ፡ በኖራና ፡ በታነጠ ፡ ደንጊአ ፡ እንደተሰራው ፡ ብዙ ፡ ደር ብ ፡ እንዳለው ፡ ቤት ፡ ማለቴ ፡ አይደለም ፡፡ ነገር ፡ ግን ፡ ያቢሻ ፡ ቤት ፡ በዚህ ፡ አሁን ፡ በምናየው ፡ ጎጆ ፡ አይነት ፡ ትልልቅ ፡ እጅግ ፡ ትልል ቅ ፡ ነው ፡፡

E. N'y a-t-il pas, en Abyssinie des bâtiments en maçonnerie?

ባቤሻ ፡ በኖራ ፡ የተሰራ ፡ ቤት ፡ የለምን ፡፡

I. Non, monsieur; les habitations de notre pays sont con-
struites avec de la boue mêlée de paille et de pierres brutes, ou
sans pierre, avec la boue seulement.

እንኳን ፡ ጌታው ። ያገራችን ፡ ቤት ፡ በገለባ ፡ በተረገጠ ፡ ጭቃና ፡ ባ
ልተጠረበ ፡ ደንጊአ ፡ ወይም ፡ አለደንጊአ ፡ በጭቃ ፡ ብቻ ፡ ነው ፡ የ
ሚሰራ ።

E. Et les églises, encore, sont-elles construites de la même
manière que les habitations?

ቤተክሲያኑሳ ፡ እንደሰዉ ፡ መኖሪአ ፡ ቢት ፡ ሁኖ ፡ ነው ፡ የሚሰራው ፡፡

I. Certainement, monsieur, de la même manière; les églises
diffèrent seulement de forme et de grandeur; du reste, elles sont
semblables aux habitations ordinaires.

እርግጥ ፡ እንደዚሁ ፡ ነው ። ቤተክሲያኑ ፡ የሚለይበት ፡ በማገዙና ፡
በትልቅነቱ ፡ ብቻ ፡ ነው ። በቀረው ፡ ግን ፡ እንደ ፡ ማንላቻውም ፡ ቤ
ት ፡ ነው ፡ አሰራሩ ።

E. Les toitures et les coupoles des églises de quoi se com-
posent-elles?

የቤተክሲያኑ ፡ መዋቅርትና ፡ ጉልላት ፡ በምን ፡ ነው ፡ የሚሆን ፡፡

I. De grandes et de petites poutres jointes et maintenues en
place par des bandes de cuir, ou moyennant de fines cordelettes,
et recouvertes ensuite d'une paille spéciale.

ጠርብና ፡ ሳጋ ፡ እየተጋጠመ ፡ በጠፍር ፡ ወይም ፡ በቀጭን ፡ ገመድ ፡
ይማገርና ፡ በስርስራ ፡ እሳር ፡ ይከደናል ።

E. Et c'est tout donc?

ይሄው ፡ ብቻ ፡ ነው ፡ እንግዴህ ፡፡

I. C'est tout, monsieur, en général.

ለልማዱ ፡ ይሄው ፡ ብቻ ፡ ነው ፡ ጌታው ።

E. N'y a-t-il pas, en Abyssinie, des écoles pour les arts et le génie de construction?

ባበሻ ፡ የጥበብና ፡ የመሀንስነት ፡ መዓሪእ ፡ የተማሪ ፡ ቤት ፡ የለምን ፡፡

I. Il n'y a aucune école de ce genre: il y a seulement des maçons, des menuisiers et des peintres primitifs, dont le travail est exécuté sans la moindre précision et sans aucune proportion. Vous en verrez et cela vous fera bien rire.

እንዲህ ፡ ላለ ፡ መዓሪእ ፡ ምንም ፡ የተማሪ ፡ ቤት ፡ የለ ፡፡ እንዲአው ፡ በዘፈቀደ ፡ የሚሰራ ፡ ቤት ፡ ሰሪና ፡ እናጢ ፡ ሰአሊ ፡ ብቻ ፡ አለ ፡፡ እንዚ ሀ ፡ የሚሰሩት ፡ ግን ፡ ምንም ፡ ትክክልነት ፡ የለው ፡ ቅጡም ፡ አይታ ወቅ ፡፡ ይፎዩ ፡ ሲአዩት ፡ ብዙ ፡ ይስቃሉ ፡፡

E. Inutile de rire pour cela; car, anciennement, en Europe même il n'existait pas d'écoles des arts et toutes les choses se faisaient pratiquement et sans aucune proportion, ni grâce.

በዚህ ፡ መሳቅ ፡ ከንቱ ፡ ነው ፡ ስለምን ፡ ጥንት ፡ ዘመን ፡ በፈረንጅም ፡ እገር ፡ ቢሆን ፡ የጥበብ ፡ መዓሪእ ፡ የተማሪ ፡ ቤት ፡ አልነበረ ፡ ነገሩ ፡ ሁሉ ፡ መጠኑ ፡ ሳይታወቅ ፡ እምረት ፡ ይሉ ፡ ሳይኖረው ፡ እንዲአው ፡ በልግድ ፡ ነው ፡ ይሰራ ፡ የነበር ፡፡

En quittant le désert.

E. À la bonne heure! Nous commençons à respirer l'air frais; il ne fait plus une chaleur excessive; sommes-nous hors du désert?

እስዩ ! ታብራጃው ፡ መተንፈስ ፡ ጀመርነ ፡ የሙቀቱ ፡ ብርታት ፡ እያ ነሰ ፡ ሄደ ፡፡ ተበረህው ፡ መውጣታችን ፡ ሆነ ፡ ይሆን ፡፡

I. Oui, nous sommes hors du désert: ce soir ou, tout au plus, demain, avant midi, nous arriverons à la douane, de sorte que dorénavant nous aurons plutôt froid à la place de la chaleur du désert qui nous a brûlé pendant trois semaines.

አወን ፡ ተበረህው ፡ ውጭ ፡ ነን ፡፡ ዛሬ ፡ ማታ ፡ ወይም ፡ ቢዘገይ ፡ በዘ

ገይ ፡ ነገ ፡ ተቀን ፡ እኩል ፡ በፊት ፡ ተቀረጡ ፡ ስፍራ ፡ እንደርሳለን ፡ ተዚያ ፡ ወዲኣ ፡ ሶስት ፡ ሰንቧት ፡ ሙሉ ፡ በጠበሰን ፡ ሀሩር ፡ ምትክ ፡ ይልቁንስ ፡ ብርድ ፡ ያገኛናል ።

E. La douane est-elle placée entre la région torride et la région tempérée?

የቀረጡ ፡ ስፍራ ፡ ተቧረሀው ፡ መጨረሻና ፡ ታብራጁው ፡ እገር ፡ መ ጀመሪኣ ፡ ነው ፡ ያለው ፡·

I. Oui, monsieur; elle est située précisément aux pieds de deux montagnes, qui séparent les deux régions, au milieu desquelles nous montons à un plateau élevé.

እወን ፡ ጌታዬ ፡ ልክ ፡ ቆላውንና ፡ ደጋውን ፡ ተሚለያዩት ፡ ሁለት ፡ ተራራዎች ፡ እገር ፡ ነው ፡ በሩ ። በነዚሁ ፡ ተራሮች ፡ መካከል ፡ ለመ ከከል ፡ ወደ ፡ ሚዳው ፡ ላይ ፡ እንወጣለን ።

E. Je vois là-bas une chaine de montagne très hautes; appartiennent-elles au pays habité par les chrétiens abyssins?

ተዚያ ፡ ታች ፡ ትልቅ ፡ ገመገም ፡ እያለሁ ፡ ያቧሻ ፡ ክርስቲያን ፡ የሚ ኖርበት ፡ እገር ፡ ጭምር ፡ ነው ፡·

I. Non, monsieur; les montagnes que vous voyez, appartiennent aux pays habités par les Musulmans et les Gallas: les pays habités par les chrétiens se trouvent à droite.

አይደለም ። የሚታዩም ፡ ተራራስ ፡ እስላምና ፡ ጋላ ፡ የሚኖርበት ፡ እገር ፡ ጭምር ፡ ነው ። ክርስቲያኑ ፡ ያለበትስ ፡ እገር ፡ ወደ ፡ ቀኝ ፡ ያ ለው ፡ ነው ።

E. Mais, ne voit-on pas quelques montagnes dans la direction que tu m'indiques maintenant?

እሁን ፡ እንተ ፡ በምትነግረኝ ፡ እንጣር ፡ ምንም ፡ ተራራ ፡ መሳይ ፡ አይታይ ፡·

I. On ne voit rien, et le brouillard nous empêche de distinguer.

ምንም ፡ አይታይ ፡ ለማየት ፡ ጉሙ ፡ ይተግነናል ።

E. Quel brouillard que celui-ci? En quelle saison sommes-
nous maintenant, en Abyssinie?

ምን ፡ ጉም ፡ ነው ፡ ባጅሽ ፡ ምን ፡ ወርህ ፡ ነው ፡ እሁን ፡

I. C'est l'hiver, saison des pluies dans notre pays; à présent
il pleut jour et nuit, et souvent il y a de grandes tempêtes...

ታገራችን ፡ እሁን ፡ ክረምት ፡ ነው ። እሁን ፡ ሌት ፡ ተቀን ፡ ይዘንባል ፡
በየጊዜውም ፡ ብርቱ ፡ በረዶ ፡ ይጥላል ።

E. Fait-il froid aussi?

ብርድስ ፡ እለን ፡

I. Dieu de miséricorde!.. dans certaines régions, le froid
fait trembler même les européens qui sont habitués au froid de
leurs pays.

መሀሪው ፡ እምላክ ! ታንዳንዱ ፡ ስፍራስ ፡ ባገራቸው ፡ ብርድ ፡ የለመ
ዱትን ፡ ፈረንጆች ፡ ሳይቀር ፡ ብርዱ ፡ ያንቀጠቅጣቸዋል ።

E. Et les rues, sont-elles boueuses?

መንገዱስ ፡ ጭቃ ፡ ብኻ ፡ ነው ፡

I. Oh! ne parlons pas de la boue... Toutes les rues sont
excessivement bourbeuses et impraticables.

የጭቃውንስ ፡ ነገር ፡ ወዲአ ፡ ይቅር ፡ እንናገረው ። ጉዳናው ፡ ሁሉ ፡
እንደ ፡ ጉድ ፡ ማጥ ፡ ጭቃ ፡ ብኻ ፡ ነው ፡ ለመራመድ ፡ ያስቸንቃል ።

E. Vraiment!!?

እውነት ፡

I. Même, dans certains endroits, lorsque les mulets et surtout
les ânes marchent chargés de fardeaux, ils enfoncent et tombent
au milieu des bourbiers et ne peuvent plus jamais retirer une
seule de leurs pattes engagées dans la boue putréfiée et profonde.

ከተም ፡ ታንዳንዱ ፡ ስፍራስ ፡ በቅሎዎች ፡ ይብሱንም ፡ አህዮች ፡ ተ
ጭነው ፡ ሲሄዱ ፡ ተጭቃው ፡ መሃከል ፡ ያስመጠመጡ ፡ ይወድቁና ፡

እስተ ፡ መኖውም ፡ አንድ ፡ እግራቸውንም ፡ ቢሆን ፡ ተዚአ ፡ ተተተከ
ለበት ፡ ተገግው ፡ ጥልቅ ፡ ጉድጓ ፡ መንቀል ፡ አይሆንላቸው ።

E. Les propriétaires de ces pauvres bêtes que font-ils en
ce cas?

በዚህ ፡ ጊዜ ፡ የኊህ ፡ ያልታደሉ ፡ እርኩሶች ፡ ባለቤቶች ፡ ምን ፡ ይፈ
ጥራሉ ፡

I. Dans ce cas, ils ne peuvent pas toujours s'en prendre à
leurs bêtes, puisqu'elles sont mortes; peuvent-ils autrement pré-
tendre que les bêtes déjà mortes, se mettent à marcher avec leurs
fardeaux, même après leur mort? Ils se contentent, lorsqu'ils ne
peuvent pas les sauver, de les débarrasser de leurs fardeaux et
de les emporter avec eux (les fardeaux).

በዚህ ፡ የተነሳግ ፡ ለምን ፡ ሞታችሁን ፡ ብለው ፡ የገዘ ፡ ከብቶቻቸው
ን ፡ ይጣሉ ፡ ነበር ፡ ወይስ ፡ የሞቱት ፡ አጋሰሶች ፡ ተሞቱም ፡ በኋላ ፡
እስተ ፡ ጉንታቸው ፡ ቄመው ፡ ታልኌደ ፡ ይሉ ፡ ዘንድ ፡ ይቻላቸዋል ፡
እነሱ ፡ ሊአድኗቸው ፡ ዘንድ ፡ ታልተቻላቸው ፡ ጉንታቸውን ፡ አራግ
ፈው ፡ ይዘው ፡ ቢኌደ ፡ መች ፡ አነሳቸው ፡

E. Combien de temps dure-t-elle cette pénible saison?

ይኌው ፡ ጉንቅ ፡ ወርህ ፡ ምን ፡ ያህል ፡ ጊዜ ፡ ይቆያል ፡

I. Les fortes pluies durent à partir de la moitié du mois de
juin jusqu'au commencement du mois de septembre; par consé-
quent, tous les chemins provinciaux ne sont pas praticables, jus-
qu'au mois d'octobre...

ብርቱው ፡ ዝናብ ፡ ተሰኔ ፡ እኩሌታ ፡ ጀምር ፡ እስተ ፡ መስከረም ፡ ጥቢ ፡
ነው ። ስለዚህ ፡ ዋና ፡ ዋናው ፡ አጃ ፡ መንገድ ፡ ሁሉ ፡ እስተ ፡ ጥቅም
ት ፡ ድረስ ፡ አያስኌድም ።

E. Pendant toute cette période, tous les voyageurs, surtout
les marchands, que font-ils?

እኌን ፡ ክረምት ፡ ሙሉ ፡ መንገደኛ ፡ ሁሉ ፡ ይልቁንም ፡ ነጋዴው ፡
ምን ፡ ያደርጋል ፡

I. Pendant les trois mois d'hiver, chacun mène la vie des limaçons; c'est à dire, chacun passe l'hiver entier sans mettre le nez à la rue (hors de la maison).

ሰከተን ፡ ወር ፡ ሙሉ ፡ ክረምት ፡ ሁሉም ፡ እየራሱ ፡ የቁርኛ ፡ ትዳር ፡ ያድራል ፡ እንዴት ፡ ማለት ፡ ሁሉም ፡ እንደ ፡ ቁርኛ ፡ ተቀብሮ ፡ አፍ ፡ ጭውን ፡ ተደጃፉ ፡ ብቅ ፡ ሳያደርግ ፡ ይከርማል ።

Les autorités du pays.

E. Que font les autorités locales? Ne s'occupent-elles jamais de l'amélioration des chemins?

ያገሩ ፡ ሹማምት ፡ ምን ፡ ያደርጋሉ ፡ ፡ መንገዱ ፡ እንዲሻል ፡ ለማድሪ ግ ፡ ምንም ፡ አያስቡ ፡ ፡

I. Les autorités du pays, mangent, boivent, dorment et s'engraissent comme les moutons (agneaux) de Pâques; cela au dépens de la propriété, de la pauvre population, qui est dépouillée continuellement, impitoyablement par elles. Voilà, monsieur, les occupations bienfaisantes de nos braves autorités.

ያገሩ ፡ ጌቶች ፡ ስራቸው ፡ መብላት ፡ መጠጣት ፡ መተኛት ፡ እንደ ፡ ፋሲካ ፡ ሙክት ፡ መወፈር ፡ ብቻ ፡ ነው ። እኔ ፡ ሁሉ ፡ በደሀው ፡ ገንዘ ብ ፡ ጠዋትና ፡ ማታ ፡ ጨክነው ፡ በሚወርሱት ፡ ገንዘብ ፡ ነው ። ይኸ ውልም ፡ ጌታው ፡ የደጎቻ ፡ የኛ ፡ ሹማምት ፡ መልካም ፡ አድርጎታቸ ው ፡ ይኸ ፡ ነው ።

E. Les souverains, que disent-ils de l'indolence, ou, au moins de l'injustice que commettent tous les chefs de chaque province?

ነገሥታቱ ፡ ምን ፡ ይላሉ ፡ የያገሩን ፡ ሹማምት ፡ ግድ ፡ የለሽነት ፡ ሲ አዩ ፡ ይልቁንም ፡ እንዲህ ፡ ድህ ፡ ሲበድሉ ፡ ሲአዩ ፡ ፡

I. Oh! monsieur, ces chefs ne sont pas tout à fait blâmables s'ils imitent ce qu'ils voient faire par les souverains; ce sont eux qui devraient donner plutôt aux chefs du pays de bons exemples en abandonnant les anciennes coutumes qui sont nuisibles à la population et à la Nation.

ጌታው ፡ ሆይ ! ሹማምቱ ፡ ንጉሦች ፡ የሚአደርጉትን ፡ አያዩ ፡ ቢአደርጉ ፡ አጅግም ፡ አይፈረድባቸው ። ላገሩ ፡ ሹማምት ፡ መልካም ፡ ስራ ፡ ማስተማር ፡ የሚገባቸው ፡ እነዚሁ ፡ ንገሥታቱ ፡ እራሳቸው ፡ ድሀ ፡ የሚጐዳውን ፡ አገር ፡ የሚአጠፋውን ፡ የጥንት ፡ ልማድ ፡ ወዲአ ፡ አያጠፉ ፡ ነበር ።

E. Alors, c'est un bon métier que de manger, boire, s'amuser, dormir et s'engraisser, aux dépens des pauvres gens et sans rien faire: d'ailleurs dans tous les pays gouvernés par un chef absolu, comme en Abyssinie, le peuple est comme l'âne d'un prince, qui pendant une journée entière, porte un fardeaux d'or ou du miel et qui, le soir, ne trouve qu'une poignée de foin moisi au râtelier.

እንግዲአስ ፡ በድሀው ፡ ጫንቃ ፡ ምንም ፡ ሳይሰሩ ፡ መብላት ፡ መጠጣት ፡ መጫወት ፡ መተኛት ፡ መወፈር ፡ መልካም ፡ ትዳር ፡ ነው ! በቀረውም ፡ እንዳበሻ ፡ ንጉሡ ፡ ብቻ ፡ እንደፈቀደው ፡ በሚአበይንበት ፡ አገር ፡ ሁሉ ፡ ዜጋው ፡ እንደ ፡ ባለጠጋ ፡ አህያ ፡ ነው ። ይሄው ፡ አህያ ፡ ወርቅና ፡ ማር ፡ ተሸክሞ ፡ ውሎ ፡ ማታ ፡ ተሸፍቶ ፡ ተጭብጥ ፡ ገለባ ፡ በቀር ፡ ተረፉ ፡ አያገኝም ።

I. Cela est vrai; mais, je ne crois pas qu'il puisse y avoir une peuple si mal gouverné que le peuple d'Ethiopie.

እሄ ፡ የውነት ፡ ነው ። ነገር ፡ ግን ፡ እንደ ፡ ኢትዮጵያ ፡ አገር ፡ ሰው ፡ አገዛዝ ፡ የከፋበት ፡ አገር ፡ ይገኝ ፡ አይመስለኝም ።

E. Maintenant non, peut-être, mais, il y a quelques siècles il en était aussi de même en Europe; comme d'ailleurs cela existe encore en Russie.

አሁንስ ፡ የለም ፡ ይሆናል ፡ ነገር ፡ ግን ፡ መቶ ፡ ሁለት ፡ መቶ ፡ ያህል ፡ ዘመን ፡ ሆነ ፡ በፈረንጅ ፡ አገርም ፡ አገዛዙ ፡ እንዲሁ ፡ ነበረ ። በቀረውም ፡ ዛሬም ፡ ቢሆን ፡ በመስኮብ ፡ አገር ፡ እንዲሁ ፡ እንዳበሻው ፡ ነው ፡ አገዛዙ ።

I. Oh! ne parlons pas de la Russie, dont les souverains sont mille fois plus coupables et milles fois plus indolents et sans pitié envers leurs peuples.

የመስኩብን ፡ አገር ፡ ነገር ፡ አንናገረው ፡ ይቅር ። ነገሥታቱ ፡ ተኛም ፡ ፺ ፡ ንጉሣት ፡ ሽህ ፡ ጊዜ ፡ የብሱ ፡ በደለኞች ፡ ሽህ ፡ ጊዜ ፡ የብሱ ፡ ግ ድ ፡ የለሾች ፡ ለዚጋፖው ፡ እርህሩኜ ፡ የሌላፖው ፡ ናፖው ። ።

E. Pourquoi les monarques de Russie sont-ils plus coupables que ceux d'Ethiopie?

ስለምን ፡ ነው ፡ የመስኩብ ፡ ነገሥታቶች ፡ ተኢትዮጵያ ፡ ንጉሣች ፡ የብሱ ፡ ግድ ፡ የለሾች ፡ መሆናፖው ፡።

I. Parce que si les monarques d'Ethiopie oppriment leur peuple, ceux-ci n'ont du moins aucun contact avec les pays ci-vilisés, comme la Russie, et c'est pour cela que l'action des sou-verains de Russie, qui sont assez civilisés, est une action barbare et abominable. Et ils ne devraient jamais abuser de leur autorité sur leur peuple si fort et si admirable.

ስለምንጋ ፡ የኢትዮጵያ ፡ ነገሥታት ፡ ደሀፖውን ፡ ቢጨኑ ፡ ባይሆን ፡ እንኳ ፡ እንደመስኩብ ፡ አገር ፡ ብልህት ፡ ስራት ፡ ተታወቀበት ፡ ተፈረን ጅ ፡ አገር ፡ ጥግ ፡ ለጥግ ፡ አይኖሩም ። ስለዚህ ፡ እነዚሁ ፡ የመስኩብ ፡ ነገሥታት ፡ የሚበቃ ፡ ያህል ፡ እውቀት ፡ ታደረባፖው ፡ ወዳአ ፡ የሚ አደርጉት ፡ ነገር ፡ የሚናቅ ፡ ያረመኒ ፡ ስራ ፡ ነው ። እንዲህ ፡ የገነገነና ፡ የተደነቀ ፡ ሕዝባፖውን ፡ በገዛ ፡ መንግሥታፖው ፡ እየተመኩ ፡ ስቃ ዮን ፡ ማሳየት ፡ ባልተገባፖውም ፡ ነበር ።

E. Cela est vrai. Où est la douane, mon cher?

እሴስ ፡ እውነት ፡ ነው ። የቀረጡ ፡ ስፍራ ፡ ወዴት ፡ ነው ፡ ወዳጄ ፡።

I. Là où l'on voit de petites arbres; apercevez-vous un grand fleuve qui coule au milieu de deux collines couvertes de bois touffus?

ተዚአ ፡ ትንንሽ ፡ ዛፎት ፡ ተሚታየበት ፡ ነው ። በሁለቱ ፡ ዳር ፡ ለበሰ

ች ፡ ጉ•ብታ•ም•ች ፡ መካከል ፡ የሚ•ወር ዶ•ውን ፡ ትልቅ ፡ ወራጅ ፡ ው•ህ ፡
ያዩታል ፡፡

E. Oui, je le vois bien; comment pouvons-nous traverser ce
fleuve, devons-nous le traverser à la nage?

አ•ም ፡ በጣም ፡ ይታየኛል ፡፡ እንዴ•ት ፡ አ•ድርገን ፡ እንሻገረዋለን ፡ ይሄ
ን ፡ ወንዝ ፡፡ በዋና•ን ፡ እንሻገረዋለን ፡፡

I. Non, monsieur, il n'y a pas besoin de nager, c'est un fleuve
presque desséché.

እንካ•ን ፡ ጌታ•ው ፡ መዋኛ•ትም ፡ አያስፈልግ•እንደ ፡ መድረቅ ፡ ያለ ፡ ወ
ንዝ ፡ ነው ፡፡

E. Cela vaut mieux, autrement je ne pourrais pas passer le
fleuve à la nage n'ayant pas appris à nager.

እሄ ፡ ይሻላል ፡ አለዚ•ያ ፡ ግን ፡ በዋና ፡ ለመሻገር ፡ በልሆነ•ለኝም ፡ ነበ
ር ፡ ዋና ፡ አልተማርሁ•ም ፡፡

I. Pour cette fois-ci cela ne fait rien, si vous ne savez pas
nager; mais, s'il arrive quelque naufrage d'un bâtiment sur la
Mer Rouge, comment ferez-vous alors?

ላሁ•ኑ•ስ ፡ ግዴ ፡ የለ•ም ፡ ዋና•ም ፡ ባያው•ቁ ፡፡ ነገር ፡ ግን ፡ ተኤርትራ ፡
በህር ፡ ላይ ፡ የመርከብ ፡ መስጠም ፡ ቢ.ደርስ ፡ ም•ን ፡ ባደረጉ• ፡ ዋና ፡
ታ•ላወቁ ፡፡

E. Si cela m'arrivait, ou je mourrai, ou je me sauverai à
l'aide de quelques bouée, ou avec le secours des matelots, qui se
trouvent toujours attachés au service des bateaux.

እሄ•ግ ፡ ቢ.ደርስብ•ኝ ፡ ወይ ፡ እም•ተዋለሁ• ፡ ወይ•ም ፡ ለዚ.ህ ፡ ጊዜ• ፡ ተ
ብ•ለ• ፡ ተመርከበ• ፡ ላይ ፡ ተንጠልጥለ• ፡ በሚ.ኖ•ረው• ፡ ታ•ንካ•ና ፡ መዋ
ኛ ፡ እተርፋ•ለሁ• ፡፡

I. Oh! monsieur, il vaudra mieux pour vous que vous ap-
preniez à nager que de devenir la proie (la pâture) des poissons
de la Mer Rouge ou de l'océan.

ጌታየ ፡ ሆይ ! ለኤርትራ ፡ ወይም ፡ ለውቅያኖስ ፡ አሳ ፡ እሬት ፡ ሁኖ ፡
ተመቅረት ፡ ዋና ፡ መማር ፡ ይሻልዋል ፡፡

E. J'ai plus peur des dents des lions de ton pays que de celles
des poissons de la mer.

ተበሕሩ ፡ አሳ ፡ ጥርስስ ፡ ያገርሀን ፡ አንበሳ ፡ ጥርስ ፡ ይልቅ ፡ በጣም ፡
እፈራለሁ ፡፡

I. Certes, les dents des poissons ne sont pas si dures que
celles du lion, vous avez raison, monsieur!

ፍርድም ፡ ነው ፡ ጌታው ፡ ያሳ ፡ ጥርስ ፡ እርግጥ ፡ እንዳንበሳ ፡ ጥርስ ፡
አይጠነክርም ፡

E. Quel plaisant que tu es!.. J'aime beaucoup à plaisanter,
après avoir mangé et bu, et jamais avec le ventre vide; main-
tenant donne-moi quelque chose à manger, car j'ai faim!

ምን ፡ አላጋጭ ፡ ነህ ፡ አንተ ! .. እኔ ፡ ተበላሁና ፡ ተጠጣሁ ፡ በኊላ ፡
ማላገጥ ፡ ብዬ ፡ እወዳለሁ ፡ በባዶ ፡ ሆድ ፡ ግን ፡ ምንም ፡ ጨዋታ ፡ አ
ልወድ ፡፡ አሁንስ ፡ የሚበላ ፡ መሳይ ፡ ስጠኝ ፡ እርቦኛል ፡፡

Les manières des douaniers.

E. Les gens de la douane où nous devons aller maintenant,
seront-ils polis ou mal élevés?

አሁን ፡ ተምንሂድበት ፡ ያሉት ፡ ቀራጮች ፡ ትህትናማዎች ፡ ናቸው ፡
ወይስ ፡ እረኞዎች ፡ ናቸው ።

I. Oh! monsieur, ne pensez pas à cela; ils sont très polis,
surtout avec les européens.

ጌታው ፡ ሆይ ! ለዚህስ ፡ አይስበ ፡ እጅግ ፡ የተቀጡ ፡ ናቸው ፡፡ ይልቁ
ንም ፡ ተፈረንጆት ፡ ጋር ፡፡

E. Et, leur chef, l'officier principal, est-il gentil, lui aussi?

አለቃቸውሳ ፡ ዋናው ፡ ቀራጭ ፡ ደግ ፡ ሰው ፡ ነው ፡ እሱም ።

I. Il est plutôt rude, si c'est encore celui que nous connaissons; mais, une fois que vous serez d'accord avec ses agents, le chef ne voit pas ce que ceux-ci font.

ዛሬም ፡ ያ ፡ የምናውቀው ፡ ሹም ፡ እንደሆነ ፡ ወደ ፡ ጥብቅነቱ ፡ ያደ ላበታል ። ነገር ፡ ግን ፡ ተሱ ፡ ተወሬጆች ፡ ጋራ ፡ አንድ ፡ ጊዜ ፡ ተተሰ ማሙ ፡ ዋናው ፡ እነሱ ፡ የሚአደርጉትን ፡ አያይም ።

E. Mais, je n'ai pas peur, moi, de payer le droit d'entrée de ma marchandise! Je payerai tout et scrupuleusement; j'ai peur seulement qu'ils ne me fassent déballer et mettre mes bagage sens dessus dessous sous prétexte de les vérifier.

የተገበውን ፡ ቀረጥ ፡ ለመስጠት ፡ እኮ ፡ እኔ ፡ አልፈራም ! የሚገበው ን ፡ ሁሉ ፡ ልቅም ፡ ጥርቅም ፡ አድርጌ ፡ እከፍላለሁ ። እኔ ፡ የምፈራ ው ፡ አስረግጠን ፡ እንዶ ፡ እያሉ ፡ በዚህ ፡ ምክኛት ፡ ጥቅሌን ፡ ሁሉ ፡ እንዳያስፈቱኝና ፡ እቃየን ፡ ሁሉ ፡ ስንክርክሩን ፡ እንዳያወጡብኝ ፡ ብ ቻ ፡ ነው ።

I. Soyez tranquille, monsieur; ils ne commettront pas une pareille impolitesse: si vous saviez comme les européens sont respectés en Abyssinie!

ለዚህስ ፡ አይስቡ ፡ ጌታው ። እንዲህ ፡ ያለ ፡ ተንኮል ፡ እነሱ ፡ አይሰሩ ም ። ቢአቁስ ፡ ፈረንጅ ፡ ባበሻ ፡ እንዴት ፡ ይከበራል ፡ መስሎዋል !

E. Je crois et j'avais déjà entendu dire par les voyageurs qui connaissent votre pays, que vous êtes très respecteux et de très honnêtes gens.

አምናለሁ ። ተዚህም ፡ ቀድም ፡ አበሻን ፡ የሚአውቁ ፡ የፈረንጅ ፡ ነ ጋዴዎች ፡ እጅግ ፡ ሰው ፡ አክባሪነታችሁንና ፡ እጅግ ፡ የታመናችሁ ፡ መሆናችሁን ፡ ሲናገሩ ፡ ሰምቼ ፡ ነበር ።

Quelques jours d'arrêt auprès de la Douane.

E. Pourquoi les chameliers s'arrêtent-ils ici et commencent-ils à décharger les malles?

ስለምን ፡ በለ ፡ ግመሎች ፡ ተዚህ ፡ ቆሙና ፡ ጭነቱን ፡ ማራገፍ ፡ ጀመሩ ፡

I. Parce que c'est ici le lieu de campement de tous les marchands, avant de subir la visite de la part des douaniers.

ስለምን ፡ ቀራጮቹ ፡ እቃውን ፡ እስቲያዩ ፡ ድረስ ፡ የነጋዴ ፡ ሁሉ ፡ መ ሳፈሪአ ፡ ይኼው ፡ ነው ፡ ስፍራው ።

E. Ne pouvons-nous pas établir nos campements là, au pied de la colline ?

መደበራችነን ፡ ተዚአ ፡ ተጉብታው ፡ ሥር ፡ ለማድረግ ፡ ባልተቻለ ነም ።

I. Non, nous ne pouvons pas, monsieur, faire cela: voyez, que les baraquements qui sont devant nous appartiennent aux agents de la douane; c'est à dire que les baraquements sont situés au commencement de l'autre côté de la zone; c'est pour cela que nous sommes obligés de nous arrêter ici jusqu'à ce que la visite des douaniers soit terminée et les droits payés. Mais, maintenant, comme vous voyez, la colline où vous désiriez faire nos campements, se trouve au-delà des baraquements des douaniers.

እኔን ፡ ለማድረግስ ፡ አይሆንልነም ። ይዩትማ ፡ ተፊታችን ፡ ያለው ፡ ዳስ ፡ መሳይ ፡ የቀራጮች ፡ ነው ። እንዴት ፡ ማለት ፡ ይኼው ፡ ዳስ ፡ ያ ለበት ፡ ተቧር ፡ ወዲአ ፡ ያለው ፡ አገር ፡ መጀመሪአ ፡ ነው ። ስለዚህ ፡ እቃውን ፡ ቀራጮች ፡ አዩተው ፡ እስቲጨርሱና ፡ ቀረጡ ፡ እስቲሰጥ ፡ ድረስ ፡ ተዚህ ፡ ማረፋችን ፡ በግዳችን ፡ ነው ። አሁን ፡ ግን ፡ እንደሚ አዩት ፡ ለመስፈር ፡ የሚመኙበት ፡ ጉብታ ፡ ተቀራጮቹ ፡ መቀመጫ ፡ ወዲአ ፡ ተሸግሮ ፡ ነው ፡ ያለ ።

E. Oh! la colline est au-delà de la douane… en ce cas c'est bien sûr que nous sommes obligés de nous arrêter ici! Prends le mulet par la bride, que je descende.

እንዲህ ፡ ነው ፡ ወይ ! ጉብታው ፡ ተቀረጡ ፡ ስፍራ ፡ ወዲአ ፡ ነውና ! እንዲሀስ ፡ ተሆን ፡ በግድ ፡ ተዚህ ፡ መቆማችን ፡ እርግጥ ፡ ነው ! በቅ ሉየን ፡ በለከው ፡ ያገ ፡ ልውረድ ።

A la recherche d'un interprète.

E. Y a-t-il des interprètes ici, auprès du chef de la douane?

ተቀረጡ ፡ ሹም ፡ ዘንድ ፡ አስተርጓሚ ፡ አለ ፡ ይሆን ።

I. Il n'y a, monsieur, aucun interprète ici.

ተዚህ ፡ ምንም ፡ አስተርጓሚ ፡ የለ ፡ ጌታው ።

E. Mon Dieu! comment pouvons-nous nous entendre, alors, avec ces douaniers? moi, qui ne suis pas encore bien familiarisé avec la langue amharique.

በግዚአብሔር ! እንግዲአ ፡ ተቀራጮት ፡ ጋር ፡ ንግግራችነን ፡ እንዴ ምን ፡ እንተዋወቃለን ። እኔ ፡ ላማረኛ ፡ ንግግር ፡ ገና ፡ አልሰለጥሁ ።

I. Vous n'avez pas besoin, monsieur, d'aucun interprète, puis-que vous parlez déjà très bien l'amharique.

ምንም ፡ አስተርጓሚ ፡ አያስፈልግም ፡ ጌታው ። አማረኛ ፡ እርስም ፡ አ ራስዎ ፡ በጣም ፡ አሳምረው ፡ ይሄው ፡ ያውታሉ ።

E. C'est là un compliment inutile; dis-moi plutôt, s'il est obligatoire de se présenter au chef de la douane.

እኔ ፡ ቃልህ ፡ ክንቱ ፡ ውዳሴ ፡ ነው ። ይልቁንስ ፡ ተቀራጮት ፡ አለቃ ፡ መተዋወቅ ፡ በግድ ፡ እንደሆነ ፡ ንገረኝ ።

I. Rien d'obligatoire, monsieur, excepté celui de satisfaire le payement des droits d'entrée des marchandises. Si vous voulez lui faire une visite de politesse, faites comme il vous plaira.

ለዕቃ ፡ መሸገሪአ ፡ የሚገባውን ፡ የታውን ፡ ቀረጥ ፡ ተመስጠት ፡ በቀ ር ፡ ሌላ ፡ ምንም ፡ የግድ ፡ ነገር ፡ የለ ፡ ጌታው ። ስለትሕትና ፡ ሂጄ ፡ አየዋለሁ ፡ የሚሉ ፡ እንደሆን ፡ እርስም ፡ እንደወደዱ ፡ ያድርጉ ።

E. Selon moi, ce n'est jamais humiliant de faire une visite de politesse à quiconque, et je crois convenable que j'aille lui faire une visite pour le connaitre.

እንደኤስ ፡ ለማንም ፡ ይሁን ፡ በትሀትና ፡ ሂዶ ፡ ማየት ፡ ውርደት ፡ አ
ይደለም ። እኔም ፡ ሂጄ ፡ ባየውና ፡ ብተዋወቀው ፡ ይሻል ፡ ይመስለኛል ።

I. C'est bien, alors, et il sera très content, lui aussi, vous
le verrez.

እንግዲአውስ ፡ መልካም ፡ እሱንም ፡ ብዙ ፡ ደስ ፡ ይለዋል ፡ ያየቃል ።

E. Mais, vaudrait-il mieux lui apporter quelques présent?

በረከት ፡ መሳይሳ ፡ ቢወስዱለት ፡ ባተሻለ ፡ ይሆን ፡።

I. Si vous le voulez, certes, il en sera bien aise et même
il vous facilitera tout ce qui concernera notre voyage.

ተወደዱ ፡ ለሱ ፡ ደስ ፡ እንዲለው ፡ የታወቀ ፡ ነው ፡ ከቶውንም ፡ የመ
ንገዳችነን ፡ ሁሉ ፡ ነገር ፡ ያቃናልዋል ።

E. Je crois bien: je lui porte un beau revolver.

ለኔም ፡ እንዲህ ፡ ይመስለኛልና ፡ እንድ ፡ ማለፊአ ፡ ሽጉጥ ፡ ጠበንጃ ፡
እወስድለታለሁ ።

I. Oh! monsieur, quelle importance voulez-vous lui donner?
Si vous faites cadeau d'un bon revolver à un douanier, qui n'a
pas d'importance, il faudra que vous prépariez des canons pour
chaque préfet et des fusils pour chaque maire: sachez que, si
vous voulez être si généreux en chaque pays, vous risquez de
rentrer dans votre pays les mains vides: donc, si vous voulez
écouter mes petits conseils, ne donnez aucun objet à personne.

እንዲህ ፡ ነው ፡ እንጂ ! ምን ፡ ተቄም ፡ ነገር ፡ ሊጥፉት ፡ አማረዖ ፡ ጌ
ታው ። ቄም ፡ ነገር ፡ ለሴለው ፡ ላንድ ፡ ቀሬጭ ፡ መሳይ ፡ መልካም ፡
ሽጉጥ ፡ ተሰጡ ፡ ለየ ፡ ምስለኔው ፡ መድፍና ፡ ለየ ፡ ጭቃው ፡ ሽም ፡ ተ
ራዝሚ ፡ ጠበንጃ ፡ እንዲአሰናዱ ፡ መሆን ፡ ነዋ ፡ እንግዲአውግ ፡ ጌታ
ው ። በያገሩ ፡ እንዲህ ፡ ለጋስ ፡ እሆናለሁ ፡ ያሉ ፡ እንደሆን ፡ አገረዖን ፡
ባዶ ፡ እጅዖን ፡ እያጠዛወዙ ፡ መግባትዖን ፡ ይወቁት ። እንግዴህ ፡ ግ
ን ፡ የኔን ፡ ትንሽ ፡ ምክር ፡ የሚሰሙ ፡ እንደሆን ፡ ለማንም ፡ ሰው ፡ ም
ንም ፡ እቃ ፡ አይስጡ ።

E. Que dois-je donc lui donner à ce chef?

እንግዲኢ ፡ ምን ፡ ልስጠው ፡ ለዚህ ፡ ለቀራፌጮች ፡ አለቃ ፡፡

I. Selon moi, il suffit que vous lui donniez une pièce de toile, ou, une ou deux bouteilles de liqueur, ou aucun cadeau.

እንደኔ ፡ እንደኧስ ፡ አንድ ፡ ጣቃ ፡ ቲል ፡ መሳይ ፡ ወይም ፡ አንድና ፡ ሁለት ፡ ጠርሙስ ፡ የፊሕር ፡ አረቄ ፡ ቢሰጡት ፡ ይፊቃል ፡ ወይም ፡ ም ንም ፡ አይስጡ ፡፡

E. C'est bien, je ferai comme tu me dis; maintenant, j'aurais besoin d'un interprète.

መልካም ፡ ነው ፡ አንተ ፡ እንዳልኸኝ ፡ አደርጋለሁ ፡፡ አሁንስ ፡ አስተ ርጓሚ ፡ በተገኘልኝ ፡ በተሻለ ፡፡

I. Non, monsieur, vous n'avez pas besoin d'interprète et vous pouvez vous exprimer vous-même en amharique; ne vous en préoccupez pas.

እንካን ፡ ጌታው ፡ አስተርጓሚም ፡ አያስፈልገም ፡ እርሰዎ ፡ በገዛዦዎ ፡ በአማሬኛ ፡ ለመነጋገር ፡ ይሆንልዋል ፡ አይስቡብት ፡፡

E. Apprends-moi, au moins comment on doit saluer quand on rencontre pour la première fois un personnage, et tous les usages relatifs.

በይሆን ፡ በመጀመሪኣ ፡ ጊዜ ፡ ተትልቅ ፡ ሰው ፡ ጋር ፡ ሲገናኙ ፡ የሚ ባለውን ፡ የሰላምታ ፡ ቃልና ፡ እንዲህ ፡ ላለ ፡ ጊዜ ፡ የተገባውን ፡ ንግ ግር ፡ ሁሉ ፡ አስተምረኝ ፡፡

I. Oui, monsieur; voilà, écrivez, alors, tout ce que je vais vous dire au sujet des salutations et compliments; je ne puis pas vous aider à écrire les mots que nous devons dire, car je ne sais pas écrire.

እሺ ፡ እንግዲኣስ ፡ የምነግርዎን ፡ ሁሉ ፡ ለሰላምታውም ፡ ለምነም ፡ የሚሆነውን ፡ ቃል ፡ ይዜውልዎ ፡ ይጣፉ ፡፡ እኔ ፡ ለመጣፍ ፡ እንደላ ግዝዎ ፡ ጥፈት ፡ አላውቅም ፡፡

E. Peu importe! j'écrirai moi-même: apporte-moi l'encrier, la plume et le papier.

ግድ ፡ የለም ፡ እኔ ፡ እራሴ ፡ እጥፈዋለሁ ፡ መዷን ፡ የቀለም ፡ ቀንዷን ፡ ና ፡ ብሩን ፡ ወረቀትም ፡ አድርገህ ፡ አቅርብልኝ ።

I. Où faut-il aller les chercher, monsieur (où puis-je les trouver?)

ተወዴት ፡ ልፈልገው ፡ ጌታው ፡ ፡ ወዴት ፡ አገኘዋለሁ ፡

E. Tu les trouveras sur la caisse, près de mon lit [1].

ታልጋዬ ፡ አጠገብ ፡ ተሳጥኑ ፡ ላይ ፡ ታገኛዋለህ ።

Première rencontre du voyageur avec le chef de la douane.

E. Je vous présente, monsieur, mes-hommages!

ጤና ፡ ይስጥልኝ ፡ ጌታው [2] ።   *Tèna yistillîgn, gueldou?*

I. Dieu soit loué; soyez le bienvenu, monsieur!

እግዚአብሔር ፡ ይመስገን ፡ እ   *igziavhère y immesgène, inqoine*
ንኳን ፡ ደህና ፡ ገቡ ።   *dehina guebbou.*

E. Merci (*litt.*: ainsi soit-il); je suis bien satisfait moi aussi, monsieur, de vous trouver en bonne santé.

አሜን ፡ እንኳን ፡ ደህና ፡ ቆዩ   *Amène, inqoine dèhna koyoùgn*
ኝ ፡ ጌታዬ ።   *guélaé.*

I. Avez-vous traversé le désert en bon port, monsieur?

በረሀውን ፡ በደህና ፡ ዘለቁት ፡   *Berehaoune bedèhna zellekoute,*
ጌታው ፡   *guéldou?*

E. Oui, monsieur, je l'ai bien traversé, merci.

አዎን ፡ ጌታዬ ፡ በደህና ፡ ተሻገ   *Aône, guélaé, bedèhna lecha-*

ርሁት ፡ እግዚአብሔር ፡ ይስጥ ፡ ልኝ ።   *guerhoute, igziar-hère yisŧillign.*

I. Habitué à votre magnifique pays, toujours vert, comment avez-vous supporté la chaleur et la soif de ce désert, monsieur ?

በዚኣ ፡ በማለፊኣ ፡ ዘወትር ፡ በለመለም ፡ አጐርዮ ፡ ለምዶው ፡ የዚህን ፡ በረኻ ፡ ሙቀትና ፡ ውሀ ፡ ጥማቱን ፡ እንዴት ፡ ቻሎት ፡ ጌታው ።   *Bezia bemalèfia zewetir belèmelemè aguerio lèmdéou yezihïnn berèha moukelïnna ouha ŧimaloùne ïndèle lchaloute guelàou.*

E. L'homme doit s'habituer à toutes les circonstance de ce monde, car on ne peut pas mener toujours une vie tranquille et heureuse.

ወንድ ፡ ልጅ ፡ በዚህ ፡ ዓለም ፡ ሁሉንም ፡ መልመድ ፡ ነው ፡ እንጂ ፡ ዘወትር ፡ መች ፡ በለም ፡ ና ፡ በደስታ ፡ መኖር ፡ ይሆንለ ፡ ታል ።   *Wènde lïlj bezïh alème houlounïnm melmède nèou indji zewetïre mèlch balèmïnna bedessïta menòr yihonïlletall?*

I. Oh! quelle merveille! comme vous parlez bien l'amharique, monsieur; où l'avez-vous appris ?

ግሩም ፡ ነው ! አማረኛ ፡ እንዴት ፡ መልካም ፡ ይናገራሉ ፡ ጌታው ። ተወዴት ፡ ተማሩት ።   *Groùme nèou! amaregna ïndele melcàme yinnagueralhou guèlàou? Tewedète lemaroùle?*

E. Pour le moment je sais seulement quelques mots, mais je désire l'apprendre bien pour l'avenir.

ላሁኑስ ፡ ጥቂት ፡ ጥቂት ፡ ቃል ፡ ብቻ ፡ ነው ፡ የማውቅ ። ለገናው ፡ ግን ፡ መልካም ፡ አድርጎ ፡ ለማወቅ ፡ እመኛለሁ ።   *Lahounouss ŧikile ŧikile kal bïlcha nèou yemmàouk; leguenàiou guïne melcàme adrïgo lemawek ïmmegnallèhou.*

I. Ne vous mettez pas en peine de cela; vous l'apprendrez bientôt, et bien. Beaucoup d'autres européens, même, qui ne savaient pas, un seul mot d'amharique quand ils sont arrivés chez nous, ont appris tout de suite notre idiome.

ለዚህስ ፡ አይስቡ ፡ ቶሎ ፡ እሳ
ም፡ረው ፡ ይማራሉ ፡ ሌላዎች ፡
ፈረንጆች ፡ ሳይቀሩ ፡ ተኛ ፡ የ
መጡ ፡ ጊዜ ፡ እንደ ፡ ቃል ፡
አያውቁ ፡ የነበር ፡ በቶሎ ፡ ቋ
ንቋችንን ፡ ተማሩ ፡ ።

*Lezihiss aïssivou, lolò açam-
mireou yimmarallou; lelaotch
ferindjotch çaikerou tegna ye-
mellou guizé ande kâl ayaoukou
yenebbère betelò kouankoitchinène
temarou.*

E. S'il en est ainsi, je serais bien content, mais, je ne sais
pas si cela est possible.

እንዲህስ ፡ ቢሆን ፡ ብዙ ፡ ደስ ፡
ባለኝ ፡። ነገር ፡ ግን ፡ እንጃ ፡ ይሆ
ንልኝ ፡ እንደሆን ፡ አላውቅም ፡።

*Indihiss bihône bzou dèss ba-
lègn; neguere guine, indja, yiho-
nillign indehône alaoukimm.*

I. N'en doutez pas, et vous réussirez: asseyez-vous donc, mon-
sieur! Nous n'avons pas, comme dans votre pays, de beaux fau-
teuils; que faire cependant? Il faut que vous-vous reposiez sur
ce rude sopha, selon l'usage de notre pays.

አይጠር ጥሩ ፡ ይሆንልዋል ፡።
ይቀመጡ ፡ እክ ፡ ጌታው ፡ እኛ ፡
እንዳገራችሁ ፡ ሁሉ ፡ ማለፊአ ፡
ባለ ፡ መጠጊአ ፡ ወንበር ፡ የለን
ም ፡ ነገር ፡ ግን ፡ ምን ፡ ይደረጋ
ል ፡ እንዳገራችን ፡ ልማድ ፡ ተ
ጉርባጣ ፡ ድንክ ፡ ላይ ፡ ይረፉ ፡
እንጃ ፡።

*Aïterlirou, yihonillioill; yik-
kemelou icco, guétâou! igna in-
dagueratchihou houllou malèfia
balèmelleguia wembère yellen-
nèmm; neguere guine mine yid-
derregall, indagueratchine lima-
de tegouèrwalla dine lâï yirefou-
indji?*

E. Il est bon tout de même (*et avant de s'asseoir*). Excusez-
moi, monsieur, si j'ose vous porter deux pièces de toile, qui peu-
vent servir pour vos garçons, et acceptez-les.

እሄም ፡ መልካም ፡ ነው ፡። ጌታ
ው ፡ ይፈረግኝ ፡ አይበሉኝና ፡ ላ
ሽከሮችዎ ፡ እንዲሆን ፡ ብየ ፡
ሁለት ፡ ጣቃ ፡ አቡጀዲ ፡ አ
ምጥቻለሁ ፡ ይቀበሉኝ ፡።

*Ihémm melcâme néou. Guétâou,
delferègn aïrelou-inna lachque-
rotchiô indihône biyé houlèll laka
avoudjedi amtilchallèhou yikke-
velougn.*

I. Merci, monsieur; pourquoi vous êtes-vous dérangé pour moi ?

እግዚአብሔር ፡ ይስጥዎ ፡ ጌታ   *igziachère yistio, guétaé; lemine*
ዬ ። ለምን ፡ ተቸገሩ ፡ ለኔ ፡ ብ   *tetchegguerou lené bléou ?*
ለዉ ።

E. Pas de quoi; au contraire je suis bien fâché de la nullité
de l'objet, que je vous offre.

ለሄቱ ፡ እከ ፡ ይልቁንም ፡ የማ   *Lehétou-ïcco! yilikonnimm*
ይጠቅም ፡ እቃ ፡ ስለሆነ ፡ ብዙ   *yemmaïtekime ika çilehoné bzou*
እግናለሁ ።   *aznallèhou.*

I. Oh! c'est même trop: maintenant, dites moi, monsieur, si
vous avez quelques affaires qui vous embarrassent, je ferai tout
mon possible pour vous venir en aide.

እንደታ ! ከቶውንም ፡ ብዙ ፡   *indéta ! quello-ounîmm bzou*
ነዉ ። እንግዴህ ፡ የተገረዎ ፡ ነ   *nèou. ingdéhe yetcheggueréo ne-*
ገር ፡ እንዳለ ፡ ይንገሩኝና ፡ በ   *guere indallè yinguerougn-inna*
ተቻለኝ ፡ ሁሉ ፡ አግዘዋለሁ ።   *betèlchalègn houllou agzèoillèhou.*

E. Merci, monsieur; dans ce moment-ci je n'ai besoin de
rien: seulement je serais bien aise que vous fassiez faire la vi-
site réglementaire à mes marchandises, afin que je puisse partir
au plus tôt, en payant les droits de douane.

እግዚአብሔር ፡ ይስጥልኝ ፡ ጌ   *Igziav-hère yistillign guétaé,*
ታዬ ። አሁንስ ፡ ምንም ፡ የተገ   *ahouniss minimm yetchegguè-*
ረኝ ፡ የለ ። ብጃ ፡ ቶሎ ፡ የተገ   *règn yellè. Bitcha tolo yeteguch-*
ባዉን ፡ ቀረጥ ፡ ሰጥቼ ፡ እንድ   *baoïne kerete seïtché indihéde*
ሄድ ፡ እንደስራቱ ፡ እቃዬ ፡ እ   *indeçiratou ikaé indittai biader-*
ንዲታይ ፡ ቢአደርጉልኝ ፡ እጅ   *goullign idjig dèss balegn.*
ግ ፡ ደስ ፡ ባለኝ ።

I. Oh! monsieur, c'est mon devoir et je ferai en sorte que
vous puissiez être bientôt libre (*se tournant vers les domestiques*):
apportez bien vite à boire à monsieur, donnez-lui de l'hydromel
et de la bière pour qu'il boive ce qui lui plaira. Oh! monsieur,

les voyageurs ont besoin de boire, et quoique nous n'ayons pas
de vin dans notre pays, nous avons de l'hydromel et de la bière
indigène, et acceptez, s'il vous plait, monsieur, ce que vous aimez
le mieux.

ጌታው ፡ ሆይ ! እኔማ ፡ በግዬ ፡
አይደለምን ! በቶሎ ፡ እንዲላ
ቀቁ ፡ አደርጋለሁ ። ወዲአው ፡
ወዳሽከሮቹ ፡ ዙር ፡ ቶሎ ፡ መ
ጠጥ ፡ አምጡላቸው ! ጠጅም ፡
ጠላም ፡ አቅርቡላቸውና ፡ የወ
ደዱትን ፡ ይጠጡ ፡ አለና ። ጌ
ታው ፡ ጎዳነኛን ፡ መጠጥ ፡ ያም
ረዋልና ፡ ምንም ፡ ያገራችሁ ፡
የወይን ፡ ጠጅ ፡ ባይኖረን ፡ የማ
ር ፡ ጠጅና ፡ ያገራችን ፡ ጠላ ፡ አ
ለን ፡ እባክዎን ፡ የተሻለዎን ፡ ይ
ቀበሉ ።

*Guèldou hòy, ḍhèmma beguịddè
aïdellemmịnị? betolò ịndillakekou
adergallèhou (wedidou wedach-
querotchou zouro. Tolo meḍeḍḷ
amḷoullatchèòu) ḷedjịm m, ḷeḷ
lamm akrịvoullatchèou-ịnna ye-
weddedouḷịne yiḷeḷḷou. Guèldou,
gouèdanegnane meḷeḷḷ yamrèoiʼ-
lịnna, mịnịmm yagueratchihou
yewèyne lèdj baïnorennè yemar
lèdjinna yagueratchine ḷella al-
lennè ịvaquịóne yetèchaleóne yik-
kerelou.*

E. Maintenant, je n'ai pas soif, monsieur, merci.

ጌታየ ፡ አሁንስ ፡ አልጠማኝም ፡
እግዚአብሔር ፡ ይስጥልኝ ።

*Guèlaó, ahounịss alḷèmma-
gnimm, ịgziac-hòre yisḷịllịgn.*

I. Buvez, monsieur, au moins un peu de café.

ባይሆን ፡ ጥቂት ፡ ቁህ ፡ ይጠ
ጡ ፡ ጌታው ።

*Baïhône ḷịkile kouha yiḷeḷḷou,
guèldou.*

E. Oui, je préfère prendre du café, merci.

እሺ ፡ ተቁሀው ፡ ብጠጣ ፡ ይሻ
ለኛል ፡ እግዚአብሔር ፡ ይስጥ
ልኝ ።

*ịchi, lekouhdou bḷeḷḷa yicha-
legnall, ịgziac-hòre yisḷịllịgn.*

Les agents de la douane visitent les marchandises.

I. Que renferment ces colis?

እኒ ፡ ጥቅል ፡ ምን ፡ አለበት ።

ịhè ḷịkịll mịne allebbete?

E. Ils renferment des toiles, des percales, des gazes et de petites carafes: ces deux balles-là contiennent des tapis; la moitié, des tapis ordinaires et l'autre moitié des tapis de luxe, mais dans ces huit ballots, il y a des étoffes de soie.

ቲል ፡ ድንቲ፡ ሻሽ ፡ ብርሌ ፡ አለበት ። እነዚአ ፡ ሁለቱ ፡ ጥቅ ልሎች ፡ ደግሞ ፡ የባሕር ፡ ም ንጣፍ ፡ አለባቸው ። እኮሌታ ው ፡ ግብሬ ፡ መርፌ ፡ እኮሌታ ው ፡ ዝጋጃና ፡ ወላንሳ ፡ ነው ። ተ ነዚያ ፡ ተስምንቱ ፡ ጥቅልሎች ፡ ግን ፡ ሀር ፡ ግምጃ ፡ አለባቸው ።

T'il, djnli, châch. brillé allebbele; innezia howellou tiklilôtch degmô yevahire minţaf allebbatchéou. iccolétdou guivrè merfè, iccolétdou zigadjanna welança néou. T'ennezia tecimminlou tiklilôtch guîne hàrr guimdja allebbatchéou.

I. Quel genre d'étoffes de soie, renferment-ils?

ምን ፡ አይነት ፡ ግምጃ ፡ ነው ፡ ያለባቸው ።

Mine aïnele guimdja néou yallebbatchéou?

E. Des velours, des brocarts, des damas, des satins rouges, verts, jaunes, et changeants. Il y a aussi beaucoup de cotonnades de couleur.

ከፈይም ፡ ወርቀ ፡ ዘበም ፡ ደማስ ም ፡ ቀይ ፡ መስ ፡ አረንጓዴም ፡ መስ ፡ ቡቅዳዴም ፡ ሌታቀንም ፡ አለባቸው ። ብዙ ፡ ሽትም ፡ አ ለበት ።

Quefèyimm, werkèzevômm, demacîmm. kèy mèce, arengoidémm mèce, boukdadémm, létakenîmm, allebbatchéou: bzou chilîmm allebbele.

I. N'avez-vous pas d'autres marchandises à déclarer?

ሌላ ፡ የሚአሳዩት ፡ የሚቀረጥ ፡ እቃ ፡ የለፕም ።

Léla yemmiaça-youle yemmikkerreţe ika yellèômm?

E. Tout ce qui concerne les colis est fini et il n'y en a pas d'autres: allons voir maintenant les malles.

የተጠቀለለው ፡ ሁሉ ፡ እቃ ፡ ነ ገር ፡ አለቀ ፡ ሌላም ፡ የለ ። አ

Yetèţekelleléou houllou ika neguère allèkè, lélamm, yellè; ahou-

ሁንስ ፡ የሳጥኑን ፡ ወገን ፡ ለማ *nîss yeçaṭnoûne wcguène lemaéle*
የት ፡ እንዲደ ፡ ፡ *ịnnịhide.*

I. Combien de malles avez-vous, monsieur?

እስንት ፡ ሳጥን ፡ አለ፡ ጌታ፡ው፡ ፡ *içînte çaṭîne alleó guélàou?*

E. Les malles, toutes ensemble, sont trente; mais, toutes ces
malles ne contiennent pas seulement des marchandises (des objets
à vendre); il y a aussi des malles qui contiennent mes habille-
ments, des médicinaux de voyages et d'autres petits objets de
différents genres.

ሳጥኑ ፡ ሁሉ ፡ በሁላሁሉ ፡ ሰላ *Saṭnou houllou behoullahoullou*
ሳ ፡ ነው ፡ ፡ ነገር ፡ ግን ፡ እኒው ፡ *cèlaça nêou, neguêre guịne, ịhéou*
ሁሉ ፡ ሳጥን ፡ የሚ ሽጥ ፡ እቃ ፡ *houllou saṭîne yèmmichèḷe ịka bị-*
ብቻም ፡ አይደለ ፡ የያዘው ፡ ፡ ል *lchamm aïdèllè yeyazéou, lịvça-*
ብሳ ፡ ልብሴንም ፡ ለመንገድ ፡ *lịvçainîmm, lèmènguède yemmi-*
የሚ ሆን ፡ መድኃኒትም ፡ ሌላ *hóne mèdhaniṭmm, lelamm le-*
ም ፡ ለመንገዱ ፡ የሚ ሆን ፡ ትን *mènguedé yemmihóne lnịnnîch*
ንሽ ፡ መሳሪአ ፡ እቃ ፡ የያዘ ፡ ሳ *messaria ịka yeyazè saṭîne alleb-*
ጥን ፡ አለበት ፡ ፡ *bèle.*

I. C'est bien; en tout cas, il faut qu'elles soient ouvertés et
visitées, c'est une règle obligatoire: avez-vous les clefs de toutes
ces malles sur vous, ici monsieur?

ይሁን ፡ መልካም ፡ ነው ፡ ፡ ለሁ *Yihoûne melcâme nêou; lehoul-*
ሉም ፡ ነገር ፡ የገድ ፡ ስራት ፡ *loumm neguêre yeguụld cịrate*
ነውና ፡ እየተከፈተ ፡ ይታይ ፡ ፡ *néouịnna ịyèlequeffelè yittaï. Ye-*
የዚህን ፡ ሁሉ ፡ ሳጥን ፡ መክፈ *zihịnn houllou saṭîne mècfelcha*
ቻ ፡ ይዘው ታል ፡ ተዚህ ፡ አለ ፡ ፡ *yizéoulall lezih allè?*

E. Oui, je les ai (*et le voyageur ordonne à ses domestiques
d'ouvrir les malles*).

አዎን ፡ እገ ዋለሁ ፡ ፡ *Aóne, ịjéoillehou.*

I. C'est assez, laissez, une suffit et puis; avez-vous autre
chose à nous montrer?

በቃ ፣ ተውት ፣ እንዱ ፣ ይብቃ
ል ፣ ሌላ ፣ አትክፈቱ ። ሌላ ፣ የ
ሚኣሳይን ፣ እቃ ፣ አለ ፡፡

*Bekka, anılou yivekall léla at-
lïcfelou. Léla yemmiaçayounn ïka
allè ?*

E. Maintenant, il nous reste à voir les caisses contenant des
fusils et des cartouches, et deux petites caisses qui contiennent
des révolvers.

አሁን ፣ ለግየት ፣ የቀረነ ፣ ጠብ
ንጃና ፣ ጥይት ፣ የያዘው ፣ ሳጥ
ንና ፣ ሽጉጥ ፣ ጠበንጃ ፣ የያዙ ፣
ሁለት ፣ ዝቅ ፣ ዝቅ ፣ ያሉ ፣ ሳጥ
ኖች ፣ ናቸው ።

*Ahoune lemaèle yekerrennè ṭe-
vendja-ïnna ṭïyite yeyazèou saṭï-
ne-ïnna chiggoule ṭevèndja yèya-
zou houlell zïkk zïkk yalou saṭ-
nòlch nalchèou.*

I. Dans chaque caisse, combien de fusils?

በያንዳንዱ ፣ ሳጥን ፣ እስንት ፣ እ
ስንት ፣ ተራዛሚ ፣ ጠበንጃ ፣ አ
ለበት ፡፡

*Beyandandou saṭïne ïcïnle ïcïn-
le terazami ṭevèndja allebbele?*

E. Chaque caisse en renferme vingt.

በየሳጥኑ ፣ ሀያ ፣ ሀያ ፣ አለበት ።

Beyèçaṭnou hïya hïya allebbele.

I. Sont-ils tous d'une seule qualité?

ሁሉም ፣ እንድ ፣ አይነት ፣ ብ
ቻ ፣ ነው ፡፡

*Houlloùmm ànde aïnèle bïlcha
nèou ?*

E. Il y a une cinquantaine de fusils de chasse à deux coups,
le reste est tout de la même qualité et du même calibre.

እንድ ፣ እምሳ ፣ ያህል ፣ ሁለት ፣
አፍ ፣ ያደን ፣ ጠበንጃ ፣ አለበ
ት ። የቀረው ፣ ግን ፣ ሁሉም ፣
እንድ ፣ አይነት ፣ እንድ ፣ እከ
ል ፣ እንድ ፣ እምሳል ፣ ነው ።

*Ande amça yahïl houlellaf ya-
dène ṭevendja allebbele; yekerrèou
guïne houlloùmm ànde aïnèle àn-
de acàl ànde amçal nèou.*

I. Et les cartouches renfermées dans chaque caisse, combien
y en a-t-il?

በያንዳንዱ ፡ ሳጥን ፡ ውስጥ ፡ ያ
ለው ፡ እየር ፡ ምን ፡ ያህል ፡ ነው ፡፡

*Beyandandou saṭîne oûsṭe yal-
lèou iyire mṭne yahĩl nèou ?*

E. Il y a quarante caisses et chaque caisse contient cinq
cents cartouches: voilà tout, et nous avons fini.

ሳጥኑ ፡ አርባ ፡ ነው ፡ ያለው ፡፡
በያንዳንዱ ፡ ሳጥን ፡ አምስት ፡
አምስት ፡ መቶ ፡ ጥይት ፡ አለበ
ት ፡፡ እኄው ፡ ነው ፡ ሁሉንም ፡
ጨረስነ ፡፡

*Saṭnou arva nèou yallèou : be-
yandandou saṭîne ammîsle am-
mîsle melo ṭîyile allebbele. Ihèou
nèou, houllounîmm ṭcherresnè.*

I. C'est bien; pendant que nous ferons les comptes pour cal-
culer ce que vous devez pour les droits de la douane, vous pouvez
aller vous reposer, monsieur, dans votre campement.

ደግ ፡ ነው ፡፡ የሚሰጡትን ፡ ቀ
ረጥ ፡ ቁጥራን ፡ እስትናሳላ ፡ ድ
ረስ ፡ ተሰፈርም ፡ ይሂዱና ፡ ይ
ረፉ ፡ ጌታው ፡፡

*Degg nèou: yemmicèṭouṭîne ke-
reṭe kouṭroune ṭsṭṇnassalla drèce
lecèfèrṭo yihidou-ṭnna yirèfou
gueldou.*

E. Vous avez raison; je suis vraiment fatigué; au revoir.

እውነታችሁ ፡ ነው ፡፡ እውነት
ም ፡ ተስኖኛል ፡ ደህና ፡ ሁኑ ፡፡

*ṭounelalchihou nèou ; ṭounè-
ḷimm lecṭnognall; dehḷna hounou.*

Réorganisation de la caravane et départ de l'extrémité de la zone inférieure pour l'intérieur de l'Abyssinie.

E. Puisque vous me dites que les chameaux ne peuvent aller
en avant où le climat est froid, il faut chercher des bêtes de
transport suffisantes pour charger tous les bagages et colis et les
acheter au plus vite.

ተንግዴህ ፡ ግመሎች ፡ ብርድ ፡
ወደለበት ፡ ወደፊታችን ፡ መሂ
ድ ፡ አይሆንላቸውም ፡ ታላች
ሁኝ ፡ ለሳጥኑም ፡ ለጥቅልሱ

*Tèngdèh, guṭmèlôlch bṭrde we-
dallebbele wedèfîtalchine mehède
aïhonṭllalchèoumm lalalchihoûgn
leçaṭnoumm leṭikḷloumm houllou*

ም ፡ ሁሉ ፡ መጫኛ ፡ የሚበቃ ፡   *meṭchagna yemmivèka yaḥị̀l*
ያህል ፡ አጋሰስ ፡ ቶሎ ፡ መፈለ   *agassece tolo mefellèguịnna meg-*
ግና ፡ መግዛት ፡ ነው ።   *zale nèou.*

I. Oui, monsieur, et nous avons déjà commencé à faire des démarches à cet égard et ce soir même les marchands de mulets viendront pour amener les bêtes de somme à notre campement, et ainsi nous achèterons toutes celles que vous choisirez vous-même.

እሺ ፡ ጌታዬ ። ለዚሁ ፡ ብለን ፡   *Ichi, guélaé, lezihou blène la-*
ታሁን ፡ በፊት ፡ መሰማማት ፡   *hoùne befile messemamale djem-*
ጀምረናል ። ዛሬ ፡ ማታ ፡ በቅሎ ፡   *mịrenall; zaré mata beklo cha-*
ሻጮዎች ፡ አጋሰሱን ፡ ነድተው ፡   *tchiôtch agassèçoune nedlèou tecé-*
ተሰፈራችን ፡ ድረስ ፡ ይመጣሉ   *fèralchine drèce yimelạllounna*
ና ፡ እንዲህ ፡ እርሰዎ ፡ በገዛ   *indih ịrceô beguezzadjiô yèmer-*
ዎ ፡ የመረጡትን ፡ ሁሉ ፡ እኛ ፡   *rèloulịne houllou ịgna ịnguezal-*
እንገዛለን ።   *lène.*

E. Parbleu! c'est moi qui m'entends à choisir les mulets! Selon moi, toutes les bêtes qui sont munies de quatre jambes sont (toutes) également bonnes, pourvu qu'elles aient quatre pieds, elles me semblent toutes convenables.

እንዲህ ፡ ነው ፡ እንጇ ! በቅሎ ፡   *Indih nèou ịndji! Beklô mèm-*
መምረጥ ፡ አዋቂው ፡ እኔ ፡ ሆ   *rèle aoikịou ịné honhou-ịnna ar-*
ንሁና ፡ አረፍሁ ! እንደኔ ፡ እን   *réfhou! ịndènè ịndènèss arall*
ደኔስ ፡ አራት ፡ እግር ፡ ይኑረ   *ịguịre yallèou quèvle houllou,*
ው ፡ እንጇ ፡ ሁሉም ፡ አንድ ፡   *arall ịguịre yinourèou ịndji, houl-*
መልካም ፡ ሁሉም ፡ ትክክል ፡   *loumm ànde melcàme, houlloùmm*
የሚረብ ፡ ነው ፡ የሚመስለኝ ።   *lịquịcquị̀l yemmireva nèou yem-*
    mimeslègn.

I. Cela ne fait rien; pour les choisir et marchander, nous nous en occuperons nous autres, et vous verrez que nous ne vous laisserons jamais tromper par nos compatriotes.

ይኸስ ፡ ግድ ፡ የለም ። ለመም   *Yiḥéss guịdd yellèmm; lèmèm-*
ረጡና ፡ ለመከራከሩስ ፡ እኛው ፡   *rèlou-ịnna lèmicquerayuèrouss*

አለን ፨ ሁሉንም ፡ ያዩታል ፡ ም *ịgndou allène : houllounîmm, ya-*
ንም ፡ ቢሆን ፡ ላገራችን ፡ ሰው ፡ *you'all, mịnịmm bihóne laguera-*
እናስበልጥዋም ፨ *tchine cêou annasvellịled.*

E. Y a-t-il chez vous des trompeurs?

ታገራችሁ ፡ ሽፋጭ ፡ አለ ፡ ይ *Tagueratchihou cheffaịch allè*
ሆን ፨ *yihone?*

I. Certainement, monsieur, il y a des trompeurs; ne vous en inquiétez cependant pas, monsieur, nous défendrons vos intérêts. Le proverbe de notre pays dit: « Le *chiendent* du pays avec les bœufs du même pays », pour dire: (pour déraciner le *chiendent,* ou, pour labourer la terre aride, il faut employer les bœufs du même pays et de la même région où ils sont habitués).

እርግጥ ፡ ሽፋጭስ ፡ አለ ፡ ነገ *ịrguịịe cheffaịchiss allè neguère*
ር ፡ ግን ፡ በዚህ ፡ አይፍራብት ፡ *guîne bèzih aïfroubbèle, ọuéldou,*
ጌታው ፡ በርስዎ ፡ ነገር ፡ እኛ ፡ *berceò neguère ịgna allènebbèle!*
አለነበት ፨ ያገራችን ፡ ተረት ፡ *Yagueratchine terèle: yaguèrouné*
ያገሩን ፡ ሰርዶ ፡ ባገሩ ፡ በሬ ፡ *cèrdo baguèrou beré néou, yilall.*
ነው ፡ ይላል ፨

E. Cela est vrai sans doute; faites seulement en sorte que nous puissions partir demain matin, je vous le recommande, mes chers amis.

እኔ ፡ እውነት ፡ ነው ፡ አልጠረ *ịhé ịounêle néou, alịịerelịirîmm ;*
ጥርም ፨ ብቻ ፡ ነገ ፡ ማለዳ ፡ እ *bitcha negué maleda ịndịnịnnes-*
ንድንንሳ ፡ አድርጉ ፡ አደራችሁ *sa adrịgou, aderatchihoûne we-*
ን ፡ ወዳጆቼ ፨ *dadjotché.*

I. Le départ pour demain sera peut-être difficile, mais nous ferons tout notre possible pour y réussir. Voilà que les marchands de mulets viennent, amenant leurs bêtes de somme.

የነገው ፡ መነሳት ፡ ይሆንልን ፡ *Yènèguéou mennèçale yihónịll*
አይመስለነም ፨ ነገር ፡ ግን ፡ በ *—nè aïmèslennèmm; neguère guîne*
ተቻለን ፡ ሁሉ ፡ እንድንንሳ ፡ ለ *bèlèlchalennè houllou ịndịnịnnes-*

ማድረግ ፡ አንገበዝም ። ይኸ
ው ፡ በቅሎ ፡ ሽጭዎቹ ፡ አጋስ
ሳቸውን ፡ እየነዱ ፡ መጡ ።

sa lèmadrègue anigguebbezimm.
Yihèou, beklò chalchiòlchou agas-
seçacheoûne iyèneddou mellou.

E. Oh, combien de mulets nous ont-ils amenés!

እንዴታ ! እስንት ፡ ማት ፡ አጋ
ሰስ ፡ አመጡልነ ! ።

Indèta! içînte màte agassèce
amelloullinè?

I. Il vaut mieux comme ça pour mieux choisir.

Voilà, monsieur, nous en avons choisi soixante et regardez-les comme ils sont beaux.

በጣም ፡ ለመምረጡ ፡ እንዲህ ፡
መሆኑ ፡ ይሻላል ። እኔው ፡ ስ
ልሳ ፡ አጋሰሶች ፡ መረጥን ፡ ማ
ለፊአ ፡ ማለፊአ ፡ መሆናቸው
ን ፡ ይዮአቸውግ ፡ ጌታው ።

Belâmé lemèmrèlou indih me-
hònoû yichalall. Ihèou çilça agas-
seçòlch merrèlnè: malefia malefia
mehonatchèoûne yiyoilchèoum-
ma, guèlàou!

E. C'est bien; et leur prix est-il à de bonnes conditions, ou est-il trop élevé?

መልካም ። ዋጋቸውስ ፡ መል
ካም ፡ ነው ፡ ወይስ ፡ ውድ ፡ ነው ።

Melcâme! oigalchéou-issa mel-
câme nèou wèyiss oûdd nèou?

I. Il n'est ni trop bon marché, ni trop cher.

እንብዛም ፡ እርካሽ ፡ እንብዛም ፡
ውድ ፡ አይደል ።

Imbizâmm iriccache imbizâmm
oûdd aïdèll.

E. Combien ont-ils demandé pour chaque mulet?

በያንዳንዱ ፡ በቅሎ ፡ ምን ፡ ያ
ህል ፡ ይላሉ ።

Beyandandou beklò mine yahil.
yilallou?

I. Ils nous ont demandé vingt-cinq thalers, mais nous devons acheter en gros beaucoup de mulets à la fois; nous ferons en sorte qu'ils diminuent encore le prix.

ለያንዳንዱ ፡ ሀያ ፡ እምስት ፡ ብ
ር ፡ ይላሉ ፡ ነገር ፡ ግን ፡ በንድ ፡

Leyandandou hiya ammisle
birr yilallou; neguère guine bân-

ጊዜ ፡ ብዙ ፡ በቅሎ ፡ በጅምላ ፡
ስንገዛ ፡ ገና ፡ ተዋጋው ፡ እንዲ
ወርዱ ፡ እናደርጋለን ።

*de guizé bzou beklò bedjèmla sin-
gueza guena lèoigdou indiwer-
dou innadergallène.*

E. Si cela est possible, bien; tentez donc, mes braves gens!

ይሄስ ፡ የሚሆን ፡ ቢሆን ፡ ደ
ግ ። እንግዲአስ ፡ ሳድጋችሁ ፡
ወዳጆቼ ፡ ሞክሩት !

*Yihèss yemmihóne bihóne dègg;
ingdiass çaddigatchihou wèdadjo-
tché, mocquiroute!*

I. Voilà, monsieur, que, comme nous l'avions dit, nous avons
acheté les bêtes de somme au prix que nous désirions.

እሄው ፡ ጌታው ፡ እንዳልነዎ ፡
ሁሉ ፡ አጋሰሶችን ፡ በተመኘነ
ው ፡ ዋጋ ፡ ገዛነ ።

*Yihéou, guéldou; indalneó houl-
lou agasseçotchine betèmègnènéou
oiga guezzanè.*

E. Combien de thalers devons-nous payer pour chaque mulet?

በያንዳንዱ ፡ በቅሎ ፡ እስንት ፡
እስንት ፡ ብር ፡ ነው ፡ የምንክ
ፍለው ።

*Beyandandou beklò icìnte icìnte
bîrr néou yemminqueflèou?*

I. C'est vingt-quatre thalers pour chaque mulet, monsieur,
que nous devrons payer.

በያንዳንዱ ፡ በቅሎ ፡ የምንሰ
ጠው ፡ ሀያ ፡ አራት ፡ ብር ፡ ነው ፡
ጌታው ።

*Beyandandou beklò yèmmin-
cèlèou hiya arall bîrr néou, gué-
ldou.*

E. Très bien, mes braves gens (*litter.*: mes chers), bravo! et
vous avez fait une très bonne acquisition!

እጅግ ፡ መልካም ፡ ወዳጆቼ ፡ ሳ
ድጋችሁ ! እጅግ ፡ መልካም ፡
ዋጋ ፡ አደረጋችሁ ።

*Idjig mèlcàme wèdadjotché sad-
digatchihou, idjig mèlcàme oiga
aderrègatchihou!*

I. Payez alors tout de suite le prix de tous les mulets et
faites tous les préparatifs pour le départ de demain matin.

እንግዴህ ፡ ያጋሰሱን ፡ ሁሉ ፡

Ingdèhe yagassèçoune houllou

ዋጋ ፡ ቶሎ ፡ ስጡና ፡ ነግ ፡ እን *oiga tolo ciĝounna nèĝ ĵndĵnĵn-*
ድንነሰ ፡ ሁሉንም ፡ አሰናዱ ። *nessa houllounĵmm assènadou.*

Avant de quitter la frontière, le voyageur va saluer le chef.

E. Garçons! donc, si l'on a fini de charger les bêtes, que
tout le monde parte tout de suite avec les mulets. Mais, toi,
guide, viens m'accompagner chez le chef, que je veux saluer.

አሽከሮች ! እንግዴህ ፡ ከብቶ *Achquèrôlch! ĵngdéhe querlô-*
ች ፡ ተጭነው ፡ አልቆ ፡ እንደ *lch leĝchinèou alkô ĵndehóne cèou*
ሆን ፡ ሰዉ ፡ ሁሉ ፡ ታጋሰሱ ፡ ጋ *houllou lagassèçou gàr yihide.*
ር ፡ ይሒድ ። እንተ ፡ መሪው ፡ *Antè meriou guĵne choumoïne*
ግን ፡ ሹሙን ፡ ለመሰናበት ፡ እ *lèmessènavèle ĵhèdallèhou-ĵnna lè-*
ሒዳለሁና ፡ ተከተለኝ ። *quellèlègn.*

I. Oui, monsieur, me voilà!

እሺ ፡ ጌታየ ፡ እኔው ፡ መጣሁ ። *ĵchi guèlaè, ĵhèou meĝĝàhou.*

Chez le chef.

E. Annoncez à votre maitre que je suis venu (je viens) pren-
dre congé.

ለመሰናበት ፡ መጥቻለሁና ፡ ለ *Lèmessènarèle mèĝĵlchallèhou-*
ጌታችሁ ፡ ንገሩልኝ ። *ĵnna lèguèlalchihou nĵguèroullĵgn.*

I. Oui, monsieur, entrez dans la salle et asseyez-vous, jusqu'à
ce que je vous annonce à notre maitre (chef).

እሺ ፡ ጌታው ። ለጌታችን ፡ እስ *Ichi, guèldou: lèguèlatchine ĵslĵ-*
ትነግር ፡ ድረስ ፡ ታዳራሹ ፡ ይ *nèguĵre drèce laddarachou yig-*
ግብሩ ፡ ይቀመጡ ። *rounna yikkèmèĝou.*

I. (*Le chef*) Je vous salue bien, monsieur; comment vous
portez-vous?

ጤና ፡ ይስጥልኝ ፡ ጌታው፡ ፡ እ Ṭéna yisṭïllïgn, guéldou; ïn-
ንዴት ፡ አደሩ ፡፡ dèle addèrou?

E. (*Tendant la main*) Dieu soit loué; comment avez-vous passé la nuit, monsieur? (bonjour, monsieur!).

እግዚ.አብሔር ፡ ይመስገን ፡ እ Igziavhêre yimmèsguène; ïndèle
ንዴት ፡ አደሩ ፡ ጌታ ፡፡ addèrou, guéta?

I. (*Le chef*) Quel hasard vous a conduit chez moi de si bonne heure, monsieur?

እንዲህ ፡ በጅግ ፡ ማለዳ ፡ ምን ፡ Indih bedjig maleda mïne ïguïr
እግር ፡ ጣለዎ ፡ ጌታው ፡፡ ṭalèô, guéldou?

E. Je viens vous saluer, étant sur le point de partir.

አሁን ፡ መነሳቴ ፡ ቢሆን ፡ ልስ Ahoûne mennèçalé bihône lïs-
ናብተዎ ፡ መጣሁ ፡፡ sènabbèleó meṭṭáhou.

I. (*Le chef*) Oh! vous partez si vite! Quand partez-vous, monsieur?

እንዲህ ፡ ነው ፡ ወይ! እንዲህ ፡ ïndih néou wéy! ïndih bèlèlò
በተለ ፡ መነሳትዎ ፡ ነውና ! መ mennèçalïó néou-ïnna! Melchè
ች ፡ መነሳትዎ ፡ ነው ፡ ጌታው ፡፡ mennèçaleó néou guéldou?

E. Tout à l'heure, et même ma caravane est déjà en route et j'ai quitté définitivement le campement pour venir vous dire adieu.

አሁኑ ፡ አሁኑ ፡፡ ከተም ፡ ጓዜ ፡ Ahounou, ahounou; quellèmme
ሁሉ ፡ ተነስቶ ፡ ሂዷል ፡፡ እኔ goizé houllou lènèslo hidoill.
ም ፡ ጭራሽን ፡ ሰፈሩን ፡ ለቄ Inémm ïchirrachéne sèfèroûne lè-
ቄ ፡ ደህና ፡ ይሁኑ ፡ ልልዎ ፡ ነ kïkké dèhna yihounoü lïlïó néou
ው ፡ የመጣሁ ፡፡ yèméṭṭáhou.

I. Vraiment!

እውነት ! *iounèle!*

E. Comme vous voyez, monsieur, c'est vrai que je pars.

አንደሚአዩት ፡ እውነት ፡ መነ
ሳቴ ፡ ነው ። || *Indemmia-yoüte, ioundte mennèçaté nèou.*

I. Dites-moi, donc, monsieur, si vous avez quelques difficultés
à l'égard de votre voyage, je vous aiderai autant qu'il sera en
mon pouvoir.

ጌታው ! እንግዴህ ፡ በመንገድ
ም ፡ ጉዳይ ፡ የሚቸግረኝም ፡ ነገ
ር ፡ እንዳለ ፡ ይንገሩኝና ፡ በተ
ቻለኝ ፡ አግዘዋለሁ ። || *Guèldou, ingdéhe bèmènguèdeò
gouddaï yemmitchèguireò nèguère indallè yinguèrougne-inna bètèlchalègn agzeoillèhou.*

E. Merci, monsieur; dans ce moment, je n'ai aucune difficulté, merci, merci, et je considère tout cela (votre offre courtoise)
comme si vous étiez venu effectivement à mon aide.

እግዚአብሔር ፡ ይስጥልኝ ፡ ጌ
ታዬ ። ላሁን ፡ ምንም ፡ የቸገረ
ኝ ፡ ነገር ፡ የለ ፡ እግዚአብሔር ፡
ይስጥዎ ፡ እግዚአብሔር ፡ ይስ
ጥዎ ። እሄን ፡ ሁሉ ፡ በውነት ፡
እንዳገዙኝ ፡ አየዋለሁ ። || *Igziavhère yisiillingne guèlaè.
Lahoüne minimm yelchèguèrègne
nèguère yellè, Igziavhère yisiiò
Igziavhère yisiiò, yihènne houllou
bèounèle indagguèzoügn aèoillèhou.*

I. Vous me remerciez sans que j'aie rien fait pour vous,
monsieur.

ምንም ፡ ሳላደርግልዎ ፡ ያመሰ
ግኑኛልሳ ፡ ጌታው ! || *Minimm çaladèrguillò yamècèguinougnall-issa guèldou.*

E. Votre bonne intention seulement suffit.

አሳብዎ ፡ ብቻ ፡ ይበቃል ። || *Açaviò bilcha yivèkall.*

I. Je suis surpris de votre promptitude à réorganiser la caravane; comment avez-vous pu acheter si promptement les bêtes
de somme? Avez-vous peut-être fait transporter par des bêtes
de louage?

የጎዝዎን ፡ ነገር ፡ እንደገና ፡ ለ
ማደራጀት ፡ የመፍጠንዎ ፡ ነገ || *Yegoiziòne nèguère indèguèna
lèmaddèradjèle yèmèfièniò nè*

ር ፡ እጅግ ፡ አስደነቀኝ ። እጋሰ
ሱን ፡ ሁሉ ፡ እንዲህ ፡ ፈጥኖ ፡
ለመግዛት ፡ እንደምን ፡ ሆነል
ም ። በክርክር ፡ ክብት ፡ አስጭ
ነው፡ ፡ ይሆን ፡።

*guére įdjig asdennèkègn. Agas-
sèçoúne houllou įndihe ſeſnó lè-
mègzate įndèmîne honellſò ? Be-
quįrcàr quêcte asſchinèou yihóne?*

E. Non pas par des bêtes de louage ; j'ai fait transporter par
les mulets que j'ai achetés ici, hier.

በክርክርም ፡ ክብት ፡ አይደል ፡
ትላንት ፡ ተዚህ ፡ በስገዛእቸው ፡
በቅሉዎች ፡ ነው ፡ ያስጫንሁ ።

*Bequįrcarįmm quêcte aïdell,
tlânte lèzihe basguezzahoilchèou
bèkloôtch nèou yaslchànhóu.*

I. Vous avez bien fait d'en acheter, car ces mulets vous ser-
viront aussi dans l'intérieur du pays, lorsque vous irez de pro-
vince en province et ensuite ils vous serviront à votre retour pour
charger les marchandises que vous achèterez.

መግዛትፆ ፡ ድንቅ ፡ አደረጉ ።
ስለምን ፡ እነኚኸው ፡ አጋሰሶች ፡
ተመህል ፡ አበሸም ፡ ታንዱ ፡
አገር ፡ ወዳንዱ ፡ ሲሉ ፡ ያገለግ
ሉዋል ፡ ቀጥለውም ፡ ወደገር
ም ፡ ሲመለሱ ፡ የሚገዙትን ፡ የ
ንግድ ፡ እቃ ፡ ለመጫን ፡ ይሆ
ኑዋል ።

*Megzalſò dįnk aderrègou : cį-
lèmine įnnihèou agassèçólch lè-
mèhal avèchâmm tandou aguére
wèdandou cilou yaguèlèguįlou-
oill; kellįlèoùmm wèdaguèrſò cím-
mellèçou yemmiguèzoulſne yènſ-
gde įka lèmèlchane yihonouoill.*

E. Croyez-vous, alors, que j'aie bien fait d'avoir opéré ainsi ?

እንዲህ ፡ ማድረጌ ፡ መልካም ፡
ያደረግሁ ፡ ይመስለዋል ፡ እንግ
ዲአው ፡።

*Indih madrègué mèlcàme ya-
derréghou yimèslèoill įngdiàou ?*

I. Certainement que vous avez bien fait.

እርግጥ ፡ መልካም ፡ አደረጉ ።

įrguįle, mèlcàme aderrègou.

E. J'en suis bien aise, alors : maintenant, il faut que je m'en
aille ; au revoir, monsieur.

<table>
<tr><td>

እንግዲአስ ፡ ደስ ፡ አለኝ ። እሁ
ንስ ፡ ልሂድ ፡ ጌታየ ፡ ደህና ፡ ያ
ገናኝን ።

</td><td>

Ingdiass dèss alègn. Ahounîss, liḥide guétaé, dèhna yaguèna-gnénne.

</td></tr>
</table>

I. Portez-vous bien, monsieur; je vous souhaite une bonne chance et que Dieu vous accompagne partout où vous irez.

<table>
<tr><td>

ደህና ፡ ይሁኑ ፡ ጌታው ፡ ይቅና
ም ፡ እግዚአብሔር ፡ በየሬዱብ
ት ፡ ይክተለዎ ።

</td><td>

Dèhna yihounou, guétaou, yik-naô, Igziavhère bèyèhédoubbèle yicquètèleô.

</td></tr>
</table>

En cheminant au milieu de la vallée.

E. Quelle étroite et pénible route que cette vallée!

እንዴት ፡ ክፉ ፡ ጠባብ ፡ መንገድ ፡ ናት ፡ እሄች ፡ ወንዛወንዝ !

I. Oui, monsieur, toute la vallée, jusqu'au commencement de la plaine est également pénible et étroite; mais, quand nous aurons passé cela, tous les chemins sont plats et doux.

አወን ፡ ጌታው ፡ ሸለቆው ፡ ሁሉ ፡ ተሜዳው ፡ ድረስ ፡ እንዲሁ ፡ ጭን
ቅ ፡ ጠባብ ፡ ነው ። እሄን ፡ ተተሻገርነ ፡ ወዲአ ፡ ግን ፡ መንገዱ ፡ ሁሉ ፡
ድልድልና ፡ ለስላሳ ፡ ነው ።

E. Tant mieux; mais, ce soir, où établirons-nous notre campement? Au milieu de la vallée?

እንዲህ ፡ ይሻላል ። ዛሬ ፡ ማታሳ ፡ መደበራችነን ፡ ወዴት ፡ እንተክላላ
ን ። ተሸለቆይቱ ፡ መካከል ፡ ነው ።

I. Oh! que dites-vous, monsieur! Voilà que nous sommes presque arrivés au commencement du haut plateau où nous passerons la nuit: ne voyez-vous pas là des pins?

እንደታ ! ምን ፡ ማለትዎ ፡ ነው ፡ ጌታው ! እሄው ፡ ተምናድርበት ፡
ተሜዳው ፡ መጀመሪአ ፡ እንደመድረስ ፡ ብለናል ። ተዚአ ፡ ላይ ፡ ገ
ግባዎች ፡ አይታዩዎም ።

E. Oui, je les aperçois très distinctement.

አዎ ፡ በጣም ፡ ይታዩኛል ።

I. Eh bien; alors en tournant à droite et, vis-à-vis de ces pins, on est à la fin de la montée et à l'entrée du plateau.

መልከም ። እንግዲአስ ፡ ወደቀኝ ፡ ዘወር ፡ ብሎ ፡ ተነዚአ ፡ ጥዶች ፡ ፊት ፡ ለፊት ፡ ያቀበቱ ፡ ማለቂአና ፡ የሚዳው ፡ መጀመሪአ ፡ ነው ።

E. Où est le point où nous gagnerons le sommet de la montée pour diriger nos pas vers l'horizon?

ወደሚዳው ፡ የምንዳፋብቱ ፡ መዘለቂአችን ፡ ወዴት ፡ ነው ።

I. On ne le voit pas encore d'ici; cette roche qui est devant nous, nous empêche de le voir: il ne s'en faut pas même d'un quart d'heure d'ici.

ገና ፡ አይታይም ፡ ተፊታችን ፡ ያለው ፡ ዋሸ ፡ ለማየት ፡ ይከለከለናል ። ነገር ፡ ግን ፡ ተንግዴህ ፡ የሰአት ፡ እራብም ፡ አያስሄድ ።

K. Si c'est si court j'en serais bien aise, car je suis très fatigué, et surtout des reins, qui semblent tout à fait brisés et épuisés.

እንዲህስ ፡ ቅርብ ፡ ተሆነ ፡ ብዙ ፡ ደስ ፡ ባለኝ ። ስለምን ፡ እጅግ ፡ እጅ ግ ፡ ደክሞኛል ፡ ይብሱንም ፡ ወገቤ ፡ እርግፍ ፡ ብሎ ፡ የተነከከተ ፡ መ ስጊል ።

I. Voilà, monsieur, notre campement! Regardez. monsieur, que les bêtes sont déchargées et, même votre tente est montée; êtes-vous content maintenant?

እኔው ፡ ሰፈራችን ! ይዩትማ ፡ ጌታው ! አጋሰሶች ፡ ተራግፈዋል ፡ ድ ንካንም ፡ ሳይቀር ፡ ተተክጊል ፡ እሁንስ ፡ ደስ ፡ አለም ።

E. Il est inutile que tu me demandes cela! (descendant du mulet). A la bonne heure! — desselle mon mulet et fais-lui boire (donne-lui à... de l'eau) tout de suite.

ይኼን ፡ መጠየቅህ ፡ በከንቱ ፡ ነው ! አፊይ ! ቆሎ ፡ ከረቸውን ፡ አራግ
ፍና ፡ በቅሎፖን ፡ ውሀ ፡ አጠጣው ።

N'y a-t-il pas quelque auberge?

E. Du moment que nous sommes arrivés dans les régions
habitées par des chrétiens, nous trouverons peut-être un peu par-
tout des auberges, n'est-ce pas?

እንግዴህ ፡ ክርስቲያን ፡ ታ'ለበት ፡ አገር ፡ ተደረስን ፡ በየስፍራው ፡ ሉ
ክንዳ ፡ እናገኛለን ፡ ይሆናል ፡ እውን ፡፡

I. Non, monsieur, nous ne trouverons pas d'auberges, car,
en Abyssinie, jusqu'à présent, on n'a jamais su ce que c'est qu'une
auberge.

እንካን ፡ ጌታ'ው ፡ ሉካንዳም ፡ አናገኝ ፡፡ ስለምን ፡ ባሽ ፡ እስተዛሬ ፡
ድረስ ፡ ሉካንዳ ፡ የሚሉት ፡ ነገር ፡ ምንም ፡ አይታወቅ ።

E. Comment! tu me dis qu'en Abyssinie on ne sait pas en-
core ce que c'est qu'une auberge? Comment tous les voyageurs
venant de pays étrangers, feront-ils alors, pour manger, après
toute une journée de fatigue?

እንዴት ! ባሽ ፡ ሉካንዳ ፡ የሚሉት ፡ ገና ፡ አይታወቅም ፡ ትለኛለህ ፡
አንተ ፡፡ እንግዲአ ፡ ተራቅ ፡ አገር ፡ የሚመጡት ፡ መንገደኞች ፡ ሁ
ሉ ፡ ቀኑን ፡ ሙሉ ፡ ሲደክሙ ፡ ኑረው ፡ ለምግብቻው ፡ እንዴት ፡ ያደ
ርጋሉ ፡፡

I. Si ce sont des indigènes qui voyagent, ils emportent eux-
mêmes avec eux leurs provisions, et si ce sont des voyageurs euro-
péens, dans chaque pays où ils arrivent, ils trouvent l'hospitalité.

መንገደኞው'ን ፡ ያገሩም ፡ ሰው ፡ እንደሆን ፡ እሱው ፡ እራሉ ፡ ስንቁን ፡
ይይዛል ። የፈረንጅ ፡ መንገደኞም ፡ የሆነ ፡ እንደሆን ፡ በየደረሰበት ፡
አገር ፡ መስተንግዶ ፡ ያገኛል ።

E. Qui leur donne cette hospitalité?

ይኼን ፡ መስተንግዶ ፡ ማን ፡ ይሰጣቸዋል ፡፡

I. Les maires de chaque village, qui forcent les pauvres po-
pulations à les pourvoir de pain, de miel, de moutons, d'œufs, de
poules, d'hydromel, de bière et même d'herbes et d'avoine pour
leurs bêtes; du reste, en Abyssinie, il y a une grande hospitalité,
si bien que tout voyageur quel qu'il soit, trouve à se nourrir au
milieu de la population où il arrive.

የያገሩ ፡ ጭቃ ፡ ሹም ፡ ደሀውን ፡ በግድ ፡ እያዘዘ ፡ እንጀራውን ፡ ግሩ
ን ፡ ሙክቱን ፡ እንቁላሉን ፡ ዶሮውን ፡ ጠጁን ፡ ጠላውን ፡ ለከብቶቻ
ቸው ፡ ሳይቀር ፡ እሳሩን ፡ ገፈራውን ፡ እንዲአዋጣና ፡ እንዲሰጣቸው ፡
ያደርጋል ፨ በቀረውም ፡ በሻ ፡ እንግዳ ፡ መቀበል ፡ ብዙ ፡ ይታወቅ
በታልና ፡ ማንም ፡ እንግዳ ፡ በየደረሰበት ፡ ተየሰዉ ፡ የለት ፡ እራቱን ፡
ያገኛል ፨

E. L'hospitalité en Abyssinie est alors obligatoire, n'est-ce pas?

እንግዳ ፡ መቀበል ፡ እንግዲአስ ፡ ባሻ ፡ በግድ ፡ ነው ፨ እውን ፡-

I. Il y a deux sortes d'hospitalité; l'une est obligeante et
l'autre est obligatoire. Envers les simples bourgeois ou les simples
voyageurs, l'hospitalité s'exerce pour l'amour de Dieu, mais, pour
les personnages et pour les européens, la population est obligée
de fournir tout ce qui est nécessaire, toujours cependant en mur-
murant et en se plaignant.

እንግዳ ፡ ማስተናገድ ፡ ሁለት ፡ አይነት ፡ ነው ፤ አንዱ ፡ በውድ ፡ አን
ዱ ፡ በግድ ፡ ነው ፨ ለማንም ፡ ባላገርና ፡ ለማንም ፡ መንገደኛ ፡ የሆነ ፡
እንደሆነ ፡ መስተንግዶ ፡ ስለ ፡ እግዚአብሔር ፡ ነው፡ ፡ የሚደረግ ፨ ለ
ትልቅ ፡ ሰውና ፡ ለፈረንጆች ፡ የሆነ ፡ እንደሆነ ፡ ግን ፡ ባላገሩ ፡ በግድ ፡
የሆነውን ፡ ሁሉ ፡ ያስናዳና ፡ ይሰጣል ፨ ነገር ፡ ግን ፡ እያማረረና ፡ እያ
ለቀስ ፡ ነው ፨

E. Quant aux Européens, cela serait commode, avantageux,
mais pour une population pauvre c'est une mauvaise habitude.

ለፈረንጆችስ ፡ ይሄ ፡ ነገር ፡ በጠቀመ ፡ ነበር ፨ ለደህ ፡ ባላገር ፡ ግን ፡
ክፉ ፡ ልማድ ፡ ነው ፨

I. C'est vrai, mais, qui est-ce qui s'occupe du bien de la population, monsieur, en Abyssinie? Jusqu'à présent, du moins, (excepté l'empereur Ménélic) aucun souverain ne s'en était occupé (en Abyssinie)!

እውነት ፡ ነው ። ነገር ፡ ግን ፡ ለድህው ፡ ጥቅም ፡ ማን ፡ ነው ፡ የሚአ ስብ ፡ በበሻ ፡ አገር ፡ ጌታው ።፡ በደሆን ፡ እንኳ ፡ እስተዛሬ ፡ ድረስ ፡ በ በሻ ፡ ለደሆው ፡ የሚአስብለት ፡ አሁን ፡ ታጤ ፡ ምኔልክ ፡ በቀር ፡ አን ድም ፡ ንጉሥ ፡ አልታየ ።

Les Souverains d'Ethiopie.

E. Les gouvernements des Souverains d'Ethiopie sont-ils justes? Comment sont traités les habitants en Abyssinie?

የኢትዮጵያ ፡ ነገሥታት ፡ አገዛዛቸው ፡ ለድህ ፡ ምቼ ፡ ነው ።፡ በበሻ ፡ በላገሩ ፡ እንዴት ፡ ሁና ፡ ይኖራል ።፡

I. C'est inutile que vous me demandiez cela, monsieur.

እኔን ፡ መጠየቅም ፡ በከንቱ ፡ ነው ፡ ጌታው ።

E. Pourquoi?

ስለምን ።፡

I. Car, au lien de me le demander, considérez, d'abord, toutes les régions que nous traversons maintenant, et vous saurez si les Souverains d'Abyssinie sont capables de gouverner bien ou mal, le pays.

ስለምንግ ፡ እኔን ፡ መጠየቅዎን ፡ ትተው ፡ በፊት ፡ አሁን ፡ የምናልፍ በትን ፡ ሁሉ ፡ አገር ፡ አስተውለው ፡ ይዩትና ፡ ያበሻ ፡ ነገሥታት ፡ አ ገዛዝ ፡ ማወቅና ፡ አለማወቃቸውን ፡ በዚሁ ፡ ይፈረዱታል ።

E. Qu'est-ce qu'il y a ici à voir? Il n'y a ni villes, ni villages médiocrement animés, ni champs agréables aux yeux, et dans les rues personne ne circule, pas une âme: on voit cependant partout d'innombrables oiseaux et partout des bois et de hautes herbes, et des plantes épineuses: voilà tout!

ተዚህ ፡ ምን ፡ የሚታይ ፡ ነገር ፡ አለ ፡ ደመቅ ፡ ያለ ፡ ከተማና ፡ ጥቅ ፡
ያለ ፡ መንደር ፡ የለ ፡ ላይን ፡ የሞላ ፡ እርሻ ፡ የለ ፡ በመንገዱ ፡ ምንም ፡
ሰው ፡ አይዘዋወርበት ። በየስፍራው ፡ የሚታየው ፡ እልፍ ፡ አእላፍ ፡
ወፍና ፡ እረዳጅም ፡ እሳር ፡ እሾህም ፡ ቅጠል ፡ ብቻ ፡ ነው ፡ ሴላም ፡
የለ ።

I. Voilà, monsieur, persuadez-vous, alors, et la triste con-
dition des régions entières, que vous allez parcourir, répondra à
vos demandes, d'après ce que vous constaterez vous-même de vos
propres yeux.

እንግዲአስ ፡ እኄውልም ፡ በዚሁ ፡ ይረዱት ። ለጠየቁቱ ፡ ሁሉ ፡ አሁ
ን ፡ የሚሸገሩበት ፡ አገር ፡ እንዲህ ፡ መደመዱ ፡ በመጥፋቱ ፡ ነገሩን ፡
ያስረዳዋል ።

E. C'est vrai, autrement, un si beau pays, une terre si fer-
tile que celle-ci ne seraient pas si déserts et si désolés, sans
quelque vice de la part de celui qui les domine. Le centre de
l'Abyssinie est-il aussi dépeuplé et la terre si inculte que cette
partie?

እውነት ፡ ነው ፡ አለዚህ ፡ በቀር ፡ እንዲህ ፡ ያለ ፡ ማለፈአ ፡ አገር ፡ ይህ
ነን ፡ የመሰለ ፡ ለምለም ፡ መሬት ፡ ተገፒርዎቿ ፡ አንድ ፡ አመል ፡ ታል
ኖረ ፡ በቀር ፡ እንዲህ ፡ ምድረበዳው ፡ እንዲህ ፡ ድምጥማጡ ፡ ባልወ
ጣም ፡ ነበር ። መሀል ፡ አቢሻም ፡ እንደዚሁ ፡ መለስ ፡ በዱውን ፡ ቀርቲ
ል ፡ መሬቱም ፡ እንዲአው ፡ ወድቁል ።

I. Il est pire encore et plus inhabité; savez-vous pourquoi,
monsieur? Parce que toute l'armée de l'Empire qui ne sait rien
travailler que de piller et opprimer la population, vit sur le dos
de la pauvre population. Celle-ci alors, ne pouvant pas supporter
les vexations continuelles des soldats, s'en va n'importe où, émi-
grant, en abandonnant ses terres, sans aucune espérance d'y re-
tourner.

ይልቁንም ፡ ይብሳል ፡ ይልቁንም ፡ ጠፍ ፡ ነው ። ስለምኑን ፡ ያውቃሉ ፡
ጌታው ። ስለምኑማ ፡ ተመዝረፍና ፡ ደህ ፡ ተማስጬንቅ ፡ በቀር ፡ ሴላ ፡
ምንም ፡ ስራ ፡ የማያውቅ ፡ የንጉሡ ፡ ሠራዊት ፡ ሁሉ ፡ በደሀው ፡ ላ

ይ ፡ ተዘፍዝፎ ፡ ይኖራል ። ይኼው ፡ ደህ ፡ በዚህ ፡ የተነሣ ፡ የወታደ
ሩን ፡ ጡር ፡ ዘላለም ፡ የማይችለው ፡ ሲሆን ፡ ጊዜ ፡ እርስቱን ፡ እየተ
ወ ፡ ተስፋውን ፡ ቆርጠ ፡ ኬቱንም ፡ መልሶ ፡ ስደቱን ፡ ይኼዳል ።

E. La malheureuse nation! Le gouvernement de votre pays,
n'a aucune loi qui fixe toutes les règles de la vie sociale, qui
puisse satisfaire soit les bourgeois, soit les militaires?

ያልታደለች ፡ አገር ! ያገራችሁ ፡ መንግሥት ፡ በላገራንም ፡ ይሁን ፡ ወ
ታደራንም ፡ ይሁን ፡ ደስ ፡ የሚአሰኝ ፡ ለኑር ፡ የተገባውን ፡ ሁሉ ፡ ስ
ራት ፡ የሚለይ ፡ ህግ ፡ የለውም ።

I. Avant tout, il n'y a pas une loi suffisamment étudiée, d'après
laquelle on puisse discerner la véritable justice; s'il y avait eu
cela, qui est-ce qui s'en occuperait, monsieur?

ተነገሩ ፡ ሁሉ ፡ በሬት ፡ የውነተኛ ፡ ፍርድ ፡ ይታወቅ ፡ ዘንድ ፡ አስተ
ውሎ ፡ ተጠንቅቆ ፡ ያደረጉት ፡ የህግ ፡ መጣፍ ፡ የለም ። ኑሮስ ፡ ቢሆ
ን ፡ ማነው ፡ ተቁም ፡ ነገር ፡ የሚቆጥረው ፡ ጌታው ።

E. Pourquoi pas?

ስለምን ፡ ነው ፡ ተቁም ፡ ነገር ፡ አለመቆጠሩ ።

I. Parce que, chaque fois qu'on change de roi, celui-ci règne
selon son goût et son caprice.

ስለምንግ ፡ ንጉሥ ፡ በተለወጠ ፡ ቁጥር ፡ እኼው ፡ ንጉሥ ፡ እንደወደ
ደው ፡ እንደፈቀደው ፡ አድርጎ ፡ ነው ፡ የሚገዛ ።

E. Et comment fait-on pour exécuter la justice; il y a sans
doute un code qui règle la condamnation ou l'absolution des
coupables?

ፍርድ ፡ ለመፍረድሳ ፡ እንዴት ፡ ይሆናል ። በደለኛ ፡ ለመቅጣትም ፡
ይሁን ፡ ለመማርም ፡ ይሁን ፡ የሚአገዝ ፡ የህግ ፡ መጽሐፍ ፡ እርግጥ ፡
ይኖራችኋል ።

I. Il y a un code appelé « Fitha-Neguèste », code plus vieux
que Mathusalem et son texte est plus confus que les langues de

Babylone. Ce livre a été écrit en Egypte à une époque où la science et la conscience humaine n'étaient pas si développées qu'aujourd'hui, et puis ayant été traduit en langue Gueuz, ancienne langue éthiopienne, il fut introduit dans le royaume de l'Abyssinie.

ተማቱሳላ ፡ ያረጅ ፡ ምስጢሩ ፡ ተበቼል ፡ ከተማ ፡ ቋንቋ ፡ አብሶ ፡ ውጥን ቅጡ ፡ የወጣ ፡ ፍትሐ ፡ ነገሥት ፡ የሚባል ፡ አንድ ፡ መጽሐፍ ፡ አለ ። ይኼው ፡ መጣፍ ፡ ግን ፡ እንዲህ ፡ እንደዛሬ ፡ የሰው ፡ እውቀት ፡ ባልሰ ፋበት ፡ ጥበብ ፡ ባልተገለጠበት ፡ ጊዜ ፡ ከምስር ፡ ባረብ ፡ ቋንቋ ፡ ተጥ ፎ ፡ ነበር ። ኋላ ፡ ደግሞ ፡ እኔው ፡ በግዕዝ ፡ ተቀድቶ ፡ ላበሻ ፡ መንግ ሥት ፡ ወጣ ።

E. Toutes les lois trop anciennes ne sont pas adaptables aux peuples modernes, à moins que ces livres ne soient bien corrigés, selon les exigences de nos jours.

የቀድሞ ፡ ዘመን ፡ ሁሉ ፡ ሕግ ፡ እንደገና ፡ በጣም ፡ ታልታረመና ፡ ለ ዛሬ ፡ ዘመን ፡ ኑር ፡ እንዲሰማማ ፡ ታልሆነ ፡ በቀር ፡ ለዛሬ ፡ ዘመን ፡ ሰ ው ፡ ለመሆን ፡ የተገባ ፡ አይደለም ።

I. Tout cela ne serait rien, mais ce qui est vraiment déplorable c'est que chaque prince régnant condamne à son gré et sans aucune raison plausible les gens innocents, à la prison, à la fustigation, à la pendaison et à la mutilation du pied et de la main et même à avoir la langue coupée.

እኔ ፡ ሁሉስ ፡ ግድ ፡ ባልዋለም ፡ ይልቁንም ፡ በውነት ፡ የሚአሳዝነ ው ፡ በላል ጋዎቹ ፡ ነገሥታቱ ፡ ሁሎም ፡ እንደፈቀዳቸው ፡ አሳውል ፡ በደል ፡ አበሳ ፡ የሌለበትን ፡ ሁሉ ፡ ሰው ፡ ማሰራቸው ፡ መግረፋቸው ፡ መስቀላቸው ፡ እጅና ፡ እግር ፡ ምላስና ፡ አፍንጫ ፡ ሳይቀር ፡ መቁረ ጥና ፡ መፍነናቸው ፡ ነው ።

E. Quelle barbarie! Une pareille punition existe encore dans un pays chrétien?

ምን ፡ አረመኒነት ፡ ነው ! እንዲህ ፡ ያለ ፡ ቅጣት ፡ አስተዛሬ ፡ ድረስ ፡ በ ክርስቲያን ፡ አገር ፡ አለ ።

I. Et voilà, monsieur, la bonté et la clémence de nos Souverains!

እንግዲአስ ፡ ይሄውልዎ ፡ ጌታው ፡ የኛ ፡ ንጉሦች ፡ ደግነትና ፡ መሀ
ሪነት ፡ !

E. On voit bien qu'ils sont vraiment cléments! Et ces Souverains ne prononcent-ils pas la sentence, au moins après avoir consulté de vieux codes?

እሄው ፡ ምሕረተኞች ፡ መሆናቸው ፡ አሳምሮ ፡ ይታያል ። በይሆን ፡
እንኳ ፡ እነዚሁ ፡ ነገሥታት ፡ ፍርድ ፡ ሲፈርዱ ፡ ያን ፡ አርጌ ፡ ፍትሐ ፡
ነገሥት ፡ እያዩም ፡ አይደል ፡ ይሆን ።

I. Oh! monsieur, comme je vous l'ai déjà dit, pour les Souverains d'Ethiopie il n'existe aucune loi, aucune justice véritable; ils font tout ce qu'ils veulent; c'est à dire, ils condamnent des innocents chaque fois qu'ils se mettent en colère pour une sottise quelconque.

ጌታው ፡ ሆይ ! እንጻልሁም ፡ ሁሉ ፡ በኢትዮጵያ ፡ ነገሥታት ፡ ፈት ፡
ምንም ፡ ፍታነገሥት ፡ ምንም ፡ የውነተኛ ፡ ፍርድ ፡ የለ ፡ እነሱው ፡
እንደፈቀዳቸው ፡ ነው ፡ የሚአደርጉት ። ስለምን ፡ በግንላቸውም ፡ ነ
ገር ፡ በተቆጡ ፡ ቀኘ ፡ ምንም ፡ በደል ፡ ያልተገኘበትን ፡ ሰው ፡ ቢቀ
ጡ ፡ ቢፈልጡ ፡ ይሆንላቸዋል ።

E. Personne, dans leur entourage, ne dit rien, lorsque ces Souverains commettent de pareilles cruautés, ni ne leur donne quelque bon conseil? ils n'ont donc pas d'amis?

እኒሁ ፡ ነገሥታት ፡ እንዲህ ፡ ያለውን ፡ ጭከኔ ፡ ሲአደርጉ ፡ በዙሪአ
ቸው ፡ ተሚዋሩቱ ፡ ሁሉ ፡ ምንም ፡ የሚል ፡ ጥቂትም ፡ መልካም ፡ ም
ከር ፡ የሚመክራቸው ፡ ሰው ፡ የለም ፡ ወይስ ፡ አንድም ፡ ወዳጅ ፡ የለ
ቸው ፡ ይሆን ።

I. S'ils ont quelques amis, ces amis n'osent jamais dire un seul mot au Souverain, de crainte de tomber eux-mêmes en disgràce.

አንጻንድ ፡ ወዳጆችም ፡ ቢኖራቸው ፡ እነዚሁ ፡ ወዳጆች ፡ አንድም ፡
ቃል ፡ ለመናገር ፡ ምንም ፡ አይደፍሩ ፡ እነሱውም ፡ ተመክራ ፡ እንጻ
ይወድቁ ፡ ይፈራሉ ።

E. Quelle malheureuse nation qu'est l'Abyssinie à cause des Souverains qui y règnent! Mais, après avoir massacré si impunément les gens, ces Souverains n'auront-ils pas des remords?

በሚገዙት ፡ ነገሥታት ፡ የተነዛከ ፡ አበሻ ፡ እንዴት ፡ ያልታደለች ፡ አገ ር ፡ ናት ! እረ ፡ በል ። እንዲህ ፡ አላገባብ ፡ ሰው ፡ ተቀጡ ፡ በጓላ ፡ እ ኔህ ፡ ንጉሦች ፡ ባደረጉት ፡ ጥፋት ፡ አይጠጡበትም ፡ ወይ ።

I. Dans leur hypocrisie, ils ne manquent pas de dire: « Quel dommage! Pourquoi n'ai-je pas trouvé quelqu'un qui, par un bon conseil, m'eût empêché de condamner un tel qui n'etait pas coupable! » Mais, le lendemain ils commettont la même erreur, si ce n'est pire encore.

ለሰው ፡ ይምሰልግ ፡ ወይኔ ! እንድ ፡ መከሪ ፡ አጥቸ ፡ ያን ፡ ሰው ፡ አላ በሳው ፡ ቀጣሁት ! ማለት ፡ አይቀራቸውም ። በበነጊአው ፡ ግን ፡ እን ደዚአው ፡ ማጥፋታቸውን ፡ አይተውም ፡ ያውም ፡ የባሰ ፡ ባይሆን ።

E. Quelle merveille! Dans notre pays, en Europe, les souverains ne peuvent jamais condamner ou absoudre un coupable. C'est la loi qui, d'après le code, condamne ou absout les accusés.

ወይ ፡ ግሩም ! በኛ ፡ አገር ፡ በኤኡሮፓ ፡ ቢሆን ፡ ግን ፡ ነገሥታቱ ፡ በ ተከሰሰው ፡ ሰው ፡ ይፈርዱበትና ፡ ወይ ፡ ይቀጡት ፡ ወይ ፡ ይምሩት ፡ ዘንድ ፡ ምንም ፡ አይቻላቸው ፡ ቢቀጣም ፡ ቢምርም ፡ ፍትሐ ፡ ነገሥ ት ፡ ነው ።

I. Oh, monsieur! si toutes les choses sont comme nous avons entendu dire, vous autres Européens vous êtes bien heureux et vos souverains ne se servent en aucune manière de leur peuple pour apaiser leur fureur, comme le font toujours les nôtres.

ጌታው ፡ ሆይ ! ነገሩ ፡ ሁሉ ፡ እንደ ፡ ምንሰግውስ ፡ ተሆነ ፡ እናንት ፡ የ ፈረንጅ ፡ አገር ፡ ሰዎች ፡ ብዙ ፡ ታደላችኋል ፡ የኞቹ ፡ ነገሥታት ፡ ሁለ ግዜ ፡ እንደሚአረጉት ፡ ሁሉ ፡ የናንቱ ፡ ነገሥታት ፡ ምንም ፡ ቢሆን ፡ የገዛ ፡ ህገብቸውን ፡ ለቁጣቸው ፡ ስለት ፡ ማብረጃ ፡ አያደርጉትም ።

E. Tes compatriotes que diront-ils de toutes tes appréciations?

በዚህ ፡ አነጋገርህ ፡ ሁሉ ፡ ያገርህ ፡ ሰዎች ፡ ምን ፡ ይሉ ፡ ይሆን ።

I. Oh! monsieur, si ce sont de ignorants ils ne peuvent pas
y donner une juste valeur; si ce sont des gens intelligents
et admirateurs de la civilisation Européenne ils ne pourrons
que le approuver, et blamer justement le regime de gouverne-
ment existant jusqu'à ce jour en Abyssinie, si renommée, si ho-
norée par ses traditions anciennes comme un grand Empire
Chrétien.

ጌታው ፡ ሆይ! ደንቆር ፡ የሆነም ፡ ሰው ፡ ነገሩ ፡ ገብቶት ፡ ማመስገን ፡
አይሆንለት ። ብልህ ፡ የሆነና ፡ የኤውሮፓን ፡ ስራት ፡ የሚአደንቅ ፡ ሰ
ውም ፡ ተሆነ ፡ ይሄን ፡ ተማመስገንና ፡ ገና ፡ ተጥንት ፡ ተመሰረቷ ፡ ጀ
ምራ ፡ ትልቅ ፡ የክርስቲያን ፡ መንግሥት ፡ በመሆኗ ፡ እንዲህ ፡ ስጊ ፡
በተጠራው ፡ እንዲህ ፡ በተከበረቸው ፡ አገር ፡ ባሁ ፡ እንዲህ ፡ ያለ ፡
ክፉ ፡ አገዛዝ ፡ እስከዛሬ ፡ በመኖሩ ፡ በውንት ፡ ተመንቀፍና ፡ ተማነዉ
ር ፡ በቀር ፡ ሌላ ፡ ምንም ፡ አያደርግ ።

L'Empereur d'Ethiopie actuel.

E. J'ai entendu dire que l'Empereur d'Ethiopie actuel est très
bon et très clément et qu'il fait du bien à son pays; tout cela
est-il vrai?

የዛሬው ፡ የኢትዮኵያ ፡ ንጉሠ ፡ ነገሥት ፡ እጅግ ፡ መልካም ፡ ምህሩተ
ኛ ፡ ላገራቸው ፡ ደግ ፡ አድራጊ ፡ ናቸው ፡ ሲሉ ፡ ሰምቸ ፡ ነበር ፡ እኒ ፡
ሁሉ ፡ እውነት ፡ ነው ፡ ይሆን ።

I. Oh, monsieur! interrogez-moi seulement sur les rois passés
et ne me questionnez pas, je vous prie, sur ceux qui sont en vie,
dont je n'ai pas le droit de parler ni favorablement ni défavo-
rablement. De ceux-ci nos descendents parleront librement et di-
ront la verité.

ጌታው ፡ ሆይ! ያለፉትን ፡ ነገሥታት ፡ ነገር ፡ ብቻ ፡ ይጠይቀኝ ፡ እን
ጂ ፡ ገና ፡ ያሉትን ፡ ንጉሦች ፡ ነገር ፡ እባክዎን ፡ አይጠይቀኝ ። በዚ
ሁ ፡ ነገር ፡ ክፉም ፡ በጎም ፡ መናገር ፡ አይገባኝም ። የነዚሁንስ ፡ ነገር ፡
እውነቱን ፡ የኋላ ፡ ልጆቻችን ፡ እንደልባቸው ፡ ይናገሩታል ።

Mais si je dis tout cela par prudence, ne croyez pas qu'il y ait quelque sous-enfendu; à cet égard l'empereur actuel Ménélic, en comparaison de tous les souverains d'Ethiopie qui l'ont précédé, et, quoique on ne puisse pas en dire encore autant en comparaison des souverains européens, est un monarque libéral, grâce auquel l'Abyssinie commence à peine à avoir un peu de lumière de la civilisation européenne, et la population *chrétienne* commence à vivre avec un peu de liberté.

ነገር ፡ ግን ፡ ለመሥንቀቅ ፡ ብየ ፡ እኔን ፡ ሁሉ ፡ ስላልሁ ፡ በውስጡ ፡ ሌላ ፡ የተሸፈነ ፡ ነገር ፡ አለበት ፡ አይምሰልዎ ። ለዚህስ ፡ የዛሬው ፡ አ ጤ ፡ ምኒልክ ፡ ባለፉት ፡ በኢትዮጵያ ፡ ነገሥታት ፡ ሁሉ ፡ አይነት ፡ የውነተኛ ፡ የተገቡ ፡ ታላቅ ፡ ንጉሥ ፡ ናቸው ። ደግሞም ፡ ምንም ፡ በኤውሮፓ ፡ ነገሥታት ፡ ዓይነት ፡ ገና ፡ ለህዝቡ ፡ ሙሉ ፡ ፈቃድ ፡ ባ ይሰጡት ፡ ዛሬ ፡ አብሽ ፡ ጥቂት ፡ ብርሃን ፡ ማየቱና ፡ ህዝቡ ፡ ባይሆን ፡ እንኳ ፡ የክርስቲያኑ ፡ ወገን ፡ ጥቂት ፡ ተዛንቶ ፡ መኖር ፡ መጀመሩ ፡ በምኒልክ ፡ ኃይል ፡ ነው ።

E. Oui, en comparaison des souverains européens, l'empereur Ménélic n'a pas encore tout à fait compris beaucoup de choses, qui pourraient être très utiles à son Empire et à ses sujets.

አዎ ፡ ላጤ ፡ ምኒልክ ፡ በኤውሮፓ ፡ ነገሥታት ፡ ዓይነት ፡ ለመንግሥ ታቸውና ፡ ለህዝባቸው ፡ የሚጠቅመው ፡ ገና ፡ ብዙው ፡ ነገር ፡ አልገ ባቸውም ።

I. Cela est certain; cependant, le motif de tout cela est que, si les souverains d'Europe gouvernent eux-mêmes, du moins ils gouvernent un pays intelligent, dont les peuples sont civilisés depuis des siècles et connaissent les besoins de l'humanité et les nécessités de la vie.

እኔ ፡ እርግጥ ፡ ነው ፡ ነገር ፡ ግን ፡ የዚህ ፡ ሁሉ ፡ ምክንያቱ ፡ የኤኡሮ ፓ ፡ ነገሥታት ፡ ቢገዙ ፡ ባይሆን ፡ የብልህ ፡ አገርና ፡ ሰዉ ፡ ተጥንት ፡ ጀ ምር ፡ ስራት ፡ ተብልሀት ፡ ተብብር ፡ ያደረበትን ፡ ለሥጋ ፡ የሚበጀው ን ፡ ለዚህ ፡ ዓለም ፡ ኑር ፡ የሚጠቅመውን ፡ የሚአውቀውን ፡ ሕዝብ ፡ አገር ፡ ነው ፡ የሚገዙ ።

E. En effet, en Europe ce sont les peuples qui peuvent être utiles à leur souverain et à leur patrie en s'efforçant d'abandonner leurs (les) anciennes coutumes si celles-ci sont en désaccord avec les besoins de nos jours, pour en adopter des meilleures; les renouveler ou les modifier seulement, si elles ne sont pas tout à fait adoptables.

እውነትም ፡ በኤኡርፓ ፡ እነዚሁ ፡ ሕዝቡ ፡ ናቸው ፡ ለዛሬ ፡ ዘመን ፡ ኑሮ ፡ የማይስማማውን ፡ የጥንቱን ፡ አሮጌውን ፡ ሕግና ፡ ልማድ ፡ የሚነቀፈውን ፡ እየፋቁ ፡ ሴላ ፡ የተሻለ ፡ አዲስ ፡ እየተኩ ፡ ጭራሽ ፡ የማይነቀፈውንም ፡ እንደገና ፡ እያሻሻሉና ፡ እያደሱ ፡ አገራቸውንም ፡ ሲጠቅሙ ፡ ንጉሣቸውንም ፡ ሲአገለግሉ ፡ የሚኖሩ ።

I. Tout au contraire, si l'empereur Ménélic gouverne; l'Abyssinie, c'est un pays dont le peuple est encore primitif, qui ne peut le seconder ni par son intelligence, ni par son instruction, ni par son industrie et ni par ses conseils.

አጤ ፡ ምኒልክ ፡ ግን ፡ አቢሻን ፡ ቢገዙ ፡ ሀገሩ ፡ ገና ፡ ከድንቁርናው ፡ ያልወጣውን ፡ በብልህቱ ፡ ይሉ ፡ በጥበቡ ፡ ይሉ ፡ በጅ ፡ ስራው ፡ ይሉ ፡ በምክር ፡ ይሉ ፡ የማያግዛቸውን ፡ ሕዝብ ፡ አገር ፡ ነው ፡ የሚገ ዙት ።

I. Malgré cela l'empereur Ménélic a fait de grands éfforts pour pousser son Pays dans la voie du progrès: il y a introduit beaucoup d'usages qui n'étaient pas connus du temps des souverains qui l'ont précédé.

እሜም ፡ ሁሉ ፡ ሁኖ ፡ አጤ ፡ ምኒልክ ፡ አገራቸው ፡ እያደረ ፡ እውቀት ፡ እንዲአድርበትና ፡ ብልሀት ፡ እንዲገዛ ፡ ብዙ ፡ ይጥራሉ ። አሁንም ፡ እሜው ፡ በቀደምቱ ፡ ነገሥታት ፡ ጊዜ ፡ ታይቶ ፡ ያልታወቀ ፡ ብዙ ፡ ነገ ር ፡ በቢሻ ፡ አገቡ ።

I. A cet égard je puis dire qu'à la place de Ménélic un souverain européen se serait trouvé bien embarrassé, et n'aurait pas su mieux faire à lui tout seul sans l'aide de son peuple.

በዚኸስ ፡ ነገር ፡ እንድ ፡ የፈረንጅም ፡ አገር ፡ ንጉሥ ፡ በአጤ ፡ ምኒል

ክ ፡ ስፍራ ፡ ተገኝቶ ፡ ቢሆን ፡ ሕዝቡ ፡ ሳያግዘው ፡ ለብቻው ፡ ሁና ፡
ተዚህ ፡ የተሻለ ፡ ነገር ፡ ለማድረግ ፡ በልሆነለትም ፡ ብዙ ፡ በቻገረው ፡
ነበር ፡ ግለት ፡ ይቻለኛል ።

E. J'en conviens; mais les Européens qui viennent en Abys-
sinie, n'essayent-ils pas d'introduire leur civilisation dans le pays?

ለኔም ፡ ይመስለኛል ። አበሻ ፡ የሚመጡት ፡ ፈረንጆችስ ፡ ያገራቸው
ን ፡ ስራትና ፡ ብልሀት ፡ ባገሩ ፡ ለማግባት ፡ አይምክራትምን ፡፡

I. Oh, monsieur, il est inutile de me demander cela; il vaut
mieux que je n'en parle pas.

ወይ ፡ ጌታው ፡ ሆይ ! እሂን ፡ መጠየቅም ፡ በከንቱ ፡ ነው ፡ ባልናገረ
ው ፡ ይሻላል ።

E. Pourquoi donc, est-ce inutile?

ስለምን ፡ ነው ፡ ከንቱነቱ ፡፡

I. Parce qu'il vaut mieux garder le silence là-dessus.

ስለምንግ ፡ የዚኸን ፡ ነገር ፡ ተመናገር ፡ ዝምታ ፡ ይሻላል ።

E. De quoi as-tu donc peur?

አንተ ፡ የምትፈራበት ፡ ምንድር ፡ ነው ፡፡

I. Oh! monsieur, aucune crainte pour dire la verité, mais,
si j'en parle, je ne vous dirai qu'un seul mot, savez-vous?

ጌታው ፡ ሆየ ! እውነት ፡ ለመናገር ፡ ምን ፡ ያስፈራኛና ! ነገር ፡ ግን ፡
ብነግረዎም ፡ አንድ ፡ ቃል ፡ ብቻ ፡ ነው ፡ የምነግርዎ ፡ ያውቃሉ ፡፡

E. Soit! et dis-moi ce mot.

ይሁን ፡ ይኽነኑ ፡ ቃል ፡ ንገረኝ ።

I. Voilà, monsieur, alors: à l'exception de quelques individus,
tous les Européens qui viennent en Abyssinie non seulement ne
nous enseignent pas la civilisation de leur pays, mais encore ils
n'en font pas usage pour eux-mêmes, et aussitôt qu'ils mettent

le pied sur le sol abissin, avant de partir pour l'intérieur, ils quit-
tent à la côte tout ce qu'ils ont appris dans leur pays, l'Europe.

እንግዲአስ ፡ እኔውልያ ፡ ታንዳንዮች ፡ ሰዎች ፡ በቀር ፡ አበሻ ፡ የሚመ
ጡቱ ፡ ሁሉ ፡ ፈረንጆች ፡ እንካን ፡ ያገራቸውን ፡ ብልሀትና ፡ ስራት ፡
ለኛ ፡ ያስተምራነ ፡ ስራሳቸውም ፡ አያውቁት ። ወዲያው ፡ ያበሻን ፡ መ
ሬት ፡ እንደረገጡ ፡ ገና ፡ ወደመሀል ፡ አበሻ ፡ ሳይነሱ ፡ በሬት ፡ ታገራ
ቸው ፡ የተማሩትን ፡ ሁሉ ፡ ተበሕሩ ፡ ዳር ፡ ጥለውት ፡ ነው ፡ የሚነው ።

E. Vraiment! et pourquoi donc?

እውነት ! ስለምን ፡-

I. Qui sait, monsieur? Ce sera, peut-être, pour ne pas être
accablé par le poids du fardeau!!:... dans le voyage.

ማን ፡ ያውቃል ፡ ጌታው ! ተጉዘ ፡ ላይ ፡ ሸክሙ ፡ እንዳይከብዳቸው ፡
ይሆን ፡ ይሆናል ።

E. Tu as raison, c'est peut-être là la cause.

እውነትህ ፡ ነው ፡ ስለዚህ ፡ ይሆናል ።

E. Et tous les autres Européens qui sont venus dernièrement
en Abyssinie font-ils comme les autres qu'y sont venus d'abord?

አሁን ፡ በኋላ ፡ አበሻ ፡ የኔዱት ፡ ሁሉ ፡ ፈረንጆችሳ ፡ ፊት ፡ እንደመ
ጡቱ ፡ ሁሉ ፡ ያደርጋሉን ፡-

I. Oh! monsieur, c'est bien différent et les choses ont tout
à fait changé.

ምንና ፡ ምን ፡ ጌታው ! አሁንማ ፡ ነገሩ ፡ ሁሉ ፡ ጨርሶ ፡ ተለዋውጠ ፡-

E. De quelle manière ont-elles changé?

እንዴት ፡ ሁኖ ፡ ተለዋውጧል ፡-

I. Maintenant, parmi les Européens qui sont en Abyssinie, il
y a de grands personnages dignes de tout le respect possible, en-
voyés par leurs gouvernements ou par leurs Souverains. Ceux-ci
non seulement apportent en Abyssinie les bienfaits de la civili-

sation de leur pays, mais ils apprennent encore de nouveau aux autres Européens la civilisation que ces derniers ont oubliée pendant les longues années de leur séjour en Abyssinie. Je vous parlais de ceux qui sont venus chez nous, il y a longtemps, pour y chercher fortune et qui s'y sont établis se multipliant comme les chèvres ou pour mieux dire, comme les lapins.

አሁንስ ፡ አበሻ ፡ ታሪቱ ፡ ፈረንጆች ፡ ሁሉ ፡ ተያያሩፕዋ ፡ መንግሥት ፡ ና ፡ ተየንጉ ሥፖፕዋ ፡ እየተላኩ ፡ የመጡ ፡ ትልቅ ፡ ክብር ፡ የተገበፕ ፡ ው ፡ ሰዎች ፡ አሉብት ። እንዚ ኸው ፡ ሰዎች ፡ ያገሩፕዋን ፡ መልክም ፡ ሥ ፡ ራት ፡ አበሻ ፡ ማግባት ፡ ብቻም ፡ አይደለ ። ለንዚያ ፡ ለሌሎች ፡ ፈረን ፡ ጆችም ፡ ሳይቀር ፡ ታበሻ ፡ ብዙ ፡ ዘመን ፡ ሲቀመጡ ፡ የረሱትን ፡ ሥራ ፡ ትና ፡ ምግበር ፡ እንደ ፡ ገና ፡ ያስተምሯቸዋል ። እኔ ፡ የምልፕ ፡ እንደ ፡ ራ ፡ ፍለጋ ፡ መጥተው ፡ ተብዙ ፡ ዘመን ፡ ጀምረው ፡ እንደ ፡ ፍየል ፡ እየተራቡ ፡ ተኛ ፡ ዘንድ ፡ የሚኖሩቱን ፡ ፈረንጆች ፡ ነው ።

E. Cela avec une négresse ou avec une blanche?

እሬው ፡ ነገር ፡ ተነጭ ፡ እሴት ፡ ጋራ ፡ ነው ፡ ወይስ ፡ ተጥቁር ።

I. Oh! monsieur, celui qui veut avoir des enfants de toute espèce, ne choisit pas entre la blanche et la noire; pour lui toutes les deux sont bonnes.

ወይ ፡ ጌታው ፡ ሆይ ! በየቀለሙ ና ፡ በያይነቱ ፡ ልጀ ፡ መውለድ ፡ የወ ፡ ደደ ፡ ሰው ፡ ነጭ ና ፡ ጥቁር ፡ እሴት ፡ አይመርጥም ፡ ሁለቱንም ፡ ይወ ፡ ዳል ።

E. Maintenant j'ai compris: en vérité ces gens-là vous apprennent tout ce qu'ils ont appris de vous mieux encore que personne.

አሁንስ ፡ ነገሩ ፡ ገብኝ ። እንደ ፡ እውነት ፡ እንዚ ያው ፡ ሰዎች ፡ ተናን ፡ ተ ፡ የተማሩትን ፡ እንደ ፡ ገና ፡ ለናንተ ፡ በጣም ፡ አሳምረው ፡ ያስተ ፡ ምሯቸ ኋል ።

I. Monsieur, ce n'est pas d'aujourd'hui que l'élève surpasse le maitre par ses études.

ጌታው ፡ ሆይ ! ተመምሕሩ ፡ ደቀ ፡ መዝሙ ሩ ፡ ነው ። ተማሪ ፡ ታስተ ፡ ማሪው ፡ በትምርት ፡ መላቁ ፡ ዛሬ ፡ ብቻም ፡ አይደለ ።

Des régions entières sont abandonnées.

E. Des régions qui semblent un paradis terrestre sont tellement dépeuplées et désertes; pourquoi n'y voit-on âme qui vive? Où est donc la prospérité du pays?

ገንት ፡ የሞሰለው ፡ ሁሉ ፡ አገር ፡ እንዲህ ፡ ጭራሹን ፡ ጠፍ ፡ ነው ፡ ምነው ፡ ነፍስ ፡ ወዶ ፡ አይልበት ። ያገሩ ፡ ልምነት ፡ ዬቃል ።

I. D'un côté la guerre et d'un autre côté la misère qui anéantissent la population, comment le pays peut-il prospérer et les populations peuvent-elles augmenter, monsieur?

በንድ ፡ ወገን ፡ ሞርነቱ፤ በንድ ፡ ወገን ፡ እራቡ ፡ ሕዝቡን ፡ እየፈጀው ፡ አገሩስ ፡ በዬት ፡ ይልማ ፡ ሰዉስ ፡ እንዴት ፡ ይራባ ፡ ጌታው ።

E. Quelle est la guerre qui diminue le nombre des habitants de l'Abyssinie?

ዬትኛው ፡ ሞርነት ፡ ነው ፡ ሕዝቡን ፡ የሚአሳንሰው ።

I. Vous me demandez quelle guerre en Abyssinie? Oh, monsieur! En Abyssinie on n'aime jamais à se soumettre l'un à l'autre, d'une manière positive, mais à chaque changement de souverain et jusqu'à ce qu'on soit vainqueur et qu'on s'empare du trône, on combat avec rage l'un contre l'autre.

በሸ ፡ ምን ፡ ሞርነት ፡ ነው ፡ ብለው ፡ ይጠይቁኛል ፡ እርሶም ። ወይ ፡ ጌታው ! በሸ ፡ እንዱ ፡ ላንዱ ፡ ሰቅ ፡ ብሎ ፡ መገዛት ፡ አያወቅም ። ንጉሥ ፡ በተለወጠ ፡ ቁጥር ፡ እንዱ ፡ እስኮንዜ ፡ እስኪነግሥ ፡ ድረስ ፡ እርስ ፡ በርሱ ፡ መሳመጥሪ ፡ መቆጋት ፡ ብዟ ፡ ነው ።

E. Comment! Lorsqu'un souverain vient à manquer, n'est-ce pas son fils qui lui succède?

እንዴት ! ንጉሡ ፡ ሲሞት ፡ ልጁም ፡ አይዶል ፡ የሚተካው ።

I. Selon le droit il devrait en être ainsi, mais depuis 450 ans à peu près, personne n'à été souverain légitime, hormis l'empereur Ménélic actuel.

እንደ ፡ ሥራቱስ ፡ እንዲህ ፡ ነበር ። ነገር ፡ ግን ፡ እኔው ፡ ወደ ፡ አራት ፡ መዶ ፡ ታምሳው ፡ ዓመት ፡ ሆነ ፡ ተዛሬው ፡ እጤ ፡ ምኔልክ ፡ በቀ ር ፡ አንድም ፡ የተገባው ፡ ባላባት ፡ ነግሦ ፡ አያውቅ ።

E. J'avais entendu dire que l'empereur Jean du Tigré, mort à Matamma, avait été descendant d'une ancienne dynastie impériale; comment cela se fait-il? Cela n'est-il pas vrai?

መተማ ፡ ላይ ፡ የሞቱት ፡ የትግሬው ፡ እጤ ፡ ዮሐንስ ፡ ተጥንት ፡ ታ ጥንታቸው ፡ ጀምረው ፡ የንጉሡ ፡ ነገሥት ፡ ተወላጅ ፡ ናቸው ፡ ሲሉ ፡ ሰምቼ ፡ ነበር ፡ እኔ ፡ እንደምን ፡ ነው ። ሀሰት ፡ ነው ።

I. Oh! monsieur, des titres de dynastie se trouvent sans aucune difficulté; c'est à dire que chaque fois qu'un misérable chef d'une famille inconnue lequel, après avoir mené une vie de brigand et de rebelle, voit la fortune lui sourire et le porter un trôné (devient souverain), dans la même journée de son couronnement, il trouve parmi ses courtisans un historiographe qui atteste que sa dynastie est incontestablement impériale.

ወደ ፡ ጌታው ! የበላ ፡ አልጋ ፡ ዘር ፡ ነው ፡ ለመሰኘት ፡ አይቸግርም ። እ ንዴት ፡ ማለት ፡ አባቱ ፡ ያልታወቁ ፡ ማንላቸውም ፡ ሹም ፡ ሁሉ ፡ በወ ንበዴነትና ፡ በሽፍታነት ፡ እየሞረና ፡ ጊዜ ፡ እያንሣው ፡ ከመንገሥ ፡ በደረስ ፡ ጊዜ ፡ ዕለቱን ፡ የነገሠ ፡ ቀን ፡ በዘሪያው ፡ ታሎቱ ፡ አንድ ፡ እበላ ፡ በይ ፡ ዘሩን ፡ ቆጣጥሮ ፡ የንጉሡ ፡ ነገሥት ፡ ተወላጅ ፡ አድርጎ ት ፡ ያድራል ።

E. Quelle étonnante chose me dis-tu là! Comment peut donc un chef quelconque devenir roi?

ምን ፡ የሚአስደንቅ ፡ ነገር ። ትነግረኛለህ ፡ አንተ ። ማንላቸውም ፡ ሹ ም ፡ መሳይ ፡ እንዴት ፡ አድርጎ ፡ ለንጉሥነት ፡ መብቃት ፡ ይሆንለታል ።

I. D'abord, il se fait ordinairement brigand ensuite il devient rebelle, il dévaste les pays en pillant les propriétés des habitants et avec cela il trouve, autant qu'il en veut, des soldats affamés et mécontents qui arrivent en désertant de tout côté.

ለልማዱ ፡ በፊት ፡ ወምበዴ ፡ ይሆናል ፡ ቀጥሎ ፡ ሽፍታ ፡ ይሆንና ፡ የድሀውን ፡ ከብት ፡ እየዘረፈ ፡ አገር ፡ ያጠፋል ። ከዚሁ ፡ ወዲሁ ፡ በ ዘረፈው ፡ ገንዘብ ፡ የተራቡና ፡ የተከፉ ፡ ወታደር ፡ ከየስፍራው ፡ እየ ከዱ ፡ ይመጣለትና ፡ የወደደውን ፡ ያህል ፡ ያሳድርበታል ።

I. Ainsi que la ruine de l'Abyssinie était due uniquement à l'ignorance des soldats (chevaliers errants) qui, abandonnant les princes légitimes du trône qui auraient songé à l'avenir de la Nation soutenaient les usurpateurs qui affligeaient la population et dévastaient le pays, en songeant seulement à eux-mêmes et à leurs partisans.

እንዲሁ ፡ ሁሉ ፡ አበሻን ፡ ያጠፋትና ፡ ያተከሳት ፡ የወታደሩ ፡ ብቻ ፡ ድንቍርና ፡ ነው ። ይሄው ፡ ወታደር ፡ ላገሪቱ ፡ ለኋላ ፡ የሚበጀውን ፡ ለሚአስበው ፡ ለውነተኛው ፡ ለበለ ፡ መንግሥቱ ፡ እየተወ ፡ ላልተገባው ፡ ላልጋ ፡ ገልበጭ ፡ ድሀውን ፡ ለሚአስለቅሰው ፡ አገር ፡ ለሚአጠፋው ፡ ተራሱና ፡ ከጭፍራው ፡ በቀር ፡ ለማያስበው ፡ እየረዳ ፡ አበሻን ፡ አ ጠፋት ።

I. Pour les étrangers, qui voient notre pays si dépeuplé et si désert, ils qualifient d'inféconde les femmes de notre nation, tandis que, en réalité, le décroissement de la population est dû à la barbarie des soldats et à l'insatiabilité des feudataires du pays même, qui prennent à la population, et à la tyrannie des usurpateurs.

ባገራችን ፡ እንዲህ ፡ ሰዉ ፡ አንሶ ፡ ጠፉ ፡ በገዞ ፡ ላየ ፡ ለሩቅ ፡ አገር ፡ ሰው ፡ ያገራችን ፡ ያበሻ ፡ እሴቶች ፡ መውለድ ፡ የማያውቁ ፡ መካኖች ፡ በመሰለው ። እንደ ፡ እውነት ፡ ግን ፡ የሰዉ ፡ እያደረ ፡ ማነሱና ፡ አገ ራችን ፡ የመከነው ፡ በወታደሩ ፡ አህዙብነት ፡ በሹማምቱና ፡ በበለ ፡ ጉ ልቱ ፡ የደሀ ፡ ገንዘብ ፡ ለመውረስ ፡ በለመጥገብ ፡ በልተገባቸው ፡ አል ጋ ፡ በተቀመጡት ፡ ነገሥታት ፡ አረመኔነት ፡ የተነሣ ፡ ነው ።

E. Et alors?

ተዚያ ፡ ኂላሳ ፡፡

I. Et alors! alors... vous avez entendu ce qu'ont fait l'empereur Théodore et l'empereur Jean du Tigré.

ተዚኣ ፡ ኂላሳ ! ተዚኣ ፡ ኂላግ ፡ እጤ ፡ ቴዎድሮስና ፡ እጤ ፡ ዮሐንስ ፡ ያደረጉትን ፡ ሰምተዉታል ፡፡

E. C'était comme cela! Les journaux d'Europe, cependant, parlaient plutôt en faveur de l'empereur Jean comme s'il était l'héritier légitime du trône d'Ethiopie, plutôt que l'empereur Ménélic.

እንዲህ ፡ ኑሯል ፡ ወይ ! የኤውሮፓ ፡ ጋዜታ ፡ ግን ፡ ታጤ ፡ ምኒልክ ፡ ይልቅ ፡ እጤ ፡ የሐንስን ፡ ነዉ ፡ ለኢትዮጵያ ፡ መንግሥት ፡ የተገቡ ፡ እድርጎ ፡ ያነሣ ፡ የነበረ ፡፡

I. Oh, monsieur, laissons de côté les journaux qui, si les choses sont comme j'ai entendu dire, parlent toujours sans préciser d'abord la vérité. D'ailleurs ces journaux auront appris cette fausse histoire par les gens du Tigré, je pense. En tout cas, sachez que c'est l'empereur Ménélic qui est l'unique et véritable souverain légitime de l'Abyssinie, qui se trouve ainsi gouvernée par un prince légitime tel qu'il est.

አዬ ፡ ጌታው ! ነገሩ ፡ ሁሉ ፡ እንደ ፡ ሰማሁት ፡ እንደ ፡ ሆነ ፡ ነገሩን ፡ ሳያስረግጥ ፡ የሚአወራዉን ፡ የጋዜታን ፡ ነገር ፡ ወዲአ ፡ እንተወዉ ፡፡ በቀረዉም ፡ ጋዜታ ፡ እኔን ፡ ውሸት ፡ ያወራ ፡ ተትግሬዎች ፡ የሰማዉ ን ፡ ይሆናል ፡፡
ለሁሉም ፡ ነገር ፡ ይወቁት ፡ ለኢትዮጵያ ፡ መንግሥት ፡ የዉነተኛዉ ፡ ባላባት ፡ እንደ ፡ እጤ ፡ ምኒልክ ፡ ብቻ ፡ ናቸዉ ፡፡ ኢትዮጵያም ፡ ኑ ራ ፡ ኑራ ፡ ዘሬ ፡ ብቻ ፡ ነዉ ፡ እንዲህ ፡ በዉነተኛዉ ፡ በላልጋ ፡ መ ገዛቷ ፡፡

E. En somme, l'Abyssinie est heureuse, maintenant, d'être gouvernée par son prince légitime qui est Ménélic; n'est-ce pas?

እንግዲአግ ፡ አበሻ ፡ በዉነተኛዉ ፡ ባላባት ፡ በምኒልክ ፡ እጅ ፡ መግ ባቷ ፡ ደስ ፡ ብሏት ፡ ይሆናል ፡ እዉን ፡፡

I. Certainement, monsieur.

ጌታው ፡ እሜጋ ፡ እርግጥ ፡ ነው ፡ ።

E. Quelle différence existe entre le gouvernement du défunt empereur Jean et le gouvernement de l'empereur actuel Ménélic?

ተሞቱት ፡ አጤ ፡ ዮሐንስ ፡ አገዛዝና ፡ ተዛሬው ፡ አጤ ፡ ምኔልክ ፡ አ ገዛዝ ፡ ምን ፡ ልዩነት ፡ አለበት ፡ ።

I. Quelle comparaison me demandez-vous, monsieur? Votre demande equivaut à celle-ci: « quel est plus doux du miel et de l'aloès? ».

ምንና ፡ ምን ፡ ምሳሌ ፡ ይጠይቁኛል ፡ ጌታው ! የርሶም ፡ አሰያየቅ ፡ ተ ማርና ፡ ተሬት ፡ ማን ፡ ይጣፍጣል ፡ ብሎ ፡ እንደ ፡ መጠየቅ ፡ ነው ፡ ።

E. Lequel des deux peut être comparé au miel, et lequel à l'aloès?

በማር ፡ የተመሰለው ፡ ሄትኛው ፡ ነው ፡ በሬትስ ፡ የተመሰለው ፡ ሄት ኛው ፡ ነው ፡ ።

I. Celui qui figure le miel est l'empereur Ménélic, et l'aloès l'empereur Je·n. Celui-ci était monté sur le trône d'Ethiopie seulement pour détruire l'Abyssinie et affliger ses pauvres populations.

ማራማ ፡ አጤ ፡ ምኔልክ ፡ ነው ፡ እሬቱም ፡ አጤ ፡ ዮሐንስ ። አጤ ፡ ዮ ሐንስ ፡ ነግሡው ፡ የነበር ፡ ደህ ፡ ለማስለተስና ፡ አበሻን ፡ ለማጥፋት ፡ ብቻ ፡ ነበረ ።

E. Moi, j'avais entendu parler seulement de la tyrannie de l'empereur Théodore qui anéantit la population et détruisit le pays tout entier, mais je n'avais rien entendu dire de l'empereur Jean.

እኔ ፡ ግን ፡ ሰምቸው ፡ የነበረ ፡ ያጤ ፡ ቴዎድሮስን ፡ ጨካኝነትና ፡ የሰ ቸውን ፡ ሰው ፡ መፍጀት ፡ አገሩን ፡ ሁሉ ፡ መያመዱን ፡ ማጥፋታቸ ውን ፡ ብቻ ፡ ነው ፡ እንጂ ፡ ያጤ ፡ ዮሐንስን ፡ ነገር ፡ ምንም ፡ አልሰማ ሁ ፡ ነበር ፡ ።

I. Laissez de côté l'empereur Théodore qui avec l'hallucination mentale, menait une vie endiablée; moi je parle seulement de l'empereur Jean qui faisait des efforts pour unir l'enfer au paradis et pour les gagner en même temps tous les deux.

ልባቸው ፡ ተሸውጠ ፡ የሰይጣን ፡ ትዳር ፡ ያድሩ ፡ የነበሩትን ፡ ያጤ ፡ ቴፖድሮስን ፡ ነገር ፡ ወዲኤ ፡ ይተውት ። እኔ ፡ የምልፖ ፡ ገሀነም ፡ እ ሳትንና ፡ መንግሥተ ፡ ሰማያትን ፡ አንድነት ፡ አደባልቀው ፡ ሁለቱን ም ፡ በንድ ፡ ጊዜ ፡ ለመውረስ ፡ ሲጥሩ ፡ የነበሩትን ፡ ያጤ ፡ ዮሐንስን ፡ ነገር ፡ ነው ። ።

E. De quelle manière?

እንዴት ፡ አርገው ። ።

I. D'un côté il allait pendant la nuit, à l'église, prier et donnait à croire qu'il était chaste et saint, tandis que d'un autre côté il opprimait le pauvre peuple.

በንድ ፡ ወገን ፡ ንጹሕና ፡ ጻድቅ ፡ እየመሰሉ ፡ በመንፈቀ ፡ ሌሊት ፡ ቤ ተክሲአን ፡ እየሄዱ ፡ መጸለይና ፡ በንድ ፡ ወገን ፡ ደግሞ ፡ ደሀውን ፡ ማስጨነቅ ፡ ነበር ፡ ኑሯቸው ። ።

E. De quelle manière affligeait-il le peuple?

እንዴት ፡ እያረጉ ፡ ኑሯል ፡ ሕገብሙን ፡ ማስጨነቃቸው ። ።

I. De toutes les manières et surtout en obbligeant la population à loger dans chaque famille et pendant quatre et cinq mois de l'année ses soldats et de les entretenir en leur donnant tout ce qu'ils desiraient. Mais lorsque les pauvres gens ne pouvaient pas avoir assez de pain et de blé pour donner à manger aux soldats logés chez eux, après que toutes leurs ressources avaient été épuisées par ses soldats mèmes, ces pauvres gens alors étaient liés les bras derrière le dos et fustigés et souvent chassés de leur maison pour souffrir du froid pendant la nuit et de la chaleur terrible pendant le jour.

በምኑም ፡ በምኑ ፡ ያስጨነንቁት ፡ ነበረ ። ይልቁንም ፡ ታመት ፡ አራት ና ፡ አምስት ፡ ወር ፡ ሙሉ ፡ በየ ፡ ቤቱ ፡ ተሰሪ ፡ እያገቡ ፡ ደሀው ፡ በ ግዱ ፡ ወታዱሩ ፡ የፈለገውን ፡ ሁሉ ፡ ሳያንድል ፡ እንዲቀልብ ፡ ያደር ጉ ፡ ነበረ ። ደሀው ፡ ግን ፡ የነበረውን ፡ ሁሉ ፡ ወረት ፡ በዚሁ ፡ በተሰ

ሪው ፡ ቀለጠ ፡ ጨርሶ ፡ ለወታደሩ ፡ የሚሰጠው ፡ እንጀራ ፡ ቢአጣና ፡ እህል ፡ ቢመተርበት ፡ ያ ፡ ተሰሪነት ፡ የገባው ፡ ወታደር ፡ በግዴ ፡ እህ ል ፡ ታልወለድህ ፡ እያለ ፡ የፈጦኝ ፡ አስር ፡ ይገርፈው ፡ ነበር ፨ ብዙ ፡ ጊዜም ፡ ሌቱን ፡ ተውርጥ ፡ ቀኑን ፡ ተዐሐይ ፡ ያውለው ፡ ያሳድረው ፡ ነበር ።

E. Et l'empereur Jean que disait-il de tout cela ?

እጤ ፡ ዮሐንስ ፡ ለዚህ ፡ ሁሉ ፡ ምን ፡ ይሉ ፡ ኑራል ።

I. L'empereur était d'accord avec son armée et il savait tout ce que ses soldats faisaient souffrir à la population. Vous savez ce que faisait ce souverain.

እጤ ፡ ዮሐንስ ፡ ከወታደራቸው ፡ ጋር ፡ ውስጥ ፡ ለውስጥ ፡ ይተዋወ ቁ ፡ ነበር ፡ ሰራዊታቸው ፡ የሚአደርጉን ፡ ሁሉና ፡ ደህ ፡ መበደሉ ን ፡ አይስቱትም ፡ ነበር ፨ እኒኸው ፡ ንጉሥ ፡ ያደርጉት ፡ የነበረን ፡ ሁ ሉ ፡ እርሰዎ ፡ ያውቃሉ ።

E. Non; que faisait-il donc ?

እንኳን ፨ ምን ፡ ያደርጉ ፡ ኑራል ።

I. Ecoutez-moi alors

Dans l'hiver du 1880-81 tandis qu'une terrible disette sévissait contre la population des régions de l'Abyssinie centrale, l'empereur Jean revint de son pays natal le Tigré passa l'hiver selon son habitude à Debrétabor. Pendant cet hiver, la population du Beguémidire, reduite à la plus grande misère ne pouvait pas comme autrefois supporter et entretenir les armées qu'elle était obbligée de loger et de nourrir. Pour cette raison alors elle fut forcée après avoir vidé ses greniers et sacrifié toute sa fortune de faucher les épis de blé en fleur et de les broyer dont le pressis sert pour en faire de la bouillie qu'elle servit aux soldats affamés. Non content de cela, toutes les familles qui ne pouvaient pas continuer à entretenir les soldats logés respectivement chez elles, furent condamnées par le magnanime souverain, l'empereur Jean, à donner aux soldats qu'elles étaient appelées à loger et à nourrir, à la place de la nourriture des bestiaux, et si elles n'a-

vaient pas des bestiaux, de donner un des leurs fils en qualité
d'esclave. Jugez maintenant vous-même si ce monarque n'était
pas un veritable saint monarque!!...

እንግዲአስ ፡ እኔውልዎ ፡ ይስሙኝ ። የዛሬ ፡ ህያ ፡ ሰባት ፡ ዓመት ፡ ብ
ርቱ ፡ እርሀብ ፡ መጥቶ ፡ የመህል ፡ አበሻን ፡ ሰው ፡ መከራውን ፡ ሲኦ
ሳይ ፡ ሳለ ፡ እጤ ፡ ዮሐንሰ ፡ እንደ ፡ ልግዳቸው ፡ ደብረታቦር ፡ ላይ ፡
ለመክረም ፡ ታገራቸው ፡ ከትገራ ፡ ተነስተው ፡ መጡ ። በዚያ ፡ ክረም
ት ፡ የቤዝምድር ፡ ደህ ፡ ለራሱ ፡ በቻጋር ፡ ታንቆ ፡ እንደ ፡ ወትሮው ፡ ተ
ሰሪ ፡ መቀለብ ፡ አልሆንለት ፡ አለ ። በዚህ ፡ የተነሳ ፡ የሀል ፡ ጎታውን ፡
በተሰሪ ፡ ቀለብ ፡ ታሚጠጠ ፡ በኋላ ፡ ያለ ፡ የሌለውን ፡ ገንዘብ ፡ ተጨረ
ሰ ፡ ወድያ ፡ የሚአበላው ፡ ነገር ፡ ቢጨንቀው ፡ በግዱ ፡ የሀሉን ፡ ዝርዝ
ር ፡ ገና ፡ ታረፉው ፡ አያጨደ ፡ ያን ፡ እየለነቀጠ ፡ የዚአን ፡ ጥግቄ ፡
ሙቅ ፡ እያደረገ ፡ ለተራብ ፡ ምሪቱ ፡ ይሰጥ ፡ ጀመረ ። ኋላ ፡ ግን ፡ እኔ ፡
ሁሉ ፡ መከራ ፡ አነሰና ፡ እርጎራኑ ፡ አጤ ፡ ዮሐንስ ፡ ለተሰሪው ፡ መ
ቀለብ ፡ ያልተቻለውን ፡ ሁሉ ፡ ድህ ፡ በምግቡ ፡ ፈንታ ፡ ከብት ፡ ያለ
ው ፡ ከብቱን ፡ እያስሸለገ ፡ ከብት ፡ የሌለው ፡ የገዘ ፡ ልገፎን ፡ እንደ ፡
ባሬ ፡ እያስሸለገ ፡ ለተሰሪው ፡ እንዲሰጥ ፡ ፈረዱበት ። እንግዴህ ፡ እስ
ቲ ፡ እርሰዎ ፡ ራሰዎ ፡ ይፍረዱት ፡ እኒህ ፡ ንጉሥ ፡ የውነተኛ ፡ ጻድቅ ፡
ንጉሥ ፡ አልኑረው ፡ እንደሆን ፡።

E. On voit bien qu'il était un monarque veritablement saint.

እውነተኛ ፡ ጻድቅ ፡ ንጉሥ ፡ መሆናቸው ፡ እውነትም ፡ ይታያል ።

I. Aprés avoir fait tout cela, puisque la mort est inévitable,
ce monarque s'étendit mort entre l'enfer et le paradis éténdant
les bras vers le deux comme le proverbe dit que: une mère de
jumeaux meurt se couchant sur le dos (pour dire: une mère se
couche sur le dos entre ses enfants qu'elle embrasse en même
temps tous deux de ses bras sans aucune distinction, pour ne pas
faire de différence entre l'un et l'autre).

እኔን ፡ ሁሉ ፡ ታደረጉ ፡ በኋላ ፡ ሞት ፡ አይቀርምና ፡ እኒኸው ፡ ንጉ
ሥ ፡ የመንታ ፡ እናት ፡ ተንጋላ ፡ ትሞት ፡ እንዲሉ ፡ ሁሉ ፡ እጃቸው

ን ፡ ወደ ፡ ሲያልና ፡ ወደ ፡ መንግሥተ ፡ ሰማያት ፡ ዘርግተው ፡ ተሁለ
ቱም ፡ መከከል ፡ ሞቱ፥ ተዘራጉ ፡፡

E. Que diable! Moi j'admire beaucoup le peuple do l'Abys-
sinie qui prend en patience la tyrannie de tous ces démons re-
vêtus de la dignité de monarques chrétiens.

ግራም ፡ ነው! እኔ ፡ የማ፡ንቀው ፡ የነዚህን ፡ በክርስቲያን ፡ ነገሥታ
ት ፡ ስም ፡ የተጠሩ ፡ አጋንንት ፡ መከራ ፡ ዝም ፡ ብሎ ፡ ችሎ ፡ የሚኖ
ረውን ፡ ያበሻን ፡ ህዝብ ፡ ነው ፡ የማዳንቀው ፡፡

I. Vous avez raison, monsieur, le peuple d'Abyssinie mérite
d'être vraiment admiré.

እውነትም ፡ ነው ፡ የኢትዮጵያ ፡ ሕዝብ ፡ መደነቅ ፡ የተገባው ፡ ነው ፡፡

Les paysans de l'Abyssinie.

E. Les paysans de l'Abyssinie sont-ils paresseux?

ያበሻ ፡ ባላገሩ ፡ ለስራ ፡ ሰነፍ ፡ ነው ፡።

I. Non, monsieur, les paysans de notre pays sont vraiment
laborieux et infatigables pour labourer la campagne; ce sont les
militaires qui sont paresseux et qui ne savent que se moquer des
pauvres gens, les opprimer et les voler.

እንካን ፡ ጌታው ፡፡ ያገራችን ፡ ባላገር ፡ በብርቱ፡ ስራ ፡ ወዳጅ ፡ ነው ፡
ለማረስና ፡ ለመቆፈር፡ ደክምሁን ፡ አያውቅም ፡፡ ወታደሩ ፡ ነው ፡ በባላ
ገሩ ፡ ተመሳቅና ፡ ተመሳለቅ ፡ መከራ ፡ ተማሳየት ፡ ተመዝረፍ፡ በቀር ፡
ምንም ፡ መስራት ፡ የማይወድ ፡ ሰነፍ ፡፡

E. Si les paysans aiment à travailler la terre, pourquoi alors
toutes les régions sont-elles si désertes?

ባላገሩ ፡ እርሻና ፡ ቁፋሮ ፡ ተወደደ ፡ እንግዲአ ፡ ምነው ፡ ያገሩ ፡ ወረ
ዳ ፡ ሁሉ ፡ እንዲህ ፡ ጠፍ ፡ መሆነ ፡።

I. Oh, monsieur! Du moment que le fruit, produit par leurs
sueurs est déstiné à la subsistance des soldats; que les meilleurs

de leurs animaux qu'ils ont élevés avec la plus grande peine doivent servir à engraisser les feudataires; que les mulets et les chevaux qu'ils ont conservés pour les échanger contre les vaches de bonne race et les bœufs des champs sont choisis et saisis par les autorités locales; du moment qu'ils ne peuvent pas se reposer lorsque il rentrent de la campagne chez eux fatigués des travaux des champs et qu'ils trouvent leur demeure occupée par les soldats oppresseurs qui y commandent en maitre, à quoi sert de travailler d'arrache-pied?

ወይ ፡ ጌታው ፡ ሆይ ! በወዙ ፡ ያበቀለው ፡ ፍሬ ፡ ለወታደር ፡ ቀለቢ ፡ ተሆን ፡ ተጨንቆ ፡ ተጠb ፡ ያሳደገው ፡ ከብቱ ፡ ለበላ ፡ ጕልቱ ፡ መወ ፈሪአ ፡ ተሆን ፡ የርቢ ፡ ላምና ፡ የርሻ ፡ በሬ ፡ እለው ጥበታለሁ ፡ ብሎ ፡ ያናረው ፡ ፈረስና ፡ በቅሎ ፡ ተመልምሎ ፡ ላገረ ፡ ገቦ ፡ ተሄደ ፡ ተገ ጠር ፡ ሲእርስና ፡ ሲቆናር ፡ ውሎ ፡ ደክሞት ፡ እርፋለሁ ፡ ሲል ፡ በቤ ቱ ፡ ኃይለኛ ፡ ወታደር ፡ ገብቶ ፡ ባለቤት ፡ ሁና ፡ ሲእበይንበት ፡ ታግ ኖው ፡ ምን ፡ ያዳከመዋል ፡ በክንቱ ።

E. Que faire alors?

እንግዲኣ ፡ ምን ፡ ያደርጋል ።

I. En ce cas une bonne partie de ces bourgeois ferment leur maison, abandonnent leur territoire, achètent un bouclier et une lance et s'en vont définitivement se faire militaires: voilà tout, monsieur, c'est pour cette raison que des régions deviennent désertes et arides.

በዚህግ ፡ የተነሣ ፡ ተበላገሩ ፡ የበለጠው ፡ ወገን ፡ ቤቱን ፡ ወደ ፡ ውጭ ፡ ይዘጋና ፡ እርስቱን ፡ ወዳኣ ፡ ይተውና ፡ ቆርፋፉ ፡ ጋሻውን ፡ እን ድያ ፡ ጦሩን ፡ ይገዛና ፡ እስተመቻውም ፡ እንዳይመለስ ፡ ሁና ፡ ወታደ ርነቱን ፡ ይመጠለፋል ። እሄውልም ፡ ጌታው ፡ በዚህ ፡ የተነሳ ፡ ነው ፡ አገሩ ፡ ሁሉ ፡ ጠፍና ፡ ምድረ ፡ በዳ ፡ መሆኑ ።

E. Et étant soldats quels avantages ont-ils?

ወታደር ፡ ቢሆንስ ፡ ምን ፡ ጥቃም ፡ ያገኛል ።

I. Le meilleur et unique moyen pour vivre en Abyssinie est seulement celui d'exercer le métier de soldat, non pas pour vivre vraiment heureux; mais on préfère certainement vivre en pillant un autre que d'être pillé soi-même.

አበሻ ፡ ለመኖር ፡ አንድ ፡ የሚሻለው ፡ ነገር ፡ ወታደር ፡ መሆን ፡ ብቻ ፡ ነው ። እኔው ፡ መሆኑ ፡ እውነት ፡ ደስ ፡ ያለ ፡ ትዳር ፡ ለማግኘት ፡ አ ይደለም ፡ ነገር ፡ ግን ፡ ሲዘረፋና ፡ ሲገፋፋ ፡ ከመኖር ፡ ሌላውን ፡ ሲዘ ርፎና ፡ ሲገፋ ፡ መኖር ፡ ይሻላል ፡ ለማለት ፡ ነው ።

E. Pourquoi les souverains d'Ethiopie ne défendent-ils pas les pillages contre leur domination? ne vaudrait-il pas mieux plutôt laisser les agriculteurs travailler tranquillement à leur terre; encourager les marchands à commercer, faire que la Nation soit riche et florissante et que la population puisse s'instruire et se civiliser? Ne savent-ils pas que le développement de la Nation et la richesse des habitants est la prospérité de l'armée et le bonheur de leur royaume?

D'ailleurs l'homme aime le lait et le beurre pour lequel il lui convient d'engraisser sa vache et non pas de la laisser maigrir, ni de la tuer; car autrement il ne lui restera que le cuir sec.

ስለምን ፡ ነው ፡ የኢትዮጵያ ፡ ነገሥታት ፡ የገዛ ፡ አገራቸውን ፡ ማስዘ ረፋን ፡ አይተውት ። ይልቁንስ ፡ በላገሩ ፡ በጢናው ፡ እርፍ ፡ እንዲአ ርስ ፡ እንዲቆናር ፡ ማድረግና ፡ ነጋዴው ፡ እንዲነግድ ፡ አይዘዘ ፡ ማለት ፡ አገሩ ፡ እንዲከብር ፡ እንዲለማ ፡ ሰዉም ፡ ጥበብና ፡ ብልሀት ፡ እንዲ ማር ፡ ስራት ፡ እንዲአውቅ ፡ መጣር ፡ ይልቅ ፡ ባልተሻለምን ። ያገር ፡ መልማትና ፡ የህዝቡ ፡ መክበር ፡ ለሰራዊቱ፥ መግነኛ ፡ ለመንግሥት ፡ ደስታ ፡ መሆኑን ፡ እንዚሁ ፡ ነገሥታት ፡ አያውቁትምን ። በቀረውስ ፡ ወተትና ፡ ቅቤ ፡ የሚወድ ፡ ሰው ፡ ላሙን ፡ ቢአወፍር ፡ ነው ፡ እንጂ ፡ የሚሻለው ፡ ቢአርዳት ፡ አይደለም ። አለዚአ ፡ ግን ፡ የደረቀ ፡ ቆርበ ቱን ፡ ታቅር ፡ ተመቅረት ፡ በቀር ፡ ምንም ፡ ትርፍ ፡ የለው ።

I. C'est vrai cela, mais pour avoir une si noble idée il faut être d'abord un roi légitime et élevé au trône de ses ancêtres; mais dès que des usurpateurs quelconques viennent s'élever sur

le tròne des autres il ne s'occupent jamais du bien ni de l'avenir
de la Nation que pour leurs avantages personnels.

እኔ ፡ እውነት ፡ ነው ፡ ነገር ፡ ግን ፡ እንዲህ ፡ ያለውን ፡ መልካም ፡ አ
ሳብ ፡ ለማሰብ ፡ በሬት ፡ በያት ፡ በቅማቱ ፡ አልጋ ፡ የተቀመጠ ፡ የተገ
ባው ፡ ንጉሥ ፡ መሆን ፡ ነው ። ነገር ፡ ግን ፡ ማንም ፡ አልጋ ፡ ገልብ
ጮ ፡ እየመጣ ፡ በሊተገባው ፡ አልጋ ፡ ከተቀመጠ ፡ ዘንድ ፡ ለራሱ ፡ በ
ቀር ፡ ደግ ፡ ስራና ፡ ለኋላ ፡ ላገር ፡ የሚበጅ ፡ ነገር ፡ ለማድረግ ፡ ምን
ም ፡ አያስብ ።

E. Pourquoi ne s'occupent-ils pas de l'avenir du pays?

ምነው ፡ ለኋላ ፡ ላገሩ ፡ የሚጠቅም ፡ ነገር ፡ ለማረግ ፡ አለማሰቡ ።

I. Parce qu'ils comprennent que le tròne usurpé s'en va
comme il était venu et qu'il ne passe jamais à leurs descendants.

ስለምንጋ ፡ በማይገባ ፡ የተያዘ ፡ መንግሥት ፡ እንደመጣ ፡ ሁኖ ፡ እን
ዲሄድ፡ና ፡ ለሱ ፡ ልጋ ፡ እንዳያልፍ ፡ ያውቃልና ፡ ነው ።

E. Cela est certain. Maintenant alors puisque l'empereur
Ménélic est le souverain légitime d'Ethiopie, tous ces usages bar-
bares seront-ils abrogés?

እኔ ፡ እርግጥ ፡ ነው ። አሁን ፡ እንግዲአስ ፡ አጤ ፡ ምኒልክ ፡ የውነተ
ኛው ፡ የኢትዮጵያ ፡ ባላጋ ፡ ከሆነ ፡ ዘንድ ፡ ይኔ ፡ ያረመኒ ፡ ልማ
ድ ፡ ሁሉ ፡ እንዲጠፋ ፡ ይሆን ፡ ይሆናል ።

I. Déjà au royaume de Choa il n'existait pas l'usage de
loger et d'entretenir les soldats de la part de la population; je
crois que dorénavant il n'existera aucune part dans l'empire d'E-
thiopie une si mauvaise habitude; autrement ce serait une grande
honte pour un souverain légitime et honorable comme l'empereur
Ménélic.

ከዛሬም ፡ በሬት ፡ በሸዋ ፡ መንግሥት ፡ በደ.ሀው ፡ ለተሰሪ ፡ ማ኷ላት ፡
የሚሉት ፡ ነገር ፡ አልነበረበት ። ለንግዴሁም ፡ በደፍን ፡ ኢትዮጵያ ፡
እንዲህ ፡ ያለው ፡ ክፉ ፡ ልማድ ፡ ከሂትም ፡ ስፍራ ፡ እንዳይኖር ፡ ሳይ
ሆን ፡ አይቀርም ፡ ይመስለኛል ። አለዚ.አ ፡ ግን ፡ እንዳጤ ፡ ምኒልክ ፡

ላለ ፡ ብያት ፡ በቅድመ ፡ አያቱ፤ ፡ አልጋ ፡ ለተቀመጠ ፡ ለተገባው ፡ ትል
ቅ ፡ ንጉሥ ፡ እፍረት ፡ ነገር ፡ በሆነ ፡ ነበር ።

E. Je crois, moi aussi que l'empereur Ménélic qui aime la civilisation européenne, abrogera tous ces usages inhumains. Autrement de quelle opinion jouira-t-il auprès des Européens s'il ne prouve pas son équité envers son peuple en établissant la liberté et l'égalité entre bourgeois et militaires?

ለኔም ፡ አጤ ፡ ምኔልክ ፡ የኤውሮፓን ፡ ሥራት ፡ የሚወዱ ፡ ነፃሩ ፡ እ
ሄን ፡ ሳረመኊ ፡ የተገብ ፡ ልማድ ፡ ወዲአ ፡ ያጠፋት ፡ ይመስለኛል ። እ
ለዚኧ ፡ ግን ፡ ሀዝቡ ፡ ሁሉም ፡ በየሃይማኖቱ፤ ፡ ሁኖ ፡ የልቡን ፡ ተናግ
ሮ ፡ የፈቀደውን ፡ የሚጠቅመውን ፡ ሰርቶ ፡ ባላገሩና ፡ ሥራዊቱ ፡ ትክ
ክል ፡ ተከ‌ሕብሮ ፡ እንዲኖር ፡ ታላደረጉ ፡ ለድፉን ፡ ኤውሮፓ ፡ ምን ፡
በመስለው ።

I. Moi je ne doute pas que l'empereur ne pense à faire tout cela, mais vous savez que tant que le régime féodal existera dans l'empire d'Ethiopie l'égalité ni la liberté n'y régneront pas et jamais.

እሄን ፡ ለማረግ ፡ አጤ ፡ ምኔልክ ፡ ይገብዛሉ ፡ ብየ ፡ አልጠረጥርም ፡
ነገር ፡ ግን ፡ ያውቃሉ ። በለ ፡ ጉልትና ፡ አገሪ ፡ ገዥ ፡ የሚሉት ፡ ል
ማዴ ፡ እስታለ ፡ ድረስ ፡ በኢ‌ትዮ‌ጵያ ፡ መንግሥት ፡ ትክክልነትና ፡ እ
ንደልብ ፡ ተናግሮ ፡ መኖር ፡ እስከመቸውም ፡ አይኖር ።

E. Et le régime féodal existe-t-il aussi au Choa?

በሸዋም ፡ አገር ፡ እየቆራ‌ረሱ ፡ ለሸ‌ም ፡ የማከፈል ፡ ልማዴ ፡ አለን ።

I. Oh, monsieur, les feudataires du Choa sont aussi terribles!

ወይ ፡ ጌታው ፡ ሆየ! የሸዋም ፡ ሸማምት ፡ እ‌ርጉ‌ጦች ፡ ናቸው ።

E. Comment?

እንዴት ።

I. Car les vassaux du Choa sont persécutés terriblement par leurs chefs et leurs feudataires lesquels sous un prétexte quelconque leur confisquent toutes leurs propriétés sans leur laisser même une aiguille.

እንዴትግ ፡ የሸዋ ፡ ገበር ፡ በቢለ ፡ ጕልትና ፡ በሻለቃ ፡ መከራውን ፡ ሲአይ ፡ ይኖራል ። እኒኸው ፡ በለጕልቶችና ፡ የሻለቆች ፡ ምክኛት ፡ እየፈለጕ ፡ መርፊ ፡ ሳይቀረው ፡ ገንዘቡን ፡ ሁሉ ፡ ሲወርሱት ፡ ይኖራሉ ።

E. Cela est-il possible? N'y a-t-il pas des juges, ni des lois qui déterminent si ces gens sont confiscables ou non confiscables?

ይሄን ፡ ማረግ ፡ ይቻላል ፡ ወይ ። ይሄው ፡ ዜጋ ፡ መወረስ ፡ ይገባውስ ፡ አይገባውስ ፡ የሚፈርድ ፡ ዳኛና ፡ የህግ ፡ መጽሐፍ ፡ የለም ፡ ወይ ።

I. Chaque feudataire a le droit de juger ses vassaux et lorsqu'ils veulent s'emparer de la propriété de ceux-ci quoiqu'ils soient innocents, ils deviennent tout-à-coup, sous un prétexte quelconque, coupables et sont ensuite condamnés arbitrairement à la prison et à la confiscation de toutes leurs propriétés.

በለጕልትና ፡ የሻለቃ ፡ በየራሱ ፡ የገዘ ፡ ዜጋውን ፡ መዳኛት ፡ ይቻለዋ ልና ፡ የደሀውን ፡ ከቤት ፡ መውረስ ፡ ያማረው ፡ እንደሆነ ፡ ምንም ፡ በ ዚአ ፡ ዜጋ ፡ በደልና ፡ አቢሳ ፡ ባይኖርበት ፡ ተዚአው ፡ በዚአው ፡ በም ናምን ፡ ስቡቡ ፡ ነውረኛ ፡ ሁኖ ፡ ይገኛል ፡ ቀጥሎም ፡ ይታሰርና ፡ ይወ ረስ ፡ በቃ ፡ ተቡሎ ፡ ይፈረድበታል ።

E. Et en cas de condamnation à la mort? Ces feudataires peuvent-ils prononcer la sentence d'exécution?

ይሞት ፡ በቃ ፡ ፍርድሳ ፡ እነዚሁ ፡ በለጕልቶችና ፡ አገረ ፡ ገቢዎች ፡ መፍረድ ፡ ይቻላቸዋል ።

I. Non, monsieur, cela est du ressort des magistrats suprêmes de la capitale que le souverain préside; autrement ces démons des feudataires auraient décimé les pauvres vassaux en les condamnant à la pendaison pour s'emparer ensuite de leurs propriétés.

እንኳን ፡ ይሄስ ፡ ከንጉሥ ፡ ከተማ ፡ ላሉቱ ፡ ለዋናዎቹ ፡ ዳኞች ፡ ንጉ ሥ ፡ በላያቸው ፡ ተቀምጠው ፡ ለማድረግ ፡ የተገባ ፡ ነገር ፡ ነው ። እ ሄግ ፡ በይሆን ፡ እኒአ ፡ ሰይጣናት ፡ ሹማምት ፡ ገንዘብ ፡ ለመውረስ ፡

ሲሉ ፡ ያሀውን ፡ ዜጋ ፡ ሁሉ ፡ ምሳምን ፡ ምክንያት ፡ እየፈለጉ ፡ ሰቅ
ለው ፡ ሰቅለው ፡ በፈጁት ፡ ነበረ ።

E. Quelle malheureuse population!... Si toutes ces choses arrivent aux oreilles du souverain que feront ces chefs oppresseurs?

እንዴት ፡ ያልታደለ ፡ ነው ፡ ህዝብ! ይሄ ፡ ሁሉ ፡ ነገር ፡ ከንጉሡ ፡ ጆ
ሮ ፡ ቢደርስ ፡ እነህ ፡ ጨካኞች ፡ ሹማምት ፡ ምን ፡ በደረጉ ፡ ይሆን ።

I. Oh, monsieur! malgré la bonne volonté du souverain, les pauvres vassaux n'auront jamais raison et seront toujours condamnables.

ወይ ፡ ጌታው ፡ ሆይ! ንጉሡም ፡ እልህ ፡ ቢሉት ፡ የሚፈረድበት ፡ በደ
ለኛው ፡ መቸም ፡ ቢሆን ፡ ደሀው ፡ ነው ።

E. Ces coquins digèrent-ils tout ce dont ils dépossèdent arbitrairement leurs vassaux?

እነህ ፡ ይሉኛይሉች ፡ እንዲህ ፡ አላገብብ ፡ ደህ ፡ እየወረሱ ፡ የሚበሉ
ት ፡ ሁሉ ፡ ጤና ፡ ይሆናቸዋል ፡ ይሆን ።

I. Oh, monsieur! Si vous saviez les sévices que subissent ces malheureux vassaux qui moulent le blé, apportent la farine, les blés, le miel etc. jusqu'à la résidence de leurs chefs, auxquels il coupent du bois pour la construction des cabanes ou pour brûler ou pour l'enclos des habitations; ils labourent la terre du vasselage et enfin pendant les expéditions ils suivent leurs chefs en chargeant les tentes, les munitions de bouche et tout ce que leurs feudataires leur commandent. Ils portent même les ustensiles de cuisine et les disques de terre cuite qui servent à cuire le pain.

ወይ ፡ ጌታዬ ፡ ሆይ! ይሄ ፡ መከረኛ ፡ ዜጋ ፡ የሚችለውን ፡ ሁሉ ፡ ግ
ፍ ፡ ቢአወቁትስ! ለሹሙ ፡ እህል ፡ ይፈጫል ፡ ዱቄቱን ፡ እህሉን ፡ ማ
ሩን ፡ ምኑንም ፡ ጭኖ ፡ ሹሙ ፡ እስታለበት ፡ ድረስ ፡ ይወስዳል ። ለዚ
ሁ ፡ ሹም ፡ ለቤት ፡ መስሪያም ፡ ሆነ ፡ ለማገዶም ፡ ሆነ ፡ ላጥርም ፡ ሆነ ፡
እንጨት ፡ ይቆርጣል ። በዘመቻ ፡ ጊዜ ፡ ደግሞ ፡ ድንኳኑን ፡ ስንቁን ፡
ያው ፡ ባለ ፡ ጉልቱ ፡ ያዘዘውን ፡ ሁሉ ፡ ነገር ፡ ጭኖ ፡ ይከተላል ። የወ
ጥ ፡ ቤት ፡ እቃና ፡ ምጣድ ፡ ሳይቀር ፡ ተሸክሞ ፡ ሹሙን ፡ ይከተላል ።

E. En somme, les sujets en Abyssinie sont de véritables esclaves.

እንግዲአግ፡ ያበሻ፡ ገባር፡ የውነተኛውን፡ ባሪ፡ አክል፡ ግለት፡ ነዋ!

I. Pire encore, monsieur, car si les esclaves travaillent pour leurs maitres, ils sont du moins nourris par ceux-ci, tandis que les sujets nourissent leurs feudataires pour lesquels ils travaillent continuellement.

ይልቁንም፡ ይበሳል፡ ስለምን፡ ባሪ፡ ለጌታው፡ ቢሰራ፡ ባይሆን፡ የጌታውን፡ እሀል፡ እየበላ፡ ነው ። ገባርና፡ ዜጋ፡ ግን፡ የገዛ፡ ገንዘቡን፡ ለሚኣበላው፡ ሹም፡ ነው፡ ዘላለም፡ የሚሰራ ።

E. Toutes les provinces de Gallas comment sont-elles gouvernées par les chrétiens abyssins?

የጋላ፡ አገር፡ ሁሉ፡ እሳ፡ በክርስቲያኑ፡ እጅ፡ እንዴት፡ ነው፡ አገ ዘዙ ።

I. Lorsque les chrétiens sont si terriblement opprimés par les chrétiens, leurs frères, figurez vous les pauvres païens, ils sont traités comme des chiens d'églises.

ክርስቲያን፡ ለክርስቲያን፡ እንዲህ፡ ተጨክክኖ፡ ሲጎዛ፡ ላረመኑው፡ ጋላ፡ እስቲ፡ ይምሰልፕ ። ያልታደለ፡ ጋላ፡ ሁሉ፡ ተቤተ፡ ክርስቲያ ን፡ እንደገብ፡ ውሻ፡ ነው፡ የሚኣበክኑት ።

E. On voit qu'en Abyssinie on vit encore comme on vivait avant que notre père Adam eût commencé à porter les petites moustaches.

እንዲህ፡ እንደሚታየው፡ ያበሻ፡ ኑር፡ ገና፡ አባታችን፡ አዳም፡ ጽ ህም፡ ማቀንቀን፡ ሳይጀምር፡ እንደሚኖር፡ እንደ፡ ነበረው፡ ኑር፡ ነው ።

Arrivée à la capitale.

E. La ville que nous voyons là-bas, comment s'appelle-t-elle?

ተዚያ፡ ታች፡ የምትታየን፡ ከተማ፡ ማን፡ ትባላለች ።

I. C'est la ville d'Addice Aveva. (Addice-Abèba).

ያዲስ ፡ አበባ ፡ ከተማ ፡ ናት ።

E. Oh! la capitale de l'Abyssinie?

የንጉሡ ፡ መኖሪአ ፡ ዋናይቱ፣ ከተማ ።

I. Oui, monsieur.

አወን ፡ ጌታው ።

E. Je croyais qu'elle était encore loin d'ici; combien de temps faut-il pour y arriver?

እኔ ፡ ገና ፡ እሩቅ ፡ መስላኝ ፡ ነበረ ። በስንት ፡ ሰአት ፡ ትደረሳለች ።

I. A pas lents, nous y arriverons en trois heures.

ዝግ ፡ ብለን ፡ እየሄድነ ፡ በሶስት ፡ ሰአት ፡ እንደርሳለን ።

E. Bien, bien, allons! marchons!

መልካም ! መልካም ! ግፋ ፡ ቶሎ ፡ ቶሎ ፡ እንሂድ !

I. Voilà, monsieur, cela est le commencement de la ville.

እሄው ፡ ጌታው ፡ እኄ ፡ የከተማይቱ ፡ መጀመሪ ፡ ነው ።

E. Oui? enfin nous sommes dans la capitale! Où est-il le quartier des négociants?

እውነት ፡ ብለን ፡ ብለን ፡ ደረስነና ፡ አረፍን ። የነጋዴው ፡ ሰፈር ፡ ወዴት ፡ ላይ ፡ ነው ።

I. Celui des indigènes est loin d'ici et celui des négociants européens n'est pas établi dans un lieu déterminé; il est éparpillé en différents endroits; les Européens séjournent où ils veulent.

ያገሩ ፡ ነጋዴ ፡ ሰፈር ፡ ተዚህ ፡ እሩቅ ፡ ነው ። የፈረንጁ ፡ ነጋዴ ፡ ሰፈር ፡ ግን ፡ ስፍራም ፡ አልተለየለት ፡ በየስፍራው ፡ እነሱ ፡ ከወደዱት ፡ ስፍራ ፡ ነው ፡ የሚሰፍሩ ።

E. Et, alors, conduisez-moi au quartier de mes compatriotes les Français.

እንግዲአስ ፣ ያገሬ ፣ ሰዎች ፣ ፈረንሳዊዎች ፣ ታሉብት ፣ ሰፈር ፣ ውሰ ዱኝ ።

Les indigènes et les Européens au marché.

I. Bonjour, monsieur; je désire d'acheter des tapis; en avez-vous?

እንዴት ፣ ዋሉ ፣ ጌታው ። ዝጋጃ ፣ ምንጣፍ ፣ ለመግዛት ፣ እፈልጋለሁ ፣ አለም ፣ ይሆን ።

E. Sans doute, monsieur; combien de tapis voulez-vous acheter?

እርግጥ ፣ አለኝ ። እስንት ፣ ዝጋጃ ፣ ለመግዛት ፣ ይፈልጋሉ ።

I. Je veux acheter une douzaine de tapis fins et très larges et une vingtaine de tapis ordinaires, de couleurs vives.

እንድ ፣ አሥራ ፣ ሁለት ፣ ያህል ፣ ማለፊአ ፣ ጥሩ ፣ ጥሩ ፣ በጣም ፣ ሰፊ ፊ ፣ ዝጋጃና ፣ እንድ ፣ ሀያ ፣ ይሆን ፣ ግብረ ፣ መርፈ ፣ ቀለሙ ፣ የደጋ መቀ ፣ ምንጣፍ ፣ እገዛለሁ ።

E. Voilà, monsieur, choisissez ce que vous voudrez.

እሄውልዎ ፣ የወደዱትን ፣ ይምረጡ ።

I. J'en ai trouvé quelqu'un qui me plait; n'avez-vous pas d'autre qualité un peu plus épaisse?

ደስ ፣ የሚሉ ፣ ጥቂቶች ፣ አገኘሁ ። ጥቂት ፣ በጣም ፣ ከቨድ ፣ ያለ ፣ ወ ፍራም ፣ ሌላ ፣ አይነት ፣ ዝጋጃ ፣ የለዎም ።

E. Oh! monsieur, il y en a tant que vous voulez et voilà; choisissez.

እንዴታ ! እስተፈልጉት ፣ ድረስ ፣ አለ ። እሄውልዎ ፣ ይምረጡ ።

I. Cela suffit pour le moment; combien en est le prix? ne surchargez pas trop, je vous recommande.

ላሁን ፡ እኔ ፡ ይኸቃል ። ዋጋው ፡ ምን ፡ ያህል ፡ ነው ። አደራዎ ፡ አያ
ብዙብኝ ።

E. N'en doutez pas, nous sommes très modestes pour les prix.

በዚህ ፡ አይጠርጥሩ ። ዋጋ ፡ አጥብቀዎችም ፡ አይደለነ ።

I. Voilà le prix et comptez bien.

ዋጋው ፡ እኔውልዎ ፡ በጣም ፡ ይቀኳጥሩ ።

E. C'est juste, merci.

ልክ ፡ ነው ፡ አልተሳሳትም ። እግዚአብሔር ፡ ይስጥዎ ።

I. Au revoir, monsieur, et j'espère que vous me porterez
bonne chance.

ደህና ፡ ይሁኑ ፡ ጌታው ። ግዳም ፡ ይሁኑልኝ ።

E. (*A part*: Je ne suis pas un bossu) je vous souhaite bonne
réussite.

ይቅናዎ ።

I. Ainsi soit-il, bonjour.

አሜን ፡ ደህና ፡ ይዋሉ ።

Au marché.

I. Bonjour, monsieur; avez-vous de bonne parfumerie?

እንዴት ፡ ዋሉ ፡ ጌታው ። መልካም ፡ ሽታሽቶ ፡ አለዎ ።

E. Oui, de tous genres.

እዎ ፡ ያውም ፡ በያይነቱ ።

I. Montrez-moi ça alors.

እንግዲአስ ፡ ያሳዩኝ ።

E. Voilà: ceci est de qualité ordinaire, ceci est de qualité
moyenne; si vous en voulez de fine, je vous en donnerai.

እኸው ፡ ይኄ ፡ አይነት ፡ የተራው ፡ ሸቆ ፡ ነው ። እኄ ፡ መከከለኛ ፡ አይ
ነት ፡ ነው ። ሴላ ፡ ጥሩ ፡ አይነት ፡ የፈለጉ ፡ እንደ ፡ ሆን ፡ አሳይዋለሁ ።

I. Combien est le prix de chaque flacon qualité extra?

ጥሩው ፡ አይነት ፡ ሸቱ ፡ በያንዳንዱ ፡ ብልቂአጥ ፡ ምን ፡ ያህል ፡ ነው ፡
ዋጋው ።

E. La qualité extra coûte trois thalers; la moyenne deux et
la plus ordinaire coûte un demi thaler.

እጅግ ፡ ጥሩው ፡ አይነት ፡ ሸቆ ፡ በያንዳንዱ ፡ ብልቂያጥ ፡ ሶስት ፡ ብ
ር ፡ ነው ፡ መከከለኛው ፡ አይነት ፡ ሁለት ፡ ሁለት ፡ ብር ። ተራው ፡ ሸቆ ፡
ግን ፡ በያንዳንዱ ፡ ብልቂአጥ ፡ የብር ፡ የብር ፡ እኩል ፡ ነው ፡ ዋጋው ።

I. Donnez-moi cinq flacons de chaque qualité; je vous prie
cependant de reduire le prix.

በያይነቱ ፡ አምስት ፡ አምስት ፡ ብልቂአጥ ፡ ይስጡኝ ። ነገር ፡ ግን ፡ ዋ
ጋውን ፡ ያሳንሱልኝ ።

E. Ne songez pas à cela, car dans notre maison on ne dis-
cute pas pour les prix qui sont fixés convenablement pour nous
et pour les acquéreurs.

እኄን ፡ አይስቡት ። ተኛ ፡ ቤት ፡ የዋጋ ፡ ክርክር ፡ የለም ። እኛም ፡ እ
ንዳንጐዳ ፡ ገዢም ፡ እንዳይጐዳ ፡ ሁኖ ፡ ዋጋው ፡ አስቀድሞ ፡ የተቄረ
ጠ ፡ ነው ።

I. Otez-moi au moins quelque chose.

በይሁን ፡ ጥቄት ፡ እንኪ ፡ ግቅ ፡ ያድርጉልኝ ።

E. C'est inutile, ne gaspillez pas votre temps et vos paroles.

በከንቱ ፡ ነው ፡ እፍዎን ፡ አያበላሹ ፡ ጊዜም ፡ አይምሽብዎ ።

Au marché des armes.

I. Bonjour, monsieur; avez-vous de bons revolvers à vendre?

እንዴት ፡ አደሩ ፡ ጌታው ። የሚሸጥ ፡ ማለፊአ ፡ ሸጉጥ ፡ አለዎ ።

E. Oui, j'en ai beaucoup, en voulez-vous un, ou plusieurs?

አዎን ፡ ብዙ ፡ አለኝ ። አንድ ፡ ነው ፡ የሚፈልጉት ፡ ወይስ ፡ ብዙ ፡፡

I. Je veux un seul revolver, mais de la meilleure qualité.

አንድ ፡ ሽጉጥ ፡ ብቻ ፡ ነው ፡ የምፈልግ ። ነገር ፡ ግን ፡ ማለፊአ ፡ አይ
ነት ፡ ነው ፡ የምፈልግ ፡፡

E. Un seul, rien qu'un seul?

አንድ ፡ ብቻ ፡ ነው ፡ ሌላ ፡ ምንም ፡ አይፈልጉ ፡፡

I. Pour moi c'est assez d'un seul; voulez-vous que je me
mette à faire le commerce des armes pour votre commodité?

ለኔ ፡ አንድ ፡ ብቻ ፡ ይበቃኛል ። ለርስዎ ፡ እንዲመች ፡ ብየ ፡ የመሳሪ
አ ፡ ነጋዴ ፡ እሆን ፡ ዘንድ ፡ በወደዱ ፡ ይሆን ፡፡

E. Oh! non; si vous étiez un commerçant, vous feriez échap-
per tous vos clients avec vos façons si rudes.

ምነዋ ! አይደለም ፡ አይደለም ፡ እንኳንም ፡ አልሆኑት ፡ እርስዎ ፡ ነጋ
ዴ ፡ ሁነው ፡ ቢሆንስ ፡ በዚህ ፡ ክፉ ፡ አነጋገርዎ ፡ ዋጋ ፡ ለማረግ ፡ የመ
ጣልዎን ፡ ሁሉ ፡ ሰው ፡ ባስደነብሩት ፡ ነበር ።

I. Oh! monsieur, que vous êtes chatouilleux; moi j'ai dit cela
seulement pour rire, savez-vous!

ጌታው ፡ ሆይ ! እንዴት ፡ ኩርፍተኛ ፡ ነዋ ! እኔ ፡ እሄን ፡ መናገሬ ፡ ለ
መሳቅ ፡ ብቻ ፡ ነበር ።

E. Si c'était pour rire, mes observations peuvent être aussi
pour rire.

ለመሳቅ ፡ ኑሮ ፡ እንደ ፡ ሆነ ፡ እኔም ፡ የተናገርሁት ፡ ነገር ፡ ለመሳቅ ፡
ይሆን ፡ ይሆናል ።

I. Peu importe, laissons de côté tout cela; avez-vous un bon
fusil à deux coups qui puisse servir pour la chasse aux antilopes?

ግድ ፡ የለም ፡ እሄን ፡ ወዲአ ፡ እንተወው ። ላውሬ ፡ ማደኛ ፡ የሚሆ
ን ፡ ማለፊአ ፡ ሁለት ፡ አፍ ፡ ጠብንጃ ፡ አለዎ ፡፡

E. Oui; celui-ci est de fabrication anglaise, celui-ci est américain.

አወን ፡ አለኝ ፡ ይኸ ፡ የንግሊዝ ፡ አገር ፡ ስራ ፡ ነው ፡ እኸ ፡ ደግሞ ፡ ያ መሪክ ፡ አገር ፡ ስራ ፡ ነው ።

I. Lequel sera le plus parfait de ces deux-ci?

ተነዚህ ፡ ተሁለቱ ፡ ማንላቸው ፡ ጥሩ ፡ ይሆናል ።

E. Tous les deux sont très précis et le prix aussi est le même pour tous les deux.

ሁለቱም ፡ እጅግ ፡ ጥሩዎች ፡ ናቸው ፡ ዋጋቸውም ፡ የሁለቱም ፡ አን ድ ፡ ነው ።

I. Combien?

እስንት ፡ ነው ፡ ዋጋው ።

E. Cinquante thalers chacun.

አምሳ ፡ አምሳ ፡ ብር ፡ ነው ፡ ለየራሳቸው ።

I. Avec combien de cartouches?

ተስንት ፡ ከርቱሽ ፡ ጋራ ።

E. Les cartouches se vendent à part et elles ne sont pas comprises.

የጥይቱ ፡ ዋጋ ፡ ለብቻው ፡ ነው ፡ ተጠቧንጃው ፡ ጋርም ፡ አይደል ።

I. Combien de cartouches donnez-vous pour un thaler?

ባንድ ፡ ብር ፡ እስንት ፡ ጥይት ፡ ይሰጣሉ ።

E. Quinze; aux acheteurs en gros nous en donnons davantage.

አሥራ ፡ አምስት ፡ ጥይት ፡ ነው ። ባያሌው ፡ ለሚገዛ ፡ ሰው ፡ ጨመር ፡ አድርገን ፡ እንሰጣለነ ።

I. Je prends ce fusil anglais avec cent cartouches.

እኸን ፡ እንግሊዝ ፡ ጠቧንጃ ፡ ተመቶ ፡ ጥይት ፡ ጋር ፡ እወስጻለሁ ።

E. C'est bien, voilà.

ይሁን ፣ እነሆልዎ ፨

I. Voilà le montant, adieu!

ዋጋው ፣ እሄውልዎ ፨ ደህና ፣ ይሁኑ !

L'européen au marché des indigènes.

E. Bonjour; avez-vous beaucoup de café cru?

እንዴት ፣ ዋሉ ፥ ብዙ ፣ የሚቆና ፣ ቡን ፣ አለዎ ፥

I. Oui, quelle quantité désirez-vous en acheter?

አወን ፣ አለኝ ፨ ምን ፣ ያህል ፣ ለመግዛት ፣ ይመኛሉ ፥

E. Une trentaine de quintaux [1] (charges de bête de somme); de quelle région est-il, votre café?

እንድ ፣ ሰላሳ ፣ ያህል ፣ ጭነት ፣ እገዛለሁ ፨ ያለዎ ፣ ቡን ፣ የዬት ፣ አገ
ር ፣ ነው ፨

I. J'ai le café de Caffa, de l'Innaria, du Zégué, du Korata et de l'Harrar.

የከፋና ፣ የናሪያ ፣ የዘጌ ፣ የቆራጣ ፣ ያረርጌ ፣ ቡን ፣ አለኝ ፨

E. Montrez-moi ça.

ያሳዩኝ ፣ እስቲ !

I. Voilà et regardez toutes les cinq qualités.

እሄውልዎ ፣ አምስቱንም ፣ አይነት ፣ ይዩት ፨

E. Oh! comment elles sont pleines de croûtes et de corps étrangers?

ጉድ ! እንዴት ፣ ጎለፈጥና ፣ ቅርጥምጣሚ ፣ የሞላበት ፣ ነው !

---

[1] Cette mesure ne correspond que approximativement, car, en Abyssinie, les mesures usitées en Europe, telles que le quintal, tonneau, et même le kilogramme et le mètre, ne sont pas encore connues.

I. N'importe, nous les trions en les ventilant et en les criblant.

እሂ ፡ ግድ ፡ የለም ፡ እያነፈስነና ፡ እያንጸለልን ፡ እናጠራዋለን ።

E. Mon Dieu! comment peux-je assister à une opération aussi longue?

በእግዚአብሔር ! እሂ ፡ ሁሉ ፡ ሥራ ፡ እስኪሆን ፡ ድረስ ፡ እንዴት ፡ ከ ዚህ ፡ መጠበቅ ፡ ይሆንልኛል ።

I. Si vous voulez revenir demain matin, vous le trouverez tout prêt.

ነገ ፡ ማለዳ ፡ መመለስ ፡ ቢወዱ ፡ ሁሉንም ፡ ተሰናድቶ ፡ ያገኙታል ።

E. Je veux savoir le prix avant que vous commenciez le triage; donc, combien demandez-vous par quintal?

ማበጠሩን ፡ ሳትጀምሩ ፡ በፊት ፡ ዋጋውን ፡ ማወቅ ፡ እመኛለሁ ። እህ ፡ በያንዳንዱ ፡ ጭነት ፡ ምን ፡ ያህል ፡ ዋጋ ፡ ትጠራላችሁ ።

I. Voulez-vous acheter le café au poids ou à la mesure avec ce verre de corne (once) selon l'usage de notre pays?

ቡኑን ፡ ለመሸመት ፡ በሚዛን ፡ ቢሆን ፡ ይወዳሉ ፡ ወይስ ፡ እንዳገራች ን ፡ ልማድ ፡ በነጥር ፡ እየተሰፈረ ፡ ነው ።

E. Oh! non, non, je n'aime pas cet usage; je préfère au poids.

እንኳ ፡ እንኳን ፡ እሂን ፡ ልማድ ፡ አልወደውም ፡ በሚዛን ፡ ይሻለኛል ።

I. Soit! comme vous désirez: vous payerez 30 thalers pour quintal; c'est le prix courant du marché de ce jour.

ይሁን ፡ እንደ ፡ ወደዱ ። በያንዳንዱ ፡ ጭነት ፡ ፴ ፡ ፴ ፡ ብር ፡ ይሰጣሉ ። ዛሬ ፡ የገቢአው ፡ ዋጋ ፡ ይኸ ፡ ነው ።

E. Soit! et je reviendrai demain matin; en attendant, je m'informerai du prix du café sur le marché.

ይሁን ፡ ነገ ፡ ማለዳ ፡ እመለሳለሁ ። እስተዚያውም ፡ የቡኑን ፡ ዋጋ ፡ ተ ገቢያው ፡ እጠይቃለሁ ።

I. Faites comme vous voudrez; en tout cas, nous attendrons votre réponse, n'est-ce pas?

እንደ ፡ ወደዱ ፡ ያድርጉ ። ለሁሉም ፡ ነገር ፡ ምላሽዎን ፡ እንጠብቃለን ። እውን ።

E. Soyez sûr que je ne manquerai pas de venir demain matin: bonsoir.

እመጣለሁ ፡ አልቀርም ፡ አትጠርጥሩ ። ደህና ፡ እምሹ ።

I. Bonsoir, monsieur, et bonne nuit.

ደህና ፡ ያምሹ ፡ ጌታው ፡ ደህና ፡ ያሳድርኘ ።

Au marché de l'or, du musc et de l'ivoire.

E. Quel pays primitif! il n'y a aucune enseigne de marché! comment puis-je trouver le marché des défenses d'éléphant, de civette et de l'or sans aucune indication?

ምን ፡ የደንቆር ፡ አገር ፡ ነው ! ዋጋ ፡ የሚደረግበት ፡ ቦታ ፡ ምንም ፡ ምልክት ፡ የለው ! የገዞን ፡ ጥርሱንና ፡ የገባዱን ፡ የወርቁን ፡ መሽ ጫ ፡ ስፍራ ፡ ምልክት ፡ ከሌለ ፡ እንዴት ፡ አርጌ ፡ አገኘዋለሁ ።

I. (*un passant*) Que cherchez-vous, monsieur?

እንድ ፡ ይሄን ፡ የሰግ ፡ መንገድ ፡ አላፈ ። ምን ፡ ይፈልጋሉ ፡ ጌታው ።

E. Le marché des défenses d'éléphant et de musc (civette), mon cher!

የገዞን ፡ ቀንድና ፡ ገባድ ፡ የሚሽጥበትን ገቢያ ፡ ነዋ ፡ ወዳጅ ።

I. Venez avec moi, si vous voulez et je vous accompagnerai où l'on trouve ces articles.

ይወዱ ፡ እንደ ፡ ሆነ ፡ ተኔ ፡ ጋር ፡ ይምጡ ፡ እኔው ፡ እቃ ፡ ተሚሽጥ በት ፡ አደርሰዋለሁ ።

E. Vraiment! accompagne-moi alors, bravo!

እውነት ። እንግዲአስ ፡ ውሰደኘ ፡ ሳድግሀ !

I. Voilà que dans cette maison vous trouverez tout ce que vous désirez, bonjour.

እኔውልዎ ፡ ተዚህ ፡ ቤት ፡ የተመኙትን ፡ ሁሉ ፡ እቃ ፡ ያገኛሉ ።

E. Merci, merci, mon cher, bonjour.

እግዚ.ሐር ፡ ይስጥህ ፡ እግዚ.ሐር ፡ ይሰጥህ ፡ ወዳጄ ፡ ደህና ፡ ዋል ።

E. (*au négociant indigène*) Bonjour; avez-vous de l'or et de la civette (du musc) à vendre ?

እንዴት ፡ ዋላችሁ ፡ የሚሸጥ ፡ ወርቅና ፡ ዝባድ ፡ አላችሁ ።

I. Oui, monsieur; quelle quantité désirez-vous en acheter ?

እዎ ፡ ጌታው ። ምን ፡ ያህል ፡ ለመግዛት ፡ ይፈልጋሉ ።

E. J'acheterai une centaine d'onces d'or et deux cents onces de musc; avez-vous des défenses d'éléphant ?

መቶ ፡ ያህል ፡ ወቄት ፡ ወርቅና ፡ ሁለት ፡ መቶ ፡ ያህል ፡ ወቄት ፡ ዝባ
ድ ፡ እገዛለሁ ። የገዘን ፡ ጥርስ ፡ አላችሁ ።

I. Non, monsieur, pour le moment, nous n'en avons pas, nous les avons finis ce matin; si vous voulez attendre quelques jours nous en recevrons beaucoup.

እንካን ፡ ጌታው ፡ ላሁንስ ፡ የለነም ፡ ዛሬ ፡ ማለዳ ፡ ሽጠን ፡ ጨረስነው ።
ጥቂት ፡ ቀን ፡ ቢ.ቆዩ ፡ ብዙ ፡ ይመጣልናል ።

E. Combien de jours faut-il attendre ?

እስንት ፡ ቀን ፡ ብጠብቅ ፡ ይሆናል ።

I. Sept ou huit jours à peu-près.

ሰብትና ፡ ስምንት ፡ ቀን ፡ ያህል ፡ ይሆቃል ።

E. C'est bien; maintenant vendez-moi de l'or et du musc.

ይሁን ፡ ደግ ፡ ነው ። እሁን ፡ ተወርቁና ፡ ተዝባዱ ፡ ሽጡልኝ ።

I. Voilà, monsieur; commençons à peser?

እሂውልም ። መመዘን ፡ እንጀምር ፡፡

E. Dites-moi d'abord le prix.

ፈት ፡ ዋጋውን ፡ ንገሩኝ ፡፡

I. Vingt-cinq thalers chaque once d'or et 4 thalers pour
le musc.

ሀያ ፡ አምስት ፡ ብር ፡ በያንዳንዱ ፡ ወቄት ፡ ወርቅ ። ገ!ብዱ ፡ ግን ፡ አን
ዳንዱ ፡ ወቄት ፡ አራት ፡ አራት ፡ ብር ፡ ነው ።

E. C'est trop cher; dites-moi le dernier prix.

ዋጋው ፡ እጅግ ፡ በዘ ፡ የውነተኛውን ፡ ዋጋ ፡ ንገሩኝ ።

I. Oh! monsieur; nous ne sommes pas comme certaines gens
qui d'abord demandent cinquante pour vendre ensuite même à
vingt; c'est le dernier prix que nous demandons d'abord et il ne
nous plait pas de marchandiser.

ጌታዬቀ ! እኛ ፡ እኮ ፡ በፈት ፡ አምሳ ፡ ብለው ፡ ጠርተው ፡ በኃላ ፡ በ
ህያም ፡ ብቻ ፡ ቢሆን ፡ እንደሚሸጡት ፡ ሁሉ ፡ ሰዎች ፡ አይደለነም !
እኛ ፡ የዋጋ ፡ ውጣና ፡ ውረድ ፡ አናውቅም ፡ ያው ፡ መጀመሪ ፡ የጠ
ራነው ፡ ዋጋ ፡ ነው ፡ ዋጋችን ።

E. Comme vous êtes dur!

እንዴት ፡ ጥብቅ ፡ ነዎ !

I. C'est mieux pour vous, car nous ne vous ferons pas perdre
de temps par une discussion inutile.

ለርሰዎም ፡ እንዲህ ፡ ይሻላል ፡ በከንቱ ፡ ክርክር ፡ ጊዜ ፡ አናስመሽብ
ዎም ።

E. Pouvez-vous, au moins, me garantir la pureté de l'or et
du musc?

በይሆን ፡ ለወርቁና ፡ ለገብዱ ፡ ጥራነት ፡ መድን ፡ ትሰጡኛላችሁ ፡ ፡

I. Soyez-en sûr et tout le monde sait que nous ne sommes pas capables de tromper les gens: même nos ennemis ne peuvent pas témoigner autrement.

በዚሀስ ፡ እርግጥ ፡ ይሁንም ፡ ሰው ፡ ማሞኛት ፡ እንዳናውቅ ፡ ሰው ፡ ሁሉ ፡ ያውቃል ፡ ጠላታችነም ፡ ቢሆን ፡ በዚህ ፡ አይመሰክርብነ ።

E. Pesez donc l'or et ensuite le musc (*et l'indigène commence à peser*).

እንግዴህ ፡ ኡሁን ፡ ወርቁን ፡ መዝኑ ። ዝብዱ ፡ ቀጥሎ ፡ ይመዘናል ።

E. Pesez bien; il me semble que l'or n'est pas de poids.

ደግ ፡ አድርገሁ ፡ መዝኑ ! ተወርቁ ፡ ይልቅ ፡ ወደዚኡ ፡ ወገን ፡ ያዶላ ፡ ይመስለኛል ።

I. Ne craignez-rien; nous allons ajouter.

ለዚህ ፡ አይፍሩ ፡ እናስተካክስዋለን ።

E. C'est bien; avez-vous beaucoup de cire aussi?

ደግ ፡ ነው ። ሰምም ፡ ብያሌው ፡ አላችሁ ፡ ይሆን ።

I. Désirez-vous en acheter?

ሰም ፡ ለመግዛት ፡ ይመኛሉ ።

E. Oui, même de la gomme arabique, si vous en avez.

አወን ። ሙጫም ፡ እንዳላተሁ ፡ ለመግዛት ፡ እፈልጋለሁ ።

I. De cire vierge nous vous en trouverons tant que vous voudrez; quant à la gomme arabique, quoique les bois de notre pays en soient pleins, on ne connait pas encore le commerce de cet article.

ሰም ፡ የወደዱትን ፡ ያህል ፡ እናገኛልዋለን ። የዛፍ ፡ ሙጫ ፡ ግን ፡ ም ንም ፡ ያገራችን ፡ ዱር ፡ ሙጫ ፡ ቢሞላበት ፡ የዚሀ ፡ ንግድ ፡ ገና ፡ አ ልታወቀም ።

E. Si vous saviez comme la gomme est recherchée en Europe! maintenant faites-moi les prix à part, c'est à dire, le prix de l'or et celui du musc, pour mieux distinguer les choses.

ብታውቁስ ፣ በፈረንጅ ፣ አገር ፣ ሙጫ ፣ እንዴት ፣ ውድ ፣ መስጊትዒ
ልና ! አሁንስ ፣ ነገሩ ፣ እንዲገብኝ ፣ የወርቁን ፣ ዋጋ ፣ ለብቻው ፣ የገበ
ዱንም ፣ ዋጋ ፣ ለብቻው ፣ አድርጉልኝ ፡፡

I. Oui, monsieur; voilà, ce ci est le prix de l'or et ce ci est
celui de la civette; tout ensemble est de...

እሺ ፣ ጌታው ፡፡ ይሄውልፐ ፣ እኔ ፣ የወርቁ ፣ ዋጋ ፣ ነው ፡፡ እኔ ፣ የገበ
ዱ ፣ ዋጋ ፣ ነው ፡፡ በድምሩ ፣ ሁለቱም ፣ እኔን ፣ ያህል ፣ ነው ፡፡

E. Comment! avez-vous bien calculé le montant?

እንዴት ! ደግ ፣ እርገው ፣ እሳልተሁታል ፣ ዋጋውን ፡፡

I. Je crois qu'il soit juste, en tout cas je le calculerai de
nouveaux.

ልክ ፣ ይመስለኛል ፣ ለሁሉም ፣ ነገር ፣ እንደ ፣ ገና ፣ እሳሳዋለሁ ፡፡

I. Trois cents once (wekĕte = 28 gr.) à 25 thalers pour
chaque once (wekĕte), 4 fois 25 = 80.

ሶስት ፣ መቶ ፣ ወቄት ፣ ወርቅ ፣ በያንዳንዱ ፣ ወቄት ፣ ሀያ ፣ አምስት ፣
ብር ፣ ሲሆን ፣ ጊዜ ፣ አራት ፣ ጊዜ ፣ ሀያ ፣ አምስት ፣ ሰማንያ ፣ ይሆናል ፡፡

E. Oh! oh! comment! ce n'est pas juste!

እንዴት ! እንዴት ! ተሳስቷል ፣ እንዲህም ፣ አይደል !

I. Vous avez raison, je me trompe: 4 fois 25 = 91.

እውነትፐ ፣ ነው ፣ እሳስቻለሁ ፡፡ አራት ፣ ጊዜ ፣ ሀያ ፣ አምስት ፣ ዘጠና ፣
አራት ፣ ይሆናል ፡፡

E. Oh! oh! comment! maintenant même, ce n'est pas juste!

እንዴት ! እንዴት ! አሁንም ፣ ቢሆን ፣ ተሳስቷል ፡፡

I. Vous avez raison, je me trompe: 4 fois 25 = 111.

እውነትፐ ፣ ነው ፣ እውነትፐ ፣ ነው ፣ እሳስቻለሁ ፡፡ አራት ፣ ጊዜ ፣ ሀያ ፣
አምስት ፣ መቶ ፣ ታስራ ፣ አራት ፣ ይሆናል ፡፡

E. Oh! oh! quel genre de calcul emploie-t-on dans votre pays; n'y a-t-il pas des écoles de mathématique en Abyssinie?

እንዴት ! እንዴት ! ባገራችሁ ፡ ምን ፡ አይነት ፡ አቴጣጠር ፡ አላችሁ ። በቤሻ ፡ የቁጥር ፡ መማሪአ ፡ የተማሪ ፡ ቤት ፡ የለምን ።

I. Non, monsieur, nous comptons seulement par pratique et nous ne nous trompons pas.

እንኳን ፡ የለም ፡ ጌታው ። ቁጥር ፡ የምናሳላ ፡ በልግድ ፡ ብቻ ፡ ነው ፡ ደግሞም ፡ አናሳስትም ።

E. Oui, oui, on voit que vous êtes bon comptable; comptez!

አወን ፡ አወን ፡ ቁጥር ፡ አዋቂ ፡ መሆናችሁ ፡ እንዲህ ፡ ይታያል ። ይብ ሉ ፡ ይቀኙጠሩ !

I. Oui, je compte: 4 fois 25 font 108.

እሺ ፡ እቆጥራለሁ ። አራት ፡ ጊዜ ፡ ሀያ ፡ አምስት ፡ መቶ ፡ ተስምንት ፡ ይሆናል ።

E. Oh! oh!

እንዴት ! እንዴት !

I. Oh! je ne puis parvenir à compter juste; garçon, porte-moi de fièves qui me servent à calculer... un, deux, trois, quatre...

አረ ፡ ገና ! አሁንስ ፡ በልኩ ፡ መቀኙጠር ፡ አላውቅ ፡ አልሁ ። አንት ፡ አሽከር ! የማሰላበት ፡ ጥሬ ፡ በቄላ ፡ አምጣልኝ ። አንድ ፡ ሁለት ፡ ሶስ ት ፡ አራት ፡ አምስት ፡ እንዲህ ፡ እስተ ፡ መጨረሻው ፡ ድረስ ።

E. Voilà le prix! comptez-le et encaissez-le; bonjour.

ዋጋው ፡ እኔው ፡ ቁጠሩና ፡ ተቀበሉ ። ደህና ፡ ዋሉ ።

I. C'est juste; merci, monsieur, bonjour.

ልክ ፡ ነው ፡ እንግዚሐር ፡ ይስጥዎ ፡ ደህና ፡ ይዋሉ ፡ ጌታ ።

Au marché de mulets.

E. Je cherche quelques mulets de transport, en avez-vous
à vendre?

ጥቂት ፡ የጭነት ፡ በቅሎ ፡ እፈልጋለሁ ። የሚሸጥ ፡ አጋሰስ ፡ አላችሁ ።

I. Oui, monsieur; en voilà plusieurs; choisissez ceux qui vous
plaisent.

አወን ፡ ጌታው ፡ እኔው ፡ ብዙ ፡ አለነ ፡ የወደዱዋቸውን ፡ ይምረጡ ።

E. Combien coûte-t-il ce mulet-ci?

የዚህ ፡ በቅሎ ፡ ዋጋ ፡ ምን ፡ ያህል ፡ ነው ።

I. Son prix est de trente thalers.

ዋጋው ፡ ሰላሳ ፡ ብር ፡ ነው ።

E. Est-il jeune?

ገና ፡ ልጋፍ ፡ ነው ።

I. Oui, il est très jeune encore.

አዎን ፡ ገና ፡ በጣም ፡ ልጋፍ ፡ ነው ።

E. Combien d'années a-t-il?

እስንት ፡ ዓመቱ ፡ ነው ።

I. Il aura cinq ans environ; en tout cas regardez ses dents.

እንድ ፡ አምስት ፡ ዓመት ፡ ይሆነዋል ። ለሁሉም ፡ ነገር ፡ ጥርሱን ፡ ይ
ዩት ።

E. Je ne suis pas dentiste; comment puis-je savoir l'âge
d'une bête par ses dents? dites-moi vous même son âge précis!

እኔ ፡ የጥርስ ፡ ሀኪም ፡ አይደለሁ ። የከብት ፡ እድሜ ፡ በጥርሱ ፡ ማወ
ቅ ፡ እንዴት ፡ ይሆንልኛል ። እንቱው ፡ እራስሁ ፡ የድሜውን ፡ ልክ ፡
ንገሩኝ ።

I. Je ne suis pas son parrain; comment puis-je savoir le jour,
le mois et l'heure de sa naissance, monsieur? moi, je vous assure
seulement que ce mulet n'a que cinq ans tout au plus!

እኔ ፡ ስዚህ ፡ በቅሎ ፡ የክርስትና ፡ እባቱ ፡ አይደለሁ ፡ የተወለደበት
ን ፡ ቀኑን ፡ ሰአቱን ፡ ወሩን ፡ ለማወቅ ፡ እንዴት ፡ ይቻለኛል ፡ ጌታው ።
እኔ ፡ የምነግርፃ ፡ እሂ ፡ በቅሎ ፡ ቢ.በዛ ፡ ቢ.በዛ ፡ ታምስት ፡ ዓመት ፡
የበላጠ ፡ እድሜ ፡ እንደሌለው ፡ እርግጥነቱን ፡ ብቻ ፡ ነው ።

E. Soit; quel est le prix de ce mulet-là?

ይሁን ። የዚኣ ፡ በቅሎ-ሳ ፡ ዋጋው ፡ እስን፟ት ፡ ነው ፡

I. Ce mulet-là n'est pas une bête pour transport; c'est une monture: son prix est de 80 thalers.

ያ ፡ በቅሎ ፡ የኮረፃ ፡ ነው ፡ የጭነት ም ፡ ከብት ፡ አይደለ ። ዋጋው ፡
ሰማንያ ፡ ብር ፡ ነው ።

E. Par bleu! 80? les mulets à chevaucher sont-ils si chers que ça?

በግዚሓር ! ሰማኒኣ ፡ ብር ። የኮረፃ ። በቅሎ ፡ እንዲህ ፡ ውዶ ፡ ነው-ን ።

I. Certainement, monsieur, il y en a qui coûtent même 100 thalers, s'ils sont beaux et d'une bonne allure.

እርግጥ ፡ ጌታው ። ከቶ ም ፡ ማለፊያ ፡ ሰጋር ፡ ተሆነ ፡ መቶ ም ፡ ብር ፡
የሚኢወጣ ፡ በቅሎ ፡ እለ ።

E. Pour cette fois j'en achette un seulement, celui de transport; donnez-moi le garant (de ce mulet).

ላሁ-ን ፡ እንድ ፡ የጭነት ፡ በቅሎ ፡ ብቻ ፡ እገዛለሁ ። የዚህ-ን ፡ መደን ፡
ስጡ-ኝ ።

I. Oui, monsieur; voilà mon garant.

እሺ ፡ ጌታ-ው ፡ የኔ ፡ መደ-ን ፡ እኔው-ልዎ ።

E. C'est bien; voilà trente thalers pour son prix, au revoir.

ደግ ፡ ነው ። እኔው ፡ ዋጋው ፡ ሰላሳ ፡ ብር ። ይህና ፡ ሁ-ን ፡

I. Merci, au revoir.

እግዚሓር ፡ ይስጥዎ ። ይህና ፡ ይሁ-ኑ ።

Correspondances

Les lettres en amharique commencent de trois manières différentes: l'une commence ainsi (lettre) envoyée par tel (le nom de l'expéditeur) et destinée à monsieur tel... (le nom du destinataire); comment allez-vous? moi je me porte bien, grace à Dieu; et le texte.

La seconde commence ainsi: (la lettre, toujour, sous entendu) qui est destinée à monsieur un tel...; envoyée (la lettre sous entendu) par tel... (le nom de l'expéditeur qui peut être aussi à la fin du texte) et le texte.

La troisième commence ainsi: (la lettre sous entendu) destinée à Monsieur...; je vous présente mes hommages etc. et le texte [1], après le texte le nom de l'expéditeur.

Demande d'un aide, d'un plaisir, d'une faveur etc.

Monsieur,

E. L'autre jour j'ai perdu un mulet que j'avais acheté il y a une semaine dans un marché.

Etant étranger, inconnu par les indigènes et ne connaissant pas les lieux, je dois maintenant recourir à votre aide en vous priant de le faire rechercher autant qu'il sera en votre pouvoir.

Excusez-moi, monsieur, de l'importunité que je vous cause.

Votre devoué.

---

[1] Si le texte est fait pour demander une grâce ou une justice à un prince, à un juge, de la part d'un subalterne, les compliments sont exclus.

La première est employée entre les familiers ou, par le supérieur à l'égard des inférieurs; la seconde est employée entre les personnes qui se respectent réciproquement; et en fin, la troisième est employée par les inférieurs envers les grands personnages ou envers les personnes pour lesquelles l'expéditeur veut témoigner du respect.

ጌታዬ !

በቀደምለታ ፡ የዛሬ ፡ ሳምንት ፡ ተገቢኤ ፡ የገዛሁት ፡ በቅሎ ፡ ጠፋብኝ ።
እኔ ፡ የሰዉ ፡ ባዳ ፡ ያገሩ ፡ እንግዳ ፡ ሁኘ ፡ ቢቸግረኝ ፡ አሁን ፡ ወደ ፡
እርሰዎ ፡ እንዲአግዙኝ ፡ ብየ ፡ ልጥፍልዎ ፡ አሰብሁ ። አሁንም ፡ በተ
ቻለዎ ፡ እባክዎን ፡ ያስፈልጉልኝ ።
ጌታዬ ፡ አደራ ፡ ባስቸገርሁዎ ፡ ይማሩኝ ። ይላል ፡ አሽከርዎ ።

ጻዉሎስ ።

Monsieur Paul,

I. J'ai reçu hier soir la lettre que vous m'avez adressée en
m'annonçant que vous avez perdu un mulet.

Vous avez bien fait de m'en avertir de suite, car, ces jours-ci,
mes vassaux ont porté chez moi trois mulets, qu'ils ont trouvés
égarés par leurs propriétaires; donc, venez vous même ou envoyez
un de vos domestiques, qui puisse bien reconnaitre votre mulet
égaré et le voir parmi les mulets qui ont été égarés, afin qu'il
puisse vous le ramener.

Votre ami.

ይድረስ ፡ ከሙሴ ፡ ጻዉሎስ ፡ እንዴት ፡ ሰንብተዋል ። እኔ ፡ እግዚአብ
ሔር ፡ ይመስገን ፡ ደህና ፡ ነኝ ። አንድ ፡ በቅሎ ፡ ጠፋኝ ፡ ብለዉ ፡ የጣ
ፉልኝ ፡ ደብዳቤ ፡ ትላንት ፡ ደረሰኝ ። ቶሎ ፡ ፈጥነዉ ፡ መላክዎ ፡ መል
ክም ፡ አደረጉ ። ስለምን ፡ በዚህ ፡ ሰሞን ፡ የኔ ፡ ዜጋዎች ፡ የጠፉ ፡ ሶስ
ት ፡ በቅሎዎች ፡ አግኝተዉ ፡ ከኔ ፡ ዘንድ ፡ አምጥተዋል ። አሁንም ፡
ወደ ፡ እርሰዎ ፡ እራስዎ ፡ ይምጡ ፡ ወይም ፡ ከነዚህ ፡ ጠፍተዉ ፡ ከተ
ገኙቱ ፡ ከብቾች ፡ ለይቶ ፡ ያመጣልዎ ፡ ዘንድ ፡ በቅሎዎን ፡ በጣም ፡ የ
ሚአዉቅ ፡ አሽከር ፡ ይስዴዱ ።

ወዳጅዎ ፡ ቀኝግማች ፡ እገሌ ።

Monsieur,

K. Un de mes garçons, à qui j'ai confié une certaine somme,
a tout à coup disparu depuis deux jours. Je ne sais pas s'il

s'agit d'un accident ou d'un vol. En tout cas une recherche de ce genre n'étant pas proportionnée aux moyens dont peut disposer un étranger, j'ai pensé de vous écrire en particulier pour vous prier de faire rechercher avec soin cet individu et j'espère que moyennant votre aide courtoise, je pourrai recouvrer mon argent, ce dont je vous serai reconnaissant.

Votre dévoué

PIERRE X.

ጌታዬ !

እምነ ፡ ብዙ ፡ ገንዘብ ፡ ያስያገዙት ፡ አሽከሬ ፡ የዛሬ ፡ ሁለት ፡ ቀን ፡ እንዲአው ፡ ደርሶ ፡ እልም ፡ አለ ፡፡ እክልም ፡ አግኝዱት ፡ ይሁን ፡ ለስ ርቆት ፡ ብሎም ፡ ይሁን ፡ እንጃ ፡ አላውቅም ፡፡ ያም ፡ ሆነ ፡ ያም ፡ ሆነ ፡ እንዲህ ፡ ያለውን ፡ ነገር ፡ ለማስፈለግ ፡ እንደኔ ፡ ላለ ፡ ለሰው ፡ አገር ፡ ሰው ፡ እቅም ፡ የለውምና ፡ እሂችን ፡ ደብዳቤ ፡ በምስጢር ፡ አደርኬ ፡ ልሰድልዎ ፡ አሰብሁ ፡፡ አሁንም ፡ ጌታዬ ፡ እሂነን ፡ ሰው ፡ እንደ ፡ ምን ም ፡ አደርገው ፡ አይገቡ ፡ ገብተው ፡ ያስፈልገልኝ ፡፡ በርሰዎ ፡ ኃይል ና ፡ በርሰዎ ፡ ደግነት ፡ የጠፋኝ ፡ ገንዘብ ፡ ተመልሶ ፡ በጄ ፡ ይገባልኝ ፡ ዘንድ ፡ ተስፋ ፡ አደርጋለሁ ፡፡ እንዲህ ፡ እኔም ፡ ወረታዎን ፡ አላጠፋም ፡፡

ይላል ፡ ወዳጅዎ ፡ ኤጥሮስ ፡፡

I. J'ai reçu hier soir la lettre que vous m'avez écrite; je suis bien fâché d'apprendre que votre garçon soit disparu avec votre argent. Aussitôt que j'ai reçu votre lettre, j'ai envoyé de tous côtés des instructions pour découvrir cet individu et le faire arrêter en cas de culpabilité de sa part ou me l'emmener.

J'espère ne pas perdre, vous votre argent et nous la dignité de notre pays, faute d'avoir su protéger les étrangers, en extirpant les malfaiteurs.

Votre dévoué.

ይድረስ ፡ ከቶ ፡ ኤጥሮስ ፡፡

የጣፉልኝ ፡ ደብዳቤ ፡ ትላንት ፡ ማታ ፡ ደረሰኝ ፡፡ አሽከርዎ ፡ ገንዘብ ፡ ይዘብዎ ፡ መጥፋቱን ፡ ብሰማ ፡ ብዙ ፡ አዘንሁ ፡፡ እኔም ፡ ወዳአው ፡ ደ

ብዳቤዋ ፡ እንደ ፡ ደረሰኝ ፡ በየስፍራው ፡ እንዲፈለግ ፡ አድርጌ ፡ ላክ
ሁ ። ለስርቆት ፡ አድርጎት ፡ እንደ ፡ ሆነ ፡ አሥራቸሁ ፡ ለክፋትም ፡ እ
ላደረገው ፡ እንደ ፡ ሆነ ፡ እንዲአው ፡ ይዛቸሁልኝ ፡ ኑ ፡ ብዬ ፡ አገሀ
ለሁ ። አሁንም ፡ እርስዎም ፡ ገንዘብዎን ፡ ጠፍተው ፡ እንዲቀሩ ፡ እ
ኛም ፡ ሌብን ፡ ሁሉ ፡ ሳናጠፉ ፡ ቀርተን ፡ የሰው ፡ አገር ፡ ሰው ፡ መጠ
በቅ ፡ ባለማወቃችን ፡ ያገራችን ፡ ስም ፡ እንዳይሰበር ፡ ተስፋ ፡ አለኝ ።
ወዳጅዎ ፡ ፈታውራሪ ፡ ግሩ ።

Monsieur,

E. Je vous serais bien obligé si vous aviez la bonté de me donner un guide pour m'accompagner aux marchés du café. Si vous m'accorderez ce plaisir, veuillez, je vous prie, m'envoyer le guide dès ce soir, et il m'accompagnera demain matin.

Votre dévoué.

ይድረስ ፡ ለነጋድራስ ፡ እገሌ ። ጌታዬ ፡ ወደ ፡ ቡን ፡ ገቢያ ፡ የሚወስደ
ኝ ፡ አንድ ፡ መሪ ፡ እባክዎን ፡ ይስጡኝ ፡ ወረታዎን ፡ አላጠፋም ። እ
ሄን ፡ እሺ ፡ ያሉኝ ፡ እንደ ፡ ሆነ ፡ አደራ ፡ ነገ ፡ ማለዳ ፡ ይዞኝ ፡ እንዲሄ
ድ ፡ መሪውን (?) ፡ ዛሬ ፡ ማታ ፡ ይስደዱልኝ ። የተላከ ፡ ከሙሴ ፡ እገሌ ።

Lettre destinée à monsieur X.

L. Un de mes amis, qui vous connait bien, m'a dit que vous êtes sur le point de partir pour votre beau pays.

C'est pourquoi je vous envoie, par le moyen de mon garçon, cinq cents thalers, en vous priant de m'acheter des fusils et des cartouches et de me les porter à votre retour chez nous. Je vous prie de m'excuser du dérangement que je vous cause: je vous en serai bien reconnaissant.

En attendant, je vous souhaite un bon voyage.

Votre dévoué (*la lettre envoyée par tel*).

ይድረስ ፡ ለሙሴ ፡ እገሌ ። እርሶን ፡ በወል ፡ የሚአውቅ ፡ አንድ ፡
ወዳጄ ፡ እርሶም ፡ ወደ ፡ ማለሪአይቱ ፡ አገርዎ ፡ ለመነሣት ፡ መሰናዳት
ዎን ፡ ነገረኝ ። እሄስ ፡ ተሆነ ፡ ብዬ ፡ እኔው ፡ በሽከሬ ፡ እጅ ፡ ሺ፪ ፡ ብር ፡

ሰድ፡ጀልዋለሁ፡ና ፡ እባክዎን ፡ ጠበንጃና ፡ ጥይት ፡ ታገርዎ ፡ ገዝተው ፡
ወደኛ ፡ ሲመለሱ ፡ ይዘውልኝ ፡ ይምጡ ፡፡ አደራ ፡ አስቸገረኝ ፡ ብለው ፡
አይከፉብኝ ፡ ወረታዎን ፡ እከፍላለሁ ፡፡ እስክዚያውም ፡ በደህና ፡ ይመ
ልሰዎ ፡ ቀኝ ፡ ይምራዎ ፡፡

የተላክ ፡ ከቶ ፡ እገሌ ፡፡

Lettre destinée à monsieur X.

E. J'ai reçu votre lettre et je vous remercie de la confiance
que vous me témoignez en me confiant une somme pour vous acheter
des armes. Je suis bien fâché, cependant, de vous rendre cet ar-
gent, ne pouvant pas accepter d'avance l'argent de personne, dans
le commerce; je vous assure, cependant, qu'en revenant de l'Eu-
rope en Abyssinie, je porterai, sans doute, beaucoup d'armes de
tout genre et, si vous voulez en acheter alors, vous serez le pré-
mier à faire votre choix à votre aise.

Soyez bien donc, monsieur, et bonne permanence à vous aussi.

ይድረስ ፡ ለጌታ፡ው ፡ ላቶ ፡ እገሌ ፡፡ ደብዳቤዎ ፡ ደረሰችልኝ ፡ መሳሪአ ፡
ግዛልኝ ፡ ብለው ፡ ገንዘብዎን ፡ የቅድሞ ፡ ስለሰደዱኝ ፡ ስለ ፡ እምነት
ዎ ፡ አመሰግነዋለሁ ፡ እግዚአብሔር ፡ እንደሞኖኝ ፡ ይመንም ፡ ነገር ፡
ግን ፡ በንግዴ ፡ ነገር ፡ የቅድሞ ፡ ገንዘብ ፡ የማነንም ፡ ቢሆን ፡ አልቀብ
ልም ፡ ገንዘብዎን ፡ እንዴ ፡ ገና ፡ መልሽ ፡ ሰድጀልዋለሁ ፡፡ በዚህ ፡
እንዳላስከፋዎ ፡ ስለ ፡ እጅግ ፡ አዝናለሁ ፡ ነገር ፡ ግን ፡ ታገሬ ፡ ወጻበ
ሽ ፡ ስመለስ ፡ ብዙ ፡ መሳሪአ ፡ በያይነቱ ፡ እርግጥ ፡ ይዤ ፡ እመጣለሁ
ና ፡ መግዛቱን ፡ ተወደዱ ፡ እርሰዎ ፡ የወደዱትን ፡ ሳይመርጡ ፡ በፊ
ት ፡ ማንም ፡ እንዳይገዝ ፡ እርግጡን ፡ ይወቁት ፡፡ ደህና ፡ ይሁኑ ፡ እርስ
ዎም ፡ በደህና ፡ ይቆዩኝ ፡፡ የተላክ ፡ ተሞሴ ፡ እገሌ ፡፡

Bonne récompense!

E. Samedi dernier il a été perdu une montre d'or avec une
chaîne du même métal, et celui qui la trouvera et me l'appor-
tera, recevra cinq thalers de récompense.

ቅዳሜለት ፡ አንድ ፡ የወርቅ ፡ ሰአት ፡ ማንጠልጠያውም ፡ የወርቅ ፡ ቀ
ጭን ፡ ሰንሰለት ፡ የሆነ ፡ ጠፍቆኛልና ፡ አግኛቶ ፡ ይዞልኝ ፡ ለመጣ ፡ ሰ
ው ፡ አምስት ፡ ብር ፡ ያመርማሪ ፡ እሰጣለሁ ።

Cher Monsieur Kéguazmàtch Dessita,

E. Mon départ pour mon pays est fixé pour demain matin.
Je vous remercie donc, monsieur, de tout cœur de l'assistance, que
vous m'avez accordée depuis le jour de mon arrivée ici jusqu'à
ce jour.

Je suis bien fâché de me séparer de vous; mais cela était
inévitable, quoique cette séparation ne soit pas définitive.

Cependant, si je ne puis pas matériellement reconnaitre les
amabilités, les bienfaits que j'ai reçus de vous, soyez sur, monsieur,
que le souvenir de votre amitié restera gravé dans mon cœur
et que ma reconnaissance sera éternelle.

Votre dévoué.

ይድረስ ፡ ተወዳጅ ፡ ተቀኛገማች ፡ ደስታ ። እንዴት ፡ ሰንብተዋል ፡
እኔ ፡ ደህና ፡ ነኝ ። ወደገሬ ፡ የምነሣበት ፡ ቀን ፡ በነገ ፡ ተቆረጠ ። አሁ
ንም ፡ ጌታዬ ፡ ሆይ! ተዚህ ፡ የደረስሁ ፡ ዕለት ፡ ጀምሬው ፡ እስከ ፡ ዛ
ሬ ፡ ባደረጉልኝ ፡ ሁሉ ፡ ነገር ፡ ክልቤ ፡ አመሰግንዋለሁ ። ተርሰም ፡ በ
መለያየቴ ፡ ግን ፡ እጅግ ፡ አዝናለሁ ። ነገር ፡ ግን ፡ ይሄው ፡ መለያየታ
ችን ፡ ምንም ፡ ለዘላለም ፡ ባይሆን ፡ ላሁኑ ፡ የማይቀር ፡ ነገር ፡ ነው ።
ነገር ፡ ግን ፡ እርሰም ፡ ላደረጉልኝ ፡ ሁሉ ፡ መልካም ፡ ውለታና ፡ ለደ
ግነትዎ ፡ ብዛት ፡ አቅም ፡ ኑሮኝ ፡ በሌላ ፡ ነገር ፡ ወረታ ፡ ባልመልስል
ዎ ፡ የፍቅሬችን ፡ ነገር ፡ ተልቤ ፡ ተቀርጾ ፡ እንዲኖርና ፡ የወረታዎ ፡ ነ
ገር ፡ እስተ ፡ ዘላለም ፡ እንዳይረሳኝ ፡ እርግጥ ፡ ይሁንም ።

የተላክ ፡ ተሙሴ ፡ እገሌ ።

Quelques verbes amhariques, à l'infinitif, forme radicale, disposés par matières d'après le sens du chapitre dont ils dépendent.

ትውልድ· La vie humaine.

እጨ Fiancer	አደግ Grandir, devenir grand
ታጨ Se fiancer	አሳደግ Élever
አፈቀረ Avoir de la sympathie	መገበ Nourrir, soutenir
ወደደ Aimer	ደሰሰ Caresser
ተፋቀረ S'aimer (récip.)	ሳመ Baiser, embrasser
ተዋደደ »	ተሳሳመ Se baiser, s'embrasser
አሠረገ Célébrer (les noces)	መከረ Conseiller
ተሠረገ Être célébré	ተመከረ Être conseillé
አገባ Épouser	ቀጣ Châtier, corriger
ተጋባ Se marier	ተቀጣ Être corrigé, bien-élevé
ወለደ Procréer; accoucher	አወረሰ Hériter
አጠባ Allaiter	ወረሰ Hériter de …
ጠባ Téter	አረጀ Vieillir, devenir vieux
ወፈረ Devenir gros, gras	ሞተ Mourir

ትምርት· Enseignement.

ተማረ Étudier, apprendre	ጣፈ Écrire
አስተማረ Enseigner	ተጣፈ Être écrit
ለመደ S'habituer, s'exercer	ቀዳ Copier
አለመደ Habituer	ገለበጠ Transcrire
አነበበ Lire	ገደፈ Omettre en écrivant
አስነበበ Faire lire	አረመ Corriger
ፈተነ Examiner	ታረመ Être corrigé
ተፈተነ Être examiné	ሳለ Peindre
አወቀ Connaitre, apprendre	ተሳለ Être peint
አጠፋ Oublier, étudier mal	ነደፈ Dessiner
ከለሰ Répéter une étude	ተነደፈ Être dessiné

ገበያ Le marché.

ነገደ Commercer	ተወደደ Être cher
ገዛ Acheter	መዘነ Peser (poids)
ሸጠ Vendre	ተመዘነ Être pesé
ተገዛ Être acheté	ሰፈረ Mesurer
ተሸጠ Être vendu	ተሰፈረ Être mesuré
ለወጠ Changer	ተለማገ Engager, traiter
ተለወጠ Être changé	ተከራከረ Marchander
አተረፈ Gagner (en commerce)	ተገባየ Tomber d'accord, pactiser
አጎደለ Perdre (en commerce)	ሸመተ Acheter (du blé etc.)
እረከሰ Être bon marché	ተሸመተ Être acheté

ገጠር La campagne.

አረሰ Labourer	አጨደ Moissonner
ቆፈረ Piocher	ታጨደ Être moissonné
ዘራ Ensemencer	ከመረ Accumuler (les gerbes)
ተዘራ Être ensemencé	ተከመረ Être amoncelé
በቀለ Germer	ወቃ Battre (le blé)
አበቀለ Produire (le rejeton)	ተወቃ Être battu
ዘረዘረ Monter en épi	አዘራ Vanner
ሸተ Commencer à mûrir	አንፈሰ Vanner
በሰለ Mûrir	አጠራ Nettoyer le blé
አፈራ Fructifier (plante)	ተጠራ Être nettoyé, criblé

ጦርነት La guerre.

ወጋ Percer, blesser	አዘገበ Viser
ተዋጋ Combattre, se combattre	ተመለከተ Mirer
ለኰመ Charger (le canon, fusil)	ተከሰ Décharger (canon, fusil)

መዘዘ Dégainer
አቆሰለ Blesser
ቆሰለ Être blessé
አባረረ Harceler, poursuivre
ሸሸ Échapper
አመለጠ Se sauver par la fuite
ማረከ Forcer à se rendre
ተማረከ Se rendre
አሰረ Emprisonner
ታሰረ Être emprisonné
ድል ፡ ነሳ Vaincre, battre
ድል ፡ አደረገ Vaincre, battre

ድል ፡ መታ Vaincre, battre
ድል ፡ ተነሳ Être vaincu etc.
ድል ፡ ተመታ Être vaincu etc.
ገበረ Se soumettre
አስገበረ Subjuguer
ወረረ Envahir
ተወረረ Être envahi
ዘረፈ Piller, saccager
ተዘረፈ Être saccagé etc.
አመነ Se soumettre
አሳመነ Subjuguer
ገደለ Tuer

ዳኛ Tribunal (juge).

ዳኛ Administrer la justice
አግገተ Faire discuter (deux adversaires)
ተግገተ Se discuter (deux adversaires)
ፈረደ Juger, prononcer la sentence
ፈረደበት Condamner
ተፈረደበት Être condamné
አረታ Gagner un procès
ተረታ Perdre un procès
ቀጣ Punir

ተቀጣ Être puni
ከሰሰ Accuser, porter plainte
ተከሰሰ Être accusé
አዋሰ Donner un garant
ተዋሰ Se porter garant
ካሰ Dédommager
ተካሰ Être dédommagé
አበለ Mentir
አደላ Être partial
መሰከረ Témoigner
አስመሰከረ Faire témoigner
ዋሸ Mentir

ንጉሥ Le roi.

ነገሠ Devenir roi
አነገሠ Proclamer un roi
ገዛ Régner, dominer

ተገዛ Être tributaire
አዘዘ Commander
ታዘዘ Obéir

ሾመ Élire, investir	አዋጅ ፡ ነገረ Promulguer, publier
ተሾመ Être élu, nommé	
ሸለመ Décorer, orner	በየነ Délivrer
ተሸለመ Être décoré	አስየነ Autoriser
ሻረ Déposer, dégrader	ማረ Gracier, pardonner
ተሻረ Être déposé, dégradé	ተማረ Être gracié

ጊዜ Le temps.

ነጋ Poindre le jour	በረደ Faire froid
መሸ Baisser le jour	ብራ ፡ አበራ Cesser de pleuvoir
ጨለመ Faire nuit, noir	ሞቀ Faire chaud
ዘነበ Pleuvoir	አላበ Faire transpirer
ነጐደ Tonner (le tonnerre)	በረደ ፡ ጣለ Grêler
ነፈሰ Souffler (du vent)	ደመነ Se charger de nuages
ወየበ Souffler un grand vent	ገለጠ Se rasséréner

ሕዋሳት Le corps (Mouvements du corps).

ተነሣ Se lever	ተረመደ Faire des pas
ተቀመጠ S'asseoir	ቆመ Être debout
ተኛ Se coucher, dormir	ዘረጋ Étendre
ተጋደመ Se coucher	ተዘረጋ S'étendre
ተጠጋ S'appuyer	አጠፈ Plier
ሮጠ Courir	ታጠፈ Se plier
ቀረበ S'approcher	አየ Voir
ራቀ S'éloigner	ሰማ Ouïr
አንጋጠጠ Regarder en haut	አሸተተ Flairer
ተንጋጠጠ Lever la tête en haut	ተነፈሰ Respirer
ተሰቀለ Monter	ፈጠነ Être leste
ወጣ Monter	ዘገየ Retarder
ወረደ Descendre	ቸኮለ Se hâter
ገባ Entrer	አዘገመ Marcher lentement
ወጣ Sortir	በረታ Se renforcer

ሰነፈ S'affaiblir

ጐለበተ Devenir vigoureux

ደከመ Être fatigué

ታወረ Devenir aveugle

መጠን Dimensions.

ሰፋ. Devenir large

ጠበበ Devenir étroit

አጠረ Devenir court

እረዘመ Devenir long, haut

ወፈረ Devenir gros, gras

ቀጠነ Devenir subtil, mince

ቀለለ Être léger

ከበደ Être pesant, lourd

በዛ Abonder, se multiplier

አነሰ Être insuffisant, décroître

ሞላ Combler; se remplir

ጐደለ Être manquant, manquer

Conditions morales et matérielles de l'homme.

ከበረ Devenir riche

ደኸየ S'appauvrir

ለገሰ Être généreux

ነፈገ Être avare

ሰጠ Donner

ተቀበለ Accepter

ለመነ Mendier, prier

መጠወተ Faire la charité

ኰራ S'enorgueillir

ተዋረደ S' humilier

ናቀ Mépriser

አከበረ Honorer

ተናቀ Être humilié

ተከበረ Être honoré

አዋረደ Humilier, abaisser

ተዋረደ Être humilié

ተከረፋ Se fâcher, bouder

ከፋ Devenir méchant

ቻለ Avoir patience, suporter

አማ Médire

ታማ Être critiqué

በደለ Nuire, maltraiter

ተበደለ Recevoir du tort

ተናደደ S'irriter

አናደደ Irriter

ተቤጠ Gronder, s'emporter

ሰደበ Insulter

አዋረደ Avilir, rendre vil

ተሳደበ Insulter, s'insulter

ነቀፈ Critiquer, blâmer

ተነቀፈ Être blâmé

አመሰገነ Louer

ተመሰገነ Être loué

መረቀ Élogier

ተመረቀ Être élogié

ተደነቀ Être admiré

ይቴ Pathologies.

አመመ Avoir une maladie

ታመመ Être malade

ተከሰ Être brûlant de fièvre

አተከሰ Être brûlant de fièvre

አበጠ Enfler

ፈረጠ Être pressé (degonflé)

ቂሰለ Devenir une plaie

ዳነ Être guéri

አዳነ Faire guérir

አስታመመ Traiter une maladie

አገረሽ Rechûter

በሰ S'aggraver

ተጨነቀ Être angoissé

ቀለለ S'améliorer

በን · ሆነ S'améliorer

ቃተተ Haleter, râler

አዠገመ Entrer en convalescence

አገገመ Entrer en convalescence (au Choa)

ጤናማ ፡ ሆነ Être sain

አነከሰ Boiter

ጎበጠ Être bossu

ታወረ Devenir aveugle

ይነቴረ S'assourdir

ፈዘዘ Se paralyser

ሰለለ Se paralyser

ሰለሰለ Dépérir, se consumer

L'auteur de ce modeste ouvrage, sur le point de clore ce volume, demande pardon aux lecteurs, pour l'inexactitude de la construction et les fautes d'orthographe française qui se seront glissées certainement dans l'ouvrage et qui dépendent sans doute, soit de ce que l'auteur est un'etranger peu familiarisé avec la langue française, soit de ce que l'adaptation de la traduction d'une langue orientale en une langue européenne est trés difficile, la construction de l'une et de l'autre, étant absolument opposées entre elles.

TABLE DES MATIÈRES.

VOYAGEUR EUROPÉEN EN ABYSSINIE.

CORRESPONDANCES.

QUELQUES VERBES AHMARIQUES.

ERRATA.

Page		ligne			
Page	2	ligne	8	comprisens	comprises
»	5	»	18	une guide	un guide
»	6	»	15	ጓለም	ጓስም
»	6	»	21²	ወራድ	መራጅ
»	10	»	20³	béierl	bélier
»	10	»	26¹	mourailles	murailles
»	11	»	25²	የውስ ፡ ንብ	የውሽ ፡ ንብ
»	11	»	1²	Autriche	Autruche
»	12	»	29	grapaud	crapaud
»	17	»	6²	ስላይ	ስላይ
»	19	»	10²	ሚደገ	ማደገ
»	23	»	29	*gibbi*	*guibbi*
»	24	»	10	ሀሬንት	ሳጕንት
»	26	»	29	la voce	la voix
»	29	»	8²	Deux	doux
»	31	»	24	ስማይኡ	ስማይኡ
»	32	»	14	የለሽም	የለሽም
»	35	»	21	ከብረባቸው	ከብረባቸው
»	37	»	15	ናቸው	ናፈው
»	41	»	7	il vous vous rend pauvre	il vous rend pauvres
»	44	»	25	ቂሶች	ቄሶች
»	46	»	28	እለምትችም	እልምትችም
»	47	»	6	ከጠፉ	ከጤፉ
»	57	»	10	punissos	punissons
»	57	»	25	ትገየለሽ	ትገየለሽ
»	65	»	6	ትቀቢአለሽ	ትቀቢአለሽ
»	65	»	7	ትቀቢአለሽ	ትቀቢአለሽ
»	65	»	10	*yayallou*	*yayallou*
»	72	»	29	afin que nous ne nous levions pas	afin que nous-nous levions.
»	72	»	3)	afin que nous nous ne nous levions pas	afin que nous-nous levions.
»	76	»	21	*yaguénaguènne*	*yaguénaguenne*
»	76	»	23	id.	id.
»	80	»	5	ምፎኋለሁ	ምፎችኋለሁ
»	85	»	15	ጌታው	ጌታው
»	86	»	6	ይሳለኛል	ይሻለኛል

Page	88	ligne	2	ቤቻ	ብቻ
»	90	»	10	hote	haute
»	93	»	10	የመስሪእን	የመሳሪእን
»	96	»	24	ተው·	ያው·
»	102	»	6	*balègue*	*balegne*
»	108	»	17	ጌናዩ	ጌታዩ
»	110	»	1	*yène*	*yènène*
»	111	»	31	እሰቡ	እሳቡ
»	112	»	21	ለደወዝህ	ለደመወዝህ
»	113	»	4	ያሩ	ያጉሩ
»	114	»	5	ብያው·	ብለው·
»	114	»	32	ብጛዝ	ብንጛዝ
»	116	»	25	እይውቁም	እየወቁም
»	117	»	1	ተበረ	ያበረ
»	117	»	8	ብታ	ብቻ
»	119	»	18	ሰናደ፤	ሰናዳ፤
»	122	»	24	ቅዳድ	ቅዳጅ
»	123	»	5	*miʈekmèmè*	*miʈekmenne*
»	136	»	25	እንደያት	እንድያት
»	145	»	21	sourtout	surtout
»	155	»	2-3	እነቅልፍ	እንቅልፍ
»	158	»	3	መልክም	መልካም
»	164	»	11	በነደደፉ	በነደፉ
»	164	»	16	መይንፊት	መይንፊት
»	169	»	21	ዙሱ	ሁሱ
»	171	»	18	XVe	XVIe
»	171	»	20-21	እራት ፤ መቶ	ሶስት ፤ መቶ
»	173	»	11	እድርስታል ፤ ይሆን	እድርስታል ፤ ይ
»	175	»	20	መይኚት	መይኚት
»	177	»	11	ቤት	ቤት
»	180	»	20	ጉዶ·	ጉዶ·
»	182	»	6	ጫው·ን	ንጫው·ን
»	184	»	19	የመስኩብ	የመስኩብ
»	184	»	29	ዛፎት	ዛፎቻ
»	189	»	9	ተቀራጫት	ተቀራጫቻ
»	226	»	1	450	350
»	226	»	4-5	እራት ፤ መቶ	ሶስት ፤ መቶ

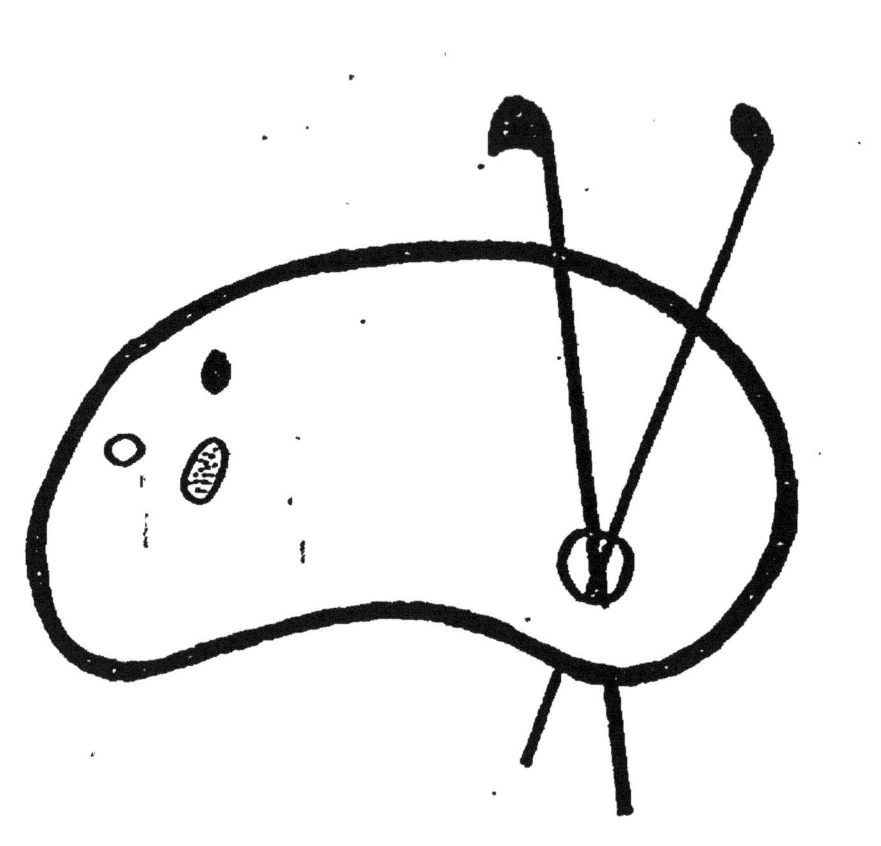

ORIGINAL EN COULEUR

NF Z 43-120-8